비법 작명기술

저자 임삼업(林三業)

· 전라남도 나주 출생
· 광주상업고등학교 졸업
· 공군 병장 전역
· 전주 영생대학교 1년 수료
· 광주지방국세청 산하 세무서 근무(1967~1999년)
· 현재 一等 작명사주연구소 운영
      광주대학교 평생교육원 교수
· 저서 『아호연구』, 『작명 백과사전』, 『호책』

전화 (062)431-0996
팩스 (062)361-9119
휴대폰 019-807-7324
홈페이지 http//www.aplusname.biz

비법 작명기술

1판 1쇄 인쇄일 | 2010년 4월 6일
1판 1쇄 발행일 | 2010년 4월 16일

발행처 | 삼한출판사
발행인 | 김충호
지은이 | 임삼업

신고년월일 | 1975년 10월 18일
신고번호 | 제305-1975-000001호

411-776 경기도 고양시 일산서구 일산동 1654번지
산들마을 304동 2001호

대표전화 (031) 921-0441
팩시밀리 (031) 925-2647

값 30,000원
ISBN 978-89-7460-148-5 03180

신비한 동양철학 · 96

비법 작명기술

임삼업 편저

삼한

‖ 책머리에

천지간에 삼라만상은 어느것 하나 가릴 것 없이 이름들이 있다.

소우주인 사람으로 태어나면 바깥으로부터 이름(성명)을 얻게 되지만, 그 이름은 평생에 걸쳐 부르고 쓰고 쓰여지고 불려지면서 인간사를 담아간다.

인간성의 존중과 행복추구는 삶의 목표일진데, 그러한 본질적인 인간의 욕망이 성명학에서도 과학적 체험과 통계를 함축하여 부단한 연구를 거쳐 하나의 학문적 철학으로 발전하였다.

사람은 어느 연월일시(사주)에 출생하느냐에 따라 우주가 담고 있는 음양오행의 정기를 어김없이 받아들이는데 이를 선천명(先天命)이라하고, 후천적으로 받은 이름에 따른 운명은 후천명(後天命)이라 한다.

선천명은 누구도 바꿀 수 없는 것이기에 숙명이려니 여기지만, 후천적인 성명의 경우는 얼마든지 가변성이 있어서 신생아의 이름에서도 무한한 선택의 여지가 있는 것이며, 처음 이름이 여러 이유로 나쁘다 하더라도 어쩌나보자식으로 막연히 기다릴 필요없이 작명 이치에 맞게 더 깊고 우아하거나 고상하고 호방하게 바꿀 수 있다는 것은 여러 추명술중에서 성명학의 큰 자랑거리며, 이름이야말로 그 사람의 운명을 개조 개척하여 開運(개운)할 수 있는 유일한 수단이 되고 있는 것이다.

성명의 운명 유도력은 한 개성의 선천명 범위내에서 소장(消長) 작용을 하는 것이기에, 선천명이 약간 흉하더라도 양도(良導)하면 행복이 찾아오는 비교적 좋은 운으로 충분히 개선 될 수 있다.

선천운이 좋은 사람의 좋은 이름은 금상첨화(錦上添花)격이 되고, 선천운이 나쁜 사람의 나쁜 이름 惡名(악명)은 설상가상(雪上加霜)격이 될 것임은 자명한 일이다.

자신에게 맞는 이름은 하나의 기도가 되고 반대로 나쁜 이름은 악담이 되고 저주가 되는 것이기에, 성명의 길흉이 그 사람의 운세에 지대한 영향을 지니고 존재함을 인식해야 한다.

본서에서는 성명에 있어 발음오행이나 이름글자의 획수에 따른 수리를 근간으로 하는, 실제 이용이 가장 많은 기본 작명법을 요약하여 서술하였으며, 주역의 괘상으로 풀어서 그 길흉을 판단하는 역상법 다섯가지와 그 외 중요한 다른 작명법 다섯가지를 합하여 "보배로운 10가지 이름 짓는 방법"을 부재로 하여 실어서 성명학의 학술적 이정표로의 역할도 기대하면서 작명의 전문서로서 조금도 손색이 없도록 하였다.

특히 작명비법인 선후천역상법(先後天易象法)은 이름글자의 획수계산을 원획에 의존하는 일반작명법과 달리, 정획과 곡획을 함께 사용하여 주역 상수학을 대표하는 하락이수(河洛理數)를 주로하고 육효가 들어가 그 응험률을 높인 작명법이다.

선후천역상법은 지관 송충석(知冠 宋忠錫)선생이 40여년 검증까지 거친 특유한 작명비법으로 아직 세상에 알려지지 않다가 처음 공개되는 것이다.

본서에 인용된 주역에 대한 유용한 자료와 모든 한자에 곡획과 자원오행까지 넣어 인명용 한자를 정리하여 주신 물심양면의 도움에 진심으로 감사를 드린다.

이 책을 엮어 나가는데 그 내용이 충실하고 짜임새 있게 꾸미려고 심혈을 기우렸다. 그리고 종전의 경험에 비추어 오탈자로 인한 실례를 다시 범하지 않으려고 노력하고, 꼭 필요한 한자는 부득이 한글을 倂記(병기)하여 이해를 돕고자 하였다.

본인의 출저 "작명 백과사전"에서 36가지 작명법을 소개한바 있으나, 세상에 존재한다는 작명법들을 망라하여 요약하였을 뿐, 필자의 의견이나 실제 사용하고 있는 작명방법은 언급하지 못한 점 아쉽게 생각하던 차에, 출판사 김충호(金沖鎬) 사장님의 권유와 격려에 힘입어 새롭게 두가지 작명법을 추가 수록하고 나 혼자만 간직해온 작명비법기술을 발표하게 된 것이다.

Ⅲ 비법작명기술 말미에 양면으로 빈쪽을 두었는데 독자들의 본서에 대한 견해나 의견, 그리고 자신의 작명법과 참고사항을 기재해두면 추억도 되고 책과 함께 오래갈 것으로 생각하였다.

근래에는 생활의 여유와 정신문화의 향상으로 물질문명의 폐해에 억눌린 정신적이고 감성적인 인간 본성이 발현되면서, 성명의 중요성도 재인식되고 관심 또한 높아진 것 같아 다행스럽게 생각하면서 조국 대한민국의 모든 국민들이 자기에게 꼭 맞고 이치와 법도에 맞는 이름 세글자를 얻어 크게 덕을 보고 복 많이 받아 잘 살았으면 하는 바램이 크다. 그리고 성명학이 행운을 가져다주는 영(靈)과학으로 대중화되어 濟世利人(재세이인)하는 사랑받는 글 친구가 되었으면 좋겠다고 생각한다.

책을 펴는데 전적으로 정서의 수고를 아끼지 않은 임양금여사님께 눈물이 나도록 고맙다는 생각을 지울 수 없다.

그리고 출판을 허락해준 삼한출판사 김충호사장님께 감사하며, 사업의 무궁한 발전을 기원합니다.

己丑年　剝月

敬義齋에서　林三業 識

I. 기본작명법(基本作名法)

1. 문자(文字)

2. 사주상식(四柱常識)

Ⅱ. 역상법(易象法)

1. 일반역상법(一般易象法)

2. 주역작명법(周易作名法)

3. 선후천역상법(先後天易象法)

4. 황극책수법(黃極策數法)

5. 주자식 해명법(朱子式 解名法)

Ⅲ. 제작명법(諸作象名法)

1. 광미명성학(匡彌名姓學)

2. 자원자획 오행법(字源字劃 五行法)

3. 곡획작명법(曲劃作名法)

4. 제갈무후작명결(諸葛武侯作名訣)

5. 대수론(代數論)

Ⅳ. 비법작명기술(秘法作名技術)

Ⅴ. 부록(附錄)

I

基本作名法

Ⅰ. 基本作名法(기본작명법)

1. 文字(문자)

姓名(이름)의 구성은 文字(글자)로 이루어진다.

먼저 문자의 선택이나 결정이 先行(선행)되어야 이름을 짓거나(作名작명) 이름을 풀이(解名해명, 析釋名석명, 鑑名감명)할 수 있는 것이다.

가. 漢字(한자)

	部首(부수)	원획수	筆劃(필획)	필획수	예시
1	心	4획	忄	3획	性(9)
2	手	4획	扌	3획	投(8)
3	水	4획	氵	3획	池(7)
4	犬	4획	犭	3획	狗(9)
5	玉	5획	王	4획	琓(12)
6	示	5획	礻	4획	祥(11)
7	老	6획	耂	4획	考(8)
8	网	6획	罒	5획	罪(14)
9	肉	6획	月	4획	肝(9)
10	艸	6획	++	4획	花(10)
11	衣	6획	礻	5획	補(13)
12	辵	7획	辶	4획	週(15)
13	邑	7획	阝(右)	3획	郡(14)
14	阜	8획	阝(左)	3획	陳(16)

※ 原劃(원획)은 部首劃(부수획)을 말하며 통상 성명학상 사용하는 획수이다.

▶ **原劃法**(원획법) : 漢字(한자)는 뜻이 주가 되므로 원래의 글자에 함축되어 있는 數意(수의) 즉 한자 자체의 근본획수에 충실한 康熙字典(강희자전)의 원칙을 준수하며, 玉篇(옥편)에 적힌 원래의 부수로 획수를 계산하는 방법으로 原字(원자 本字본자)의 획수를 따르는 것이다.

▶ **筆劃法**(필획법, 實劃실획, 正劃정획) : 실제로 글씨(文字)를 쓸 때의 획수를 말하는데 옥편의 索引(색인)이 되고 있는 部首(부수)와 관계없는 玉篇劃(옥편획)이며, 사용상 쓰는데로 획수를 정해야 한다는 것으로 전통적인 주역의 역상을 作卦(작괘)하는데 쓰이므로 易象法(역상법)이라고도 한다.

▶ **曲劃法**(곡획법) : 한자를 씀에 있어 구부러진 획까지 계산한 획수로 본서에서는 몇군데 작명법에서 사용하고 있으며, 부록의 임명용 한자에서 상단에 표시하였는데 다소 특수성이 있다고 할 수 있다.

나. 劃數比較의 實例(획수비교의 실예)

한자	새김 음	부수	획수		
			원획	실획	곡획
乙	새 을	乙	1	1	4
四	넉 사	口	4	5	7
玕	옥돌 간	玉	8	7	7
抒	펴낼 서	手	8	7	11
奎	별 규	大	9	9	9
躬	몸 궁	身	10	10	16
道	길 도	辵	16	13	15
導	이끌 도	寸	16	16	19
羅	비단 라	网	20	19	22
險	험할 험	阜	21	16	20

이름을 짓는(作名작명 撰名찬명 選名선명) 데는 한자를 쓰고 있는데 한글을 倂記(병기)하고 있다. 한글이름만 짓는다면 말할 필요가 없을지 모르겠지만, 현실적으로 대부분 한자에 의존하고 있으니 한자 실력이 상당해야 할 줄 안다.

통계에 의하면 우리말은 한자어 80% 한글 14% 외래어 6%로 되어있다고 한다. 우리나라는 국어교육의 혼선으로 한글전용 또는 국한문혼용으로 오락가락하여, 어느 세대(가령 40대후반)는 한자를 초등학생만큼도 모른다고 하니 이제는 우스운 일이 되고 있다.

우리를 비롯한 동북아시아 문화권인 동양3국 중국과 일본은 한자문화권에 속하며 종교적으로는 유교 불교권이다. 태생이 그러하거니와 특히 요즘 같은 국제화시대에 한자야말로 중요한 情報(정보)의 소통수단인데 작명이 아니더라도 이러한 문자적인 기초가 없으면 난감한 일이 아닐 수 없다. 그렇다고 과학적인 한글의 우수성을 모르고 한 말은 결코 아니다.

大韓民國 姓氏表(대한민국 성씨표)

가 賈13	간 干3 簡18	갈 葛15	감 甘5	강 姜9 江7 康11 强12 剛10 彊19
개 蓋14	견 堅11 甄14	경 京8 景12 慶15 敬13	계 桂10 季8	고 高10 顧21
곡 曲6	공 孔4 公4 貢10 龔22	곽 郭15 霍16	관 關19	구 具8 丘5 邱12
俱10 仇4	국 國11 菊14 鞠17	군 君7	궁 弓3 宮10	궉 鴌15	권 權22	근 斤4
금 琴13	기 奇8 紀9 起10 箕14	길 吉6	김 金8	남 南9	내 乃2
奈8	단 段9 單12	당 唐10	대 大3	도 道16 都16 陶16	독 獨17	돈 頓13
동 董15	등 藤21	두 斗4 杜7	둔 屯4	라 羅20	량 梁11	려 呂7	련
漣14	렴 廉13	로 老6 盧16 魯15	뢰 雷13	룡 龍16	류 柳9 劉15	륙 陸16
리 李7 利7	림 林8	마 馬10 麻11	만 萬15	매 梅11	맹 孟8	모 牟6
毛4	목 睦13	묘 苗11	묵 墨15	문 文4 門8	미 米6	민 閔12	박 朴6
반 班11 潘16 殷10	방 方4 房8 邦11 龐19	배 裵14	백 白5	범 范11	月3
벽 薜19	변 卞4 邊22	보 甫7	복 卜2	봉 奉8 鳳14	부 夫4 傅12	북
北5	비 丕5	빈 賓14 彬11	빙 冰6	사 謝17 舍8 史5 社8	삭 削9	삼
森12	상 尙8	서 徐10 西6	석 石5 昔8	선 宣9 鮮17 先6	설 薜19 偰11
성 成7 星9	소 邵12 蘇22	손 孫10	송 宋7	수 水4	순 淳12	승 承8
昇8 勝12	시 時10 施9 柴9	신 申5 辛7 愼14	심 沈8	아 阿13	안 安
顔18 羅12	앙 央5 卯6	애 艾8	야 夜8	양 楊13	어 魚11 於7	엄 嚴20
여 余7 汝7	연 延7 涓11 燕16	엽 葉15	영 永5	예 芮10	오 吳7 伍6
옥 玉5	온 溫14	옹 邕10	왕 王4	요 堯9 姚9	우 禹9 于3 牛4 虞13
욱 郁13	운 雲12 芸10	원 元4 袁10 原10	위 魏18 韋9	유 庾12 兪9	윤
尹4	은 殷10	을 乙1	음 陰16	이 伊6 利7 異11	인 仁4 印6	임 任6
자 慈14	子3	장 張11 章11 莊13 蔣17 葀14	재 在6	전 全6 田5 錢16	점
占5	정 鄭19 丁2 程12	제 諸16 齊14	조 趙14 曹10	종 宗8 鍾17	좌 左5
주 朱6 周8	준 俊9	지 池7 智12	진 陳16 晉10 秦10 鎭18	차 車7	창
昌8	채 蔡17 采11	천 千3 天4	초 楚13	최 崔11	추 秋9 鄒21	탁 卓8
탄 彈15	탕 湯13	태 太4 泰9	파 波9	판 判7	팽 彭12	편 片4 扁9
빙 平5	포 包5	표 表9	풍 馮12	피 皮5	필 弼12	하 河9 何7 夏10
한 韓17 漢15	함 咸9	해 海11	허 許11	현 玄5	호 虎8 胡11 扈11	홍
洪10	화 化4 花8	황 黃12				282

공손 公4 孫10	14	남궁 南9宮10	19	동방 東8方4	12	독고 獨17孤8	25
사공 司5空8	13	사마 司5馬10	15	서문 西6門8	14	선우 鮮17于3	20
을지 乙1支4	5	제갈 諸16葛15	31	하후 夏10侯9	19	황보 皇9甫7	16
						부정 負9鄭13	21

姓字→		羅	梁	呂	康	盧	魯	柳	劉	陸	李	林	庾	兪
바름	○	라	량	려	럼	로	로	류	류	륙	리	림	유	유
그름	×	나	양	여	염	노	노	유	유	육	이	임	류	류
部首 →		氵	亻	扌	王	礻	罒	衤	艹	月	月	辶	阝	阝	耂
根本部首		水4	心4	手4	玉5	示5	网6	衣6	艸6	肉6	月4	辵7	邑7	阜8	老8
呼稱發音		수	심	수	왕	시	망	의	초	육	월	착	읍	부	노

★ 역리 자획법 (易理 字劃法)

늘리기쉬운 減略字

根本이되는 本字

다. 人名用 漢字(인명용 한자)

국민들에게 널리 쓰이고 있는 인명용 한자의 제정과 그 내용을 소개한다.

사람의 이름이라는 人名(인명)에 사용하는 한자를 법이 정하는 바에 따라 정부 당국(대법원 행정처 법정국)에서 選定(선정)하여 국민들로 하여금 쓰도록 하고 있는데, 이를 인명용 한자라고 하며 "대법원 선정 인명용 한자"라고도 한다.

1991년 4월 1일부터 신생아의 출생신고서에 한자이름을 기재함에 있어서는 반드시 인명용 한자의 범위 안에 있는 글자(漢字 한자)를 선택하도록 하고 있다.

보통 한자는 어렵고 또 엄청 글자 수가 많다는 선입견에 비추어, '암 그렇지 이름에는 보통 사람들이 알아볼 수 있는 쉬운 한자를 써야지' 하는 同意感(동의감)도 표시할 것이다.

그 내용을 들여다보면 흥미로운 것도 있다.

사람의 이름에 사용할 한자이름이 본인은 물론 사회에서 국민들이 그 通用(통용)에 있어 불편이 클 정도로 사용되지 않는 어려운 한자이거나, 공문서 등 서류를 작성할 때 자동화시대의 컴퓨터 사용상 장애요소가 되는 것 등을 고려하여, 인명용 한자를 제한하는 것이 관련 호적법 등을 제정하는 立法理由(입법이유)라고 말하고 있다.

그리고 인명용 한자를 달리 제정 사용하는 것은 국민의 作名(작명)에 대한 자유를 규제하는 측면도 있다고 할 수 있으므로, 앞서의 입법이유와 개인의 자유권이 상호 조화될 수 있는 범위 내에서 인명용 한자를 정한다고 하였다.

상용한자는 실생활에 널리 쓰이고 있는 한자들로 그중에는 실제 이름에는 부적합한 盜(도) 奸(간) 亡(망) 死(사) 惡(악) 凶(흉) 자 등이 약 30%가량 포함되었으나, 1990. 12. 15 制定(제정)당시에 이를 가감 없이 그대로 인명용 한자로 일괄하여 선정하였다.

국가가 이름에 쓰지도 못할 불길한 뜻을 가진 한자를 포함시킨 것은 常識(상식) 밖의 처사라고 비평하는 사람도 있으나, 어느 부모가 성명학상 不用文字(불용문자)류를 貴愛(귀애)하는 자식이름으로 쓰겠는가?

그만 일로 정부를 못마땅해 하거나 慨嘆(개탄)할 필요는 없다고 본다.

하여튼 1990. 12. 15일 1,800字의 상용한자에 이름자로 사용빈도가 높다고 여겨지는 1,054字를 많은 한자 중에서 발췌하여 도합 2,854字의 인명용 한자를 대법원에서 처음 선정 발표한 이래 여러 차례의 개정을 거처 2007. 2. 15현재의 인명용 한자 수는 자그마치 5,178자가 된다.

인명용 한자 사용에 관한 관계法規(법규)를 보면,

戶籍法(호적법) 제49조(출생신고서 기재사항) 제3항에 子(자, 子息 자식)의 이름에는 한글 또는 통상 사용하는 한자를 사용하여야 한다.

통상 사용되는 한자의 범위는 대법원 규칙으로 정한다 하였으며, 같은 법 시행규칙 제37조(인명용 한자의 범위)에서는 이미 1972년에 교육부가 정한 한문교육용 기초한자(중고교용 각 900자)와 별표에 기재한 한자, 그리고 同字(동자) 俗字(속자) 略字(약자)를 말하고 있다.

또한 같은 조 3항에서 출생자의 이름에 사용된 한자중 위의 범위에 속하지 아니하는 한자가 포함된 경우에는 호적(지금의 가족관계기록부)에 출생자의 이름을 한글로 기재한다고 하였으며, 부칙에서 '이 규칙은 1991. 4. 1부터 시행한다' 라고 끝마치고 있다.

실제로 같은 법 시행령이 제정되고 대법원이 인명용 한자를 발표하여 시행한 이후부터는 한글이름은 상관없지만, 한자성명은 그 범위 내의 한자에 局限(국한)하여 사용이 가능하게 된 것이다.

인명용 한자란 姓氏(성씨)를 제외한 이름(名, 명)에 대한 한자이므로 성은 반드시 한자로 기재하여야 하며(姓字 성자는 제한하지 않음), 이름은 한자 또는 한글로 신고하는 것이다.

순 한글 이름인 김보람의 경우라면 金보람으로 표현하는 것이 마땅한 것은 한자는 한자에 倂記(병기)되었기 때문이며, 이 경우 비어있는 한자 란에 字意(자의)는 없지만 한글 음에 맞추어 普藍(보람)과 같이 한자를 넣고 싶다면 번거롭지만, 개명 결정의 절차를 거쳐야 한자이름까지 호적에 등재할 수 있는 것이다.

그리고 附則(부칙) 말미에는 지침이라하여 인명용 한자의 발음은 지정되었으나 우리말의 頭音法則(두음법칙)에 의한 初聲(초성)이 "ㄴ,ㄹ"인 한자는 각각 소리나는 대로 "ㄴ,ㅇ"으로 사용할 수 있는 것이며, 內(내)자의 경우 內人은 나인(궁인-궁녀)과 같이 내로 발음하기도 하지만, 인명용 한자에서 한글 음으로 지정(表記 표기)한 "내"로만 사용할 수 있다.

또 重子音(중자음, 거듭닿소리)을 피하고 한자의 示변과 衤변 또는 ⼗⼗변과 艹변은 서로 바꾸어 쓸 수 있다고 하였다.(예: 복 福 = **福**, 초草 = 草)

일반적인 작명 상식에도 難字(난자, 어려운 한자)나 僻字(벽자, 흔히 쓰지 않는 낯선 글자)를 피하는 것인데, 우리의 인명용 한자를 보면 2000년에는 3,000자가 조금 넘었었는데 지금은 勿驚(물경) 5,178字에 이르고 있는데다, 앞으로 더 플러스가 될는지도 모를 지경이니 걱정마저 된다.

생각해보면 우리의 인명용 한자는 우선 숫자적으로 너무 많은 것 같다.

한자를 3,000자 정도 알면 제법 안다고도 말하고, 요즘 유치원에서도 인기 있는 한자급수시험에서는 1급이 3,500자 정도를 그 대상으로 삼고 있으며, 보통 학생용 옥편이 8,000자 정도인 점에 비추어 굳이 인명용 한자라는 틀을 정하여 제한하는 것은 문제가 있는 것 같다.

● 문제점

① 한자를 문서화하면서 5,000자정도 수록된 현재의 전산시스템에서도 5,178자의
   인명용한자중 일부가 없어 合成字(합성자, 造字조자 : 2~3개의 <部首字 부수
   자>를 <組合조합>하여 만든 글자)가 존재한다.

② 漢韓大字典(한한대자전, 1997년 민중서림 발간)은 큰 사전으로 한자가 16,000자
   자 정도 수록되었는데 2005. 1. 1. 추가한 161자중 麟(기린 린) 霄(하늘 소)
   鶾(솔개 수) 瑜 (미옥 유) 㒚(음 은)   聬 (전하고볼 옹) 𡸫(높을 한)자는 찾
   아볼 수 없으며, 52,000자 정도 수록된 한자의 原典(원전)인 康熙字典(강희자
   전, 강희는 靑나라 3대왕으로, 1716년 발간)에도 위의 㒚 𡸫 두자는 不存在
   (부존재). 혹시 성씨이더라도 문제이고, 해당 개정분 이전이나 이후 것은 검토
   하지 못하였으나 상당수로 推定(추정)된다.

③ 熙(빛날 희)자는 臣(신하 신) 己(몸 기) 灬(불 화)로 구성돼 會意(회의)의 법
   칙으로 결합된 글자인 듯 하나, 原字熙(희 13획 원자 標題語표제어, (熙)표시는
   착오) 그리고 熙(13획) 凞(15획) 熺(16획)가 있지만 熙(13획)는 俗字(속자)
   이긴 하나 속자에 포함되지 않았으니 (인명용 한자에 누락) 오행이 火에 속하
   여 行列字(항렬자)로도 많이 쓰이고 그 뜻이 좋아 이름에 널리 쓰이고 있지만
   (전직 박대통령) 公簿(공부)에는 작명시의 熙와 다르게 마치 원자인 것처럼 熙
   로 등재될 수 있음에 비추어 추가(수정)할 필요가 充分(충분)한 것 등도 있다.

④ 同一音(동일음)에도 중복자가 간혹 있다. 예를 들면 현(儇), 훈(薰)이다.

※ 필자의 생각은 아무래도 이런 식으로 세월이 쌓이면 '인명용 한자'의 숫자도
   불어나겠지만, 정책적으로 책임 있게 그 選定(선정, 삭제등 정비포함)에 신중을
   기하지 않으면 보통의 實用玉篇(실용옥편)에서의 10,000자에 肉薄(육박)할 만
   큼이나 肥大(비대)해지지 않는다는 보장(保障)도 없을 것인데 무슨 인명용 한
   자라고 제한적으로 정할 필요가 있는지?

● 音(음)별 인명용 漢字數(한자수)

음	한자수	음	한자수	음	한자수	음	한자수	음	한자수	음	한자수
가	30	곤	11	극	7	뇨	3	등	9	료	11
각	11	골	3	근	18	눈	1	라	11	룡	2
간	26	공	16	글	1	뇌	2	락	8	루	13
갈	10	곳	1	금	14	눌	1	란	10	류	14
감	20	과	12	급	7	뉴	3	랄	2	륜	3
갑	6	곽	4	긍	5	능	1	람	11	률	8
강	30	관	20	기	66	니	5	랍	3	륭	5
개	21	괄	4	긴	1	닉	2	랑	9	르	1
객	2	광	16	길	5	다	4	래	6	륵	2
갱	4	괘	3	김	1	단	21	랭	1	름	3
갹	1	괴	9	끽	1	달	5	략	2	릉	6
거	17	굉	4	나	12	담	18	량	14	리	29
건	14	교	28	낙	1	답	5	려	18	린	13
걸	4	구	55	난	3	당	12	력	7	림	6
검	7	국	7	날	2	대	17	련	13	립	4
겁	3	군	6	남	5	댁	1	렬	6	마	8
게	3	굴	4	납	2	덕	2	렴	5	막	6
격	7	궁	6	낭	2	도	41	렵	1	만	20
견	11	권	10	내	5	독	10	령	21	말	7
결	6	궐	5	녀	1	돈	10	례	6	망	12
겸	6	궤	6	년	3	돌	2	로	18	매	15
경	54	귀	7	념	4	동	23	록	8	맥	5
계	25	규	18	녕	3	두	12	론	1	맹	6
고	40	균	7	노	6	둔	6	롱	7	멱	2
곡	6	귤	1	농	3	득	1	뢰	8	면	11

음	한자수	음	한자수	음	한자수	음	한자수	음	한자수	음	한자수
멸	2	벽	11	색	5	시	32	엄	6	우	39
명	19	변	8	생	5	식	16	업	2	욱	10
매	1	별	7	서	38	신	25	엔	1	운	18
모	25	병	20	석	18	실	5	여	15	울	3
목	7	보	18	선	37	심	10	역	10	웅	2
몰	2	복	18	설	16	십	3	연	40	원	32
몽	3	본	1	섬	8	쌍	1	열	6	월	3
묘	13	볼	1	섭	4	씨	1	염	11	위	26
무	23	봉	18	성	24	아	25	엽	4	유	55
묵	2	부	43	세	11	악	14	영	32	육	4
문	13	북	1	소	43	안	11	예	29	윤	14
물	3	분	19	속	9	알	4	오	33	율	4
미	25	불	5	손	6	암	8	옥	5	융	4
민	25	붕	6	솔	2	압	4	온	10	은	19
밀	3	비	45	송	8	앙	7	올	1	을	2
박	19	빈	24	쇠	2	애	12	옹	9	음	7
반	26	빙	4	쇄	6	액	7	와	8	읍	3
발	11	사	61	수	66	앵	4	완	23	응	5
방	28	삭	4	숙	13	야	12	왈	1	의	19
배	20	산	12	순	28	약	7	왕	5	이	29
백	8	살	5	술	4	양	25	왜	4	익	7
번	11	삼	8	숭	3	어	11	외	5	인	22
벌	4	삽	5	슬	4	억	5	요	28	일	9
범	11	상	33	습	5	언	8	옥	6	임	9
법	2	새	3	승	13	얼	2	용	25	입	2

음	한자수	음	한자수	음	한자수	음	한자수	음	한자수	음	한자수	음	한자수
잉	4	죽	2	천	20	침	10	탱	4	허	4	후	14
자	28	준	27	철	11	칩	1	팍	1	헌	5	훈	14
작	14	줄	1	첨	10	칭	2	편	10	혈	1	훙	1
잔	5	중	4	첩	10	쾌	2	폄	1	험	2	훼	4
잠	7	즉	2	청	12	타	14	평	6	혁	7	훤	4
잡	1	즐	1	채	11	탁	16	폐	10	현	28	휘	8
장	41	즙	3	초	9	탄	10	포	28	혈	4	휴	5
재	17	증	11	촉	6	탈	2	폭	6	혐	1	흄	3
쟁	4	지	38	촌	4	탐	4	표	14	협	13	흥	5
저	28	직	5	총	12	탑	2	품	2	형	20	흑	1
적	25	진	46	찰	1	탕	5	풍	6	혜	15	흔	5
전	43	질	15	최	3	태	15	피	7	호	43	흘	4
절	9	짐	2	추	23	택	4	필	12	혹	3	흠	3
점	9	집	9	축	12	탱	1	핍	2	혼	6	흡	4
접	3	징	3	춘	3	티	1	하	17	홀	3	흥	1
정	69	차	19	출	4	토	4	학	7	홍	11	희	27
제	26	착	7	충	9	통	7	한	16	화	15	힐	1
조	47	찬	21	췌	4	퇴	6	할	2	확	6		
족	4	찰	5	취	14	투	6	함	12	환	18		
존	2	참	11	측	5	특	2	합	7	활	6		
졸	3	창	22	층	1	틈	1	항	18	황	27		
종	20	채	17	치	24	파	16	해	20	회	21		
좌	5	책	5	칙	3	판	3	핵	2	획	2		
죄	1	처	4	친	1	팔	3	행	6	횡	3		
주	47	척	16	칠	3	패	11	향	10	효	17	합계	5,178

라. 長子女 專用文字(장자녀 전용문자)

　　長子女만이 쓸 수 있는 글자인데, 형제와 쟁투 불화 반목 이별 養子(양자) 등을 암시한다. 만일 장자녀 이외의 사람이 사용한다면 윗사람의 권위를 점유하게 되어, 長兄(장형)이 일찍 죽거나 멀리 떠나게 되는 등의 변화가 생겨 자신이 장자 구실을 하게 된다고 하며, 반대로 사용하면 상대방의 발전에 방해가 되어 늦어진다고 한다. (필자의 先考(선고) 仁洙(인수)로 체험하였음)

　　天(천) 乾(건) 日(일) 東(동) 春(춘) 上(상) 大(대) 仁(인) 甲(갑)
　　子(자) 長(장) 新(신) 起(기) 孟(맹) 元(원) 宗(종) 泰(태) 始(시)
　　初(초) 先(선) 一(일) 외에도

　　壹(일) 太(태) 基(기) 明(명) 柱(주) 奭(석) 文(문) 伯(백) 寅(인)
　　靑(청) 高(고) 前(전) 首(수) 德(덕) 頭(두) 斗(두) 發(발) 秀(수)
　　承(승) 考(고) 完(완) 胤(윤) 甫(보) 碩(석) 允(윤) 朝(조) 主(주)
　　創(창) 弘(홍) 巨(거) 昆(곤) 等이 있다.

아울러 次子女에 한하여 사용문자는,

　　中(중) 仲(중) 次(차) 季(계) 亨(형) 南(남) 再(재) 小(소) 夏(하)
　　利(리) 貞(정) 信(신) 二~九(이~구) 短(단) 北(북) 西(서) 義(의)
　　終(종) 智(지) 且(차) 下(하) 地(지) 月(월) 庚(경) 等이 있다.

마. 不用文字(불용문자)

불용문자는 뜻이 나쁘고 흉하거나 뜻은 나쁘지 않으나 흉한 작용을 한다는 글자로 山川草木(산초초목), 鳥獸蟲魚(조수충어), 日月星神(일월성신), 神佛(신불), 보석과 패물, 물건이나 기구, 인체부위 등에 해당하는 글자는 피하는 것이다.

그리고 무작정 고귀하고 유복한 吉祥(길상)의 뜻이 있는 過祝福字(과축복자)만 선호하여 고르는 것은, 달도 차면 기우는 법이어서 너무 지나치게 좋으면 극과 극은 통한다는 것처럼 흉한 암시가 도사리고 있다고 한다.

① 統計的(통계적)으로 비교적 쓰이고 있는 不用文字

甲	京	庚	光	九	國	菊	君	貴	吉
男	女	大	德	乭	童	冬	蘭	連	禮
龍	萬	梅	明	命	文	美	敏	福	富
粉	四	山	石	仙	雪	星	笑	松	壽
順	純	勝	新	心	實	岩	愛	烈	英
榮	完	玉	雲	月	雄	銀	義	仁	寅
一	日	子	点	貞	靜	晶	竹	重	地
枝	眞	珍	昌	天	千	川	鐵	淸	春
初	秋	忠	風	豊	夏	鶴	海	虎	花
孝	姬	喜	(가나다순)						

※ 제법 흔하게 쓰는 글자도 있으나 不用(불용 不利분리)의 통례를 염두에 둘 필요가 있으며, 이름 2字 모두에 해당한다면 성명자 선택은 잘한 것이 못되고 사주의 偏枯者(편고자)에게는 사용 가능하다는 말을 유념해야 한다. 더 많은 불용문자가 있긴 하나 이마저도 제한적으로 수록한 것이다.

② 不適格 文字(부적격 문자)

인명용 한자에 교육용 중·고등학교 常用(상용)한자가 무조건 포함됨으로
인한 것임

假 駕 殼 諫 減 慨 坑 拒 劍 擊 犬 競 戒 枯 戈
怪 愧 狗 懼 屈 圈 窺 禁 欺 崎 斷 短 倒 盜 逃
刀 毒 獨 突 落 掠 裂 淚 漏 蠻 茫 盲 謀 妙 龐
背 伐 犯 憤 不 冰 詐 射 消 騷 愁 襲 濕 餓 崖
弱 抑 逆 艶 僞 誘 隱 弛 刃 姙 恣 刺 贓 葬 敵
戰 切 占 祭 憎 止 塵 懲 慝 慘 廠 悽 尖 銃 衝
齒 針 蟄 墮 濁 歎 脫 投 鬪 罷 片 爆 疲 避 虛
血 俠 澮 등 (가나다 順)

※ 일반적인 卑俗(비속)문자와 함께 부적격한 문자로 인식하고 있는데, 이러한 문
자들은 부정적인 뜻이나 오물, 질병관련 글자도 포함되어 있으므로 부득이하게
쓸 경우는 반대의 뜻이 있는 不, 去, 無字(불 거 무자)를 붙인다고 한다.

③ 한글 不用文字(불용문자)

강 갱 경 공 광 궁 긍 남 납 념 놈 늠 늠 님
닙 담 답 돔 람 렴 렵 름 름 림 립 만 말 망
맹 면 멸 명 몰 몽 문 물 민 밀 반 발 방 번
벌 별 병 본 봉 분 불 붕 빈 빌 빙 삭 산 살
색 석 선 설 속 손 솔 숙 순 술 슬 식 신 실
악 암 압 약 억 엄 업 역 염 엽 옥 욱 유 음
읍 익 임 입 작 잔 적 전 절 족 존 죽 준 줄
즉 즐 직 진 질 착 찬 찰 척 천 철 촉 촌 축
춘 출 측 칙 친 탐 탑 판 팔 편 평 푼 풍 필
학 함 합 험 혁 혐 협 혹 홈 혹 흑 흠 흡

※ 명상자(名上字)는 중심고정주파수로 성격을 형성하며 운명에 큰 영향을 미치므로 출생원기가 맞지 않으면서 初聲(초성)과 終聲(종성, 받침)간에 相剋(상극)임에도 불구하고 사용한다면, 六親(육친)간에 障害(장해)가 되어 이별 불화 불구 살상 형벌 단명 등의 災禍(재화)가 생기며 성공에 장애가 많고 고통을 수반하므로 사용해서는 안된다.

이는 국제성명학회의 소리성명학측 견해이다.

바. 字源五行(자원오행)

자원오행이라 하면 원래 글자의 원천이 되는 易理五行(역리오행)을 말하며 部首(부수)에 따른 오행과 字意(자의)에 따른 오행 등을 묶어서 말한다. 이러한 자원오행은 씨족의 돌림자로 쓰기 위한 목적도 있지만, 개개인의 사주에 결여된 五行星(오행성)을 채워주고 보완하기 위한 목적도 있는 것이다.

字意(자의)에 따른 오행

五 行	例(예)
木(목)	동(東), 록(綠), 룡(龍), 묘(卯), 강(康), 건(建), 걸(杰) 등
火(화)	형(亨), 홍(紅), 가(佳), 란(爛), 득(得), 률(律), 려(慮) 등
土(토)	강(岡), 견(堅), 경(京), 곤(坤), 곽(郭), 균(均), 봉(峯) 등
金(금)	호(皓), 상(尙), 현(現), 훈(訓), 돈(敦), 겸(兼) 등
水(수)	국(國), 기(氣), 길(吉), 랑(朗), 려(呂), 범(凡), 보(甫) 등

部首(부수)에 따른 字邊五行(자변오행)

五行	字邊(자변) 部首(부수)	例(예)
木 (목)	목(木) 초(艹,屮) 화(禾) 생(生) 의(衣,衤) 죽(竹) 미(米) 사(糸) 각(角) 청(靑) 혈(頁) 풍(風) 향(香) 식(食) 마(麻) 서(黍) 용(龍)	林 朴 根 本 柱 李 植 杞 杓 東 杰 柳 校 權 등
火 (화)	심(心,忄) 화(火,灬) 일(日) 목(目) 시(示) 견(見) 적(赤) 마(馬) 고(高) 조(鳥) 비(飛)	炅 性 炳 烈 炫 煥 熱 輝 熺 見 性 熙 등
土 (토)	토(土) 기(己) 산(山) 우(牛) 혈(穴) 전(田) 석(石) 양(羊) 진(辰) 간(艮) 곡(谷) 리(里) 읍(邑,阝) 부(阜,阝) 황(黃)	圭 均 城 坤 美 培 堂 良 埈 郁 院 隆 등
金 (금)	도(刀,刂) 과(戈) 백(白) 옥(玉) 패(貝) 신(辛) 유(酉) 금(金)	銀 鍊 錦 劉 錫 鎭 璟 玲 玟 珪 琳 등
水 (수)	수(水) 구(口) 자(子) 여(女) 정(井) 월(月) 현(玄) 수(水,氵) 혈(血) 어(魚) 흑(黑)	江 河 沈 求 泳 泉 法 姮 喆 徹 淸 澤 浦 등

● 연도별 出生申告(출생신고)한 이름

2006 출생신고 된 신생아 이름					
남	민준	2304	여	서연	2892
	민재	1733		민서	2718
	지훈	1581		수빈	2367
	현우	1581		서현	2179
	준서	1485		민지	2163

2005			1975		
남	민준	2046	남	정훈	2286
	현우	1876		성호	1789
	동현	1681		성훈	1756
	준혁	1599		성진	1659
	민재	1592		정호	1641
	도현	1572		상훈	1604
	지훈	1564		성민	1486
	준영	1501		영진	1478
	현준	1343		상현	1421
	승민	1302		준호	1391
여	서연	3006	여	미영	9129
	민서	2541		은정	9012
	서현	2442		은주	8732
	수빈	2336		은영	8159
	유진	2212		현주	7351
	민지	2129		은경	7350
	서영	2112		지영	7321
	지원	2085		미경	7091
	수민	2011		현정	7007
	예원	1902		미정	6640

2006 서울특별시 베스트 15	
남	여
민성	민지
한솔	지수
민수	지현
철수	민정
민석	은정
세종	지은
한별	미나
인석	수진
진호	영희
영호	현지
준수	은별
태현	유진
현우	유경
명호	은혜
명철	지영

※ 2006년의 경우도 서울특별시분과 비교하면 전국 1~5위 이름에도 차이가 있으며, 2005년분과 30년전인(1975)과는 현격한 차이가 눈에 띤다.

그리고 60년전(1945)에는 남자의 경우 영수 835, 연호 710, 영식 622, 10위의 중수는 482였으며 여자의 경우에는 영자 9,298, 정자 8,995, 순자 8,314, 10위의 희자 3,173으로 그 차이가 엄청나 격세지감 마저 들었다.

사. 한글이름

획수

닿소리 (子音)	ㄱ 1획	ㄴ 1획	ㄷ 2획	ㄹ 3획	ㅁ 3획	ㅂ 4획(5)	ㅅ 2획
	ㅇ 1획(2)	ㅈ 2획(3)	ㅊ 3획(4)	ㅋ 2획	ㅌ 3획	ㅍ 4획(7)	ㅎ 3획(4)

母音	ㅏ 2획	ㅑ 3획	ㅓ 2획	ㅕ 3획	ㅗ 2획	ㅛ 3획	ㅜ 2획	ㅠ 3획	ㅡ 1획	ㅣ 1획

자음의 획수는 한글학회의 입장과 같은 것이나, ㅈㅊ의 경우는 한글창제 당시와 현재 사용하는 획수가 다르기 때문이라는 의견도 있다.

ㅈㅊ의 ( )안의 획수 3 4는 오히려 더 많이 쓰이고 있기도 한 것이며, ㅇㅎ( )안의 획수 2 4를 쓰는 측에서는 ㅇ(2) ㅎ(4) 둘 다 태극과 음양도를 뜻하며 口 候(후, 목구멍)는 평상시(体)는 1이나 사용할 때(用)는 2라는 것이다.

또 일부에서는 ㅂ(ㅂ̈)은 5획 ㅍ(ㅍ̈)은 7획이라는 이론을 전개하기도 한다.

※ 한글이름은 대부분 한 가지 의미(뜻)를 나타내고 있어 그 의미가 강한 대신 지극히 단순해서, 타고난 그 사람의 氣運(기운, 運命운명)에 맞는 다양한 의미를 넣을 수 없다는 단점 내지 아쉬움이 있다.

순우리말 이름이기에 일면 친근감이 있고 신선한 느낌을 주기도 하지만, 성명이 지향하는 바램이나 기대를 충족하기에는 어휘가 부족한 것이 사실이다. 또 이름의 固有名詞(고유명사)적인 특성을 생각한다면 전국에 수백 ~ 수만의 同名異人(동명이인)이 존재하는 것도 그렇고 어른이 되었을 때를 생각하면 평생 부르고 쓸 이름으로 적당치 않은 점도 있는데, 굳이 한글로만 이름을 지을 양이더라도 마땅한 漢字(한자)를 넣으면 어떨까 싶다.

● 한글이름의 音五行(음오행)

音五行	相生(상생)			相剋(상극)	
木	木木(각규)	木火(광남)	木水(군표)	木土(강호)	木金(경수)
火	火木(덕우)	火火(덕령)	火土(두한)	火金(남조)	火水(대팔)
土	土火(아름)	土土(원우)	土金(은석)	土木(효근)	土水(옥만)
金	金土(선호)	金金(순자)	金水(춘범)	金木(화강)	金火(세리)
水	水木(민경)	水金(명석)	水水(필호)	水火(미라)	水土(방울)

※ 외자이름의 경우에는 성씨 오행과 상생관계를 이루는 이름 1자를 선택하면 된다. 김씨성은 木인데 木木 木火 木水가 상생이 되는 것이다.

어렸을 때나 친한 사이에는 성씨를 뺀 이름 두 글자를 부르기도 한다. 이름 두 자간에 子音(자음)의 順生(순생) 외에도 발음상 母音(모음, 홀소리)의 음양조화를 이루는 것이 유리한 변화를 가져다 준다하며, 陰性母音(음성모음, ㅓㅕㅜㅠ ㅡㅣ)으로 어둡고 약하게 나온 힘을 陽性母音(양성모음, ㅏㅑㅗㅛ)으로 밝고 강하게 해주는 것이 음양의 조화라고까지 하는 사람도 있다.

● 한글 作名(작명)

전통적으로 漢字(한자)로 이름을 짓는 일은 당연하지만, 요즘은 한글字로 이름을 짓는 경우도 흔치 않은 것 같다.

한글이름의 작명방식도 한글이름의 글자 획수를 세어 음령오행과 수리오행 그리고 삼원오행 등을 한자방법과 같이 살펴서 작명하고 있으나, 특히 글자의 뜻(字意자의)에 중점을 두고 있는 것이 현실이다.

아래에 한글이름과 그 뜻풀이를 수록하였으니 유용하게 쓰였으면 한다.

이름	뜻풀이	이름	뜻풀이	이름	뜻풀이
가람	강을 말함	꽃길	꽃이 피어난 길	내림	조상대대로의 뜻
가람솔	강가의 소나무	꽃나	꽃처럼 예쁘게 태어남	너울	바다의 파도
가람별	경과 별	꽃내	꽃이 많이 핀 냇가	노들	노란 들판
갈매	가을의 갈매기	꽃님	꽃처럼 예쁜 님	노랑	색의 빛깔
개나리	꽃이름	꽃들	꽃이 많이 피어난 들	노마	남자의 뜻
고우나	곱게 태어났다	꽃뜰	꽃마당	노미	남자의 뜻
고우라	예뻐져라	꽃별	꽃과 하늘의 별	노을	저녁놀의 줄임
고우리	고운 마음으로 잘 자라라	꽃분	꽃과 화분	누리	세상
고운	곱다	꽃비	꽃과 비	누림	무엇을 누리다
고운이	고운 마음을 가진 사람	꽃새	꽃과 새	손	눈과 소나무
고을	동내의 뜻	꽃샘	꽃이 피어날 때 추위	늘봄	항상 봄과 같이
고이	예쁘게	꽃송	꽃송이의 줄인 말	다래	진달래의 줄임말
곱결	고운 살결	꽃슬	꽃의 암술과 숫술	다듬	다듬어 매만진다는 뜻
구슬	부석의 종류	꽃씨	꽃의 종자	다솔	잘 다듬은 소나무
군센	힘이 세게	꽃잎	꽃의 잎	다해	정성을 다해서
군셈	힘차다	나나	나고 또 태어난다의 줄임	단비	가물때의 비
그림	물체의 모양	나드리	강과 들의 줄임	달래	달빛의 냇물
그림새	그림과 같이 이쁜새	나라	피어나라	달샘	달과 샘의 뜻
금남	금처럼 빛나게	나래	날짐승의 날개	달예	달과 같이 예쁘다
금별	글처럼 밝은 별	나리	개나리꽃을 줄임	달해	달과 해
기쁜	기쁘다	나비	곤충의 이름	도란	도란도란 말한다
기쁨	즐겁다의 뜻	날개	새의 날개	도음	남을 돕는다는 뜻
기틀	중요한 골격	날래	날을터야 줄인말	두솔	두 소나무
길샘	길가의 샘물	날샘	빠르다는 뜻	둥실	물에 둥둥 뜬 모양

이름	뜻풀이	이름	뜻풀이	이름	뜻풀이
들메	들과 산	보라	빛깔의 명칭	소나	소담스럽게 태어나다
들샘	들과 샘물	보람미	보람있는 일	소라	바다의 조개 일종
라라	소리의 어울림의 뜻	보람	보람있는 일	솔개	소리개의 말(새)
란새	노란새의 줄임	보름	15일의 뜻	솔님	소나무처럼 푸르게
리라	어려운 일이 있어도 일어서라	보미	봄에 태어남 줄임	솔비	소나무 숲에 나리는 비
마루	산마루의 뜻(꼭대기)	보미나	보람차고 미덥게	솔샘	솔솔 물이 솟아난다
마리	머리(남의 우두머리)	보스라	보슬보슬 단비의 뜻	솔솔	바람이 부드럽게 부는 뜻
맑음	하늘이 맑다는 뜻	보슬	보람과 슬기	솔찬	소나무처럼 알찬
망울	꽃망울	봄내	봄날의 냇물	송나	송송이 피어난다의 뜻
맵시	예쁘다(몸매)	봄비	봄의 단비	송이	꽃송이의 줄임
먼동	날이 밝음	봄빛	봄의 아름다운 경치	수련	마음을 맑게 닦는다
모란	꽃의 이름	분이	꽃분의 약칭	스로	스스로의 줄임
모람	한군데로 몬다는 뜻	빛난	빛이 난다	스리	스스로 하리의 줄임
무리	많은 사람이 모임	빛남	빛이 난다의 말	슬기	매사의 일을 잘 처리한다
미라	미덥게 자라라	빛내	빛을 낸다	신나	기분이 좋다
미나	아름답게 태어나다	빤짝	반짝의 센말	싱글	싱글벙글이라는 뜻
미리	남보다 앞선다는 뜻	상글	방글거리는 모습	아름	아름답다
바다	바닷물의 뜻(넓다)	상냥	성질이 상냥하다	아롱	아롱아롱하다의 뜻
바위	큰 돌	새길	새로운 길	아리	아리답다
반짝	반짝 반짝의 줄임	새날	새로운 날	아주	매우 좋다의 뜻
방그레	입만 약간 움직여 웃는 것	새달	새로운 달	알라	알아라
방글	방글 방글의 줄임	새로	새롭게의 뜻	알음	안다의 뜻
방시레	방글 방글의 줄임	새롬	새로움의 뜻	양지	햇살 바른 곳
방시리	방글 방글의 줄임	새봄	새해 봄을 뜻함	어진	어질다
방울	방울을 단다의 줄임	새실	새마을	엄지	남의 웃사람이 되라
버들	개울가의 버드나무	새한	새로운 큰 나라	에리	예쁘다의 뜻
번개	우뢰	새힘	새로 나오는 힘	여라	문을 열어라
벙글	벙글 벙글의 줄임	샛별	새벽의 별	여울	물살이 빠르게 흐름
별나	별처럼 빛나	서글	서글서글하다의 줄임	여주	박과에 달린 덩굴
별내	별이 비친 냇물	세나	세 번째 태어남	열림	문이 열렸다
별님	별의 존칭	세라	힘이 세어라의 줄임	예나	예쁘게 났다
별님이	별의 존칭	세리	굳세게 살아가리	예니	예쁜이
보드래	여자의 이쁨을 뜻함	세찬	힘차게의 줄임	예란	예쁘게 자란
보들	보들보들의 줄임	세참	힘이 세고 야무지다	예리	예쁘게 피어난다

이름	뜻풀이	이름	뜻풀이	이름	뜻풀이
예솔	예쁜 소나무	찬샘	물이 가득찬 샘	한별	큰 별의 뜻
예슬	예쁘고 슬기롭게	찬솔	산에 소나무가 많다	한봄	깊은 봄
온솔	모든 소나무	철쭉	꽃의 이름	한비	풍성하게 내리는 비
우람	위엄이 있다	초롱	초롱초롱하다	한새	큰 새의 뜻
유리	유리처럼 맑게	큰길	넓은 길	한섬	바다의 큰 섬
으뜸	매사의 첫째	큰달	31일이 되는 달	한샘	큰 샘물
은나	은은히 피어나	큰돌	큰 바위	한솔	큰 소나무
은님	말없이 자라남	큰들	넓은 들	한슬	큰 슬기로운
은별	은빛나는 별처럼	큰별	하늘의 큰 별	한울	큰 울타리
은비	은실처럼 나리는 비	큰솔	큰 소나무	희나	티없이 하얀 아이
은빛	은색의 빛	티나	예쁘게 티가 난다	희라	티없이 희여라
이룸	뜻을 이루다	펴라	날개를 펴라	힘찬	힘차다, 기운 세다
이솔	이로운 소나무	포근	포근하다		
이슬	새벽에 나리는 이슬	피라	꽃처럼 피어나라		
장한	장하게	하나	숫자의 첫자		
재미	아기자기한 취미	한결	한층 더		
주리	준다의 뜻	한길	큰 길		
줄기	이어가는 맥	란나	넓은 나의 마음		
진나	진달래 나비	한내	큰 냇물의 뜻		
진아	진하고 아름답게	한들	넓은 들의 뜻		
차돌	단단한 돌	한밭	큰 밭의 뜻		
찬별	밤하늘에 가득찬 별	한범	큰 호랑이		

※ 순한글 이름인 경우 상생되는 이름이 많지 않아 같은 이름(同名異人)이 많은데 슬기, 보람, 보라, 아름, 아람, 우람 등은 전국에 수천 ~ 수만명이 된다고 한다.

2. 四柱 常識(사주 상식)

가. 사주를 定하는 요령

원래는 年은 물론 月頭法(월두법)에 의한 月(년과 월은 節入日절입일기준)과 時頭法(시두법)에 의한 時등에 의하여 各柱(각주)를 정하는 것이나, 대개는 만세력(년도별로 월과 일별의 달력으로 150년이상 수록된 책)에 의하여 年의 干支(간지), 月의 干支, 日의 干支, 時의 干支를 찾아 적는다. (컴퓨터에 생년월일을 입력하여 얻는 방법이 보편화 되어 있다.)

출생일의 간지(日辰일진) 옆에 10년단위로 사용되는 大運數(대운수)가 남녀로 구분되어 수록되어 있는데, 통상 四柱命式(사주명식)의 작성시 활용한다.

이때 간지별 기간 적용은 天干(천간) 5년 또는 3년, 地支(지지) 5년 또는 7년으로 보면서도 10년 전체에 영향력을 둔다.

<例>

男 2대운이라면 대운의 干支밑에 1~2세 立運(입운), 3~12세 1運, 13~22세 2運식으로 10년 단위로 기재한다.

干	干	干	干	干	干	干
支	支	支	支	支	支	支
62	52	42	32	22	12	2
53-62세	43-52세	33-42세	23-32세	13-22세	3-12세	1-2세
6運	5運	4運	3運	2運	1運	立運

이는 月建(월건 月柱월주)을 기준하여 陽男陰女(양남음녀)는 順行(순행)으로, 陰男陽女(음남양녀)는 逆行(역행)하여 60甲子順(갑자순)으로 기재해 나가는 것이다.

● 五行의 相生(상생)과 相剋(상극)

<例>

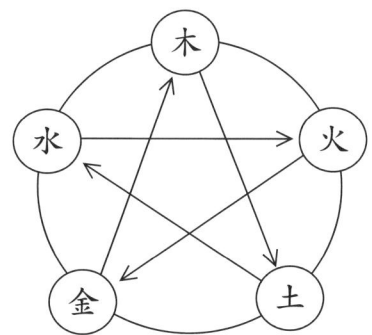

相生(상생)

봄이 가면 여름이 오는 계절의 변화로 이해한다.

즉 다른 성분이 도와준다.

木生火목생화 – 나무가 타서 불이 생긴다.

火生土화생토 – 불에 탄 재가 흙이 된다.

土生金토생금 – 모든 금속은 땅에서 캐낸다.

金生水금생수 – 차거운 금속 표면에 물이 생긴다.

水生木수생목 – 물은 초목을 자라게 한다.

※ 木→火→土→金→水→木…

相剋(상극)

순서를 뒤엎고 강제로 뛰어넘는 힘의 충돌과 대결 양상이다.

즉 다른 성분이 방해한다.

木剋土목극토 — 나무뿌리는 땅속깊이 뻗어나간다.(양분섭취)
土剋水토극수 — 흙으로 둑을 쌓으면 물을 막아낸다.
水剋火수극화 — 물은 불을 끌 수 있다.
火剋金화극금 — 불은 금속을 녹여낸다.(용기제작)
金剋木금극목 — 도끼날에 나무가 찍혀나간다.
※ 木↔土↔水↔火↔金↔木…

나. 名字(명자. 이름)에 오행補完(보완)

四柱(사주, 先天命 선천명)에서 필요로 하는 기운의 五行(오행)에 해당하는 글자를 사용하여 姓名(성명)과 사주를 符合(부합)시켜, 사주와 이름이 전체적으로 調和(조화)를 이루도록 하는 것인데 字源五行(자원오행) 또는 音靈五行(음령오행)을 활용한다.

四柱의 五行

干支＼五行		木	火	土	金	水
天干	陽	甲	丙	戊	庚	壬
	陰	乙	丁	己	辛	癸
地支	陽	寅	巳	辰 戌	申	亥
	陰	卯	午	丑 未	酉	子

1) 不足五行(부족오행)

사주팔자를 8개의 오행으로 분류하여

 ① 없는 오행

 ② 신약사주에는 印星(인성)오행

 ③ 2개 이상 없으면 財·官星(재.관성)오행 우선

 ④ 오행이 모두 있으면 약한 오행

 ⑤ 신강사주 특히 비겁 2개 이상이면 洩(설)·剋(극)오행, 그도 없으면 극하는

   兩오행

   (甲乙寅卯<갑을인묘>일때 1차 火土, 2차 土金 오행보완)

2) 旺相休囚社(왕상휴수사)

日主 등의 강약(旺衰왕쇠)을 파악하여 그 길흉의 정도와 사물의 질을 판단하는 데 활용한다.

활용방법 〔

旺왕	比和者(비화자)	(比劫비겁)
相상	生我者(생아자)	(印星인성)
休휴	我生者(아생자)	(食傷식상)
囚수	我剋者(아극자)	(財星재성)
死사	剋我者(극아자)	(官星관성)

生節 \ 日主	木 甲 乙	火 丙 丁	土 戊 己	金 庚 辛	水 壬 癸
春(봄)	旺	相	死	囚	休
夏(여름)	休	旺	相	死	囚
四季(환절기)	囚	休	旺	相	死
秋(가을)	死	囚	休	旺	相
冬(겨울)	相	死	囚	休	旺

※ 日干이 출생한 계절과의 調候(조후)로, 日干(일간)과 月支(월지)간의 生剋(생극) 관계를 파악한다.

3) 身旺身弱(신왕신약)

我神(아신)인 일간(己身기신,나) 오행을 기준하여 나의 오행과 같거나 나를 낳아준(生해준) 오행은 내편이 되고, 나의 오행을 극하거나 내가 극한 오행이나 내가 낳은(生해준) 오행은 상대편이 되어, 내 편이 강하면 身旺(신왕, 身强신강) 약하면 身弱(신약)으로 본다.

신왕이면 洩氣(설기)가 우선이나 剋制(극제)하여도 무방하며, 신약하면 生助(생조)해야 일간인 내 자신이 튼튼해져 원만한 삶을 이룰 수 있는 것이다.

地位＼强弱	身旺(신왕)				身弱(신약)			
	最强	中强	强	弱化爲强	强化爲弱	弱	中弱	最弱
月支	○	○	○	×	○	×	×	×
日支	○	×	○	○	×	×	○	×
勢力	○	○	×	○	×	○	×	×

<例>

時	日	月	年	四
癸	戊	辛	辛	柱
未	戌	丑	巳	

我(내 편) : 丑 ② 戌 未 巳 = 5

他(상대편) : 辛 ② 癸 = 3

＞ 我 5 = 他 3

∴ 身旺四柱(신왕사주, 내 편이 강하므로)

　土 (戊) 生 金 (辛)으로 金오행이 필요함(用神용신, 吉神길신)

※ 강한 자신(戊土)의 기운을 洩氣(설기, 기운이 빠져나감)시킴으로 균형과 조화를 추구한다.

● 身旺身弱 早見表(신왕신약 조견표)

月支 \ 日干			木 甲,乙	火 丙,丁	土 戊,己	金 庚,辛	水 壬,癸
양력 봄 (2월 4,5일~ 5월 4,5일)	입춘~ 경칩~ 청명~	寅월	最强 ☆	小强 ○	弱 ■	最弱 ▲	弱 ■
		卯월					
	곡우~	辰월	衰 ●	小强 ○	◎ 强	小强 ○	弱 ■
양력 여름 (5월 5,6일~ 8월 6,7일)	입하~ 망종~ 소서~	巳월	弱 ■	最强 ☆	最强 ☆	弱 ■	最弱 ▲
		午월					
	대서~	未월	弱 ■	衰 ●	最强 ☆	小强 ○	最弱 ▲
양력 가을 (8월 7,8일~ 11월 6,7일)	입추~ 백로~ 한로~	申월	最弱 ▲	弱 ■	弱 ■	最强 ☆	小强 ○
		酉월					
	상강~	戌월	最弱 ▲	弱 ■	◎ 强	小强 ○	小强 ○
양력 겨울 (11월 7,8일~ 다음해 2월 3,4일)	입동~ 대설~ 소한~	亥월	小强 ○	最弱 ▲	最弱 ▲	弱 ■	最强 ☆
		子월					
	대한~	丑월	小强 ○	最弱 ▲	◎ 强	小强 ○	衰 ●

3. 一般 作名方法(일반 작명방법)

가. 陰陽(음양)

성명문자의 홀수(奇數 기수 1,3,5,7,9획 ○)를 陽數(양수), 짝수(偶數 우수 2,4,6,8,10획 ●)를 陰數(음수)라 하며 이의 조화 여부로 길흉을 판단한다.

吉例(길례)

2字	양 ○		음 ●		
	음 ●		양 ○		
3字	양 ○		음 ●		음 ●
	음 ●		양 ○		양 ○
	음 ●		음 ●		양 ○
	양 ○		양 ○		음 ●
	양 ○		음 ●		양 ○
	음 ●		양 ○		음 ●

● **字形陰陽(자형음양)**

성명문자가 縱橫(종횡)으로 갈라지는 경우 陰(음) ▬ ▬, 갈라지지 않은 경우 陽 (양) ▬ 으로 보는데, 이를 字形陰陽(자형음양)이라 하여 서로 조화를 이룬다면 음양이 부합된 것으로 보는 견해도 있다.

예를 들어보자면 韓, 朴, 鄭, 旼, 銀, 根, 株, 鮮(한,박,정,민,은,근,주,선)은 陰에 속하는데, 성명이 이런 陰(음)으로만 이루어진 경우를 크게 禁忌時(금기시)하고 있다. 그리고 文, 秀, 起, 石, 李, 玉, 民, 子, 金, 九(문,수,기,석,이,옥,민,자,김,구)는 陽(양)에 속한 것들이다.

● 자형의 유형

<table>
<tr><td>□</td><td>國 同 我 등</td><td>□</td><td>吉 圭 夏 등</td><td>⊞</td><td>鍾 油 培 등</td></tr>
<tr><td>⊟</td><td>盆 空 昌 등</td><td>Ⅲ</td><td>湘 卿 衍 등</td><td>☰</td><td>靈 苔 築 등</td></tr>
<tr><td>○</td><td>婉 嬉 學 등</td><td>▽</td><td>生 必 允 등</td><td>▽</td><td>甲 守 午 등</td></tr>
<tr><td>⊟</td><td>賢 奬 醫 등</td><td>⊟</td><td>窺 菠 등</td><td>⊔</td><td>孌 戀 등</td></tr>
</table>

참고로 자형의 적당한 배열을 적어본다.

이보성(李甫誠) ⊟ □ ⊞

주현식(周賢植) □ ⊞ ⊞

우상주(禹湘宙) □ Ⅲ ⊟

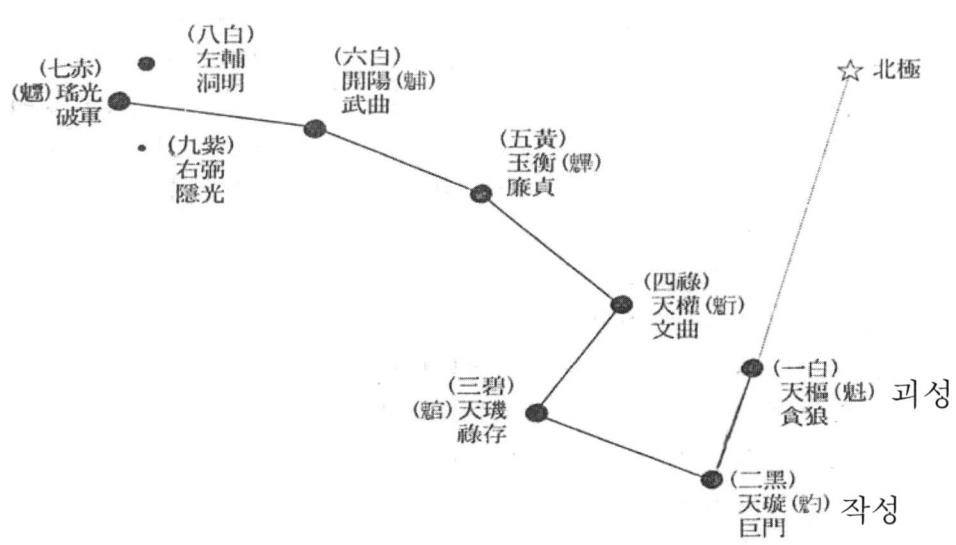

나. 音靈五行(음령오행, 音音오행, 發音발음오행)

姓名(성명)을 부를 때 소리나는 닿소리(子音자음, 입안에 닿아서 나는 소리)를 오행의 屬性(속성)으로 즉 인체의 구조에서 나오는 音(음)의 감각으로 분류하여, 그 오행들이 相生(상생)되는지 相剋(상극) 되는지에 따라 성명 풀이의 吉凶(길흉)을 추론하는 것이다.

音五行(음오행)

五行		木	火	土	金	水
音五行		ㄱㅋ	ㄴㄷㄹㅌ	ㅇㅎ	ㅅㅈㅊ	ㅁㅂㅍ
備考	行音 (五音)	牙音 (어금닛소리)	舌音 (혓소리)	喉音 (목구멍소리)	齒音 (잇소리)	脣音 (입술소리)
	五音 (樂)	角音 (각음)	徵音 (치음)	宮音 (궁음)	商音 (상음)	羽音 (우음)
	結果 性能	有文, 貴賤	有權, 剛柔	有子, 貧富	有祿, 壽夭	有財, 智運
	五味 五色	酸 青(綠)	苦 赤	甘 黃	辛 白	鹹 黑
	英語	CGKQ	DLNRT	AEHFIOUWXY	CXSZ	BFMPV

※ 五行(오행)에는 음령오행과 삼원오행이 있어 그 길흉을 함께 풀이한 경우가 많으나 본서에서는 달리 길흉표를 붙였다. 음령오행에 있어 大凶×이나 木에서 木금 화금 화수 토화 토토 토금 토수 금화 금금 금수 수화 수토 火에서 목금 화화 화금 화수 토수 금목 금화 금수 수목 수화 수금 수수 土에서 목목 목토 목금 목수 화금 화수 토목 금목 금화 수목 수화 수토 수금 수수 金에서 목목 목화 목토 목금 목수 화화 화금 토목 토수 금목 금화 금금 수화 수목 水에서 목금 화화 화토 화금 토목 토화 토토 토수 금목 수화 수토 수수는 半吉(반길△)로 보는 견해도 있다.

● 音靈五行吉凶表(음령오행길흉표)

木木木	○	立身出世格	火木木	○	富貴安泰格	土木木	×	虛名無實格
木木火	○	立身出世格	火木火	○	龍逢得珠格	土木火	▽	雲中之月格
木木土	△	苦難辛苦格	火木土	△	先苦後吉格	土木土	×	古木落葉格
木木金	×	苦難辛苦格	火木金	×	先苦後破格	土木金	×	小事難成格
木木水	○	成功發展格	火木水	○	自手成家格	土木水	×	有頭無尾格
木火木	○	春山花開格	火火木	○	日進月將格	土火木	○	日光春城格
木火火	○	古木逢春格	火火火	×	開花逢雨格	土火火	○	春日芳暢格
木火土	○	大志大業格	火火土	○	美麗江山格	土火土	○	立身出世格
木火金	×	平地風波格	火火金	×	有頭無尾格	土火金	×	苦難自成格
木火水	×	先富後貧格	火火水	×	平地風波格	土火水	×	進退兩難格
木土木	×	四顧無親格	火土木	×	先吉後苦格	土土木	×	先苦後敗格
木土火	×	骨肉相爭格	火土火	○	日興中天格	土土火	○	錦上添花格
木土土	×	速成速敗格	火土土	○	萬化芳暢格	土土土	▽	一慶一苦格
木土金	×	敗家亡身格	火土金	○	花柳長春格	土土金	○	古園回春格
木土水	×	古木落葉格	火土水	×	大海片舟格	土土水	×	四顧無親格
木金木	×	骨肉相爭格	火金木	×	開花風亂格	土金木	×	鳳鶴傷翼格
木金火	×	獨生歎息格	火金火	×	無主空山格	土金火	×	骨肉相爭格
木金土	△	初失後得格	火金土	▽	先苦後吉格	土金土	○	日光春風格
木金金	×	不知爭論格	火金金	×	四顧無親格	土金金	○	幽谷回春格
木金水	×	萬事不成格	火金水	×	開花無實格	土金水	○	錦上有紋格
木水木	○	富貴雙全格	火水木	×	意外災難格	土水木	×	勞而無功格
木水火	×	速成速敗格	火水火	×	秋風落葉格	土水火	×	風波折木格
木水土	×	早起成敗格	火水土	×	錦衣夜行格	土水土	×	敗家亡身格
木水金	○	魚變成龍格	火水金	×	雪上加霜格	土水金	×	先貧後苦格
木水水	○	大富大貴格	火水水	×	病難辛苦格	土水水	×	一場春夢格

※ 大凶 × 大吉 ○ 半吉 ▽

金木木	×	秋風落葉格	水木木	○	萬花芳暢格	
金木火	×	寒山空家格	水木火	○	立身揚名格	
金木土	×	心身過勞格	水木土	△	茫茫大海格	
金木金	×	流轉失敗格	水木金	×	一吉一凶格	
金木水	×	苦痛難免格	水木水	○	淸風明月格	
金火木	×	欲求不滿格	水火木	×	病難辛苦格	
金火火	×	萬苦呻吟格	水火火	×	一葉片舟格	
金火土	○	立身揚名格	水火土	×	先貧後困格	
金火金	×	早起成敗格	水火金	×	心身波難格	
金火水	×	無主空山格	水火水	×	先無功德格	
金土木	×	平地風波格	水土木	×	風前燈火格	
金土火	○	古木逢春格	水土火	×	落馬失足格	
金土土	○	立身出世格	水土土	×	江上風波格	
金土金	○	意外得財格	水土金	▽	先苦後安格	
金土水	×	災變災難格	水土水	×	病難辛苦格	
金金木	×	平生病苦格	水金木	×	暗夜行人格	
金金火	×	敗家亡身格	水金火	×	開花狂風格	
金金土	○	大志大業格	水金土	○	發展成功格	
金金金	×	孤獨災難格	水金金	○	順風順成格	
金金水	○	發展向上格	水金水	○	魚變成龍格	
金水木	○	發展成功格	水水木	○	萬景暢花格	
金水火	×	先無功德格	水水火	×	孤獨短命格	
金水土	×	不意災難格	水水土	×	百謀不成格	
金水金	○	富貴功名格	水水金	○	春日芳暢格	
金水水	○	發展便安格	水水水	×	平地風波格	

※　大凶 ×　　　大吉 ○　　　半吉 ▽

다. 三元五行(삼원오행 天干천간오행 數理수리오행)

성명자의 획수에 따라 오행으로 분류하여 그 오행의 배합이 相生(상생) 相剋(상극)인지에 따라 길흉을 판단하는 것이다.

數理五行(수리오행)		音靈五行(음령오행)	
1	木	ㄱ ㅋ	木
2			
3	火	ㄴ ㄷ	火
4		ㄹ ㅌ	
5	土	ㅇ ㅎ	土
6			
7	金	ㅅ ㅈ ㅊ	金
8			
9	水	ㅁ ㅂ ㅍ	水
10			
先天的(선천적) 상생원칙		後天的(후천적) 상생원칙	

天干(천간)오행 原理(원리)

甲 乙	丙 丁	戊 己	庚 辛	壬 癸
木	火	土	金	水
1 2	3 4	5 6	7 8	9~10

※ 천간오행은 상생이 이상적이다.

천간오행의 상생이 어려우면 음령오행을 상생격으로 배치한다.

그리고 元亨利貞(원형이정) 四格(사격)의 수리는 모두 吉格(길격)으로 구성하는 것이 바람직하다.

- 三元五行의 構成(구성)

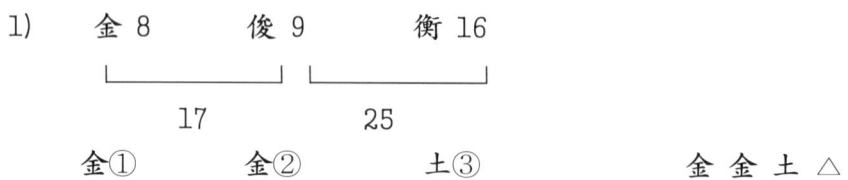

1)　　金 8　　　俊 9　　　衡 16

　　　　　17　　　　　25

　　　金①　　　金②　　　土③　　　　　金 金 土 △

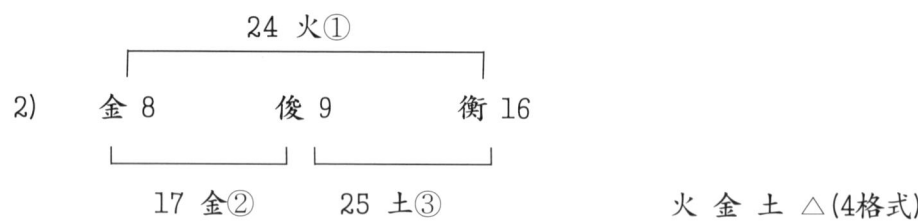

　　　　　　24 火①

2)　　金 8　　　俊 9　　　衡 16

　　　17 金②　　　25 土③　　　　火 金 土 △(4格式)

※ ①의 방법은 三才式(삼재식)을 인용한 것 같으며, ②의 방법은 元亨利貞(원형이정)의 4格式(격식)과 연관성이 엿보인다.

그리고 數理(수리)는 合數(합수)의 數意(수의)를 염두에 둔 방법으로 여겨진다.

이러한 삼원오행은 인정하지 않는 사람도 있으며 음령오행보다 중요하게 생각하지 않는 자도 있다.

그리고 삼원오행과 음령오행을 선택적으로 활용하기도 한다. 통계적으로 보면 아직은 三才式(삼재식) 삼원오행을 사용하는 역학자가 다소 많다고 한다.

그것은 두 오행이 만족할 정도로 吉하게 작명되는 것이 어렵기 때문인 것 같다. 따라서 음령오행이 좋지 않으면 수리오행의 영향력이 반감되며, 수리오행이 나쁘더라도 음령오행이 좋은 경우에는 대체로 괜찮다는 것인가 보다.

● 三元五行 吉凶 早見表(삼원오행 길흉조견표)

木木木 ○	火木木 ○	土木木 ▽	金木木 C	水木木 ○
木木火 ▽	火木火 ○	土木火 ▽	金木火 ×	水木火 C
木木土 ▽	火木土 ○	土木土 C	金木土 ▽	水木土 ○
木木金 ▽	火木金 ▽	土木金 C	金木金 ×	水木金 ▽
木木水 C	火木水 ▽	土木水 ▽	金木水 ▽	水木水 ○
木火木 ○	火火木 ▽	土火木 ○	金火木 ▽	水火木 ▽
木火火 ▽	火火火 ▽	土火火 C	金火火 ▽	水火火 ▽
木火土 ▽	火火土 ×	土火土 ○	金火土 ▽	水火土 ▽
木火金 ▽	火火金 ○	土火金 ∧	金火金 ×	水火金 ×
木火水 ▽	火火水 ▽	土火水 ∧	金火水 ×	水火水 ×
木土木 ▽	火土木 ▽	土土木 C	金土木 ▽	水土木 ×
木土火 ▽	火土火 ○	土土火 ○	金土火 ∧	水土火 ∧
木土土 ▽	火土土 ○	土土土 ▽	金土土 ○	水土土 ○
木土金 ▽	火土金 ▽	土土金 ○	金土金 ○	水土金 ▽
木土水 ×	火土水 ▽	土土水 ○	金土水 ▽	水土水 ×
木金木 ×	火金木 ×	土金木 C	金金木 ∧	水金木 ▽
木金火 ×	火金火 ×	土金火 ∧	金金火 C	水金火 ∧
木金土 ▽	火金土 ▽	土金土 ○	金金土 ▽	水金土 ○
木金金 ▽	火金金 ▽	土金金 C	金金金 ×	水金金 ○
木金水 ▽	火金水 ▽	土金水 ▽	金金水 ▽	水金水 ▽
木水木 ▽	火水木 ∧	土水木 C	金水木 ▽	水水木 ▽
木水火 ∧	火水火 ▽	土水火 ×	金水火 ∧	水水火 ×
木水土 ×	火水土 ×	土水土 C	金水土 ▽	水水土 ▽
木水金 ▽	火水金 C	土水金 ▽	金水金 C	水水金 ▽
木水水 ▽	火水水 ▽	土水水 C	金水水 ○	水水水 ▽

註 : 大凶 × 　大吉 ○ 　平吉 ▽ 　小吉 C 　小凶 ∧ 　表示임

● 三才五行(三才式三元五行 삼재식삼원오행)

삼재는 천인지 3격을 말하고 삼원의 一元은 지격 二元은 인격 三元은 천격(외격)을 말하니 같은 것인데, 天 人 地 外 總格(총격)으로 5분류(5格구분 太極圖式 태극도식)하는 것은 元 亨 利 貞 4格과 대별되는 개념이라 볼 수 있다.

삼재오행에서의 1자姓(성)에는 太極數(태극수) 1을 假成(가성 合成합성)한다(이를 假成數<가성수>, 虛數<허수>라 한다)

이는 일본인 熊崎健翁(웅기건옹,구마자끼 겐오)가 4자로 구성된 일본인의 성명풀이를 위해 고안한 방법이라 하는데(1927년), 우리가 3자 성명의 성자 위에 가성수 1을 넣는 식으로 우리 실정에 맞게, 보완 변형되어 아직까지도 쓰고 있는 사람이 상당한 편이다.

1은 數(수)의 시작이요 만물의 시초로 无極(무극)과 태극을 나타내며 천지창조의 조물주를 뜻한다고 한다. 1을 천수라 하는데 조물주가 인간을 만들었으므로 성명3자에 천수인 태극수를 가산하는 것인데, 易(역)의 원리에 입각한 天人地 삼재를 맞추기 위한 방편이며 元會運世(원회운세)를 맞춘 것이라 한다.

그리고 人格(인격)은 성자와 명상자에서 나오고 地格(지격)은 명자의 합수에서 나오며, 天格은(천격) 성자에 선천수 1을 보태어 나온다. 사람은 하늘을 머리에 이고 있으며 땅을 밟고 선 모양(天人地)인데 이것이 중요한 것이며 또한 鐵則(철칙)이라 하였다.

여기에서 천격수는 삼재 배치에만 적용하고 그 수리의 길흉은 운명에 직접 영향이 없으므로 보지 않는 것이며, 지격수에 가성수1이 포함된 경우에도 삼재 배치에만 적용하고 가성이 들어가지 않은 지격수로 운명을 감정하는 것이다. 다시말하면 수리의 길흉은 인,지,총격 3격만 따지는데 인격이 나쁘면 凶名(흉명, 쓸데없는 씨알●로 무엇을 하겠는가?)으로 본다.

<例>

1字姓 2字名	1字姓 1字名	2字姓 2字名

가성 1 ⎤ 8 天格 ①　(金)
이 李7 ⎦
이 李7 ⎤ 15 人格 ②　(土)
창 昌8 ⎦
창 昌8 ⎤ 13 地格 ③　(火)
민 民5 ⎦

가성 1 ⎤ 8 天格 (金)
이 李7 ⎦
이 李7 ⎤ 17 人格 (金)
준 峻10 ⎦
준 峻10 ⎤ 11 地格 (木)
가성 1 ⎦

선 鮮17 ⎤ 20 天格 (水)
우 于3 ⎦
우 于3 ⎤ 13 人格 (火)
진 珍10 ⎦
진 珍10 ⎤ 18 地格 (金)
경 京8 ⎦

삼재오행 　　　: 金土火　　　　金金木　　　　水火金
④ 외격(6) 　　: 土　　　　　　(2) 木　　　　(25) 土
⑤ 내격(人外格): 土土　　　　　金木　　　　　火土
⑥ 총격(20) 　 : 水　　　　　　金　　　　　　金

※ 내격(內外運)은 대내외적인 환경 즉 社會運(사회운)을 보며 인격과 지격으로
　 基礎運(기초운 초년), 천격과 인격으로 成功運 (성공운)을 본다.

三才配合(삼재배합)의 吉凶

四格吉數(4격길수) 三才凶(삼재흉) → 혹 일시 성사되더라도 종내 불운.
四格凶數(4격흉수) 三才吉(삼재길) → 다소 免厄(면액) 小成(소성).
四格吉數(4격길수) 三才吉(삼재길) → 大成(대성) 幸福(행복).

삼재의 靈動力(영동력)에 대한 아래 내용을 소개한다.

天格(천격) 　　　　　 : 출생~15세, 길흉 불분별, 부모 윗사람 상사 남편
人格(인격) 　　　　　 : 15~30세(유도력 17~37세) 본인
主運(주운) 弱動(약동) : 1~8세 中動(중동) 8~21세 强動(강동) 21~36세
地格(지격) 　　　　　 : 출생~18세, 아내 자녀 아랫사람 부하
前運(전운) 　　　　　 : 약동 1~20세 중동 18~21세 강동 21~36세
外格(외격) 　　　　　 : 성자 + 명하자 31~45세(유도력 27~47세)
副運(부운) 　　　　　 : 강동 21~36세 중동 36~47세 약동 1~27세
總格(총격) 　　　　　 : 성자 + 명자 46~60세(유도력 37~말년)
後運(후운) 　　　　　 : 약동 1~ 8세 중동 8~36세 강동 36~말년

● 三才五行 吉凶早見表(삼재오행 길흉조견표)

木木木 ○	火木木 ○	土木木 ▽	金木木 ×	水木木 ○
木木火 ○	火木火 ○	土木火 ▽	金木火 ×	水木火 ▽
木木土 ○	火木土 ○	土木土 ▽	金木土 ∧	水木土 ○
木木金 ×	火木金 ×	土木金 ×	金木金 ∧	水木金 ∧
木木水 ×	火木水 ∧	土木水 ×	金木水 ∧	水木水 ×
木火木 ○	火火木 ○	土火木 ○	金火木 ×	水火木 ∧
木火火 ▽	火火火 ▽	土火火 ▽	金火火 ×	水火火 ×
木火土 ○	火火土 ×	土火土 ○	金火土 ×	水火土 ×
木火金 ×	火火金 ×	土火金 ×	金火金 ×	水火金 ×
木火水 ×	火火水 ×	土火水 ∧	金火水 ×	水火水 ×
木土木 ×	火土木 ∧	土土木 ∧	金土木 ∧	水土木 ∧
木土火 ▽	火土火 ○	土土火 ○	金土火 ▽	水土火 ∧
木土土 ∧	火土土 ○	土土土 ○	金土土 ○	水土土 ×
木土金 ×	火土金 ∧	土土金 ○	金土金 ○	水土金 ∧
木土水 ∧	火土水 ×	土土水 ×	金土水 ∧	水土水 ∧
木金木 ∧	火金木 ×	土金木 ×	金金木 ∧	水金木 ×
木金火 ×	火金火 ×	土金火 ∧	金金火 ×	水金火 ×
木金土 ▽	火金土 ×	土金土 ○	金金土 ○	水金土 ○
木金金 ×	火金金 ×	土金金 ○	金金金 ×	水金金 ×
木金水 ×	火金水 ×	土金水 ×	金金水 ∧	水金水 ×
木水木 ▽	火水木 ×	土水木 ×	金水木 ×	水水木 ∧
木水火 ∧	火水火 ×	土水火 ×	金水火 ∧	水水火 ×
木水土 ×	火水土 ×	土水土 ∧	金水土 ∧	水水土 ∧
木水金 ▽	火水金 ∧	土水金 ×	金水金 ○	水水金 ×
木水水 ▽	火水水 ×	土水水 ∧	金水水 ∧	水水水 ∧

※ 大吉 ○ 中吉 ▽ 小凶(변괴운) ∧ 大凶 ×

라. 數理(수리)

數理(수리)는 글자(文字문자)의 획수에 따라 생기는 것이다.

모든 글자와 숫자에는 고유의 영력과 유도암시력이 살아 움직이고 있는 것인데, 숫자를 지니면 그 숫자가 발산하는 고유의 영향을 받게 된다는 것이다.

數(수)는 우주 본질인 동시에 원소이기도 하다. 삼라만상은 다 음양(靈영, 體체) 원소의 결합에 의해 형성되는 것이며 그 음양 배합수 여하에 따라 형체 소질 능력이 다를 뿐인데, 그들 원소의 결합 交流(교류)와 관련을 가짐으로서 意義(의의)가 있는 것이므로 성명의 수리 역시 각 성명자의 합수로 그 수리의 영향력을 갈음할 수 있는 것이다.

수리구성은 개인운로에 영향을 크게 미치는 것인바, 先天命(선천명, 사주 先天器局선천기국)에 합당한 수리를 배치해야 함은 물론이다.

선천적 능력의 대소 즉 주로 財運(재운)의 강약과 官運(관운)의 왕쇠를 참작하여 강대한 운명의 소유자인지 아니면 약한 사람인가에 따라 각각 알맞은 수리와 字意(자의)의 작명을 해야 한다는 것이다.

선천명이 약한 사람에게 길수라 하여 지나치게 왕성하거나 대길한 구성으로 배합되었을 경우, 성명상의 극왕운이 개인의 운명상 버거운 짐(弱馬駝重格약마타중격)과 같은 작용을 함으로서 마침내 감당치 못하여 불길해진다.

즉 큰짐을 능히 질 수 있는 材木(재목)이 아님에도 그런 엄청난 외형적 혹을 얹어주면 그 무게에 압사당할 수 있다는 이치와 같은 것이다.

예를 들면 일개 村夫(촌부)에 지나지 않은 命運(명운)의 사주인데, 이름은 諸葛孔明(제갈공명)에게나 어울릴 영웅격의 이름을 지어준다면 오히려 禍(화)가 되어 그 사람의 앞길을 험난하게 할 것이다.

대체로 형격(主運주운, 人格인격)수리가 길해야 하는데, 형격이 흉하고 정격이 길하면 크게 명성을 떨치는 대인물일지라도 파란이 심하거나, 전반생이 흉하면 후반생이 길하고 전반생이 길하면 후반생이 부진한 것이다.

● 數理(수리, 元亨利貞원형이정) 構成例(구성예)

1. 1字姓 1字名

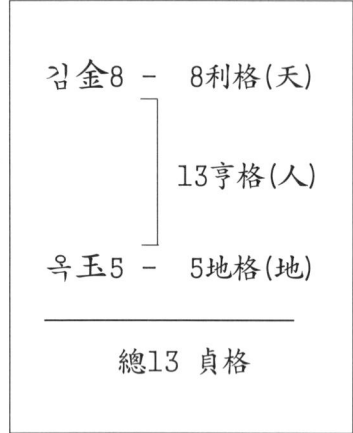

김金8 ─ 8利格(天)

13亨格(人)

옥玉5 ─ 5地格(地)

_____

總13 貞格

2. 2字姓 2字名

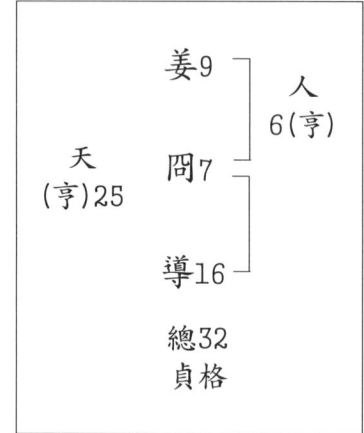

姜9 ┐
　　├ 人
　　│ 6(亨)
天　　│
(亨)25 問7 ┤
　　│
　　│
導16 ┘

總32
貞格

3. 2字姓 1字名

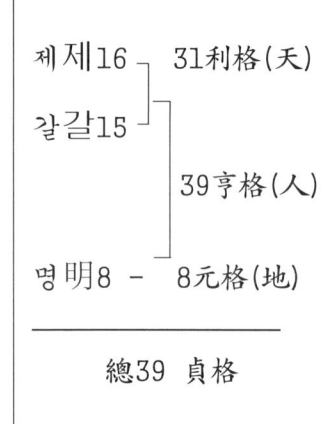

제제16 ┐ 31利格(天)
갈갈15 ┤

39亨格(人)

명明8 ─ 8元格(地)

_____

總39 貞格

4. 2字姓 2字名

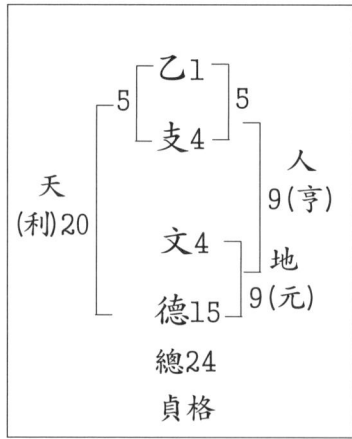

乙1 ┐
├5 ┤ 5
支4 ┘ 人
天　　　 9(亨)
(利)20 文4 ┐ 地
德15 ┘ 9(元)

總24
貞格

※ 일반적으로 수리를 성명에 적용함에 있어 길수와 흉수를 확연히 구분해 놓고서, 그 뜻에만 피상적으로 얽매여 길수에 잠재하는 不正(부정)의 뜻과 흉수에 暗藏(암장)된 吉慶(길경)의 뜻이 있는등 그 二重星(이중성)에 유의할 필요가 있다. 인생사는 좋거나 나쁘거나, 貴人(귀인)과 凡人(범인)의 경우등 다양하기 때문이다.

• 四格(元亨利貞)오행의 구성

1字姓1字名	1字姓 2字名	1字姓 3字名
金 8 —8(利) 天 13(亨) 人 玉 5 —5(元) 地 總13 貞格	姜 9 16(亨) 人 天(利)25 咼 7 23(元) 地 導 16 總32 貞格	李 7 18(亨) 人 天(利)18 梧 11 28(元) 地 竹 6 堂 11 總35 貞格

2字姓1字名	2字姓 2字名	2字姓 3字名
諸16 31(利)天 葛15 39(亨)人 明 8 —8地(元) 總39 貞格	乙 1 5 支 4 9(亨)人 天(利)20 文 4 19(元)地 德15 總24 貞格	南 9 19 宮10 27(亨)人 天(利)34 松 8 雪11 34(地)(元) 15 德15 總36 貞格

● 81數 吉凶表(길흉표, 남여구분)

획수	남자	여자	획수	남자	여자	획수	남자	여자
1	○	○	28	×	×	55	×	×
2	×	×	29	○	▽	56	×	×
3	○	○	30	×	×	57	○	○
4	×	×	31	○	○	58	▽	▽
5	○	○	32	○	○	59	×	×
6	○	○	33	○	▽	60	×	×
7	○	○	34	×	×	61	○	○
8	○	○	35	○	○	62	×	×
9	×	×	36	×	×	63	○	○
10	×	×	37	○	○	64	×	×
11	○	○	38	○	○	65	○	○
12	×	×	39	○	▽	66	×	×
13	○	○	40	×	×	67	○	○
14	×	×	41	○	○	68	○	○
15	○	○	42	×	×	69	×	×
16	○	○	43	×	×	70	×	×
17	○	○	44	×	×	71	▽	▽
18	○	○	45	○	○	72	×	×
19	×	×	46	×	×	73	▽	▽
20	×	×	47	○	○	74	×	×
21	○	▽	48	○	○	75	▽	▽
22	×	×	49	▽	▽	76	×	×
23	○	▽	50	×	×	77	▽	▽
24	○	○	51	×	×	78	▽	▽
25	○	○	52	○	○	79	×	×
26	▽	▽	53	×	×	80	×	×
27	×	×	54	×	×	81	○	○

※ 하도낙서에서 파생된 수리적 이치로 길흉을 추론하는데 81數를 사용하는 것임

● 坤命(곤명, 女命여명, 여자)

19 26 27 28 34 40數는 고독 파괴운으로 당초부터 나쁘다고 한다. 그리고 21 23 29 33 39數는 자체적으로는 길수리이나 頭領運(두령운, 특히主運)으로 남성적 剛情(강정) 권위의 성격이 있다고 보며, 生離死別(생리사별, 寡婦運과부운−독신, 독수공방, 혹 자신 사망) 혹은 단명하다하여 크게 기피하고 있는 편이다.

그리고 32數는 다른 수리와 부조화시 色難(색난)의 우려가 있다고 하며 준과부수 28 29 고독운수 9 19 20을 포함하여 改名(개명)대상이라 하는 사람도 있다.

그러나 요즈음은 교육과 교양에 따라 다를 뿐 아니라 사교적이며 활동적이라고 이해되고, 여성의 사회적 성공사례를 보더라도 그 해석을 달리할 필요가 있다고 생각한다.

그럼에도 대체적으로 외향적이며 억척스런 女丈夫(여장부)로 비춰지는 것은 어째서일까?

그리고 23 33 39 수리는 남여불문하고 중복을 피해야 한다고 하니 유념할 필요가 있다.

그 외 8 15 17 수리는 다소 강한 작용을 한다고 하며 5 6 13 15 16 25 35는 賢母良妻(현모양처), 31 48은 배필운이 좋다고 하고 15 19 24 25는 애교 있고 사교적이다.

또 4 10 12 14 20 22는 美貌(미모)가 좋고 6 15 16 35는 여자에게 바람직한 수리라 한다.

요즘 可姙(가임)여성의 출산기피로 몇 년 후에는 오히려 인구가 줄어든다고 하는데, 晩婚(만혼)은 9 10 12 14 17 22 27 28 34 43 수리와 관계있다고 한다. 실제 작명에 임해 보면 이런 수리 해석 때문에 남자보다 여자가 더 어려움을 實感(실감)한다.

- 吉格數理構成(길격수리구성) 早見表(조견표)

1획성	을 乙

성	1	1	1	1	1	1	1	1	1	1	1	1	1	1	1
명	2 5	2 14	2 15	2 22	4 12	5 2	5 10	5 12	6 1	6 10	6 17	7 10	7 16	10 5	10 6
성	1	1	1	1	1	1	1	1	1	1	1	1	1	1	1
명	10 7	10 14	10 22	12 4	12 5	12 20	14 2	15 2	16 7	17 6	17 12	17 20	20 4	20 5	20 12
성	1	1	1												
명	20 17	22 2	22 10												

2획성	내 도 복 우 입 정 乃 刀 卜 又 入 丁

성	2	2	2	2	2	2	2	2	2	2	2	2	2	2	2
명	1 4	1 5	1 14	1 15	1 22	3 3	3 13	4 1	4 9	4 11	4 19	5 1	5 6	5 11	5 16
성	2	2	2	2	2	2	2	2	2	2	2	2	2	2	2
명	6 5	6 9	6 15	6 23	9 4	9 6	9 14	9 22	11 4	11 5	11 22	13 3	13 16	13 22	14 1
성	2	2	2	2	2	2	2	2	2	2	2	2	2	2	2
명	14 9	14 15	14 19	14 23	15 1	15 6	15 14	15 16	16 13	16 15	16 19	16 21	16 23	19 4	19 14
성	2	2	2	2	2	2	2	2	2						
명	19 16	21 14	21 16	22 1	22 9	22 11	23 6	23 14	23 16						

3획성	간 궁 대 범 산 야 우 자 천
	干 弓 大 凡 山 也 于 子 千

성	3	3	3	3	3	3	3	3	3	3	3	3	3	3	3
명	2 3	2 13	3 2	3 10	3 12	3 18	3 26	4 4	4 14	5 8	5 10	8 5	8 10	8 13	8 21
성	3	3	3	3	3	3	3	3	3	3	3	3	3	3	3
명	10 3	10 5	10 8	10 22	12 3	12 20	13 2	13 8	13 22	14 4	14 15	14 18	14 21	15 14	15 20
성	3	3	3	3	3	3	3	3	3	3					
명	18 3	18 14	18 20	20 12	20 15	20 18	21 8	21 14	22 13	26 3					

4획성	개 공 공 구 근 금 두 둔 모 목 문 방 변 부 수 오 왕 우 원
	介 孔 公 仇 斤 今 斗 屯 毛 木 文 方 卞 夫 水 午 王 牛 元
	윤 윤 인 재 천 태 파 편 화
	尹 允 仁 才 天 太 巴 片 化

성	4	4	4	4	4	4	4	4	4	4	4	4	4	4	4
명	1 2	1 12	1 20	2 1	2 9	2 11	2 19	3 4	3 14	4 3	4 7	4 9	4 13	4 17	4 21
성	4	4	4	4	4	4	4	4	4	4	4	4	4	4	4
명	7 4	7 14	9 2	9 4	9 12	9 20	11 2	11 12	11 14	11 20	12 1	12 9	12 13	12 17	12 19
성	4	4	4	4	4	4	4	4	4	4	4	4	4	4	4
명	12 21	13 4	13 12	13 20	14 3	14 7	14 11	14 17	14 19	14 21	17 4	17 12	17 14	17 20	19 2
성	4	4	4	4	4	4	4	4	4	4	4	4			
명	19 12	19 14	20 1	20 9	20 11	20 13	20 17	20 21	21 4	21 12	21 14	21 20			

감공구무백북비빙사석소신앙영옥전점좌태
甘功丘戊白北丕氷史石召申央永玉田占左台
평포피현홍을지
平包皮玄弘乙支

성	5	5	5	5	5	5	5	5	5	5	5	5	5	5	5
명	1 2	1 10	1 12	2 6	2 11	2 16	3 8	3 10	6 2	6 10	6 12	6 18	8 3	8 8	8 10
성	5	5	5	5	5	5	5	5	5	5	5	5	5	5	5
명	8 16	8 24	10 1	10 3	10 6	10 8	11 2	12 1	12 6	12 12	12 17	12 20	13 20	16 2	16 8
성	5	5	5	5	5										
명	16 16	18 6	20 12	20 13	24 8										

곡광규길로모미박백빙서선안앙오이인임재
曲光圭吉老牟米朴百氷西先安仰伍伊印任在
전주후
全朱后

성	6	6	6	6	6	6	6	6	6	6	6	6	6	6	6
명	1 10	1 17	2 5	2 9	2 15	2 23	5 2	5 10	5 12	5 18	5 26	7 10	7 11	7 18	7 25
성	6	6	6	6	6	6	6	6	6	6	6	6	6	6	6
명	9 2	9 9	9 23	10 1	10 5	10 7	10 15	10 19	10 23	11 7	11 12	11 18	12 5	12 11	12 17
성	6	6	6	6	6	6	6	6	6	6	6	6	6	6	6
명	12 19	12 23	15 2	15 10	15 17	15 18	17 1	17 12	17 15	17 18	18 5	18 7	18 11	18 15	18 17
성	6	6	6	6	6										
명	19 10	19 12	23 9	23 10	23 12										

7획성	강 군 두 려 리 리 보 성 송 신 양 여 여 연 오 위 지 정 차 江 君 杜 呂 李 利 甫 成 宋 辛 良 余 汝 延 吳 位 池 廷 車 초 판 하 효 初 判 何 孝

성	7	7	7	7	7	7	7	7	7	7	7	7	7	7	7
명	1 10	1 16	1 24	4 4	4 14	6 10	6 11	6 18	8 8	8 9	8 10	8 16	8 17	8 24	9 8
성	7	7	7	7	7	7	7	7	7	7	7	7	7	7	7
명	9 16	9 22	10 1	10 6	10 8	10 14	10 22	11 6	11 14	14 4	14 10	14 11	14 17	14 18	14 24
성	7	7	7	7	7	7	7	7	7	7	7	7	7	7	7
명	16 1	16 8	16 9	16 16	16 22	17 8	17 14	17 24	18 6	18 14	22 9	22 10	22 16	24 1	24 8
성	7	7													
명	24 14	24 17													

8획성	경 경 계 공 구 기 김 내 림 맹 명 문 방 봉 사 사 상 석 송 京 庚 季 空 具 奇 金 奈 林 孟 明 門 房 奉 社 舍 尚 昔 松 승 승 심 악 애 야 어 장 종 주 창 채 탁 호 화 承 昇 沈 岳 艾 夜 於 長 宗 周 昌 采 卓 虎 和

성	8	8	8	8	8	8	8	8	8	8	8	8	8	8	8
명	3 5	3 10	3 13	3 21	5 3	5 8	5 10	5 16	5 24	7 8	7 9	7 10	7 16	7 17	7 24
성	8	8	8	8	8	8	8	8	8	8	8	8	8	8	8
명	8 5	8 7	8 9	8 13	8 15	8 17	8 21	8 25	9 7	9 8	9 15	9 16	10 3	10 5	10 7
성	8	8	8	8	8	8	8	8	8	8	8	8	8	8	8
명	10 13	10 15	10 21	10 27	13 3	13 8	13 10	13 16	15 8	15 9	15 10	15 16	16 5	16 7	16 9

성	8	8	8	8	8	8	8	8	8	8	8	8	8	8	8
명	16 13	16 15	16 17	16 21	17 7	17 8	17 16	21 3	21 8	21 10	21 16	23 16	24 15	25 8	27 10

9획성	강 姜	기 紀	남 南	단 段	류 柳	사 思	삭 削	선 宣	성 星	시 施	시 柴	신 信	언 彦	영 泳	요 姚	요 要	우 禹	위 韋	유 兪
	정 貞	준 俊	초 肖	추 秋	태 泰	파 波	편 扁	표 表	하 河	함 咸	후 後								

성	9	9	9	9	9	9	9	9	9	9	9	9	9	9	9
명	2 4	2 6	2 14	2 22	4 2	4 4	4 12	4 20	6 2	6 9	6 23	7 8	7 16	7 22	8 7
성	9	9	9	9	9	9	9	9	9	9	9	9	9	9	9
명	8 8	8 15	8 16	9 6	9 14	9 20	9 23	12 4	12 12	12 20	14 2	14 9	14 15	15 8	15 14
성	9	9	9	9	9	9	9	9	9	9	9	9	9	9	9
명	15 23	16 7	16 8	16 16	16 22	20 4	20 9	20 12	22 2	22 7	22 16	23 6	23 9	23 15	24 15

10획성	강 剛	계 桂	고 高	골 骨	공 貢	구 俱	궁 宮	기 起	당 唐	마 馬	반 般	방 芳	서 徐	석 席	소 素	손 孫	수 洙	승 乘	시 時
	예 芮	옹 邕	원 袁	원 原	운 芸	은 殷	조 曹	진 晉	진 秦	진 眞	창 倉	하 夏	홍 洪	화 花	환 桓	후 候			

성	10	10	10	10	10	10	10	10	10	10	10	10	10	10	10
명	1 5	1 6	1 7	1 14	1 22	3 3	3 5	3 8	3 22	5 1	5 3	5 6	5 8	6 1	6 5
성	10	10	10	10	10	10	10	10	10	10	10	10	10	10	10
명	6 7	6 15	6 19	6 23	7 1	7 6	7 8	7 14	7 22	8 3	8 5	8 7	8 13	8 15	8 21

성	10	10	10	10	10	10	10	10	10	10	10	10	10	10	10
명	8 23	11 14	13 8	13 22	14 1	14 7	14 11	14 15	14 21	14 23	15 6	15 8	15 14	15 22	15 23
성	10	10	10	10	10	10	10	10	10	10	10	10	10		
명	19 6	19 19	21 8	21 14	22 1	22 3	22 7	22 13	22 15	23 6	23 8	23 14	25 13		

11획성	강 康 이 異	견 堅 장 張	국 國 장 章	랑 浪 장 將	량 梁 조 曹	마 麻 주 珠	매 梅 최 崔	묘 苗 표 票	반 班 해 海	방 邦 허 許	범 范 호 扈	빈 彬 호 胡	상 常	설 偰	설 髙	어 魚	어 御	연 涓	위 尉

성	11	11	11	11	11	11	11	11	11	11	11	11	11	11	11
명	2 4	2 5	2 22	4 2	4 14	4 20	5 2	6 7	6 12	6 18	7 6	7 14	10 14	12 6	12 12
성	11	11	11	11	11	11	11	11	11	11	11	11			
명	13 24	14 4	14 7	14 10	18 6	20 4	20 21	20 27	21 20	22 2	24 13	27 20			

12획성	강 強 유 庚	경 景 일 壹	구 邱 저 邸	단 單 정 程	돈 敦 증 曾	동 童 지 智	민 閔 팽 彭	부 傅 풍 馮	삼 森 필 弼	선 善 하 賀	소 邵 황 黃	순 筍 동방 東方	순 淳 대실 大室	순 舜 소실 小室	순 順 이선 以先	승 勝	안 雁	요 堯	운 雲

성	12	12	12	12	12	12	12	12	12	12	12	12	12	12	12
명	1 4	1 5	1 12	1 20	3 3	3 20	4 1	4 9	4 13	4 17	4 19	4 21	5 1	5 6	5 12
성	12	12	12	12	12	12	121	12	12	12	12	12	12	12	12
명	5 20	6 5	6 11	6 17	6 19	6 23	9 4	9 12	9 20	9 26	11 6	11 12	12 1	12 5	12 9

성	12	12	12	12	12	12	12	12	12	12	12	12	12	12	12
명	12 11	12 13	12 17	12 21	12 23	13 4	13 12	13 20	17 4	17 6	17 12	17 20	19 4	19 6	19 20
성	12	12	12	12	12	12	12	12	12	12	12	12	12		
명	20 1	20 3	20 5	20 9	20 13	20 17	20 19	21 4	21 12	23 6	23 12	25 4	26 9		

13획 성	가 賈	경 敬	금 琴	돈 頓	렴 廉	로 路	뢰 雷	목 睦	신 新	아 阿	양 楊	옹 雍	우 虞	욱 郁	자 慈	장 莊	초 楚	춘 椿	탕 湯
	사공 司空	령고 令孤	망전 岡田	소봉 小峰															

성	13	13	13	13	13	13	13	13	13	13	13	13	13	13	13
명	2 3	2 16	2 22	3 2	3 8	3 22	4 4	4 12	4 20	5 20	8 3	8 8	8 10	8 16	8 24
성	13	13	13	13	13	13	13	13	13	13	13	13	13	13	13
명	10 8	10 22	12 4	12 12	12 20	16 2	16 8	16 16	16 19	16 22	18 20	19 16	19 20	20 4	20 5
성	13	13	13	13	13	13	13	13							
명	20 12	20 18	20 19	22 2	22 3	22 10	22 16	24 8							

14획 성	개 蓋	견 甄	국 菊	기 箕	단 端	련 連	배 裵	봉 鳳	빈 賓	석 碩	신 愼	실 實	영 榮	온 溫	자 慈	제 齊	조 趙	채 菜	화 華
	공손 公孫	서문 西門																	

성	14	14	14	14	14	14	14	14	14	14	14	14	14	14	14
명	1 2	1 7	1 10	1 17	1 23	2 1	2 9	2 15	2 19	2 21	2 23	3 4	3 15	3 18	3 21

성	14	14	14	14	14	14	14	14	14	14	14	14	14	14	14
명	4 3	4 7	4 11	4 17	4 19	4 21	7 4	7 10	7 11	7 17	7 18	7 24	9 2	9 9	9 15
성	14	14	14	14	14	14	14	14	14	14	14	14	14	14	14
명	10 1	10 7	10 11	10 15	10 21	10 23	11 4	11 7	11 10	15 2	15 3	15 9	15 10	15 18	17 1
성	14	14	14	14	14	14	14	14	14	14	14	14	14	14	14
명	17 4	17 7	18 3	18 7	18 15	18 19	19 2	19 4	19 18	19 19	21 2	21 3	21 4	21 10	23 1
성	14	14	14												
명	23 2	23 10	24 7												

15획성	가 價 갈 葛 경 慶 곽 郭 광 廣 구 歐 덕 德 동 董 량 樑 로 魯 루 樓 류 劉 만 萬 만 滿 묵 墨 섭 葉 탄 彈 표 標 한 漢 흥 興 사마 司馬 장곡 長谷

성	15	15	15	15	15	15	15	15	15	15	15	15	15	15	15
명	1 2	1 16	1 22	2 1	2 6	2 14	2 16	2 22	3 14	3 20	6 2	6 10	6 17	6 18	8 8
성	15	15	15	15	15	15	15	15	15	15	15	15	15	15	15
명	8 9	8 10	8 16	9 8	9 14	9 23	10 6	10 8	10 14	10 22	10 23	14 2	14 3	14 9	14 10
성	15	15	15	15	15	15	15	15	15	15	15	15	15	15	15
명	14 18	14 23	16 1	16 2	16 8	16 16	16 17	17 6	17 16	17 20	18 6	18 14	20 3	20 17	22 1
성	15	15	15	15	15										
명	22 2	22 10	23 9	23 10	23 14										

16획성	강 疆	개 蓋	곽 霍	교 橋	담 潭	도 道	도 都	도 陶	두 頭	로 盧	룡 龍	륙 陸	반 潘	연 燕	예 豫	음 陰	전 錢	제 諸
	진 陳	황보 皇甫																

성	16	16	16	16	16	16	16	16	16	16	16	16	16	16	16
명	1 7	1 15	1 16	1 22	2 5	2 13	2 15	2 19	2 21	2 23	5 2	5 8	5 16	7 1	7 8
성	16	16	16	16	16	16	16	16	16	16	16	16	16	16	16
명	7 9	7 16	7 22	7 25	8 5	8 7	8 9	8 13	8 15	8 17	8 21	9 7	9 8	9 16	9 22
성	16	16	16	16	16	16	16	16	16	16	16	16	16	16	16
명	9 23	13 2	13 8	13 16	13 19	13 22	15 1	15 2	15 8	15 16	15 17	16 1	16 5	16 7	16 9
성	16	16	16	16	16	16	16	16	16	16	16	16	16	16	16
명	16 13	16 15	16 19	17 8	17 15	19 2	19 13	19 16	19 22	21 2	21 8	22 1	22 7	22 9	22 13
성	16	16	16	16											
명	22 19	23 2	23 9	25 7											

17획성	국 鞠	독 獨	둔 遯	사 謝	상 嘗	상 霜	선 鮮	손 遜	양 陽	양 襄	연 蓮	위 蔚	장 蔣	종 鍾	채 蔡	촉 燭	추 鄒	택 澤	한 韓

성	17	17	17	17	17	17	17	17	17	17	17	17	17	17	17
명	1 4	1 6	1 14	1 15	1 20	4 4	4 12	4 14	4 20	6 1	6 12	6 15	6 18	7 8	7 14
성	17	17	17	17	17	17	17	17	17	17	17	17	17	17	17
명	7 24	8 7	8 8	8 16	12 4	12 6	12 12	14 1	14 4	14 7	14 21	15 1	15 6	15 16	15 20

성	17	17	17	17	17	17	17	17	17					
명	16 1	16 8	16 15	18 6	20 1	20 4	20 15	21 14	24 7					

18획성	간 구 동 안 위 진 추 호 강절 簡 瞿 董 顔 魏 鎭 鞦 鎬 綱切

성	18	18	18	18	18	18	18	18	18	18	18	18	18	18	18
명	3 3	3 14	3 20	5 6	6 5	6 7	6 11	6 15	6 17	6 23	7 6	7 14	11 6	13 20	14 3
성	18	18	18	18	18	18	18	18	18	18					
명	14 7	14 15	14 19	15 6	15 14	17 6	19 14	20 3	20 13	23 6					

19획성	감 강 관 담 방 벽 설 온 정 남궁 어 금 재회 鑑 疆 關 譚 龐 薜 薛 薀 鄭 南宮 魚 金 再會

성	19	19	19	19	19	19	19	19	19	19	19	19	19	19	19
명	2 4	2 14	2 16	4 2	4 12	4 14	6 10	6 12	10 6	10 19	12 4	12 6	12 20	13 16	13 20
성	19	19	19	19	19	19	19	19	19	19	19	19	19	19	19
명	14 2	14 4	14 14	14 18	14 19	16 2	16 13	16 16	16 22	18 14	18 20	19 10	19 14	19 20	20 12
성	19	19	19	19											
명	20 13	20 18	20 19	22 16											

20획성	라 석 엄 선우 하후 羅 釋 嚴 鮮于 夏候

성	20	20	20	20	20	20	20	20	20	20	20	20	20	20	20
명	1 4	1 12	1 17	3 12	3 15	3 18	4 1	4 9	4 11	4 13	4 17	4 21	5 12	5 13	5 27
성	20	20	20	20	20	20	20	20	20	20	20	20	20	20	20
명	9 4	9 9	9 12	11 4	11 21	12 1	12 3	12 5	12 9	12 13	12 17	12 19	13 4	13 5	13 12
성	20	20	20	20	20	20	20	20	20	20	20	20	20	20	20
명	13 18	13 19	15 3	15 17	17 1	17 4	17 12	17 15	17 21	18 3	18 13	18 19	19 12	19 13	19 18
성	20	20	20												
명	19 19	21 4	21 11												

21획성	고 등 부 정 추 학 顧 藤 負 鼎 鄒 鶴

성	21	21	21	21	21	21	21	21	21	21	21	21	21	21	21
명	2 4	2 6	2 9	2 14	2 16	3 8	3 14	3 24	4 2	4 4	4 12	4 14	4 20	6 2	6 10
성	21	21	21	21	21	21	21	21	21	21	21	21	21	21	21
명	6 11	6 12	6 18	8 3	8 8	8 9	8 10	8 16	9 2	9 8	9 18	10 6	10 8	10 14	10 17
성	21	21	21	21	21	21	21	21	21	21	21	21	21	21	21
명	11 6	11 16	11 20	12 4	12 6	12 12	14 2	14 3	14 4	14 10	14 17	16 2	16 8	16 11	17 10
성	21	21	21	21	21	21	21	21							
명	17 14	17 20	18 6	18 9	20 4	20 11	20 17	24 3							

공 권 변 소 은 부정
龔 權 邊 蘇 隱 負鼎

성	22	22	22	22	22	22	22	22	22	22	22	22	22	22	22
명	1 2	1 10	1 15	1 16	2 1	2 9	2 11	2 13	2 15	2 21	2 23	3 10	3 13	7 9	7 10
성	22	22	22	22	22	22	22	22	22	22	22	22	22	22	22
명	7 16	9 2	9 7	9 16	9 26	10 1	10 3	10 7	10 13	10 15	10 25	11 2	13 2	13 3	13 10
성	22	22	22	22	22	22	22	22	22	22	22	22			
명	13 16	15 1	15 2	15 10	16 1	16 7	16 9	16 13	16 19	19 16	21 2	23 2			

독고
獨孤

성	25	25	25	25	25	25	25	25	25	25	25	25	25	25	25
명	4 4	4 12	6 7	6 10	7 6	7 16	8 8	10 6	10 13	10 22	12 4	12 20	13 10	13 20	16 7
성	25	25	25	25											
명	16 16	20 12	20 13	22 10											

31획 성	제갈 諸葛

성	31	31	31	31	31	31	31	31	31	31	31	31	31	31	31
명	1 6	1 16	1 20	2 4	2 6	2 14	4 2	4 4	4 17	4 20	6 2	6 10	7 10	7 14	8 8
성	31	31	31	31	31	31	31	31	31	31	31	31			
명	10 6	10 7	14 2	14 7	16 1	16 16	16 21	17 4	17 20	20 1	20 4	20 17			

※ 金字(금자)는 姓(성)에서만 김으로 인정되고 이름에서는 불인정(금으로만 사용)

- 81數 靈動力(영동력, 暗示靈力암시영력역)

◎ 運(운)의 해설

<例>　　乾名(건명)　　戊辰生(무진생)

김 金 8

利 11
(天)　영 泳 9　　17 亨
　　　　　　　　(人)

　　　　　　　　12 元
　　　　　　　　(地)

삼 三 3

20 貞
(總)

元(地格,名格)　초명부터 18세까지(前運)(1~15세)

亨(人格,主格)　주로 18~36세　(主運)(16~35세)

利(天格,外格)　　〃　 28~50세　(副運)(36~55세)

貞(總格)　　　　〃　 40세이후　(後運)(56세~)

※ 각격이 의미하는 시기에는 영향력이 강하게 나타나지만, 다른 시기에도 약간은 영향력이 發顯(발현)된다는 것을 잊어서는 안된다.

　그러한 인식의 바탕에서 그러한지 통상 전체적으로 4격 모두 길수의 조합을 희망하는 경향이 지배적이다. 다시 말하면 모두 좋으면 발현시기를 염두에 둘 필요가 없어서인지 모른다.

● 八十一數 靈動力(영동력)

◇ 一頭領運

삼라만상의 기본수이고 최고로 좋은 수이며 부귀공명하고 일생에 안락하며 태평하여 장수하고 명예를 얻으며 말년에 이르러 더욱 좋은 수리이다.

◇ 二分離運

파란과 분리, 불안, 동요, 고독, 병약, 조난, 불구가 되기 쉬운 이름이며 처자와 생리사별되고 심하면 단명하다. 그러니까 혼돈미정의 최악의 수리이다.

◇ 三福壽運

음양이 형성된 좋은 수요 최대의 경사와 복이 있고 지혜가 달통하고 영민하며 공명영달하고 건강장수하며 큰 사업을 성취하고 두령이 되며 어떤 일이든 성공되는 수리이다.

◇ 四破滅運

파괴의 흉상을 지니며 불구, 불안, 멸망의 징조가 있다. 진퇴가 자유롭지 못하고 독립심이 결여되며 혹은 발광 등이 염려되고 세상에서 버림받은 수리이다.

◇ 五成功運

음양이 교감하여 화합이 완벽한 상이며 위대한 성공을 하는데 정신발달 신체건전 복록 장수 부귀영화 혹은 중흥조가 되고 가정을 재건하는 수리이다.

◇ 六蓄財運

하늘과 땅에서 덕을 주어 경사와 복이 아주 풍성하며 가세가 성대하고 모든 보물이 집합되는데 왕성의 끝에는 슬픔이 따른다는 점만 알면 안락하게 되는 수리이다.

◇ 七發達運

독립심과 권위가 강한 반면에 동화력이 부족한 감도 있다. 일에 조리 있고 재능과 정력도 있으며 만난을 배제하고 성공하나 여자는 남성적이 되는 수리이다.

◇ 八健暢運

의지가 철석 같고 진취의 기상이 뛰어나 천신만고도 헤쳐 나서 목적을 관철하고 명예 보물을 지키고 인내로 성공을 한다. 단 조난을 조심해야하는 수리이다.

◇ 九窮極運

이익이 없고 공도 사라지며 공박에 빠져 역경, 단명, 비통, 참담의 의미가 있고 어릴 때 부모잃고 곤란, 병약, 불구, 조난, 빈곤, 형벌 등이 우려되는 最凶의 수리이다.

◇ 十短命運

끝장이요 공허, 냉암의 최흉수로 해지고 적막한데 귀신이 나오고 만사가 무력하며 장애가 많다.파산,빈곤,육친이별,조난,형벌이 있는데 만에 하나 만난을 헤치고 사선을 넘어 성공한 사람도 있는 수리이다.

◇ 十一興家運

음양이 서로 오듯이 천부의 행복을 누리고 매사가 순서 있게 발달하며 온건 착실하여 부귀번영하고 일가를 재기시키는 최대로 좋은 운을 지닌 수리이다.

◇ 十二薄弱運

무리를 펴며 박약무력하다 안되는 것을 기획하다 실패보며 의외로 실수, 액난, 비운에 빠지고 심하면 단명하게 되는 고독, 역경, 병난의 수리이다.

◇ 十三智達運

학예 재능이 풍부하고 지모와 지략이 있다. 어떠한 어려움이라도 교묘하게 잘 빠져나와 부귀행복을 누릴 좋은 계기를 만드는 특장이 있는 수리이다.

◇ 十四破壞運

파괴의 조짐이 있고 가족과 인연이 박하여 부모와 형제자매를 이별하든가 고독, 불여의, 번민, 위험, 조난이 따르고 심하면 단명도 우려되는 수리이다.

◇ 十五福壽運

최대의 호운으로 복과 수가 원만하며 아량도 풍부하며 화순온량하고 윗사람의 혜택을 받으며 덕과 녹이 많고 대업성취, 부귀 번영하는 최대길운의 수리이다.

◇ 十六德望運

흉이 길로 변하는 상이요 두령으로 남위에 있고 풍후한 아량으로 신망을 받아 대중을 복종시키며 큰 사업의 성취, 부귀발달 되며 특히 부인은 좋은 수리이다.

◇ 十七剛健運

권위와 박력은 자기 본위로 관철하므로 인화에는 부족한 감이 있다. 교만과 고집은 금물이다. 의지 견고하여 만난을 돌파하여 위대한 일을 하게 되고 건강에 좋은 수리로써 허약자에게는 더욱 좋다.

◇ 十八發達運

철석같은 마음과 발달운에 권력과 지략도 있어 한번 세운 뜻은 견실하게 어려움을 헤쳐서 명리를 넓힌다. 포괄력과 완고함을 주의해야 하는 수이다.

◇ 十九病惡運

재능이 있고 활동의 소질도 있으므로 대업을 일으키고 명리를 달성할 실력은 있는데 의외의 장애와 내외불화 困難등이 많아 병약, 폐질, 불구, 졸도, 고독, 과부의 비운에 빠지며 더 나아가서는 단명, 요절, 처자사별, 형벌, 살상의 난이 우려되는 수리이다.

◇ 二十短命運

싹 잘라버리듯 단명하고 비운을 유도하는 대흉의 운명이며 재액, 조난, 不如意

의 역경에 빠지고 폐질이나 부모처자를 이별하는 참담한 수리이다.

◇ 二一頭領運

구름개고 달이 나오듯 만사를 형성하는 상이며 독립과 권위가 있고 두령으로 남의 위에서 존경받고 부귀영화를 누리나 단, 부인은 고독 고생이 있는 수리이다.

◇ 二二薄弱運

백사불여의 중도 좌절되며 가을 풀이 서리를 맞은 상으로 곤란, 병약, 무기력, 고독, 위험, 역경과 불평에 빠지게 될 운세요 박약의 수리이다.

◇ 二三隆昌運

위대하고 세가 충천하는 상이며 비천한 몸이 윗사람이 되어 흡사 개선장군이 되고 맹호가 날개를 달게 된 상이다. 공명영달하고 큰뜻 큰사업을 성취시키나 단, 여인은 고독 과부의 불평이 있는 수리이다.

◇ 二四蓄財運

경로에는 다소 어려움이 있으나 재략과 지모가 뛰어나서 큰 공을 세우고 금전을 모으며 말년이 좋고 자손에게 경사를 전하는 유일의 수리이다.

◇ 二五健昌運

자성이 영민하며 귀중한 재능도 있으나 다소 유약하며 언어에도 약간 모순이 생겨 사교나 사업상으로 지장이 초래된다. 큰 사업을 성취하여 성공하는 수리이다.

◇ 二六變怪運

파란만장의 영웅운이요 사선을 넘어서 성공하고 불세출의 위인, 괴력자가 여기서 나오지만 많이는 병난, 방탕, 고독, 배우자를 잃기 쉬운 수리이다.

◇ 二七中折運

자존심이 강하고 비난, 공격을 받아 실패하며 중도에 좌절되는 상이니 지략과 분투노력으로 명리를 넓혀도 불화, 형벌, 조난, 고독, 자살자가 나오는 수리이다.

◇ 二八遭難運

일종의 호걸적인 상태에 있는데 파란변동이 많고 비난, 재액, 조우, 상해를 당하며, 혹은 부부이별 골육과 헤어지며 일생에 험악한 수리이다.

◇ 二九受福運

지략이 우수하고 공을 세우며 복을 받는 운이요 재력도 있고 활동력도 있으나 일면 불평과 부족을 느끼며 여인은 과부나 황망에 흐르기 쉬운 수리이다.

◇ 三十浮沈運

선악을 정하기 어려우며 투기, 중이 되는 경우도 있고 즉 대성공하는 자도 있고, 실패의 밑바닥을 헤매는 사람도 있다. 대체로는 비운, 박약, 고독, 실의, 단명, 처자의 사별이 있다.

◇ 三一開拓運

지인용이 겸비하고 의지가 견고하여 굴절 없이 전진하여 큰 뜻 큰 사업을 성취하고 대중을 통솔하며 명예, 번영, 부귀. 행복에 이른다. 단, 부인은 쓰지 않는 것이 좋다.

◇ 三二僥倖運

물 묻은 손에 좁쌀이 붙듯 하며 윗사람의 도움이 두터워 파죽지세로 성공하며, 가문융창, 번영, 지상의 행복을 누린다. 다른 사람의 배려를 깊게 받고 있다.

◇ 三三旺盛運

봉황이 서로 모이고 형성이 확정된 상으로 권위와 지략도 있다. 굳세어서 흡사 욱일승천하는 위력이 있어 성운이 융창하고 명성이 천하에 퍼지나 보통사람은 감당할 수 없으므로 윤락, 암흑, 극히 쇠퇴될 수 있다. 특히 부인은 가장 강열하므로 과부운이 된다.

◇ 三四破壞運

파멸 괴리의 운이 강하고 한번 흉이 오면 거듭 오며 대흉, 대곤란, 신고에 빠진다. 파란, 주저, 쇠패, 참담, 비통에 이르고 다른 조합에 따라 단명배우자 자녀의 사별, 형벌, 살벌, 발광, 패가망신수도 있다.

◇ 三五平安運

지혜와 능력이 있으나 권위의 세력이 부족하고 온화 양순한 반면 철저하지 못한 상이다. 문예 기술방면으로 발전하여 공을 이루고 큰일 큰 사업을 당하면 담력과 재간이 부족하다 기력을 일으키고 권위와 절의를 철저히 하며 세력을 보완하되 불철저한 바탕도 교정하여 가면은 평안하여지는 좋은 수이며 여인에게는 특히 좋다.

◇ 三六波爛運

영웅운이며 파란이 중첩되며 부침이 많은 상이다. 의협심과 정의가 두터워 자신을 버리고 인의를 취하니 일생 평안을 얻기 어렵고 신고 곤란이 많게 된다. 움직이면 움직일 때마다 파란이 생기고 큰 변동을 빚어 아주 쇠퇴의 늪으로 들어감을 암시하고 있다. 혹은 실패 윤락의 대흉이 오고 다른 운과의 조합에 따라서는 단명, 병약, 고독, 과부, 액난에 빠지게 된다.

◇ 三七奏功運

독립, 권위, 충실하여 비할 수 없는 공을 성취하고 사물에도 통달하고 화창하며 열성으로 여러 신망을 얻어 만난을 부수고 큰 사업을 성취하며 덕과 재능을 발휘하여 천부의 큰 행복을 누리고 평생에 부귀영화를 본다. 단, 일면 고립된 감이 없지 않으니 화순하는데 마음을 두라.

◇ 三八平凡運

큰 뜻 큰 사업에 대한 포부와 통솔력 권위 명망, 두령에 관한 재간이 모자라고 힘과 신망을 얻어도 목적을 관철하기는 어렵다. 평범, 박약, 무력의 상이다. 단 문학, 기술, 예술방면에는 발전될 힘이 있다.

◇ 三九平福長壽運

재난이 일변하면 평복으로 되어 비할 수 없이 귀중하게 되며 권위와, 장수 재물이 풍부하고 덕택도 사방에 미치며 재략이 전신에 가득 차서 부귀번영을 자손에 영원히 전하는 상이며 호령하나로 만인을 통솔하고 위세는 하늘을 누른다. 아울러 가장 귀중한 것 뒤에는 가장 비참한 악운이 감추어져 있어서 길흉이 종이의 겉과 속 같으므로 경솔하게 쓸 수 없는 수요

◇ 四十吉凶相半運

지략도 풍부하고 담력도 남들보다 뛰어나지만 불순하고 덕망이 모자라서 비난과 공격을 받을 우려가 있으며 파란과 부침 그리고 길흉의 분기점에 있으므로 때로는 투기를 좋아하는 등 객기가 있어 다른 운과의 조직에 따라 형벌, 상해, 범죄를 낳고, 혹은 병약, 단명, 고독에 빠지고 움직여도 실패를 초래하며 진취하면 어려움이 생기고 물러나 있으면 겨우 안녕을 보전하는 수이다.

◇ 四一高名運

순수한 양의 독특한 원소는 좋은 경사를 내포하고 담력과 재주 꾀가 겸비하며 유덕, 건전, 화순하여 대지대업을 가질 실력이 있고 이름 높고 부귀, 최대의 좋은 운을 감추고 있다.

◇ 四二失意運

박학달통하고 재능과 기예가 좋아 다방면에 세상물정을 안 밖으로 통달하고 취미도 여럿이지만 한 가지도 깊게 통달하지 못한다. 대체로는 박약하여 여의치 못하고 자아의 생각이 모자라 적막, 비애의 상이다. 산만 실의 되기 쉬운 한결 같은 뜻으로 전념하여 나아 가면은 어느 정도 성공을 할 수 있는데 그렇지 못할 경우 실패에 빠지게 된다. 개중에는 고독하고 병약자도 나오게 된다.

◇ 四三散財運

낡은 습관이나 폐단을 벗어나지 못하고 눈앞의 안일만을 취하며 박약, 산만의 상이 있다. 비온 뒤 꽃 같아 재능과 지혜의 발달도 있는데 의지력은 확고하지 못하고 모든 일을 수행하는데도 능통하지 못하여 외견으로는 행복한 것 같으나 내심은 곤란이 많다. 표면상으로 일이 성사된 것 같은데 이면으로는 파괴되고 있다. 특히 부인은 다른 운의 배합에 따라 황음에 빠지고 평생 완전하지 못하게 된다.

◇ 四四破滅運

패가망신의 가장 흉한 징조가 있고 비운, 참담, 파괴, 난리의 뜻을 감추고 있다. 만사가 뜻과 같지 않아 실의, 역경, 번민, 노고가 많고 병난과 조난, 가족과의 생리사별, 불구, 폐질이 있으며 다른 운과의 조직에 따라서 발광 단명도 하게 된다. 단 불세출의 괴걸, 위인, 열사, 효자 열부, 대발명가 등이 종종 이의 운에서 나온다.

◇ 四五順調運

순풍에 돛을 달아 놓은 것과 같은 상이며 경륜이 깊고 지략이 커서 대지대업을 이루고 만난을 잘 타개하여 능히 성공하여 부귀번영이 극에 이른다. 단 다른 운과의 조직에 따라서 조난이 생길 우려도 있다.

◇ 四六悲哀運

보배를 싣는 배가 갈라지는 상으로 정력이 줄어들고 박약, 비애로 나아 가게 되어 곤난, 신고, 파괴가 많다 그러나 일종의 변괴적인 운이므로 개중에는 큰 어려움을 일찍 맛보고 끝나서 대성공을 하는 사람이 있으며 혹은 다른 운과의 조직에 따라서는 병신, 고독, 형벌, 단명에 빠지게 되는데 어쨌든 불행을 면하기 어려운 운명이다.

◇ 四七展開運

꽃이 피어오르는 상과 같이 행복한 길조의 수리이고 천부의 행복을 누리게 된다. 다른 사람과 일치하여 큰일과 큰 사업을 성취하지만 진취하면 손해되고 물러나면 이익이 있다. 영원한 행복을 자손에게 전하는 좋은 운이다.

◇ 四八榮達運

지략이 충만하고 재능도 있으며 유덕하다, 또한 경건하다는 의미도 있다. 다른 사람의 고문이나 상담역으로 위엄과 명망을 떨치는데 천성이 영민하여 공명영달하고 상서로운 수리이다.

◇ 四九吉凶變化運

길흉이 안팎으로 한 장의 종이 속과 같으므로 길은 길로 변화되어 좋게 되고, 흉할 때는 흉으로 변하여 대흉하게 되므로 좋을때는 성공되지만 흉할때는 손실, 재해, 액난이 따르는데 많이는 일면 대흉한 속에서 한 편으로 좋은 경사도 내포하고 있게 된다. 어쨌든 간에 다른 운과의 배합에 따라서 행, 불행을 나눠서 볼 수 있지만 대개 흉화로 빠지게 된다.

◇ 五十一成一敗運

일성일패의 상이 있는데 五수의 덕으로 한번은 진취하여 큰 사업을 성취하고 부자로 왕성하지만 가득차면 파괴될 흉조도 있으므로 말년에 과도한 실패를 초래하여 자신이나 가정을 멸망에 이르게 하고 다른 운이 흉을 가중시킬 때는 형벌, 살상, 수심, 이별, 고독, 빈한에 빠지고 자주 큰재해가 이른다.

◇ 五一一盛一衰運

일성일쇠의 상으로 한번은 성운 융창하여 아울러 명리를 달성시키지만 운속에는 자연히 흉조를 내포하고 있으므로 만년에 부침이 생겨 쇠퇴의 운으로 고생과 실패에 이르기 쉽다, 다른 좋은 수와의 결합에 따라서는 대길하게 된다.

◇ 五二躍進運

한번을 약진하여 펴지는 상으로 세력이 강대하고 무형에서 유형을 창조하는 운이다. 선견지명이 있어 계획을 그르치는 일이 없고 달통한 안목은 능히 시세를 살필 줄 안다. 투기심도 풍부하면서 기략도 있으므로 어렵고 고통스런 속에서도 대지대업을 관철시켜 功名利達하게 된다. 요컨대 선견지명으로 성공하고 부귀영화를 누리게 되는 수리이다.

◇ 五三障害運

외견은 길상이니 복이 있는 것 같지만 내실은 장애, 재화가 많다. 많이는 전반생이 행복하여도 후반생은 불행에 빠지게 된다. 또한 후반생의 두터운 녹은 전반에 재액을 당했기 때문인데 단,主運 副運과 三才의 배치가 양호하여야 대길운이 되는 것이다.

◇ 五四破滅運

대 흉악을 암시하며 불행, 참절, 불화, 손실, 근심 고통이 빈번하고 패가망신, 혹은 불구, 폐질, 형벌, 단명, 횡사, 고독 등

◇ 五五反盛運

성한것이 극치면 도리어 흉이 생기게 된다. 표면은 번성하게 보이나 내용은 재해가 속출하고 일에는 안심할 수가 없으며 신고, 액난, 이별, 産亡 등 재난이 많고 아울러 의지는 강하여 만난을 타개하고 이겨내며 견실하게 참아내어 서두르지 않으니 일에 당하여 성공할 수 있게 되는 길흉이 상반한 운격으로 박약하고 뜻이 약한 사람도 드디어 입신하게 된다. 이수는 역시 三才의 배치가 좋고 나쁨에 따라 길흉이 다르다.

◇ 五六亡破運

실행하는 용기가 모자라서 진취의 기상이 결여되고 손실, 망신, 재액이 거듭오므로 말년이 최대로 흉악하게 되는 운격이다. 정력도 모자라므로 만사에 어그러지는 뜻이 많다.

◇ 五七剛毅運

차가운 꾀꼬리가 봄밤에 우는 의미가 있고 본성이 굳세어 천부의 행복을 누리고 부귀영화를 이루게 된다. 단 생중에서 한번은 커다란 어려움을 당하게 되는데 이 어려움을 넘기면 매사가 뜻과 같이 되고 상서로움이 이르며 번영하게 된다. 주운 부운으로 좋은 수리이고 대운에도 양호하여 최대의 길상이다.

◇ 五八浮沈運

부침이 많고 消長의 극치를 내포하고 있으므로 좋은 복이 있다가 커다란 실패와 크나큰 액이 뒤에 나타나게 된다. 집이 파산된 뒤에는 일어나고 부귀번영도 누리게 된다. 대체로는 말년에 행복과 경사를 누리게 된다.

◇ 五九逆難運

인내심이나 용기가 결여되고 의지는 쇠퇴하여 일에 성취시킬 재능이 있더라도 손실과 액난, 파산, 실의, 역경으로 당연히 귀결하게 되어서 일생에 고생과 슬픔 속에서 끝나게 된다.

◇ 六十動搖運

캄캄하고 어두워 동요하고 불안한 흉조이다. 목적을 정하지 못하고 좁은 길에 풍랑을 맡아 무모하고 계산 없이 기도하다 기업을 한번도 성취하지 못하고 실패, 고통, 슬픔에 극도로 불안에 떨게된다.

◇ 六一不和運

명리가 온건히 번영되며 부귀할 길조가 있으나 오만하고 불순하여 내외로 불화를 빚고 가정은 반목하며 형제는 담을 열어 놓은것 같은데 내용은 궁핍하다. 덕을 닦고 성질을 조심하되 항시 화순하고 간절하게 지켜가면 위와 같은 흉환이 미연에 방지되고 천부의 행복을 누리게 된다. 재물과 보배가 풍부하고 일생에 길상을 누리는데 총격에 있다면 대운이 양호하여져서 털끝만큼의 근심도 이르지 않게 된다. 점차로 무상의 대운으로 이르게 되는 것이다.

◇ 六二衰退運

내외불화하며 신용이 모자라고 소망을 달성하기 어려우며 점차로 쇠퇴하는 경지로 들어가게 되고 불시의 재액도 오게 되는데 일가가 쇠퇴되고 일신도 약하게 되어 점점 고생과 슬픔이 이르는 흉상이다.

◇ 六三發展運

만물이 비나 이슬의 혜택을 받아 피어나는 것과 같이 모든 일들이 자유스럽고

목적을 성취하며 다시는 우환이 오지를 않고 부귀번영을 자손에게 전하는 최대 길경의 운이다.

◇ 六四滅亡運

부침, 파괴, 멸망의 흉조가 있고 불시의 재난에 빠지거나 혹은 일가가 이산되고 만일에 병살이나 비명이 없다 해도 생애에 안정을 얻기 어려운 흉운이다.

◇ 六五興隆運

하늘도 장원하고 땅도 오래가는 귀중한 최상의 운이요 만사가 뜻과 같이 실현되고 일생을 무사, 평안하게 행복을 누리며 가운융창 장수번영을 얻게 되고 영원히 길상을 전하게 된다.

◇ 六六艱難運

진퇴가 자유롭지 못하고 내외불화하며 어려움을 견디어내기 어렵다. 손실과 재액도 교대적으로 오므로 결국에 내 몸과 가정을 멸망시키는 악운과 흉상도 있다.

◇ 六七通達運

윗사람의 원조를 받아 모든 게 통달되고 만사에 지장 없이 천부의 행운을 타서 능히 소망을 이루고 기운이 성대하여져 부귀영화도 오게 된다.

◇ 六八昂進運

지혜와 생각은 주밀하고 지조는 견고하여 부지런하고 힘써 실행하므로 발전, 앙진되는 상이다. 발명공부에 재능도 있고 능히 대중의 신의도 얻어 소망이 달성되고 명예도 안전한 좋은 운이다.

◇ 六九窮迫運

궁박, 막힘, 역경에 이르는 상이 있고 정신의 발달이 결여되어 질병과 재난이 교대로 온다. 불안과 동요의 흉운으로 단명하며 직업이 없고 불구, 폐질이나 혹은 사망되고 고통에 빠지게 된다.

◇ 七十寂寞運

험악, 멸망의 상이 있고 일생이 참담하여 근심 고통이 끊이지 않고 공허 적막의 감이 있으며 불구, 형벌, 살상, 단명, 이별, 수심 등의 액난이 있거나 아니면 세상에서 쓸 수 없는 폐인이 된다.

◇ 七一吉凶相半運

자연의 길조를 머금고 있어 부귀영달을 얻게 되는데 내심으로 고생이 많고 실행이나 관철하려는 정신이 모자라 진취에 어려움을 견디며 용기도 결여되어 있으므로 실패하게 되고 길흉이 상반하는데 삼재가 좋으면 좋은 운이 된다.

◇ 七二吉凶相半運

어두운 구름에 달이 가려있는 상으로 쾌락과 궁핍이 겹치는 뜻이 있고 전반이 행복하면 후반은 비운을 면할 수가 없다. 외견으로는 좋으나 속 내용은 흉이 생기고 심하면 말년에 패가망신하는 액을 만나게 된다.

◇ 七三平凡運

길흉이 상반하는 상으로 실행과 관철하는 용기가 적어 한갓 뜻만 높을 뿐 일을 성취시키지 못한다. 그러나 자연의 복은 있으므로 일생 편안하게 늙어가고 삼재의 좋음에 따라서 길조는 증가된다.

◇ 七四不遇運

무기, 무능, 무식에 빠져 무위도식하고 세상에서 무용하게 된다. 또한 불시의 재액으로 여러 번 고생되고 역경에 빠져 생애의 불행을 한탄한다.

◇ 七五吉凶相半運

자연히 부귀영화 되는 길상인데 그렇더라도 획책이 미숙하면 일이 성취되지 않으며 실패와 어그러지는 일이 초래되므로 물러나 지키면 행복과 길상을 보전하고 진취하면 재액과 실의에 빠지게 된다.

◇ 七六離散運

내외가 불화하고 일가는 이산된 역운으로 흉하게 되고 산업실패로 집안이 기울게 된다. 일신을 망치는 비운으로 병약, 단명, 처자이별, 수심이 있다.

◇ 七七吉凶相半運

흉상중에 길조도 내포되어 대체로 윗사람이 이끌어주고 원조하여 중년에는 지장 없이 행복하게 되나 중년후로 재난에 빠지고 불행을 탄식하게 된다. 즉 전반이 흉할 때 후반은 도리어 길하다.

◇ 七八吉凶相半運

길흉이 상반하지만 흉이 다소 강하다. 원래가 지능도 있으므로 중년에 성공 발달되다가 중년후로는 점차로 쇠퇴하여 말년이 고생, 참담하게 된다. 삼재의 배합에 따라서는 吉祥으로 된다.

◇ 七九不伸運

궁색하고 불신의 역경에서 정신을 차릴 수 없고 절조와 실행, 정력이 모자라 신용을 잃고 비난과 공격을 받는다. 세상에서 쓰지 않는 폐물로 여기지만 단, 신체는 건전하다.

◇ 八十陰遁運

평생 곤란과 고생이 끊이지 않고 병마, 형벌, 단명 등의 흉운이 강하다 단, 일찍 은둔생활을 하면 안심하고 명예를 세워 재액을 면하고 행복하다.

◇ 八一還喜運

맨 끝의 수로써 원소의 一數에 돌아와 자연히 영의 힘이 왕성하며 행복이 많다. 좋은 상서와 융숭한 복이 거듭 오고 귀중한 운명이며 존귀한 영광으로 크게 유도하게 되어 대체로 一의 수와 동일하다.

마. 基本作名法(기본작명법) 例示(예시)

일반적인 작명방법에는 陰陽(음양), 音靈五行(음령오행), 數理(수리) 그리고 三元五行(삼원오행) 또는 三才五行(삼재오행)만을 활용하는 것이다.(삼재오행은 같은 부류이기는 하나 그 내용이 상당히 복잡하다)

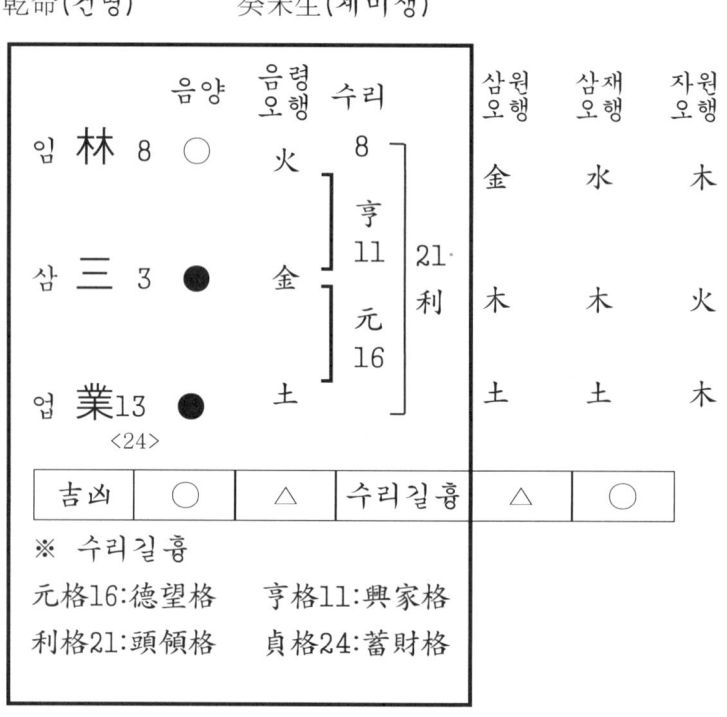

乾命(건명)　　　　癸未生(계미생)

	음양	음령오행	수리	삼원오행	삼재오행	자원오행
임 林 8	○	火	8	金	水	木
삼 三 3	●	金	亨 11 / 元 16 / 21 利	木	木	火
업 業 13	●	土		土	土	木
⟨24⟩						
吉凶	○	△	수리길흉	△	○	

※ 수리길흉

元格16:德望格　　亨格11:興家格
利格21:頭領格　　貞格24:蓄財格

※ 기본작명법을 근간으로 작명하는 사람들은 여타의 다른 방법은 도외시 하고 자기 방법이 통계적으로도 適中率(적중율)이 높지 않느냐며 자부하는 사례를 자주 보아 왔다.

　그러나 그것이 세상에서 통용되는 진리쯤으로 생각하고 안주하여 더 학문적이고 구체적인 作名法(작명법)들이 존재할 수 있는데도, 도무지 알려고 조차 하지 않는다는 것은 성명 전문가로서 문제가 아닐 수 없다.

　우리 인간의 榮枯盛衰(영고성쇠)를 豫知(예지)하여 避凶趨吉(피흉추길)하는 작명의 當爲性(당위성)마저 否認(부인)하는 處事(처사)라고 보아, 필자는 同意(동의)하고 싶지 않다.

Ⅱ

易象法

II. 易象(역상, 周易卦象주역괘상)法

1. 一般易象法(일반역상법)

易象(역상)은 周易(주역)의 卦象(괘상)을 말하는 것이다.

작명이나 釋名(석명-이름풀이)을 함에 있어 역상을 다섯손가락 안에 드는 作名要素(작명요소)로 삼고 있는 것이 작명학계의 일반적인 관례이다.

경우에 따라서는 수리나 音靈(음령)오행보다 그 비중을 40~90%까지 훨씬 높여 활용하거나, 한글획수로도 작괘하여 응용하는 성명학자들도 있다.

이를 성명학의 만사해결사로보아 傳家(전가)의 寶刀(보도)처럼 행세하지만, 그 내용도 별것 아닌데다 牽强附會(견강부회)쯤으로 비하하는 등 비판적으로 말하는 경우도 있다.

그러나 역상은 성명을 망라하여 총체적인 운명판단의 기준을 함축하고 있다고 보는 것이다.

주역의 괘상은 64개이고 爻象(효상)은 384개이다.

성명학자중에는 역상에 관하여 일반 이론 쯤도 알려고 하지 않거나, 잘 모르거나 다소 알고는 있지만 신뢰하지 않아서 사용하지 않는 사람도 있다.

대체로 역상을 활용함에 있어서는 성명3자 총수를 8로 나누어 나머지수로 周易大成卦(주역대성괘)의 上卦(상괘)로 잡고 성씨를 제외한 이름 2자의 합수를 8로 나누어 나머지수로 下卦(하괘)를 삼는 방법을 사용하고 있다.(이를 作卦라 한다)

숫자는 天(천1) 澤(택2) 火(화3) 雷(뢰4) 風(풍5) 水(수5) 山(산7) 地(지8)의 先天伏羲八卦(선천복희팔괘)로 하고, 위에서 8로 나누는 것도 8卦의 小成卦(天☰ 澤☱ 火☲ 雷☳ 風☴ 水☵ 山☶ 地☷)를 의미하는 것이다.

예를 들면, 박朴(6획) 정正(5획) 희熙(13획)의 경우 총획수 24를 8로 나누면 (除) 上卦는 8(나누어 나머지 값을 찾는데 나머지가 없이 나누어 떨어지면 除數제 수인 8이 된다)이 되고, 이름의 합수 18을 8로 나누면(除) 下卦는 2가 되어 82(64卦 卦番, 卦名表 참조)가 되는데 이는 地澤臨(지택림)괘에 해당한다.

이와 같은 괘상은 성씨가 6획(朴 安 任 全 朱 印 吉 牟 등), 14획(趙 裵 愼 連 西門 등), 22획(權 蘇 邊 등)인 경우와 같이 숫자 6에 순차적으로 8卦의 8을 가 산한 성씨와 동일한데, 16 14 22획 성씨 모두의 경우 13天火同人(천화동인) 24 澤雷隨(택뢰수) 35火風鼎(화풍정) 46雷水解(뢰수해) 57風山漸(풍산점) 68水地比 (수지비) 71山天大畜(산천대축) 82地澤臨(지택림)의 8괘로 64괘중에 8개에 국한 되어 제한적이라고 말할 수 있다(작명역상 속견표 하단 최우측칸 참조).

※ 괘별로 일반적인 길흉을 부호(대길○ 중길□ 보통△ 흉×)로 표시하였음.

● 64卦 卦番, 卦名表(괘번, 괘명표)

상괘 하괘	1	2	3	4	5	6	7	8
1	11 重天乾 중천건	21 澤天夬 택천쾌	31 火天大有 화천대유	41 雷天大壯 뇌천대장	51 風天小畜 풍천소축	61 水天需 수천수	71 山天大畜 산천대축	81 地天泰 지천태
2	12 天澤履 천택리	22 重澤兌 중택태	32 火澤暌 화택규	42 雷澤歸妹 뇌택귀매	52 風澤中孚 풍택중부	62 水澤節 수택절	72 山澤損 산택손	82 地澤臨 지택림
3	13 天火同人 천화동인	23 澤火革 택화혁	33 重火離 중화리	43 雷火豊 뇌화풍	53 風火家人 풍화가인	63 水火旣濟 수화기제	73 山火賁 산화비	83 地火明夷 지화명이
4	14 天雷无妄 천뢰무망	24 澤雷隨 택뢰수	34 火雷噬嗑 화뢰서합	44 重雷震 중뢰진	54 風雷益 풍뢰익	64 水雷屯 수뢰둔	74 山雷頤 산뢰이	84 地雷復 지뢰복
5	15 天風姤 천풍구	25 澤風大過 택풍대과	35 火風鼎 화풍정	45 雷風恒 뇌풍항	55 重風巽 중풍손	65 水風井 수풍정	75 山風蠱 산풍고	85 地風升 지풍승
6	16 天水訟 천수송	26 澤水困 택수곤	36 火水未濟 화수미제	46 雷水解 뇌수해	56 風水渙 풍수환	66 重水坎 중수감	76 山水蒙 산수몽	86 地水師 지수사
7	17 天山遯 천산돈	27 澤山咸 택산함	37 火山旅 화산여	47 雷山小過 뇌산소과	57 風山漸 풍산점	67 水山蹇 수산건	77 重山艮 중산간	87 地山謙 지산겸
8	18 天地否 천지비	28 澤地萃 택지취	38 火地晉 화지진	48 雷地豫 뇌지예	58 風地觀 풍지관	68 水地比 수지비	78 山地剝 산지박	88 重地坤 중지곤

● 64卦의 意味(의미)

乾(天)

11	重天乾	하늘, 강건하다.
12	天澤履	밟는다, 실천한다, 처하지 아니하다.
13	天火同人	남과 같이한다, 남의 협력을 받아야 한다.
14	天雷无妄	재앙, 욕망없이 자연법칙에 순응한다.
15	天風姤	우연히 만난다, 생각지도 않은 사건이 돌발한다.
16	天水訟	송사를 일으킨다, 친하지 않다, 시비를 가릴 일이 발생한다.
17	天山遯	달아난다, 멀리한다, 피한다, 물러난다.
18	天地否	부정의 의미로 무슨 일에나 막힌다. 비색.

澤(兌)

21	澤天夬	결단한다, 결열된다.
22	重澤兌	못, 기쁨, 나타난다, 말조심을 해야 된다.
23	澤火革	옛것을 버림, 개혁, 변혁, 혁명
24	澤雷隨	남의 의견에 따른다, 본을 받는다.
25	澤風大過	지나친다, 너무하다, 심하다, 전도된다.
26	澤水困	만남, 곤고하다, 따분하다, 가로막힌다.<四大難卦>
27	澤山咸	느끼다, 깨닫다, 감상적이다, 빠르다.
28	澤地萃	모여든다, 무성하다, 만원.

離(火)

31	火天大有	크게 소유한다, 많이 가지고 있다, 大衆.
32	火澤睽	밖, 흘러보다는 뜻으로 불화, 뜻이 맞지 않다.
33	重火離	불, 불꽃, 타오르는 태양, 정열, 오른다.
34	火雷噬嗑	씹는다, 소화를 잘 시킨다, 먹는 것.
35	火風鼎	솥, 안정, 협력, 기초가 튼튼하다, 새로운 것을 취한다.
36	火水未濟	남자의 궁극, 아직 이루어지지 않는다, 부족하다.
37	火山旅	나그네, 안정을 못하고 허둥대다.
38	火地晉	낮, 나아간다, 발전한다.

震(雷)

41 雷天大壯 건강하다, 장하다, 크게 왕성하다, 그친다.
42 雷澤歸妹 여자의 끝, 중매한다, 시집간다, 절차 없이 시집간 여자
43 雷火豊 풍만, 풍족, 풍년 또는 만월, 연고가 많다.
44 重雷震 우뢰, 울린다, 일어난다, 공포, 실속보다 소리만 크다.
45 雷風恒 한결같다, 오래간다.
46 雷水解 모든 일이 잘 풀려간다, 원만하다.
47 雷山小過 과실, 조금 지나치다, 정도를 약간 벗어났다.
48 雷地豫 미리한다, 사전에 방지한다, 게으르다.

巽(風)

51 風天小畜 조금 망설이게 한다, 적다, 조금 저축한다.
52 風澤中孚 성실, 신의, 매사에 충실히 하라.
53 風火家人 가족, 사소한 일에도 주의력을 가지라.
54 風雷益 이익, 공적인 일의 이익.
55 重風巽 바람, 바람처럼 흔들리기 쉽다, 엎어진다, 안정을 못하다.
56 風水渙 바뀐다, 떠난다, 안에서 밖으로 발산한다.
57 風山漸 시집가는 것, 앞으로 나아간다.
58 風地觀 밝게 비친다, 살핀다, 탐색, 혹 주거나 혹 구한다.

坎(水)

61 水天需 아직 이르다, 기다린다, 연고 없다, 기쁘다.
62 水澤節 절제, 절도, 절약, 그친다.
63 水火旣濟 만사가 이미 이루어졌다, 정하다, 앞으로는 어둠이 올 기미.
64 水雷屯 나타남, 막히다, 일에 장애가 많다.<四大難卦>
65 水風井 우물, 통한다, 남에게 혜택을 입히는 일에 대길.
66 重水坎 물, 習坎(습감, 거듭 빠진다), 내린다, <四大難卦>
67 水山蹇 절름발이, 어렵다, 험한 산과 깊은 물이 앞에 가려있다.<四大難卦>
68 水地比 친근하다, 즐겁다, 인화단결을 요구한다.

艮(山)

71 山天大畜　때, 크게 저축한다, 앞날을 위해 대비한다.

72 山澤損　희사, 봉사, 투자, 나중에 이익.

73 山火賁　아름답다, 장식하다, 무색이다, 겉치레.

74 山雷頤　正을 기른다, 말을 조심하고 음식도 조심하라.

75 山風蠱　썩은 음식, 병들다, 벌레먹다, 닦는다, 일.

76 山水蒙　어리다, 어둡다, 잡되다, 장래를 위하여 덕을 기른다.

77 重山艮　산, 그친다, 동요하지 말고 무겁게 일을 처리한다.

78 山地剝　벗긴다, 깎는다, 갉아먹는다, 떨어진다, 실패직전.

坤(地)

81 地天泰　태평하다.

82 地澤臨　군림, 임기응변, 혹 주거나 구한다.

83 地火明夷　밝음을 깨뜨린다, 상한다, 거짓이 참된 것을 어지럽힌다.

84 地雷復　다시 되돌아본다, 회복한다.

85 地風升　올라간다, 점진한다, 오지 않는다.

86 地水師　집단, 군대지휘자, 윗사람의 고충, 근심된다.

87 地山謙　겸손, 양보, 자중하라.

88 重坤地　땅, 유순, 인내, 순리에 따르면 대성.

이상은 괘별로 象意(상의)와 卦意(괘의)를 간단하게 서술한 것이다.

● 作名易象 速見表(작명역상 속견표)

성명총수 \ 성획수	1,9,17	2,10,18	3,11,19	4,12,20
1,9,17,25,33,41,49,57	× 天地否	× 天山遯	△ 天水訟	△ 天風姤
2,10,18,26,34,42,50,58	□ 澤天夬	□ 澤地萃	□ 澤山咸	× 澤水困
3,11,19,27,35,43,51,59	× 火澤睽	○ 火天大有	□ 火地晉	× 火山旅
4,12,20,28,36,44,52,60	□ 雷火豐	△ 雷澤歸妹	□ 雷天大壯	○ 雷地豫
5,13,21,29,37,45,53,61	○ 風雷益	□ 風火家人	□ 風澤中孚	△ 風天小畜
6,14,22,30,38,46,54,62	□ 水風井	△ 水雷屯	□ 水火旣濟	□ 水澤節
7,15,23,31,39,47,55,63	△ 山水蒙	△ 山風蠱	□ 山雷頤	□ 山火賁
8,16,24,32,40,48,56,64	○ 地山謙	□ 地水師	○ 地風升	□ 地雷復

성명총수 \ 성획수	5,13,21	6,14,22	7,15,23	8,16,24
1,9,17,25,33,41,49,57	△ 天雷无妄	○ 天火同人	□ 天澤履	□ 重天乾
2,10,18,26,34,42,50,58	△ 澤風大過	□ 澤雷隨	□ 澤火革	○ 重澤兌
3,11,19,27,35,43,51,59	□ 火水未濟	○ 火風鼎	△ 火雷噬嗑	△ 重火離
4,12,20,28,36,44,52,60	△ 雷山小過	○ 雷水解	□ 雷風恒	△ 重雷震
5,13,21,29,37,45,53,61	□ 風地觀	□ 風山漸	△ 風水渙	□ 重風巽
6,14,22,30,38,46,54,62	□ 水天需	○ 水地比	× 水山蹇	× 重水坎
7,15,23,31,39,47,55,63	□ 山澤損	□ 山天大畜	× 山地剝	□ 重山艮
8,16,24,32,40,48,56,64	△ 地火明夷	□ 地澤臨	○ 地天泰	□ 重地坤

※ 64괘 → ○11卦 □30卦 △15卦 ×8卦

《주역상경(周易上經)》

6. 천수송 (天水訟)	5. 수천수 (水天需)	4. 산수몽 (山水蒙)	3. 수뢰둔 (水雷屯)	2. 중지곤 (重地坤)	1. 중천건 (重天乾)
12. 천지비 (天地否)	11. 지천태 (地天泰)	10. 천택리 (天澤履)	9. 풍천소축 (風天小畜)	8. 수지비 (水地比)	7. 지수사 (地水師)
18. 산풍고 (山風蠱)	17. 택뢰수 (澤雷隨)	16. 뇌지예 (雷地豫)	15. 지산겸 (地山謙)	14. 화천대유 (火天大有)	13. 천화동인 (天火同人)
24. 지뢰복 (地雷復)	23. 산지박 (山地剝)	22. 산화비 (山火賁)	21. 화뢰서합 (火雷噬嗑)	20. 풍지관 (風地觀)	19. 지택림 (地澤臨)
30. 중화리 (重火離)	29. 중수감 (重水坎)	28. 택풍대과 (澤風大過)	27. 산뢰이 (山雷頤)	26. 산천대축 (山天大畜)	25. 천뢰무망 (天雷无妄)

《주역하경(周易下經)》

36. 지화명이 (地火明夷)	35. 화지진 (火地晉)	34. 뇌천대장 (雷天大壯)	33. 천산돈 (天山遯)	32. 뇌풍항 (雷風恒)	31. 택산함 (澤山咸)
42. 풍뢰익 (風雷益)	41. 산택손 (山澤損)	40. 뇌수해 (雷水解)	39. 수산건 (水山蹇)	38. 화택규 (火澤睽)	37. 풍화가인 (風火家人)
48. 수풍정 (水風井)	47. 택수곤 (澤水困)	46. 지풍승 (地風升)	45. 택지취 (澤地萃)	44. 천풍구 (天風姤)	43. 택천쾌 (澤天夬)
54. 뇌택귀매 (雷澤歸妹)	53. 풍산점 (風山漸)	52. 중산간 (重山艮)	51. 중뢰진 (重雷震)	50. 화풍정 (火風鼎)	49. 택화혁 (澤火革)
60. 수택절 (水澤節)	59. 풍수환 (風水渙)	58. 중택태 (重澤兌)	57. 중풍손 (重風巽)	56. 화산려 (火山旅)	55. 뇌화풍 (雷火豊)
		64. 화수미제 (火水未濟)	63. 수화기제 (水火旣濟)	62. 뇌산소과 (雷山小過)	61. 풍택중부 (風澤中孚)

2. 周易作名法(주역작명법)

李先生은 성명을 周易八卦(주역팔괘)에 맞추어야 정확한 판단을 할 수 있는 것이며, 주역은 우리 인류의 존망과 함께 할 만세의 대진리로 이러한 주역의 괘상을 활용한 귀중한 이름으로 행복한 일생을 살아가길 바란다고 하였다.

<작괘법>
貞格 88除之 上卦(24÷8=8), 元格 88除之 下卦(18÷8=2)(반드시 필획 사용)

그리고 先生은 무엇보다도 日辰(일진, 사주의 주체)은 六爻(육효, 주역괘의 밑에서부터 위에 이르는 6개의 효)을 주재하므로 일진에 맞는 괘를 먼저 뽑는 것이 중요하다하였으며, 수십 년에 걸쳐 수만 명의 사주, 궁합 등을 보아온 결과 성명에 있어서는 수리나 오행은 극히 미미한 작용을 하고(10%) 나머지(90%)는 팔괘에 의한다 하였다.

▶ 作卦法(작괘법)에 있어서 일반 역상법은 성명획수를 계산함에 있어 原劃(원획, 성명획 本部首劃 본부수획)에 의하고 있으나<필자판단>, 본 주역작명법에서는 반드시 實劃(실획, 筆劃 필획, 略部首劃 약부수획)을 사용한다는 차이가 있다.
예시한 박朴(6) 정正(5) 희熙(13)의 경우 총획수 24를 8로 나누어 나머지 8을 상괘로 하고, 이름만의 합수 18을 8로 나누어 나머지 2를 下卦(하괘)로 하여 82(숫자로 표시한 괘) 地澤臨(지택림)괘로 일반 역상법과 동일하게 나온다.
(氵삼수변 扌손수변 4획은 원획이나, 실획은 3획인 점에 착오없기 바람)

乾命(건명)　　　　　　丁巳生(정사생 1917년생)

박 朴 6

정 正 5

희 熙 13　　)18÷8……②下卦(하괘) 兌澤(태택)

　　　　　　　　　　　　　　　　< 82 地澤臨卦(지택림괘)

合　　24÷8……⑧上卦(상괘) 坤地(곤지)

孫 酉 財 亥 兄 丑	▬▬ ▬▬ ▬▬ ▬▬ ▬▬▬▬	應	앞의 周易作名早見表(주역작명조견표)에 보면 地澤臨(지택림)괘는 고딕체로 吉卦(길괘○)이다. ①甲辰旬(갑진순)× 60갑자 갑진순의 갑진 을사 병오 정미 무신 기유 경술 신해 임자 계축생에 들어있으면 쓰지 않고, ②甲日生(갑일생)×
兄 丑 官 卯 父 巳	▬▬ ▬▬ ▬▬▬▬ ▬▬▬▬	世	갑일의 卯(2爻, 世) 羊刃(양인)이 되어 형벌 살상 재난 장애 등으로 쓰지 않는다.

※ 그 외 劫煞(겁살)의 경우도 재난 단명 등으로 쓰지 않음을 함께 인식한다.
　해당되는 괘상은 뒤의 64괘의 世應納甲表(세응납갑표) 참조

　위 지택림 卦象(괘상)에서 박정희는 丁巳生(정사생)으로 해당없음.

　필자가 이러한 내용을 망라하여 만든 早見表(조견표)를 활용하면 편리할 것으로 생각한다.(공망 겁살 양인이 6갑순 삼합 일진천간으로 표시됨)

● 순별공망

    甲子旬(갑자순) 甲子(갑자) ~ 癸酉(계유) 戌,亥空亡(술해공망)
    甲戌旬(갑술순) 甲戌(갑술) ~ 癸未(계미) 申,酉空亡(신유공망)
    甲申旬(갑신순) 甲申(갑신) ~ 癸巳(계사) 午,未空亡(오미공망)
    甲午旬(갑오순) 甲午(갑오) ~ 癸卯(계묘) 辰,巳空亡(진사공망)
    甲辰旬(갑진순) 甲辰(갑진) ~ 癸丑(계축) 寅,卯空亡(인묘공망)
    甲寅旬(갑인순) 甲寅(갑인) ~ 癸亥(계해) 子,丑空亡(자축공망)

● 劫煞(겁살) – 급변 사고 손해 횡액 단명 조실부모 상부상처 등

    申子辰(신자진) – 巳(사)   巳酉丑(사유축) – 寅(인)
    寅午戌(인오술) – 亥(해)   亥卯未(해묘미) – 申(신)

● 羊刃(양인) (단 지도자 주동자 열사 직업군인 경찰 형무관 등에는 吉하다)

甲	乙	丙	丁	戊	己	庚	辛	壬	癸
卯	辰	午	未	午	未	酉	戌	子	丑

● 64卦의 世應納甲表(세응납갑표)

上乾卦

下乾卦 乾天金 重天乾	下兌卦 艮山土 天澤履	下離卦 離火火 天火同人	下震卦 巽風木 天雷无妄	下巽卦 乾天金 天風姤	下坎卦 離火火 天水訟	下艮卦 乾天金 天山遯	下坤卦 乾天金 天地否
父戌 世	兄戌	孫戌 應	財戌	父戌	孫戌	父戌	父戌 應
兄申	孫申 世	財申	官申	兄申	財申	兄申 應	兄申
官午	父午	兄午	孫午 世	官午 應	兄午 世	官午	官午
父辰 應	兄丑	官亥 世	財辰	兄酉	兄午	兄申	財卯 世
財寅	官卯 應	孫丑	兄寅	孫亥	孫辰	官午 世	官巳
孫子	父巳	父卯	父子 應	父丑 世	父寅 應	父辰	父未

上兌卦

下乾卦 坤地土 澤天夬	下兌卦 兌澤金 重澤兌	下離卦 坎水水 澤火革	下震卦 震雷木 澤雷隨	下巽卦 震雷木 澤風大過	下坎卦 兌澤金 澤水困	下艮卦 兌澤金 澤山咸	下坤卦 兌澤金 澤地萃
兄未	父未 世	官未	財未 應	財未	父未	父未 應	父未
孫酉 世	兄酉	父酉	官酉	官酉	兄酉	兄酉	兄酉 應
財亥	孫亥	兄亥 世	父亥	父亥 世	孫亥 應	孫亥	孫亥
兄辰	父丑 應	兄亥	財辰 世	官酉	官午	兄申 世	財卯
官寅 應	財卯	官丑	兄寅	父亥	父辰	官午	官巳 世
財子	官巳	孫卯 應	父子	財丑 應	財寅 世	父辰	父未

上離卦

下乾卦 乾天金 火天大有	下兌卦 艮山土 火澤睽	下離卦 離火火 重火離	下震卦 巽風木 火雷噬嗑	下巽卦 離火火 火風鼎	下坎卦 離火火 火水未濟	下艮卦 離火火 火山旅	下坤卦 乾天金 火地晉
官巳 應	父巳	兄巳 世	孫巳	兄巳	兄巳 應	兄巳	官巳
父未	兄未	孫未	財未 世	孫未 應	孫未	孫未	父未
兄酉	孫酉 世	財酉	官酉	財酉	財酉	財酉 應	兄酉 世
父辰 世	兄丑	官亥 應	財辰	財酉	兄午 世	財申	財卯
財寅	官卯	孫丑	兄寅 應	官亥 世	孫辰	兄午	官巳
孫子	父巳 應	父卯	父子	孫丑	父寅	孫辰 世	父未 應

上震卦

下乾卦 坤地土 雷天大壯	下兌卦 兌澤金 雷澤歸妹	下離卦 坎水水 雷火豐	下震卦 震雷木 重雷震	下巽卦 震雷木 雷風恒	下坎卦 震雷木 雷水解	下艮卦 震雷木 雷山小過	下坤卦 震雷木 雷地豫
兄戌	父戌 應	官戌	財戌 世	財戌 應	財戌	父戌	財戌
孫申	兄申	父申 世	官申	官申	官申 應	兄申	官申
父午 世	官午	財午	孫午	孫午	孫午	官午 世	孫午 應
兄辰	父丑 世	兄亥	財辰 應	官酉 世	孫午	兄申	兄卯
官寅	財卯	官丑 應	兄寅	父亥	財辰 世	官午	孫巳
財子 應	官巳	孫卯	父子	財丑	兄寅	父辰 應	財未 世

以下は六十四卦のうち、上卦が巽・坎・艮・坤となる三十二卦の納甲・世応一覧表である。各欄は上段に宮名（五行）と卦名、下段に上爻から初爻までの六親・地支・爻象・世応を示す。

上卦＼下卦	下乾卦	下兌卦	下離卦	下震卦	下巽卦	下坎卦	下艮卦	下坤卦
上巽卦	巽風木 風天小畜 兄卯｜ 孫巳｜ 財未‖ 應 財辰｜ 兄寅｜ 父子｜ 世	艮山土 風澤中孚 官卯｜ 父巳｜ 兄未‖ 世 兄丑‖ 官卯｜ 父巳｜ 應	巽風木 風火家人 兄卯｜ 孫巳｜ 應 財未‖ 父亥｜ 財丑‖ 世 兄卯｜	巽風木 風雷益 兄卯｜ 應 孫巳｜ 財未‖ 財辰‖ 世 兄寅‖ 父子｜	巽爲風 重風巽 兄卯｜ 世 孫巳｜ 財未‖ 官酉｜ 應 父亥｜ 財丑‖	離火火 風水渙 父卯｜ 兄巳｜ 世 孫未‖ 兄午‖ 孫辰｜ 應 父寅‖	艮山土 風山漸 官卯｜ 應 父巳｜ 兄未‖ 孫申｜ 世 父午‖ 兄辰‖	乾天金 風地觀 財卯｜ 官巳｜ 父未‖ 世 財卯‖ 官巳‖ 父未‖ 應
上坎卦	坤地土 水天需 財子‖ 兄戌｜ 孫申‖ 世 兄辰｜ 官寅｜ 財子｜ 應	坎水水 水澤節 兄子‖ 官戌｜ 父申‖ 應 官丑‖ 孫卯｜ 財巳｜ 世	坎水水 水火既濟 兄子‖ 應 官戌｜ 父申‖ 兄亥｜ 世 官丑‖ 孫卯｜	坎水水 水雷屯 兄子‖ 官戌｜ 應 父申‖ 官辰‖ 孫寅‖ 世 兄子｜	震雷木 水風井 父子‖ 財戌｜ 世 官申‖ 官酉｜ 父亥｜ 應 財丑‖	坎水水 重水坎 兄子‖ 世 官戌｜ 父申‖ 財午‖ 應 官辰｜ 孫寅‖	兌澤金 水山蹇 孫子‖ 父戌｜ 兄申‖ 世 兄申｜ 官午‖ 父辰‖ 應	坤地土 水地比 財子‖ 應 兄戌｜ 孫申‖ 官卯‖ 世 父巳‖ 兄未‖
上艮卦	艮山土 山天大畜 官寅｜ 財子‖ 應 兄戌‖ 兄辰｜ 官寅｜ 世 財子｜	艮山土 山澤損 官寅｜ 應 財子‖ 兄戌‖ 兄丑‖ 世 官卯｜ 父巳｜	艮山土 山火賁 官寅｜ 財子‖ 兄戌‖ 應 財亥｜ 兄丑‖ 官卯｜ 世	巽風木 山雷頤 兄寅｜ 父子‖ 財戌‖ 世 財辰‖ 兄寅‖ 父子｜ 應	巽風木 山風蠱 兄寅｜ 應 父子‖ 財戌‖ 官酉｜ 世 父亥｜ 財丑‖	離火火 山水蒙 父寅｜ 官子‖ 孫戌‖ 世 兄午‖ 孫辰｜ 父寅‖ 應	艮山土 重山艮 官寅｜ 世 財子‖ 兄戌‖ 孫申｜ 應 父午‖ 兄辰‖	乾天金 山地剝 財寅｜ 孫子‖ 世 父戌‖ 財卯‖ 官巳‖ 應 父未‖
上坤卦	坤地土 地天泰 孫酉‖ 應 財亥‖ 兄丑‖ 兄辰｜ 世 官寅｜ 財子｜	坤地土 地澤臨 孫酉‖ 財亥‖ 應 兄丑‖ 兄丑‖ 官卯｜ 世 父巳｜	坎水水 地火明夷 父酉‖ 兄亥‖ 官丑‖ 世 兄亥｜ 官丑‖ 孫卯｜ 應	坤地土 地雷復 孫酉‖ 財亥‖ 兄丑‖ 應 兄辰‖ 官寅‖ 財子｜ 世	震雷木 地風升 官酉‖ 父亥‖ 財丑‖ 世 官酉｜ 父亥｜ 財丑‖ 應	坎水水 地水師 父酉‖ 應 兄亥‖ 官丑‖ 財午‖ 世 官辰｜ 孫寅‖	兌澤金 地山謙 兄酉‖ 孫亥‖ 世 父丑‖ 兄申｜ 官午‖ 應 父辰‖	坤地土 重地坤 孫酉‖ 世 財亥‖ 兄丑‖ 官卯‖ 應 父巳‖ 兄未‖

• 周易作名 早見表(주역작명 조견표)

1,9,17획성	2,10,18획성	3,11,19획성	4,12,20획성
天地否	天山遯	天水訟	天風姤
○**澤天**夬 甲戌旬, 庚日生×	○**澤地萃** 甲午旬, 申子辰日생×	澤山咸	澤水困
火澤睽	○**火天大有** 甲午旬, 乙日生×	○**火地晋** 甲申旬日生×	火山旅
○**雷火豊** 甲戌旬, 亥卯未日生×	雷澤歸妹	○**雷天大壯** 甲申旬, 丙日生×	○**雷地豫** 甲申旬日生×
○**風雷益** 甲午旬,乙日生×	風火家人	風澤中孚	風天小畜
水風井	水雷屯	水火既濟	水澤節
山水蒙	山風蠱	山雷頤	山火賁
地山謙	地水師	○**地風升** 甲寅旬日生×	○**地雷復** 甲寅旬 壬日生×
5,13,21	6,14,22	7,15,23	8,16,24
○**天雷无妄** 甲申旬, 丙戌日生×	○**天火同人** 甲子旬, 寅午戌日生×	天澤履	重天乾
澤風大過	澤雷隨	澤火革	○**重澤兌** 甲申旬日生×
火水未濟	○**火風鼎** 甲子旬, 寅午戌日生×	○**火雷**噬嗑 甲申旬日生×	○**重火離** 甲午旬, 申子辰日生×
雷山小過	○**雷水解** 甲午旬, 壬乙日生×	○**雷風恒** 甲戌旬, 庚日生×	重雷震
風地觀	○**風山漸** 甲戌旬日生×	風水渙	○**重風巽** 甲辰旬, 甲日生×
○**水天需** 甲戌旬, 亥卯未日生×	○**水地比** 甲辰旬, 甲日生×	水山蹇	重水坎
山澤損	○**山天大畜** 甲辰旬日生×	山地剝	重山艮
地火明夷	○**地澤臨** 甲辰旬, 甲日生×	○**地天泰** 甲午旬, 乙日生×	○**重地坤** 甲戌旬, 庚日生×

※고딕체는 吉卦(○表)이나 생일 日辰(일진 六甲旬으로 본다) 劫殺(겁살) 羊刃(양인)에 해당하면 단명, 형벌 질병, 사고 실패 등으로 쓰지 않는다는 표시(×)이다.

3. 先後天易象法(선후천역상법)

성명을 易象(역상)으로 작명하는 데는 여러 방법이 있으나, 그중 先後天易象法(선후천역상법)을 重要視(중요시)하면서 여기에 소개한다.

앞서 언급한 일반역상법은 일본식 4자성명에 쓰이던 것으로 우리의 일반적인 3자성명에 그대로 적용하는 것은 온당치 못하다거나, 표에서도 알 수 있듯이 성씨별로 64괘 중 8괘에 국한되는 것을 모순으로 지적하는 사람도 있다.

본 선후천역상법은 先天數(선천수, 실획)와 後天數(후천수, 곡획)를 한자획수로 함께 사용하는데, 아직은 세상에 알려지지 않은 作名秘法(작명비법)으로 江湖諸賢(강호제현)의 활용을 기대하며 叱正(질정)을 바라는 바이다.

아래에 예시한 송충석선생이 연구창안하여 40여년 검증까지한 특유의 작명 비법으로 몇몇 제자들 외에는 세상에 처음 공개하는 것이다.

가. 作卦法(작괘법)

先天數 (正劃)	後天數 (曲劃)	
		성명 선천수(正劃정획)합수 88除之 — 상괘
		성명 후천수(曲劃곡획)합수 88除之 — 하괘
		名字(이름) 선천수합수 66除之 —動爻(동효)
7 송 宋 8		※ 이름이 외자인 경우는 성명 선천수의 합
8 충 忠 10		성명 선천합수 31÷8=3…7 艮山(간산,상괘)
24 (16 석 錫 19		성명 후천합수 37÷8=4…5 巽風(손풍,하괘)
		平生卦(평생괘) — 山風蠱卦(산풍고괘)
31 37		명자 선천합수 24÷6=4…6爻動 (동효)
		本卦(본괘) — 山風蠱卦(산풍고괘)
		之卦(지괘) — 地風升卦(지풍승괘)

※ 구체적인 활용은 河洛理數(하락이수)에 의함을 첨언해 둔다.

나. 大象(대상)

‐ 선·후천괘 및 陽爻(양효)9년 陰爻(음효)6년

例　先天　山澤損(산택손)　　　後天　水山蹇(수산건)

───	37‐45세		── ──	61‐66세	
── ──	31‐36세		───	52‐60세	
── ──	25‐30세		● ── ──	46‐51세	
── ──	19‐24세		───	79‐87세	
───	10‐18세		── ──	73‐78세	
● ───	1‐ 9세		── ──	67‐72세	

※　●는　동효(元堂원당)　표시이며,　최고나이의　경우는　先天純陽卦(선천순양괘, 9×6=54)와　後天　1陰5陽卦(9×5+6)의　경우와　같이　105세가　된다.

위에서　陽爻(─)일때　9年을　주기로　하고,　陰爻(──)일때　6年을　주기(大象이라 하며,　사주의　대운과　같음)로　하는　것이며,　先天卦(선천괘,　平生卦평생괘)　山澤 損(산택손)의　初爻(초효)　1세부터　시작하여　上爻에서　45세로　끝나면,　46세부터 는　후천괘　水山蹇(수산건)의　4爻에서　시작하며　87세까지　소관함을　알　수　있을 것이다.

선천에서　후천으로　바뀔　때　상괘가　하괘로　하괘가　상괘로　이동(이를　錯綜卦착 종괘라　한다)하는데　선천의　初爻　왼쪽　元堂(원당,　主爻로　인식)　●은　음양이　바 뀜을　알　수　있으며,　선후천　공히　원당부터　시작하고　선천괘수의　년한이　끝난　뒤 에　후천괘로　넘어가는　것이다.　단　坎　屯　蹇(감　둔　건)괘의　예외가　있다.(표에　반 영)

다. 卦象(괘상)의 活用(활용)

1) 卦意(괘의) 및 正位(정위)

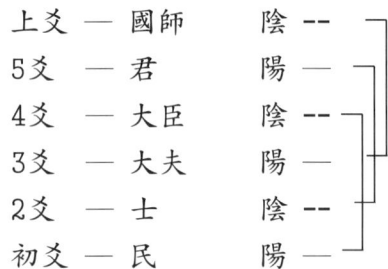

※ 보통 位吉(위길)이라하면 2爻5爻를 얻는 경우를 말한다.

(10점으로 환산하면 上爻初爻2점 5爻2爻 10점 4爻 8점 3爻 6점으로 본다)

필자는 乾卦初爻(건괘초효)에 潛龍勿用(잠용물용)이라 하여 潛指(잠지?)가 생각나고, 上爻(상효)에는 亢龍有悔(항용유회)라 하여 李成桂(이성계)가 연상된다.

2) 正對(정대) 및 反對(반대)

※ 元卦(원괘, 平生卦평생괘) 및 後天卦(후천괘)가 정대 또는 반대괘가 되면, 불길하다 하나 무엇보다도 큰 변화가 발생하여 길흉간에 크게 작동한다고 보아야 한다. 단, 그 안에 상생이나 月卦(월괘)에 元氣(원기)·化工(화공)이 되면 흉하다고만 보지 않는다고 한다.

3) 다른 變卦(변괘)

基本卦(元卦) → 山地剝(산지박)

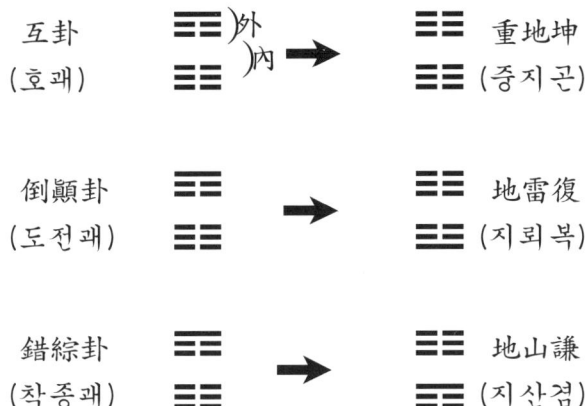

互卦
(호괘)

外
內

重地坤
(중지곤)

倒顚卦
(도전괘)

地雷復
(지뢰복)

錯綜卦
(착종괘)

地山謙
(지산겸)

※ 위의 卦象(괘상)들은 本卦(본괘)의 卦意(괘의, 내용)를 들어내는 형상이다.
특히 互卦(호괘)의 활용이 크며 중요한 것이다.

변괘체(도전괘)

리·10	고·18	대축·26	규·38	송·46	구매·54	미제·64
소축·9	수·17	무망·25	기인·37	진·45	점·53	기제·63
비·8	예·16	복·24	명이·36	구·44	간·52	절·60
사·7	겸·15	박·23	진·35	쾌·43	진·51	환·59
송·6	대유·14	비·22	대장·34	익·42	정·50	태·58
수·5	동인·13	서합·21	돈·33	손·41	혁·49	손·57
몽·4	비·12	관·20	항·32	예·40	정·48	려·56
둔·3	태·11	림·19	함·31	간·39	곤·47	풍·55

착종체(배합괘)

손·57	소축·9	기인·37	익·42	무망·25	서합·21	이·27	고·18
진·51	예·16	예·40	항·32	송·46	정·48	대과·28	수·17
감·29	절·60	둔·3	기제·63	혁·49	풍·55	명이·36	사·7
리·30	려·56	정·50	미제·64	몽·4	환·59	송·6	동인·13
간·52	비·22	대축·26	손·41	규·38	리·10	중부·61	점·53
태·58	둔·47	췌·45	함·31	건·39	겸·15	소과·62	구매·54
곤·2	복·24	림·19	태·11	대장·34	쾌·43	수·5	비·8
건·1	구·44	돈·33	비·12	관·20	박·23	진·35	대유·14

4) 元氣(원기)

卦名	乾	兌	離	震	巽	坎	艮	坤
元氣 化工	☰	☱	☲	☳	☴	☵	☶	☷
卦名	坤	艮	坎	巽	震	離	兌	乾
反元氣 反化工	☷	☶	☵	☴	☳	☲	☱	☰

天干	甲壬	乙癸	丙	丁	戊	己	庚	辛
地支	戌亥	未申	丑寅	酉	子	午	卯	辰巳
元氣(卦)	乾 ☰	坤 ☷	艮 ☶	兌 ☱	坎 ☵	離 ☲	震 ☳	巽 ☴

生年干支	元氣(원기)		反元氣(반원기)	
	八卦	吉凶	八卦	吉凶
甲壬 戌亥	乾	富貴	坤	貧賤, 剋父母 妻子
乙癸 未申	坤	富貴	乾	貧, 短命, 喜中在憂
丙 丑寅	艮	名譽	兌	종기, 암, 暗昧
丁 酉	兌	名譽	艮	순치有欠, 更加反對死
戊 子	坎	名譽	離	눈병, 봉사
己 午	離	官祿	坎	啞, 聾耳
庚 卯	震	官祿	巽	痼疾, 손과 팔뚝病
辛 辰巳	巽	官祿	震	跛(절름발이)

※ 원기에 납음까지 얻으면 더욱 좋다고 한다.(천화동인괘를 얻은 庚午生<경오생, 路傍土노방토>은 동인下卦의 離(리)가 로방토의 土를 火生土로 생함)

　원기는 선천적인 기운이므로 주로 부모를 비롯한 윗사람이나 선배 직장상사가 돕는 것이다, 천간으로 얻은 天元氣(천원기)는 아버지 계통 또는 남성의 도움이 있게 되고, 지지로 얻은 地元氣(지원기)는 어머니계통 또는 여성의 도움이 있게 된다고 한다.

화공 역시 원기와 더불어 나를 돕는 기운이라고 이해하면 된다. 다만 원기가 윗사람의 도움인데 반하여 화공은 동등한 위치나 아랫사람의 도움이란 것이 다를 것이다.

예를 들어 원기인 震(진☳)이 하나 있는데 반원기인 巽(손☴)이 있다면, 巽기운의 방해가 있다지만 震의 기운으로 배겨나간다고 보면 된다.

따라서 화공과 원기가 서로 반화공 반원기가 되거나 원기끼리 서로 반원기가 될 경우에는 둘 다 피하는 것이 좋은데, 한쪽에서 도움을 주고 한쪽에서 도움을 받느니 차라리 둘 다 없는 것이 속이 편하기 때문이라고 한다.

● 生年別 元氣表(생년별 원기표)

甲子 乾,坎	乙丑 坤,艮	丙寅 艮	丁卯 兌,震	戊辰 坎,巽	己巳 離,巽	庚午 震,離	辛未 巽,坤	壬申 乾,坤	癸酉 坤,兌
甲戌 乾	乙亥 坤,乾	丙子 艮,坎	丁丑 兌,艮	戊寅 坎,艮	己卯 離,震	庚辰 震,巽	辛巳 巽	壬午 乾,離	癸未 坤
甲申 乾,坤	乙酉 坤,兌	丙戌 艮,乾	丁亥 兌,乾	戊子 坎	己丑 離,艮	庚寅 震,艮	辛卯 巽,震	壬辰 乾,巽	癸巳 坤,巽
甲午 乾,離	乙未 坤	丙申 艮,坤	丁酉 兌	戊戌 坎,乾	己亥 離,乾	庚子 震,坎	辛丑 巽,艮	壬寅 乾,艮	癸卯 坤,震
甲辰 乾,巽	乙巳 坤,巽	丙午 艮,離	丁未 兌,坤	戊申 坎,坤	己酉 離,兌	庚戌 震,乾	辛亥 巽,乾	壬子 乾,坎	癸丑 坤,艮
甲寅 乾,艮	乙卯 坤,震	丙辰 艮,巽	丁巳 兌,巽	戊午 坎,離	己未 離,坤	庚申 震,坤	辛酉 巽,兌	壬戌 乾	癸亥 坤,乾

※ 생년간지의 원기를 출생간지(六十甲子)별로 정리하였음.

● 先·後天卦 年齡變化圖(선·후천괘 연령변화도)

一, 十, 百 단위로 표시하였는데
百의 자리수는 상괘, 十의 자리수는 하괘, 一의 자리수는 元堂(원당)이다.

先天卦	後天卦	변경나이	先天卦	後天卦	변경나이	先天卦	後天卦	변경나이	先天卦	後天卦	변경나이
111	514	55세	146	423	49세	185	832	46세	244	461	46세
112	315	55세	151	114	52세	186	823	46세	245	442	46세
113	216	55세	152	715	52세	211	524	52세	246	413	46세
114	151	55세	153	616	52세	212	325	52세	251	124	49세
115	132	55세	154	551	52세	213	226	52세	252	725	49세
116	123	55세	155	532	52세	214	161	52세	253	626	49세
121	614	52세	156	523	52세	215	142	52세	254	561	49세
122	415	52세	161	214	49세	216	113	52세	255	542	49세
123	116	52세	162	815	49세	221	624	49세	256	513	49세
124	251	52세	163	516	49세	222	425	49세	261	224	46세
125	232	52세	164	651	49세	223	126	49세	262	825	46세
126	223	52세	165	632	49세	224	261	49세	263	526	46세
131	714	52세	166	623	49세	225	242	49세	264	661	46세
132	115	52세	171	314	49세	226	213	49세	265	642	46세
133	416	52세	172	515	49세	231	724	49세	266	613	46세
134	351	52세	173	816	49세	232	125	49세	271	324	46세
135	332	52세	174	751	49세	233	426	49세	272	525	46세
136	323	52세	175	732	49세	234	361	49세	273	826	46세
141	841	49세	176	723	49세	235	342	49세	274	761	46세
142	215	49세	181	414	46세	236	313	49세	275	742	46세
143	316	49세	182	615	46세	241	824	46세	276	713	46세
144	451	49세	183	716	46세	242	225	46세	281	424	43세
145	432	49세	184	851	46세	243	326	46세	282	625	43세

先天卦	後天卦	변경나이	先天卦	後天卦	변경나이	先天卦	後天卦	변경나이	先天卦	後天卦	변경나이
283	736	43세	371	334	46세	455	522	46세	543	356	46세
284	861	43세	372	535	46세	456	533	46세	544	411	46세
285	842	43세	373	836	46세	461	244	43세	545	472	46세
286	813	43세	374	771	46세	462	845	43세	546	463	46세
311	534	52세	375	712	46세	463	546	43세	551	154	49세
312	335	52세	376	743	46세	464	681	43세	552	735	49세
313	236	52세	381	434	43세	465	622	43세	553	656	49세
314	171	52세	382	635	43세	466	633	43세	554	511	49세
315	112	52세	383	736	43세	471	344	43세	555	572	49세
316	143	52세	384	871	43세	472	545	43세	556	563	49세
321	634	49세	385	812	43세	473	846	43세	561	254	46세
322	435	49세	386	843	43세	474	781	43세	562	855	46세
323	136	49세	411	544	49세	475	722	43세	563	556	46세
324	271	49세	412	345	49세	476	733	43세	564	611	46세
325	212	49세	413	246	49세	481	444	40세	565	672	46세
326	242	49세	414	181	49세	482	645	40세	566	663	46세
331	734	49세	415	122	49세	483	746	40세	571	354	46세
332	135	49세	416	133	49세	484	881	40세	572	555	46세
333	436	49세	421	644	46세	485	822	40세	573	856	46세
334	371	49세	422	445	46세	486	833	40세	574	711	46세
335	312	49세	423	145	46세	511	554	52세	575	772	46세
336	343	49세	424	281	46세	512	355	52세	576	763	46세
341	834	46세	425	222	46세	513	256	52세	581	454	43세
342	235	46세	426	233	46세	514	111	52세	582	655	43세
343	336	46세	431	744	46세	515	172	52세	583	756	43세
344	471	46세	432	145	46세	516	163	52세	584	811	43세
345	412	46세	433	446	46세	521	654	49세	585	872	43세
346	443	46세	434	381	46세	522	455	49세	586	863	43세
351	134	49세	435	322	46세	523	156	49세	611	564	49세
352	735	49세	436	333	46세	524	211	49세	612	365	49세
353	636	49세	441	844	43세	525	272	49세	613	266	49세
354	571	49세	442	245	43세	526	263	49세	614	121	49세
355	512	49세	443	346	43세	531	754	49세	615	182	49세
356	543	49세	444	481	43세	532	155	49세	616	153	49세
361	234	46세	445	422	43세	533	456	49세	621	664	46세
362	835	46세	446	433	43세	534	311	49세	622	465	46세
363	536	46세	451	144	46세	535	372	49세	623	166	46세
364	671	46세	452	745	46세	536	363	49세	624	221	46세
365	612	46세	453	646	46세	541	854	46세	625	282	46세
366	643	46세	454	581	46세	542	255	46세	626	253	46세

先天卦	後天卦	변경나이	先天卦	後天卦	변경나이	先天卦	後天卦	변경나이	先天卦	後天卦	변경나이
631	764	46세	684	821	40세	761	274	43세	834	341	43세
632	165	46세	685	882	40세	762	875	43세	835	362	43세
633	466	46세	686	853	40세	763	576	43세	836	373	43세
634	321	46세	711	574	49세	764	631	43세	841	884	40세
635	382	46세	712	375	49세	765	872	43세	842	285	40세
636	353	46세	713	276	49세	766	683	43세	843	386	40세
641	864	43세	714	131	49세	771	374	43세	844	441	40세
642	265	43세	715	152	49세	772	575	43세	845	462	40세
643	366	43세	716	183	49세	773	876	43세	846	473	40세
644	421	43세	721	674	46세	774	731	43세	851	184	43세
645	482	43세	722	475	46세	775	752	43세	852	785	43세
646	453	43세	723	176	46세	776	783	43세	853	686	43세
651	164	46세	724	231	46세	781	474	40세	854	541	43세
652	765	46세	725	252	46세	782	675	40세	855	562	43세
653	666	46세	726	283	46세	783	776	40세	856	573	43세
654	521	46세	731	774	46세	784	831	40세	861	284	40세
655	582	46세	732	175	46세	785	852	40세	862	885	40세
656	553	46세	733	476	46세	786	883	40세	863	586	40세
661	264	43세	734	331	46세	811	584	46세	864	641	40세
662	865	43세	735	352	46세	812	385	46세	865	662	40세
663	566	43세	736	383	46세	813	286	46세	866	673	40세
664	621	43세	741	874	43세	814	141	46세	871	384	40세
665	682	43세	742	275	43세	815	162	46세	872	585	40세
666	653	43세	743	376	43세	816	173	46세	873	886	40세
671	364	43세	744	431	43세	821	684	43세	874	741	40세
672	565	43세	745	452	43세	822	485	43세	875	762	40세
673	966	43세	746	483	43세	823	186	43세	876	773	40세
674	721	43세	751	174	46세	824	241	43세	881	484	37세
675	782	43세	752	775	46세	825	262	43세	882	685	37세
676	753	43세	753	676	46세	826	273	43세	883	786	37세
681	464	40세	754	531	46세	831	784	43세	884	841	37세
682	665	40세	755	552	46세	832	185	43세	885	862	37세
683	766	40세	756	583	46세	833	486	43세	886	873	37세

※ 앞 예의 선후천괘 및 대상에서 선천괘 산택손괘 초효동은 숫자로 721인데, 후천괘는 수산건괘 4효동으로 674이며 46세부터 시작하였음을 위표 굵은줄의 721, 674, 46세와 같이 본다.
(괘의 변화와 대상을 확정하기 전에 착오 발견가능)

5) 64卦象(괘상)과 吉凶(길흉)

周易(주역)은 宇宙(우주)의 眞理(진리)와 天地萬物(천지만물)의 生存原理(생존원리) 즉 우주 森羅萬象(삼라만상)의 발생과 소멸하는 理數(이수)를 陰(음)과 陽(양)의 두 符號(부호)로 표시한 중국의 古典(고전)이라고 말할 수 있다.

5,000여년전 伏羲(복희)씨가 河水(하수)에서 龍馬(용마)을 보고 先天八卦(선천팔괘)를 짓고, 3,000여년전에 洛水(낙수)에서 神龜(신구)를 보고 文王(문왕)이 후천팔괘를 만들고 64卦辭(괘사)를 지었으며, 周公(주공)이 384爻辭(효사)를 지었다고 한다.

다시 2,500여년전 孔子(공자)께서 卦・爻辭를 독특한 문장법으로 해명한 10편의 글이 十傳(십전, 十翼 십익)인데 보통 이를 망라하여 주역이라 칭한다.

주역은 64卦로 上經(상경)은 자연의 道(도)를 위주로 하여 만물의 근원인 乾(건)・坤卦(곤괘)를 首卦(수괘)로하며 不相離(불상리)의 坎(감)・離(이)괘로 마무리 하여 30卦(괘)이고, 下經(하경)은 人事(인사)의 이치를 중심으로 하기 때문에 서로 사귀고 짝짓는 咸(함)・恒(항)괘를 首卦(수괘)로 하여 불상리의 旣濟(기제)・未濟(미제)괘로 마무리 해서 34괘가 되며 인사는 복잡다단하여 자연의 상경보다 4괘가 더 많다고 한다. 상경은 하경의 體(체)로써 道(도)가 되고 하경은 상경의 用(용)이 되어 器(기)가 된다.

周易(주역)은 방대하고 심오한 형이상학적이고 신학적인 학문으로 철학적인 접근을 꾀하는 義理學(의리학)으로는 결코 쉽지가 않다.

그러나 周易(주역)은 卦別(괘별)로 그 형상을 보면 대강은 가능할 수 있는 측면이 있다. 이는 先天伏羲八卦(선천복희팔괘)에 따라 정해진 8괘의 모양과 卦名(괘명)만으로도 상당한 정도의 해석이 가능한 것이다.

곰곰이 생각해 본다면 각괘별로 그 形體(형체)를 보고 느껴지고, 괘의 表意文字(표현문자)인 한자 이름(卦名)으로 그 뜻을 짐작해 볼 수 있다는 것이다.

● 八卦(팔괘, 小成卦 소성괘)는

≡ 1 乾天(건천)　　　≣ 2 兌澤(태택)　　　☲ 3 離火(리화)
☳ 4 震雷(진뢰)　　　☴ 5 巽風(손풍)　　　☵ 6 坎水(감수)
☶ 7 艮山(간산)　　　☷ 8 坤地(곤지)

인데 앞의 乾坤坎離(건곤감리)등은 性情的(성정적)이나, 뒤의 天地水火(천지수화)는 형상적이기 때문에 모두들 그 뜻을 금방 알 수 있다. 즉 天은 하늘 地는 땅 水는 물 火는 불로 이미 알고 있기 때문이다. 그 외 澤(택) 연못 雷(뢰) 우뢰 風 바람 山 산도 자연의 현상이거나 존재하는 것에 연유하였기에 모두들 잘 알 수 있는 것들이다. 이를 동양의 五行(오행)에 대입하면 木은 雷·風이고 土는 山·地이며 金은 天·澤이고 水 火는 그대로며, 서양의 地火水風(지화수풍)도 같은데 風에는 木과 金(칼)이 들어있다고 보면 될 것 같다.

괘의 명칭 즉 卦名(괘명)은 八卦(8괘)의 형상적 의미 (天 澤 火 ...등)을 위(상괘)와 아래(하괘)의 순서로 매번 쓰면 된다.

이렇게 小成卦(소성괘) 2개를 서로 짝지워 64개의 괘가 만들어지고 나름의 괘명이 있는 것이다.

괘명 중 같은 소성괘 2개로 이루어진 경우 乾爲天(건위천) 坤爲地(곤위지) 또는 重乾天(중건천) 重坤地(중곤지) 등으로 표현한 것을, 거듭 重을 쓴 重天乾(중천건) 重地坤(중지곤)으로 하는 것이 성정적 의미를 담은 모든 괘명과 상통하고 소성괘명과도 일치하여 요즘은 후자를 通用(통용)하고 있다.

괘의 형상과 괘명의 예를 들어둔다.

64卦의 卦象(괘상, p.97 참조)은 괘명의 앞에 붙여진 두 글자(上下卦)를 염두에 두고 천천히 연상하면 그 모양이 떠오를 것으로 믿는다.

卦名(괘명)의 例

☰ 重(중)	☶ 山(산)	☴ 風(풍)	☲ 火(화)
☰ 天(천)	☵ 水(수)	☱ 澤(택)	☵ 水(수)
乾(건)	蒙(몽)	孚(중부)	未濟(미제)

☳ 雷(뢰)	☳ 雷(뢰)	☵ 水(수)	☵ 水(수)
☷ 地(지)	☱ 澤(택)	☱ 澤(택)	☶ 山(산)
豫(예)	歸昧(귀매)	節(절)	蹇(건)

● 64卦象(괘상)과 吉凶(길흉)

길흉괘순		괘 명	괘 상	풀 이
B	1.	重天乾(건)	天行健	천행이 건장하다.
A	2.	重地坤(곤)	地勢	지의 형세
D	3.	水雷屯(둔)	震雷	구름과 우뢰
E	4.	山水蒙(몽)	山下出泉	산밑에 샘이 나는 것
C	5.	水天需(수)	雲上於天	구름이 하늘에 오르는 것
E	6.	天水訟(송)	天與水違行	하늘과 물이 어긋나게 행함
C	7.	地水師(사)	地中有水	땅 가운데에 물이 있음
B	8.	水地比(비)	地上有水	지상에 물이 있는 것
D	9.	風天小畜(소축)	風行天上	바람이 천상에 행하는 것
D	10.	天澤履(리)	上天下澤	위는 하늘, 아래는 연못
A	11.	地天泰(태)	天地交	하늘과 땅의 사귐
F	12.	天地否(비)	天地不交	천지가 사귀지 않는 것
A	13.	天火同人(동인)	天與火	하늘과 불이 더불음
A	14.	火天大有(대유)	火在天上	태양이 중천에 오르고 있는 것

길흉괘순		괘 명	괘 상	풀 이
B	15.	地山謙(겸)	地中有山	지중에 산이 있음
B	16.	雷地豫(예)	雷出地奮	우뢰가 땅에서 나와 떨침
C	17.	澤雷隨(수)	澤中有雷	못 속에 우뢰가 있음
E	18.	山風蠱(고)	山下有風	산하에 바람이 있는 것
B	19.	地澤臨(림)	澤上有地	못 위에 땅 있음
B	20.	風地觀(관)	風行地上	바람이 땅위에 행하는 것
C	21.	火雷噬嗑(서합)	雷電	우뢰와 번개
B	22.	山火賁(비)	山下有火	산하에 불 있음
F	23.	山地剝(박)	山附於地	산이 땅에 붙은 것
A	24.	地雷復(복)	雷在地中	우뢰가 땅가운데 있는 것
C	25.	天雷无妄(무망)	天下雷行物與	천하에 우뢰가 행해서 물건마다(无妄)
A	26.	山天大畜(대축)	天在山中	하늘이 산중에 있는 것
D	27.	山雷頤(이)	山下有雷	산하에 우뢰 있음
C	28.	澤風大過(대과)	澤滅木	못이 나무를 멸하는 것
F	29.	重水坎(감)	水洊至習	물이 거듭 이르는 것이 습(坎)
D	30.	重火離(리)	明雨作	밝은 것이 둘이 (離)를 지었음
B	31.	澤山咸(함)	山上有澤	산 위에 못이 있는 것
B	32.	雷風恒(항)	雷風	우뢰와 바람
F	33.	天山遯(돈)	天下有山	하늘아래 산이 있는 것
C	34.	雷天大壯(대장)	雷在天上	우뢰가 하늘 위에 있는 것
B	35.	火地晉(진)	明出地上	밝은 것이 땅위에 나온 것
D	36.	地火明夷(명이)	明入地中	밝은 것이 지중에 들어감
C	37.	風火家人(가인)	風自火出	바람이 불로부터 나오는 것
E	38.	火澤睽(규)	上火下澤	위에는 불, 아래는 물
F	39.	水山蹇(건)	山上有水	산위에 물이 있는 것
A	40.	雷水解(해)	雷雨作	우뢰와 비가 일어나는 것
B	41.	山澤損(손)	山下有澤	산 아래에 못이 있는 것
A	42.	風雷益(익)	風雷	바람과 우뢰

길흉괘순		괘 명	괘 상	풀 이
C	43.	澤天夬 (쾌)	澤上於天	연못이 하늘에 오름
E	44.	天風姤 (구)	天下有風	천하에 바람이 있는 것
A	45.	澤地萃 (췌)	澤上於地	연못이 땅위에 한 것
A	46.	地風升 (승)	地中生木	땅속에서 나무가 나오는 것
F	47.	澤水困 (곤)	澤无水	못에 물이 없는 것
B	48.	水風井 (정)	木上有水	나무위에 물이 있는 것
B	49.	澤火革 (혁)	澤中有火	물가운데 불이 있는 것
A	50.	火風鼎 (정)	木上有火	나무위에 불이 있는 것
D	51.	重雷震 (진)	洊雷	우뢰가 거듭한 것
D	52.	重山艮 (간)	兼山	산이 겹친 것
B	53.	風山漸 (점)	山上有木	산위에 나무가 있는 것
E	54.	雷澤歸妹 (귀매)	澤上有雷	연못 위에 우뢰가 있는 것
B	55.	雷火豊 (풍)	雷電皆至	우뢰와 번개가 다 이르는 것
E	56.	火山旅 (여)	山上有火	산위에 불이 있는 것
B	57.	重風巽 (손)	隨風	바람이 바람을 따르는 것
A	58.	重澤兌 (태)	麗澤	걸린 못
E	59.	風水渙 (환)	風行水上	바람이 수상에 행하는 것
D	60.	水澤節 (절)	澤上有水	연못 위에 물이 있는 것
D	61.	風澤中孚 (중부)	澤上有風	못 위에 바람이 있는 것
D	62.	雷山小過 (소과)	山上有雷	산 위에 우뢰가 있는 것
C	63.	水火旣濟 (기제)	水在火上	물이 불위에 있는 것
A	64.	火水未濟 (미제)	火在水上	불이 물 위에 있는 것

※ 앞에서 1~64의 각괘마다의 숫자는 卦順(괘순, 卦序 괘서)으로 孔子(공자)의
十傳(십전, 십익) 中 序卦傳(서괘전)에 그 배열 및 이유를 설명하고 있다.
숫자 앞의 A~F까지의 알파벳은 64卦의 길흉을 상념적으로나마 필자가 제시한
것으로 卦마다 그 사정(뜻)을 이해하는데 供(공)하는 쓰임 정도의 것이다.
大吉 13 中吉16 平吉10 半吉11 小吉8 不吉 6개로 64卦를 여섯 구분해 본 것
일뿐, 어느 누구도 정형적인 분류는 불가능한 것으로 또한 양해의 대상이다.

6) 先後天易象法(선후천역상법)의 檢證(검증) 실예

만물의 영장인 사람으로 태어나 세상으로부터 처음받은 선물이 이름이다. 이름은 한평생 반복해서 부르는 지구상에서 가장 짧은 영혼의 소리라고 한다.

좋은 이름(良名양명)은 선천적인 운명(四柱八字사주팔자)을 보완 중화하여 避凶 趨吉(피흉추길)하고 개조 개척하여 좋은 운세로 開運(개운)하고, 나쁜 이름(惡名악 명)은 일생을 암담한 불행의 길로 유도하는 암시력을 지니고 있다.

타고난 宿命(숙명)은 어느 누구도 피하거나 바꾸지 못할 일 이지만, 後天的(후천 적)이나마 오직 유일하게 이름으로 그 개운 가능성은 충분히 있는 것이며 이는 因 果(인과)의 법칙이기도 하다.

우리가 알만한 인물들의 이름을 보면 改名(개명)한 경우가 많다.

이스라엘	←	야곱(창 32:28)
베드로	←	시몬(요한 1:42)
나폴레옹 보나 파르트	←	나플레오네 부오나 파르트
李承晩(이승만)	←	李承龍(이승용)
金大中(김대중)	←	金大仲(김대중)

그러면 朴正熙(박정희) 전 대통령의 이름을 周易(주역)의 작명 비법인 先後天易 象法(선후천역상법)으로 풀어(鑑名감명) 본다.

● 乾命 1917(丁巳)년 9월 30일 (음력) 寅(인)시생

선천수 (정획)		후천수 (곡획)	
土 6	朴 박	6 水	
木 5	正 정	5 金	
金 13	熙 희	19 土	
	24	30	

作卦法　上卦　선천수 24÷8=8坤地(곤지)
　　　　下卦　후천수 30÷8=6坎水(감수)
　　　　動爻　名字선천수합18÷6=6爻動
卦　象　本卦　地水師卦(지수사괘)
　　　　之卦　山水蒙卦(산수몽괘)
　　　　互卦　地雷復卦(지뢰복괘)

선천괘(地水師卦 上爻動) 866

| 1才● ▬▬ ▬▬ 6才 |
| 34 ▬▬ ▬▬ 39 | 地 (坤三絕) |
| 28 ▬▬ ▬▬ 33 |
| 22 ▬▬ ▬▬ 27 | 水 (坎中連) |
| 13 ▬▬▬▬▬ 21 |
| 7 ▬▬ ▬▬ 12 |

후천괘(水山蹇卦 3爻動) 673

| 64 ▬▬ ▬▬ 69 |
| 55 ▬▬▬▬▬ 63 | 水 (坎中連) |
| 49 ▬▬ ▬▬ 54 |
| 40● ▬▬ ▬▬ 48 |
| 76 ▬▬ ▬▬ 81 | 山 (艮上連) |
| 70 ▬▬▬▬▬ 75 |

먼저 평생괘(선천괘)인 地水師(지수사)괘는 군통술 장수의 뜻이 있으며 故人(고인)은 대장까지 지낸 군인이며 통솔자(지도자)였으니 전적으로 부합된다.

지수사괘 上爻(상효)에 대한 爻辭(효사)를 보면 "大君(대군)이 有名(유명)이니 開國承家(개국승가)에 小人物用(소인물용)이니라"

이는 대군이 명령을 둠이니 나라를 열고 집을 이으매 소인은 쓰지 말지니라로 풀이하고, 여기에서 대군유명은 크게 임금의 명령이라는 말이며 승전후에 論功行賞

(논공행상)을 하는데란 뜻이고, 개국승가에 소인물용은 객국공신은 제후에 봉하고 경대부는 승가도 하되 소인은 정치에 무능하니 쓰지 말라 함이라.

이에 대해 공자께서 형상적으로 말씀하시기를 "大君有名은 以正(이정) 功也(공야)요, 小人物用은 必亂邦也(필란방야)일세라"
대군의 명령이 있다는 것은 공을 바르게 함이오, 소인을 정치에 등용말라는 것은 반드시 나라를 어지럽힐세라고 풀이한다.

한마디로 군사 쿠케타로 나라를 세우고 혁명에 공로가 큰 측근(小人)들을 정치적인 무능력에도 불구하고 중용하였다가, 나라가 거덜나고 배신까지 당하였으니 이보다 더 정확하게 適中(적중)할 수는 없는 일이다.

연령대별 流年別(유년별)로 보면 49~54才의 大象(대상, 사주의 大運<대운>과 비슷)은 澤山咸(택산함)괘로 丁巳生(정사생)인 고인에게는 元氣(원기)에 해당하는 兌(태)와 巽(손)이 들어 있어 일생일대의 好運(호운)이라고 볼 수 있지만, 다음 55~63才의 대상은 地山謙(지산겸)괘이나 反元氣(반원기)인 艮(간)이 들어 있는등 결코 吉運(길운)이라 보기 어려웠는데, 결국 63才때 1979. 10. 29 丙寅日(병인일)에 逝去(서거)하였다.

그 외에도 대상내의 연령별로 卦爻(괘효)를 보고 각 년도의 운세를 알 수 있으며, 선후천괘에 六爻(육효)를 활용하여 부부운이나 부모와 자식(부하)관계등도 파악하는 것이나 생략한다.

● 周易爻辭 吉凶表(주역효사길흉표)

河洛理數(하락이수) CD에 의함(20점중 평가점수)

卦	初爻	二爻	三爻	四爻	五爻	上爻	卦	初爻	二爻	三爻	四爻	五爻	上爻
乾	11104	11218	11312	11416	11520	11604	遯	17108	17216	17312	17410	17520	17616
坤	88106	88220	88312	88408	88520	88608	大壯	41104	41216	41306	41420	41512	41606
屯	64120	64212	64308	64416	64512	64604	晉	38108	38216	38316	38406	38520	38614
蒙	76112	76216	76304	76404	76516	76614	明夷	83112	83216	83312	83416	83512	83602
需	61112	61216	61304	61412	61520	61616	家人	53116	53218	53312	53412	53520	53620
訟	16112	16212	16312	16414	16520	16606	睽	32114	32216	32312	32416	32520	32614
師	86112	86220	86304	86412	86516	86618	蹇	67112	67210	67312	67416	67516	67616
比	68116	68220	68302	68416	68520	68604	解	46116	46220	46304	46408	46516	46620
小畜	51116	51220	51304	51412	51520	51604	損	72116	72212	72316	72416	72520	72620
履	12116	12212	12304	12412	12512	12620	益	54118	54220	54314	54420	54520	54604
泰	81116	81220	81312	81408	81520	81604	夬	21104	21212	21308	21404	21516	21604
否	18112	18208	18308	18416	18520	18616	姤	15112	15216	15306	15408	15520	15612
同人	13112	13212	13304	13412	13516	13612	萃	28108	28220	28308	28416	28514	28604
大有	31112	31220	31314	31412	31516	31620	升	85120	85218	85320	85416	85520	85608
謙	87116	87216	87320	87416	87520	87614	困	26104	26214	26308	26412	26516	26604
豫	48108	48216	48304	48420	48512	48604	井	65108	65212	65312	65416	65520	65620
隨	24116	24208	24316	24412	24514	24610	革	23112	23216	23312	23406	23520	23616
蠱	75112	75218	75312	75408	75520	75612	鼎	35118	35214	35314	35406	35520	35620
臨	82120	82220	82308	82416	82520	82618	震	44116	44212	44308	44408	44512	44604
觀	58108	58212	58312	58420	58520	58614	艮	77104	77210	77314	77414	77518	77620
噬嗑	34108	34208	34308	34418	34518	34618	漸	57112	57216	57304	57412	57518	57620
賁	73110	73214	73316	73404	73520	73616	歸妹	42118	42212	42308	42412	42520	42604
剝	78104	78204	78310	78404	78516	78616	豐	43116	43212	43306	43414	43520	43604
復	84120	84218	84312	84416	84520	84608	旅	37108	37216	37304	37412	37520	37604
无妄	14118	14218	14312	14414	14520	14608	巽	55112	55216	55308	55416	55508	55614
大畜	71108	71208	71316	71420	71520	71620	兌	22116	22220	22308	22416	22508	22614
頤	74106	74204	74304	74416	74516	74620	渙	56116	56216	56316	56420	56520	56616
大過	25116	25220	25304	25416	25512	25604	節	62112	62204	62308	62420	62520	62608
坎	66104	66212	66304	66414	66516	66604	中孚	52116	52220	52312	52414	52520	52612
離	33106	33220	33306	33404	33510	33616	小過	47112	47216	47304	47412	47512	47604
咸	27112	27208	27312	27412	27512	27612	旣濟	63108	63214	63312	63414	63512	63608
恒	45104	45214	45304	45408	45512	45608	未濟	36108	36214	36312	36406	36520	36616

※ 5개 숫자중 1, 2번은 卦名(괘명) 3번은 爻番(효번) 4, 5번은 點數(점수)의 배열임

• 384爻 吉凶論(길흉론)

 주역 효사의 길하고 흉함을 가늠하고자 할 때 어려운 原文(원문)의 해설서로는 이해하기 어렵고 그 내용이 너무 많아 직접 활용하는 데는 엄두조차 내지 못할 정도임은 누구나 느끼는 바이다.

 이 斷訣(한마디로 말한 비결)은 효사의 주요 문장을 四言節句(사언절구)로 줄여서 표현하였으니 우리 같은 凡人(범인)들로서는 다행한 일인 듯 싶어 知冠 宋忠錫 선생의 번역을 구하여 싣게 된 것입니다.

▶ 乾(중천건)

初九　陽氣在下로다 方生萬物하니 春風和融이라. 영기가 아래에 있도다.
　　　바야흐로 만물을 생하니 봄바람도 화창하다.

九二　利見大人이니 隨時進行하면 無不便宜니라. 대인을 보는 것이 이롭다.
　　　수시로 진행하면 편리하지 않는 것이 없다.

九三　君子乾乾이니 貴而不驕하면 蒼生可濟로다.
　　　군자가 부지런하고 부지런하니 높아도 교만하지 않으면 창생을 가히 구제하리로다.

九四　或躍在淵이니 進退得宜하여 呵得天寵이라.
　　　혹 뛰거나 못에 있으니 진퇴를 마땅하게 하면 가히 임금의 총애를 얻으리라.

九五　雲龍風虎라 勿偏勿執하면 大得其志로다.
　　　구름은 용을 따르고 바람은 호랑이를 따르니 치우치지 말고 고집하지 않으면 크게 그 뜻을 얻으리라.

上九　亢龍偕極이니 知退徐進하면 乃陞其堂이라.
　　　너무 과한 용이니 함께 다하여 물러날 줄을 알아 서서히 나아가면 이내 그 당에 오르리라.

▶ 坤(중지곤)

初六　履霜至氷이니 馴致其道하면 可期後榮이로다.

서리를 밟게 되면 얼음 얼 것도 이르니 그 도에 순히 하여 이루면 가히 뒷날의 영화를 기약하리라.

六二　直以方也니 柔順正固하여 莫行分外하라.

곧고도 모나니 유순하고 올곧고 견고하여 분수밖에 일은 행하지 말라.

六三　含章可貞이니 知時發程커든 自由其志하라.

아름다움을 함축하고 가히 올곧으니 때를 알아 길을 나서거든 스스로 그 뜻에 말미암으리라.

六四　無譽無咎니 愼是無害라 女道有光이로다.

명예도 없고 허물도 없으니 이렇게 조심을 하면 여인의 도에도 광채는 있으리라.

六五　正位居體니 萬事和順하여 大業可成이라.

바른 지위에 몸소 있으니 만사가 화순하여 대업을 가히 이루리라.

上六　龍戰于野니 永貞其道라야 乃有其終이라.

용이 들에서 싸우니 그 도에 길고 올곧아야 이에 그 온전한 마침도 있으리라

▶ 屯(수뢰둔)

初九　雲雷其屯이니 紫陌春風에 馳馬前進이라.

구름과 천둥이 둔이니 서울의 봄바람에 말달리며 전진하리라.

六二　女子有貞이라 錐錐鳴鴈이 旭日是早로다.

여자에 올곧음이 있느니라. 송곳의 잘못으로 보고 기러기 짝지어 소리 내우니 뜨는 해도 일러라.

六三　逐鹿林中이라. 逐而不得이면 必有羞吝하리라.

숲 속에서 사슴을 쫓는다. 쫓다가 얻지를 못하면 반드시 부끄러운 욕이 있으리라.

六四　乘馬班如니 有御前進하면 直到長安이라.

말을 타고도 나아가지 못하니 심복을 두고 전진하면 곧 바로 장안에 도착

하리라.

九五　德施未光이라 小營可期요 大計反凶이라.

　　　덕을 베푸는 것이 광채가 없느니라. 적게 경영한 것은 기약할 수 있으나 큰 계책이면 도리어 흉하다.

上六　婦乘健馬라. 進無所之하니 憂懼奈何오.

　　　부인이 건장한 말을 탔다. 나아가려 해도 갈 곳이 없으니 근심과 두려움을 어찌하리.

▶ 蒙(산수몽)

初六　發蒙用刑이라 不知飢飽하니 百歲不老아.

　　　어린이의 개발에 형벌을 사용한다. 굶주리고 배고픔을 모르니 백세라도 늙지 않으랴.

九二　納婦有吉이라 年少靑春에 雲梯可期로다.

　　　부인을 들이면 좋으리라. 나이 젊어 청춘에 과거에 오르리로다.

六三　勿用取女라 一領紫袍를 姮娥成剪하라.

　　　여인을 취하지 말 것이다. 한번 입은 관복의 도포를 항아가 잘라버린다.

六四　困蒙無路라 四顧無路하니 修鍊成眞하라.

　　　어리석음에 곤궁하여 길이 없느니라. 사방을 돌아보아도 길이 없으니 수련하여 참됨을 이루라.

六五　童蒙元吉이라 三寶門墻에 自有住脚이라.

　　　어린이의 어리석음이라. 삼보의 문 당장에 자연 다리가 머물러 있으리라.

上九　利用禦寇라 奔波一世에 萬事都休라.

　　　원수를 방어하는 것이 이롭다. 분주한 세상에서 만사가 모두 허사로다.

▶ 需(수천수)

初九　需郊無咎라 歸宗反本이면 不犯難行이라.

　　　교외들에서 기다린다. 본 바탕에 돌아가 근으로 돌이키면 어려운 행동은 범하지 않으리라.

九二　　需沙有言이라 天涯風霜이 如何歸家오.

물가 모래에서 기다리니 말을 둔다. 천애의 풍상이니 여하히 집으로 돌아가리오.

九三　　沈疴全快라 雷門一震하니 體健身輕이라.

병이 잠긴 몸이 완전 쾌차하다. 벼락이 한번 진동하니 체도 건장하고 몸도 가벼워라.

六四　　順時有祿이라 勿忘財馬하고 任用家畜이라.

때를 따르니 녹도 있다. 재물과 녹을 잊지 않고 가축을 맡아 쓴다.

九五　　需于酒食이라 無人知我하니 酒食是可라.

주식에서 기다린다. 나를 알아준 사람이 없으니 술밥이나 먹는 것이 가하다.

上六　　龍鳳一會라 巳酉丑歲에 轉禍爲福이라.

용과 봉이 한번 모이니 사유축년에 전화위복된다.

▶ 訟(천수송)

初六　　小言明辯이니 不永所事는 訟不可長이라.

다소 말이 있으나 밝게 변론을 하니 작은 일도 길게 하지 않으면 소송은 길게 하는 것이 불가하다.

九二　　訟明曲直이라 旗幟分明하니 永遠典程이라.

송사에 곡직이 밝혀지니라. 기치가 분명하니 영원한 법전의 길이다.

六三　　舊德明明이라 出關唱凱하니 三箭太平이라.

옛덕이 밝게 밝으리라. 전장에 나가서 개선을 부르니 세 화살이 태평하여라.

九四　　紫電呈祥이라 亥午年月에 必成名祿이라.

붉은 번개 빛이 상서를 드리니 해오년월에 반드시 명예와 녹을 이루리라.

九五　　元吉中正이라. 不染紅塵하고 天地長存이라.

크게 길하여 중정하다 세상에 물들지 않고 천지가 오래 건재하다.

上九　　福星照臨이라 意外得訟하니 龍飛千載라.

복성이 비치고 임한다. 의외로 송사를 얻게 되니 용은 천년을 나르리라.

▶師 (지수사)

初六   出師以律하니 子鼠申猴에 貴人扶助라.

군사를 내보낼 때 율법으로 할지니 자의 쥐와 신의 원숭이에 귀인이 부조한다.

九二   承寵承命이라 威令赫赫에 日光當天이라.

하늘의 총애 계승하고 명을 계승한다. 위엄과 명령이 혁혁하니 햇빛도 하늘에 떠 있네.

六三   陰陽陣勢라 烽燧六關에 敵陣相對라.

음양이 진치는 형세이다. 봉화는 여섯 관문에 적진과 상대하리라.

六四   出師有功이라 破陣捉賊하고 蔭遺子孫이라.

군사를 내면 공이 있다. 진을 깨고 도적을 잡고 음덕이 자손에 끼치리라.

六五   堅壁不出히라. 六丁神將이 來護爾門이라.

견실한 성벽이니 나가지 말라. 육정의 신장이 와서 너의 문을 보호하리라.

上六   有賞有罰이라 申酉庚辛에 傷神陷刑이로다.

상도 있고 벌도 있다. 신유와 경신에 신을 상하고 형벌에 빠진다.

▶比 (수지비)

初六   吉中有欠이라 丙丁巳午에 形容憔悴라.

좋은 가운데도 흠은 있다. 병정과 사오에 형용이 초췌하다.

六二   船行不利라. 不牢蓬蒿면 惡事相遭라.

배로 다니는 것이 불리하다. 쑥대를 견고하게 하지 않으면 나쁜 일이 서로 만나리라.

六三   匪人同船이라 若當四季면 可以得免이라.

사람이 아닌 것과 배를 같이 탄다. 만일 사계절을 만나면 가히 면하게 되리라.

六四   比賢貞吉이라 夢見貴人하니 喜待子丑이라.

어진 분과 친하니 올곧고 길하다. 꿈에 귀인을 보니 기쁘게 자축을 기다리라.

九五 位在顯貴라 子丑之年에 萬事亨通이라.

지위가 현저히 귀하게 되는데 있다. 자축의 해에 만사가 형통한다.

上六 無首無終이라. 虎在眼前하니 可畏急症이라.

머리도 없고 끝도 없다. 호랑이 눈앞에 있으니 가히 급증이 두렵다.

▶ 小畜(풍천소축)

初九 靜吉動凶이라 卯未之年에 必有大害라.

안정하면 길하고 움직이면 흉하다. 묘미의 해에 반드시 큰 해가 있다.

九二 龍躍海門이라 頭角生成하니 行雲施雨라.

용이 해문에서 뛴다. 머리와 뿔이 성하니 구름을 만들고 비를 베푼다.

九三 不義得財라 外婦相對하니 本妻反目이로다.

불의로 재물을 얻는다. 밖에 부인과 상대하니 부부간에 반목이로다.

六四 先困後達이라 未年月日에 好事可成이라.

처음은 곤궁하고 뒤에 발달된다. 미년월일에 좋은 일이 가히 성취된다.

九五 富以其隣이라 弦月漸圓하니 萬邦其覩라.

부자를 그 이웃으로 한다. 상현달이 점차로 원만하여지니 만방에서 그를 보리라.

上九 圓月旣望하니 四美俱存에 何必蹉跎오.

둥근달 이미 보름이니 네 가지 아름다움이 모두 보존하여 하필이며 넘어지리.

▶ 履(천택리)

初九 素履獨行이라 寺僧聞鷄하고 千里登程이라.

본래 밟아 가는 데로 홀로 간다. 절에 중이 닭소리를 듣고 천리 길에 오른다.

九二 修道出脚이라 擎天神謀는 坦道可行이니라.

도를 닦으려 길을 나선다. 하늘을 떠받히는 신의 꾀는 탄탄한 길을 가리라.

六三　魚不受釣라 妄履虎尾하니 袁術稱帝라.

　　　물고기도 낚시를 받아드리지 않는다. 망령되게 호랑이 꼬리를 밟으니 원술이 제왕이라 칭한다.

九四　塑塑終吉이라 可進可退를 猛省免憂라.

　　　두려워하고 조심하여야 결국에 吉하다. 나아가야 하는가 물러서야 하는가를 깊이 반성하여야 근심을 면한다.

九五　快履斷行이라 知進不進이 空落迷觀이라.

　　　통쾌하게 밟아 가고 단행한다. 나아갈 줄은 알고 나아가지 않으니 공연히 미혹한 곳으로 떨어진다.

上六　濟世大慶이라 三千己綠하고 四海盡知라.

　　　세상 구제하는 큰 경사로다. 삼천을 이미 기록하고 사해가 모두 알도다.

▶ 泰 (지천태)

初九　拔茅征吉이라 逢蛇逢虎에 爭雄上步ㅡ라.

　　　띠 뿌리를 뽑듯이 나아가니 길하다. 뱀을 만나고 범을 만나니 영웅을 다투며 위로 걸어간다.

九二　包荒光大라 籌前講策하고 大下軍令이라.

　　　거칠고 황폐함을 포용하여 광대하다. 앞을 헤아리고 대책을 강구하니 크게 군령이 내린다.

九三　無往不復하니 何事躊躇오 飄然一往하라.

　　　가고 돌아오지 않음이 없으니 무슨 일을 주저하리오. 표연히 한번 가리라.

六四　乘虛踏實이라 若逢豺狼이면 卽斬可決인저.

　　　허를 타고 실을 밟는다. 만일에 시랑을 만나면 곧 베 버리고 결단하는 것이 가하리라.

六五　天門勝會라 仙客共賞하면 大暢九韶라.

　　　천문에 뛰어나게 모인다. 선객으로 함께 감상을 하면 크게 여러 음악이 화창하리라.

上六   泰往否來라 人在水濱이라도 何畏家畜고.

        통태함은 가고 부색이 온다. 사람은 물가에 있더라도 어찌 가축을 두려워

        할고.

▶ 否(천지비)

初六   拔茅以彙라 志在愛君하여 妄動必禍라.

        띠를 뽑되 무리로 한다. 뜻은 임금을 사랑하는데 있어 망동하면 반드시 화

        가 되리라.

六二   掘地求金이라. 辰戌丑未에 福星來照라.

        땅을 파서 쇠를 구한다. 진술축미에 복성이 와서 비치리라.

六三   包羞安分하라 卯亥未寅에 天必福善이라.

        안고 있는 것이 부끄러움뿐이다. 안분하라 묘해미인에 하늘은 반드시 선한

        복을 주리라.

九四   敬守天命하라 妄行非義하면 狐猿延禍라.

        공경하여 천명을 지키라 함부로 비리를 행하면 여우와 원숭이도 화가 계속

        된다.

九五   外威內强이라 人競逐虎에 倍加心力이라.

        밖으로는 위엄이 있고 안으로 강하다. 사람이 다투어 호랑이를 쫓으니 배

        나 심력이 더해진다.

上九   否後可泰라. 槐柳雖茂나 恐入燃料라.

        비색한 뒤에 통태하게 된다. 회나무와 버들이 비록 무성하나 연료가 들어

        갈까 두렵다.

▶ 同人(천화동인)

初九   出門同人이라 木逢金剋하여 終成棟樑이라.

        문 밖에 나가서 남들과 동지 됨이라. 나무가 금극을 만나서 결국에 동량을

        이루리라.

六二　憑欄更度하라 伏衡駕軛하고 錠步天垣이로다.

　　　난간을 의지하여 다시 헤아린다. 저울대에 엎드리고 멍에에 오르니 신선이 하늘 담장에 걸어간다.

九三　聰明在位하라 嫁女蔭子하고 更受皇恩이라.

　　　총명으로 자리에 있다. 시집간 여인에 음덕의 아들이 다시 황은을 받으리라.

九四　對敵衝營이라 設壇拜將에 號令分明하라.

　　　적을 대하여 군영을 친다. 단을 설치하고 장군에 배례하니 호령은 분명히 하라.

九五　危地得安이라 安不忘危라야 其可得安인저.

　　　위태로운 자리에서 편안을 얻는다. 편안하여도 위태로움을 잊지 않아야 가히 편안을 얻을 것이다.

上九　檻中起火라 豫防得力이라야 滅火成康이라.

　　　우리 속에 불이 일어난다. 예방에 힘을 얻어야 불도 꺼지고 편안을 이루리라.

▶ 大有(화천대유)

初九　無交無害라 陌鹿風動에 水飄火消라.

　　　해로운데 사귀지를 아니한다. 언덕 사슴에 바람이 동함에 물도 나부끼고 불도 꺼진다.

九二　星斗光輝라 大車以載하니 桂香遍地라.

　　　북두별이 빛나니라. 큰 수레에 실으니 계수나무 향기 땅에 깔리리라.

九三　明堂享器라 鏤金遇火하니 鍛鍊成名이라.

　　　명당에 제사지낸 그릇이라. 쇠붙이에 불을 만나니 단련하여 이름을 이룬다.

九四　木噓火炎이라 寒熱相侵에 疾苦作症이라.

　　　나무 화염을 분다. 한열이 서로 침범 하니 질고로 병을 만든다.

六五　信以發志라 池魚千年에 乘風搏飛라.

신의로써 뜻을 펴리라. 못의 고기 천년에 바람을 타고서 치며 나르리라.

上九　天祐元吉이라 猴鄕逢妖하여 性和心通이라.

하늘이 도와 크게 길하리라. 원숭이 고향의 요귀를 만나서 성은 화평하고 마음은 통리라.

▶ 謙(지산겸)

初六　用涉大川이라 土木相制하니 南滅西生이라.

큰 내를 건너리라. 흙과 나무가 서로 견제를 하니 남에서 멸망하고 서에서 태어나리라.

六二　中心自得이라 深井流源은 萬人日沒이라.

중심을 자득하리라. 깊은 샘에서 흐르는 근원은 만인이 날로 침몰하리라.

九三　勞謙終吉이라 鬼病沈淹타가 遇金脫瘁이라.

수고롭고 겸손하니 결국에 길하리. 귀신 병에 침엄타가 금을 만나 낫게 되리라.

六四　撝謙遵則아 寅午之年에 福祿幷臻이리라.

겸손을 휘두르고 법을 따른다. 인오의 해에 복과 록이 아울러 이르리라.

六五　星日象馬라 天上積靈으로 萬物生輝라.

별과 해가 말을 형상한다. 천상에 쌓인 영혼으로 만물이 빛을 내리라.

上六　寶宮挾矢라 射下穿楊하니 簇羅列疆이라.

보배 궁에 화살을 끼니 아래로 쏘아 버들을 뚫으니 활촉 벌려서 터에 진열 되리라.

▶ 豫(뢰지예)

初六　鳴豫志窮이라. 驚賊自脚에 神飛九天이라.

즐거움을 울리니 뜻이 궁하리라. 놀랜 도적에 발을 디디니 신은 구천에 나르리라.

六二　介石貞吉이라 衝來橫去에 衆兵投地라.

절개 돌과 같아 올곧고 길하다. 충하여 오고 횡으로 가니 여러 병사 투항

하는 땅이로다.

六三　由豫大得이라 星宿循環에 次第光輝라.

즐거움으로 말미암아 크게 얻는다. 성수가 순환함에 차례로 빛나리라.

九四　合龍泉劒이라 天有其道하니 誅强除暴라.

용으로 합당하고 샘의 칼이라 하늘에도 그 도가 있으니 강하면 베고 폭도를 제거하리라.

六五　地神助靈이라 其死不死는 輔國安民이라.

지신이 신령을 돕는다. 그 죽을 것 같으나 죽지 않음은 나라를 돕고 백성을 편안하게 한다.

上六　冥豫至禍라 天涯隔鴈하니 家人眼穿이로다.

즐거움에 어두우니 화가 이른다. 천애 막힌 기러기이니 집사람이 눈에 뚫어진다.

▶隨(택뢰수)

初九　出門有功이라 一六生成하니 變化在七이라.

문에 나가 사귀어 공이 있다. 16이 생성하니 변화는 7에 있다.

六二　小得大失이라 二七成火하니 火生火滅이라.

적은 것 얻고는 큰 것을 잃는다. 27이 불을 이루니 불은 생겼다 불로 없어진다.

六三　春枝秋根이라 春夏生枝하니 秋折其根이라.

봄 가지요 가을 뿌리이다. 봄여름에 가지가 생기니 가을에 그 뿌리가 꺾인다.

九四　水旺成氷이라 貪多無已하면 反成其咎라.

수왕하면 얼음이 된다. 탐이 많아 말지를 않으면 도리어 그 허물을 이루게 된다.

九五　孚于嘉吉이라 早起孜孜하니 天人共助라.

아름다운 미더움이니 吉하리라. 일찍 일어나 부지런하니 하늘과 사람이 공조한다.

上六   龍游澄波라 雲蒸雷興하니 造化多端이로다.

       용은 맑은 물결에 헤엄친다. 구름이 찌는 듯 우레와 더불으니 조화가 많고
       많다.

▶蠱(산풍고)

初六   子幹父蠱라 勃然風雨에 無處安眠이라.

       아들이 아버지의 일을 주간하니, 갑작스런 풍우에 편히 잠잘 곳이 없으리
       라.

九二   黃鐘大呂라 幹母之蠱하니 任自得中이리라.

       황종과 대려라 어머니의 일을 주간하니 책임은 자연 중도를 얻으리라.

九三   騎大宛馬라 子承其父하니 卯年多吉이라.

       크고 완연한 말을 탄다. 아들이 그 아버지를 계승하니 묘년에 길이 많다.

六四   任職守規라. 元首股肱이 一德同心이라.

       직위를 맡아 법규를 지킨다. 원수로 파과 다리가 되어 일덕으로 동심한다.

六五   子承父譽라 隱虎一嘯에 山鳥皆驚이라.

       아들이 아버지의 명예를 계승한다. 숨은 호랑이 한번 휘파람 함에 산새들
       이 모두 놀란다.

上九   龍子得鱗이라 高尙其志하고 不事王侯라.

       용의 새끼가 비늘을 얻는다. 그의 뜻을 고상하게하고 왕후도 섬기지 않는
       다.

▶臨(지택림)

初九   提劍斬賊이라 攻秦擊曹는 孰不同心고.

       칼을 들어 도적을 벤다. 진나라를 공격하고 조나라를 치는 것은 누구와 마
       음이 같지 않으리.

九二   臨陣有禮라 直馳前程하면 標名凌天이라.

       진영에 임하여 예의가 있다. 곧 바로 전정으로 달리면 나타난 이름은 하늘
       도 능멸한다.

六三   謹愼勿望하라. 火熾金傷에 恐傷人命인저.

　　　조심하고 삼가 바라지 말라. 불이 성하면 쇠도 상하니 인명을 상할까 두렵다.

六四   明珠沈海라 一經龍戲하면 曜日光天이라.

　　　명주가 바다에 잠긴다. 한번 용의 작란을 지나면 밝은 날에 하늘에 빛난다.

六五   英雄展志라. 驅馳四方타가 得見天日이라.

　　　영웅이 뜻을 편다. 사방 몰고 다니다가 하늘의 해를 얻어 보리라.

九六   志士得時라 金鷄一聲에 起舞者誰오.

　　　지사가 때를 얻는다. 금계가 한번 소리함에 일어나 춤추는 자는 누구인고.

▶ 觀(풍지관)

初六   花發長安이라 春風馳馬에 加鞭生光이라.

　　　꽃피는 장안이라 봄바람에 말을 달리니 채찍질 하는데도 빛이 나리라.

六二   水湧風動이라 載舟覆舟는 利在女闚라.

　　　물은 솟고 바람은 동한다. 재에 타니 배가 뒤집히는 이익은 여인의 엿보는데 있다.

六三   春花秋菊이라 風打雨飄하고 凌霜傲雪이라.

　　　봄에 꽃이요 가을 국이다. 바람치고 비도 나부끼니 서리를 능멸하고 눈에도 아랑곳 하지 않으리라.

六四   龍施甘雨라. 旱餘甘霖은 滿地歡聲이라.

　　　용이 단비를 베푼다. 가뭄 나머지 단비가 내리니 환성이 땅에 가득하여라.

九五   觀我生民하라 修身向善하면 蘭桂叢林이라.

　　　나의 생민을 보라. 수신하며 선을 향하면 난초에 계수의 총림이어라.

上九   志何不平고 一穴明堂이 嘴大猴鄕이라.

　　　뜻이 왜이라 불평한고 한 혈의 명당이 부리도 큰 원숭이 고향이어라.

▶ 噬嗑(화뢰서합)

初九　水火相妨이라 反爲參用하면 旣濟是良이라.

수화가 서로 방해한다. 돌이키고 참작하여 사용하면 기제가 바로 좋을 것이라.

六二　魚在釜中이라 只因呑餌하여 所以受苦라.

물고기 솥 안에 있어라 다만 미끼를 삼켜서 때문에 고통을 받으리라.

六三　淡味不厭이라 二更三點에 伴回故鄕이라.

담담한 맛 싫어하지 않는다. 이경의 세 점에 짝하여 고향으로 돌아온다.

九四　候陰氣寒이라 一般景物이 漸爲凋殘이라.

계절 그늘에 기도 차갑다. 일반의 경치와 만물이 점차로 이울어 떨어져 간다.

六五　陽極陰生이라 草木至此에 欣欣向榮이라.

양이 다하여 음이 생긴다. 초목이 여기에 이르면 기쁘게도 영화로 향하리라.

上九　何校滅耳라 不聞喜報하면 快受其殃이라.

형틀을 메고 귀를 없앤다. 기쁜 소식을 듣지 못하면 곧바로 그의 재앙을 받으리라.

▶ 賁(산화비)

初九　舍車徒行이라 萬花開春하니 勿失好機하라.

차를 버리고 발로 걸어간다. 만가지 꽃이 봄을 여니 호기를 잃지 말라.

六二　龍劍射光이라 願及天河하여 要濯肺肝이라.

용검이 빛을 쏘니라. 원은 은하에 미쳐 중요하게 폐와 간을 씻어라.

九三　月下望娥라 會有佳約하여 數問夜期라.

달 아래에서 선녀를 바라본다. 모여 가약이 있어 자주 밤에 기약을 묻네.

六四　漏催鷄唱이라 行渡前津에 無量其程이라.

시계는 닭 울기를 재촉한다. 배타고 앞 나루에 건너가니 헤아릴 수 없는 길이로다.

六五　蛇化爲龍이라 雲行雨施에 超忽在前이라.

뱀도 변하여 용이 된다. 구름이 행하고 비를 내리니 홀연히 앞에 있네.

上九　月上中天이라 萬里無雲하니 勳封秦凱라.

　　　달은 중천에 오르리라. 만리에 구름이 없으니 고운을 봉하고 진나라는 개
　　　선하네.

▶剝(산지박)

初六　剝床以足이라 金火受傷에 百練自光이라.

　　　상을 깎되 써 발이로다. 금화가 상해를 받음에 백번을 단련하여 스스로 빛
　　　나리라.

六二　剝床滅貞이라 何時謝塵고 入玄訪道하라.

　　　상을 떨어뜨려 올곧음을 깎는다. 때나 진세를 사직할고 현문에 들어가 도
　　　를 찾누나.

六三　上下兩情이라 猶豫其間에 萬事無成이라.

　　　상하로 두 정이어라. 유예하는 그 사이에 만사도 성취가 없어라.

六四　莫戀家鄕하라 可切近災하고 邊塞揚武로다.

　　　집과 고향에 연연하지 말라. 재앙이 절박함에 와있고 국경에서는 무예로
　　　날린다.

六五　茅屋松竹이라 麋鹿長遊에 淸趣誰侵고.

　　　띠 집에 송죽이라. 사슴들이 오래 노니는데 미록장유에 깨끗한 취미를 누
　　　가 침범할고.

上九　得輿剝廬라 丹爐火候에 一擧飛昇이라.

　　　차도 얻고 집도 깎인다. 붉은 화로불 시절에 일거에 날아 오르리라.

▶復(지뢰복)

一樹　風雨라 止留根蔕하고 花落塵埃라.

　　　한 나무의 비바람이어라. 머물러 머무른 뿌리와 꼭지이고 꽃은 먼지로 떨
　　　어지네.

六二　鵬搏萬里라 山谷養眞타가 一朝風起라.

봉새는 만리를 치고 가고 산골에 참을 기르다가 하루아침에 바람이 일어라.

六三　玉質金相이라 磨琢成章하여 獻享明堂이라.

옥 바탕에 금의 상이라. 갈고 쪼아 문채를 이루어서 받쳐 명당에 배향한다.

六四　春發百花라 驚風時動하니 飄香十里라.

봄에 피는 백가지 꽃이로다. 놀랜 바람이 때로 움직이니 나부끼는 향기 십리여라.

六五　外張內磬이라 源遠流長이오 根深葉茂라.

밖으로 벌리고 안으로는 소리한다. 멀어야 흐름도 길고 뿌리가 깊어야 잎이 무성하다.

上六　風送藤閣이라 西南有明하니 正遇知音이로다.

바람은 등왕각으로 보낸다. 서남이 유명하니 정히 지음을 만나리로다.

▶ 无妄(천뢰무망)

初九　深林開花라 不知安分하니 莫要遠賒라.

깊은 숲에 핀 꽃이다. 안분할 줄을 모르니 먼 재물을 요하지 말라.

六二　帶錢下楊이라 平生打志는 西北邀遊라.

돈을 띠고 내리는 버들이다. 평생에 뜻을 두드리고 서북에 초대하여 논다.

六三　浮花怎果오 根苦葉焦에 幸有螟蛉이라.

뜨는 꽃 어찌하여 과일인고? 뿌리 고통하고 잎도 메말라 다행히 명령은 있으리라.

九四　靑春難再라 失今不爲면 更待何時오.

청춘은 두 번이 아니다. 지금 일도 하지 않으면 다시 어느 때를 기다리리오.

九五　英豪顯名이라 若逢龍虎면 得意發迹이라.

영웅호걸 명성이 드러난다. 만일 용호를 만나면 뜻을 얻고 자취도 피어나리라.

上九 　仙庄煉丹이라 一超苦海하여 仙庄萬年이라.

　　　선장에 련단한다. 한번 고해를 뛰어 넘어 신선의 전장은 만년이라.

▶ 大畜(산천대축)

初九 　駕舟順風하라 不牽其舵면 休有憩登岸이라.

　　　배를 순풍에 떠나라 그 키를 끌지 않으면 쉬어 언덕에 올라 쉬게 되리라.

九二 　秋霜夏火라 世情冷暎은 達者可超니라.

　　　가을 서리 여름에 불이다. 세상 정은 차갑게 비치니 달통하여 가히 초월하리라.

九三 　良馬逐往이라 花榮不久오 松柏長春이라.

　　　좋은 말로 쫓아간다. 꽃의 영화도 오래지 않고 소나무와 잣나무만이 장춘이어라.

六四 　曲水流觴이라 春風富貴가 最非尋常이라.

　　　굽은 물 흐름을 감상한다. 봄바람에 부귀가 가장 심상치 않아라.

六五 　大慶必悲라 春花爭姸터니 秋葉何凋오.

　　　큰 경사가 반드시 슬퍼라. 봄꽃이 다투어 예쁘더니 가을 잎은 왜 시드는고.

上九 　騎馬羊觴이라 猿啼旅店하고 鷄鳴渡津이라.

　　　말 타고 양을 감상한다. 원숭이 우는 나그네 상점에 닭이 우니 나루를 건너리.

▶ 頤(산뢰이)

初九 　用楫濟川이라 一帆順風에 千里眉睫이라.

　　　노를 사용하여 내를 거느니라. 헌 돛대의 순풍에 천리를 깜작할 사이에 가네.

六二 　鳥捷風數라 審視回翔하여 別尋樹木이라.

　　　새도 빠르고 바람도 자주 분다. 살피고 머리 들러 보며 다른 나무를 찾네.

六三 　黑夜行路라 直待天明하여 方能進步라.

캄캄한 밤에 길을 간다. 하늘이 밝기를 바로 기다려 바야흐로 능히 걸음을 걸어가네.

六四 虎視耽耽이라 名利關心하여 百態千態라.

호시탐탐한다. 명리에 관심하여 천태만상이로다.

六五 百祥自來라 無意得者는 受亨自豊이라.

모든 상서가 스스로 온다. 생각 없이 얻은 것으로 형통하여 자연 풍성하리라.

上九 陽生陰杜라 數歸五五하니 大有福慶이라.

양이 생하고 음은 막힌다. 수가 55로 돌아오니 큰 복과 경사가 있다.

▶ **大過**(택풍대과)

初六 龍潛于淵이라 四陽回動하니 飛龍在天이라.

못에 용이 숨어있다. 사양이 회동하니 나르는 용은 하늘에 있다.

九二 雲梯可升이라 駿馬加鞭에 前程萬里라.

구름다리를 가히 오르리라. 준마에 채찍을 가하니 앞길은 만리로다.

九三 三冬水旺이라 氷冷回運은 溫暖時光이라.

삼동에 수왕이라 얼음이 차가운데 운이 돌아오니 따뜻함이 비쳐 때로 빛나리라.

九四 志氣蠱烈이라 立功成名하니 可謝天地로다.

지기가 세차게 우뚝하다. 공명을 성립하나 가히 천지도 사양하리로다.

九五 枯楊生華라 虎嘯風林하고 龍歸大海라.

마른 버들에 꽃이 핀다. 수풀에 호랑이가 휘파람하고 용은 대해로 돌아온다.

上六 龍生五瓜라 登雲掀雲하니 天晴日皎라.

용에 다섯 발톱이 났다. 구름에 오르고 구름을 걷으니 하늘도 개이고 날이 밝아라.

▶ **坎**(중수감)

初六　心堅石穿이라 入坎失道하니 不與世何오.

마음 견실하면 돌도 뚫는다. 구덩이 들어가 잃으니 세상과 더불으지 않으니 어이하리오.

九二　九秋霜菊이라 凋殘無蘂나 分外有香이라.

구월이 서리에 국화이다. 시들어 떨어지니 꽃은 없고 분외에 향기만이 있어라.

六三　端坐正門이라 造宅安堵하니 人財綿亘이라.

정문에 단정이 앉아 있다. 집을 짓고 안도하니 사람과 재물이 오래 가리라.

六四　剛柔相際라 一個秘訣을 莫說於人하라.

강유가 서로 교제한다. 하나의 비결을 남에게 말하지 말라.

九五　靈丹濟世라 一斷紅塵하고 隨上天際라.

영단으로 세상을 구제한다. 한번 홍진을 끊고 따라 하늘로 오른다.

上六　獨行不可라 二三知己로 共籌太平하라.

혼자 가면 불가하다. 23의 지기로 함께 태평헤아리리라.

▶離(중화리)

初九　敬之無咎라 只信消息하고 怎可出首아.

조심하면 허물이 없으리라. 다만 소식만을 믿고 어찌 먼저 나올 수 있으랴.

六二　黑夜有明이라 若不奔投면 空生左世고저.

캄캄한 밤에 밝아진다. 만일 분주히 던지지 않으면 공연히 세상을 잘못 살리라.

九三　不缶而歌라 魚龍出沒에 雲雷活潑이라.

장구를 두들겨 노래하지 않는다. 고기와 용이 출몰함에 구름과 우레가 활발하리라.

九四　禽鳳獸麟이라 施德施恩하여 天下泰平이라.

날짐승이라면 봉이요 짐승이라면 기린이다. 숭상하고 은혜를 베풀어 천하가 태평하다.

六五　闢土開疆이라 坐看收穫하니 黍稷稻粱이라.

땅을 열고 터를 연다. 앉아 수확을 보니 기장과 벼이다.

上九　天門掛榜이라 馬嘶芳草하고 秋高鹿鳴이라.

천문에 방을 단다. 방초에 말이 울고 가을이 깊으니 사슴도 우네.

▶咸(택산함)

水降　火昇이라 子午調停하니 飽滿金丹이라.

물은 내려오고 불은 오른다. 자오로 조정하니 금단이 가득하다.

六二　鶯遷喬木이라 萬花深處에 落落長松이라.

꾀꼬리가 높은 나무로 옮겨간다.

모든 꽃 깊은 곳에 낙낙장송이로다.

九三　道成德立이라 孜孜修善하니 世人仰見이라.

도에 이르고 덕이 선다. 부지런히 도를 닦으니 세인이 우러러 본다.

九四　雲梯月下라 折桂才子가 立立爭見이라.

구름 사이에 달이 내려온다. 계수를 꺾는 재자가 서서 다투어 본다.

九五　十來十餘라 閒過時光하니 無計長久라.

열이 오면 열이 남는다. 한가로이 세월을 보내고 계책도 없이 장구하다.

上六　忽怨久遲하라 西北之角에 揚眉吐氣라.

문득 원망하다 오래 가리라. 서북의 뿔에 눈썹을 세우고 기를 토한다.

▶恒(뢰풍항)

初六　步登玉堂이라 節屆深秋하여 錦衣還鄉이라.

걸어서 옥당에 오른다. 절서는 깊은 가을에 이르러서 금의환향한다.

九二　功成蔭後라 太白西現하니 此地承恩이라.

성공하고 음덕을 받은 뒤이다. 태백이 서쪽에 나타나니 이곳에서 천은을 입는다.

九三　冶金成器라 平地一聲에 驚天動地로다.

쇠를 단련하여 그릇을 이룬다. 평지의 한 소리에 하늘도 놀래고 땅이 움직인다.

九四　正道潤步라 田而無禽하니 大踏前程이라.

정도로 여유롭게 건너간다. 사냥하여도 날짐승이 없으니 크게 전정을 밟아 간다.

六五　耕鑿永樂이라 婦吉從一이오 夫莫從婦하라.

농사하고 샘을 파서 영원히 즐긴다. 부인은 따라 길하고 남편은 부인을 따르지 말라.

上六　春草生長이라 水流源淸하니 天地平寧이라.

봄풀이 생장한다. 물 흐르고 근원도 맑으니 천지가 안녕하다.

▶ 遯(천산돈)

初六　不往何災오 榮者悤悤하고 尋者碌碌이라.

가지 않는데 무슨 재앙이리오. 영화자는 총총하고 찾는 자는 녹녹하다.

六二　勿尋舊轍하라 再加新車하여 穩步康衢하라.

옛날의 흔적은 찾지를 말라. 재차로 새 차를 만들어 편안히 강녕의 거리를 걸으리라.

九三　大笑虛聲이라 其間英俊이 黃泉名譽다.

크게 헛소리로 웃는다. 그 사이 영웅은 황천의 명예이다.

九四　恩添雨露라 輝後光前에 改門更戶로다.

승은이 비와 이슬로 촉촉이 더해진다. 빛남은 뒤요 앞에 광영이니 문호를 고치리로다.

九五　嘉遯貞吉이아. 躬耕勞神이나 其樂陶陶라.

아름다운 물러섬이니 몸소 농사하고 정신을 수고롭게 하나 그 즐거움은 도도하다.

上九　圖新更舊라. 故轍非良이니 猛回爲景하라.

시도를 새롭게 한다. 옛 자취가 좋지 않으니 용감히 돌이켜야 밝게 된다.

▶ 大壯(뢰천대장)

初九   煥乎문장이라 火烈水洋하니 交濟其美로다.

문장이 빛나리라. 불 세차고 물 넘치니 사귀어 구제하는 것이 아름답게 된다.

九二   貞吉以中이라 非虎非龍은 上下不容이라.

올 곧고 길하여 중으로써 한다. 범이 아니고 용도 아닌 것은 상하를 포용하지 않음이다.

九三   三元運轉이라 日月大明하고 雲霧都掃라.

삼원이 운전을 한다. 해와 달이 크게 밝고 운무를 모두 쓸어버린다.

九四   擎天標名이라 早急起程하여 前去結盟하라.

하늘로 들어 올려 이름을 표한다. 조급하게 길을 나서 앞으로 가 명세를 맺는다.

六五   奔馬鳴鼓라 天門地戶에 陣勢相對로다.

말 달리고 북 울린다. 천문과 지호에 진세로 상대한다.

上六   馳馬紅塵이라 龍蛇奔馳하여 齊入雲臺라.

홍진에 말을 달린다. 용과 뱀이 분주히 달려서 일제히 운대에 이른다.

▶ 晉(화지진)

初六   生死難辨이라 縛來奮犬하니 可喜伏制라.

생사를 판단하기 어렵다. 흥분한 개 묶여오니 복종하여 제압하는 것은 가히 기쁘다.

六二   兎死狗烹이라 雖人發蹤이나 走逐一般이라.

토끼 잡으면 개는 삶아 먹는다. 비록 사람자취를 펴는 것은 달아나고 쫓는 것이 일반이다.

六三   入山擒虎라 出隅揚威에 何怕人多오.

산에 들어가 범을 사로잡는다. 모퉁이에서 나와 떨치는데 어찌 가람이 많음을 두려워하리오.

九四   那得眞仙고 一入玄門하니 津津有益이라.

어떻게 참된 신선 얻을까? 한번 현문에 드니 진진하게 유익됨이 있다.

六五　　直到天衢라 牛身犀尾로 到頭來止라.

곧 바로 하늘 거리에 이른다. 소의 몸에 물소의 꼬리로 머리에 이르러서
그치게 된다.

上九　　修鍊成眞이라 功名雖好나 何如仙道오.

수련하여 참을 이룬다. 공명이 비록 좋으나 어찌 선도와 같으리오.

▶明夷(지화명이)

初九　　錦袍對壘라 君子于行은 三日不食이라.

비단 도포로 성체를 대한다. 군자의 행실에 3일을 먹지 않는다.

六二　　順以則吉이라 玄中奧妙는 顯隱應兆라.

순하고 법 되기 때문이다. 현묘하게 맞은 오묘함은 나타나고 숨기는 응험
의 조짐이다.

九三　　仙班列名이라 悟出妙理하면 仙道最靈이라.

신선의 반열이 이를 나열한다. 묘리를 깨쳐 내면 선도에서 가장 신령하리
라.

六四　　心堅到京이라 建勳早回하여 茅屋養精이라.

마음 결실하게 서울에 이른다. 공훈 세우고 일찍 돌아와 모옥에서 정령을
기른다.

六五　　祿馬其動이라 快着先鞭하여 勿誤前程하라.

녹마가 그 공훈이라. 통쾌하게 먼저 채찍을 가하여 전정을 그르치지 말라.

上六　　龍生頭角이라 興雲施雨하여 救濟蒼生이라.

용의 머리에 뿔이 생겼다. 구름을 일으키고 비를 베풀어 창생을 구제한다.

▶家人(풍화가인)

初九　　立志未變이라 火勢雖熾하나 有水鎭壓이라.

뜻 세워 변치 않는다. 불의 세가 비록 성하나 물이 있어야 진압한다.

六二　　無有遂成이라 營謀有成이니 資糧有增이라.

성취하는 일이 없다. 경영하고 꾀하여 성공을 이루니 재물과 양식이 증가되리라.

九三　婦子嘻嘻니라 笑樂無節이면 終至敗家니라.

부인 자녀가 희희덕거린다. 웃고 즐거워함이 절제가 없으면 결국에 패가하리라.

六四　富家大吉이라 超遷有地하며 登試受賞이라.

가정이 부자니 대길하다. 초월하여 영전할 자리 있고 시험에 들고 상을 받는다.

九五　交相愛也이라 貴人提携하니 和氣盈門이라.

사귀어 서로 사랑함이다. 귀인이 제휴하여 주니 화기가 가정에 가득하다.

上九　有孚威如니라 正身爲本하면 營謀稱意니라.

미더움을 두고 위엄으로 한다. 자신을 바르함으로 근본을 삼으면 경영하고 꾀하는 일도 뜻대로 된다.

▶ 睽(화택규)

初九　喪馬勿逐하라 水雲無定하니 榮辱無虞라.

말을 상실하면 쫓아가지 말라 물과 구름이 정처가 없으니 영욕에 근심이 없다.

九二　憂事自散이라 申子辰局에 萬事自足이라.

근심된 일 스스로 흩어진다. 신자진국에 만사가 자족하다.

六三　无初有終이라 辛苦就養하면 功成業創이라.

처음은 없고 끝이 있다. 고생으로 양육하여 나아가면 공을 이루고 업을 창성하리라.

九四　葵花向日이라 忠志傾丹에 樂享太半이라.

해바라기 해를 향한다. 충성된 뜻 일편단심이니 즐거움으로 태반을 누리리라.

六五　直往有慶이라 走狗追兎에 事在急速이라.

곧 바로 가니 경사가 있으리라. 개는 달려 토끼를 쫓으니 일은 급속에 있다.

上九   疑亡則吉이라 紆茅索綯는 必見盈倉이라.

　　　의심이 살아지면 길하다. 띠로 두르고 세끼를 얽으니 반드시 창고 가득하
　　　리라.

▶蹇(수산건)

初六   往蹇來譽라 擎天大志는 千里揚武로다.

　　　나아가면 어렵고 돌아오면 명예이다. 하늘을 들어 올릴 큰 뜻 천리에 무
　　　용을 떨치도다.

六二   蹇蹇无尤라 君臣同險은 欲救蒼生이라.

　　　험난에 어려워야 허물이 없다. 군신이 함께 험난함은 창생을 구제하고자
　　　함이다.

九三   往蹇來喜라 月圓月缺은 把門可見이라.

　　　나아가면 어렵고 오면 기쁘다. 달도 차면 기울게 됨을 문을 잡고서 가히
　　　볼 것이다.

六四   合力以濟라 到頭酌量하여 無得咨嗟하라.

　　　협력하여 구제한다. 시작에 이르러 참작하고 헤아려 한탄이 없도록 하라.

九五   雲梯立脚이라 月中丹桂를 時來可攀이라.

　　　구름다리에 서있다. 달 속에 붉은 계수나무를 때가오니 붙잡을 만하다.

上六   貴人在內라 香瞼紅枝를 奪得爲早하라.

　　　귀인이 안에 있다. 향기로운 눈꺼풀에 붉은 가지를 빼앗아 얻는 것이 일찍
　　　된다.

▶解(뢰수해)

初六   剛柔相際라 馳馬長安에 花明花謝라.

　　　강유가 서로 교제한다. 말을 장안에 달리니 꽃이 밝고 꽃도 사례한다.

九二   功成身退라 腰帶金印하고 笑傲烟霞로다.

　　　공을 이루고 몸은 물러난다. 허리에 금인을 띠고 뽀얀 안개를 웃으며 거닐

어라.

六三　負乘寇至라 走遇惡狗하니 急思可避라.

　　　짐질 것이 타면 도적이 이른다. 달아나다 사나개를 만나니 급히 생각하여 피하는 것이 가하다.

九四　神藥久效라 三服神劑라야 固得長生이라.

　　　신약은 오랜 효능이 있다. 세 번을 신약을 먹어야 진실로 장생하게 되리라.

六五　折木成樑이라 繩直準平하여 始逢勛名이라.

　　　나무를 꺾어 동량을 이룬다. 먹줄은 곧고 법은 공평하여 비로소 공훈의 이름을 만난다.

上六　高墉射隼이라 南賊北侵하니 奮力共制하라.

　　　높은 담 언덕에 매새를 쏜다. 남쪽 도적에 침범하니 힘을 분발하여 함께 제지한다.

▶損(산택손)

初九　金威消魔라 邪滅正生하니 牢記免悔하라.

　　　금의 위엄으로 마를 소멸한다. 삿됨을 없애고 생기니 견고하게 기억하여야 후회를 면한다.

九二　金蠟冶衰라 遇火成名타가 火候必飛라.

　　　금납으로 쇠를 도야한다. 불을 만나 그릇을 이루다가 불의 절후에 반드시 날으리라.

六三　三損一得이라 春長秋凋에 可見根牢라.

　　　셋을 덜고 하나를 얻는다. 봄에 자라고 가을이 시드니 뿌리가 견실함을 가히 보리라.

六四　損疾可喜라 天將明了어늘 其何空老오.

　　　병을 덜어야 가히 기쁘다. 하늘도 장차 밝아지거늘 그 어찌 공연히 늙으리오.

六五　馳駿入城이라 三天結社하고 四海知名이라.

준마로 달려 입성한다. 삼천에 결사하고 사해에는 명성을 안다.

上九   月朗風淸이라 兩兩映發하니 大得其志로다.

달은 밝고 바람도 맑다. 쌍쌍이 빛을 발하니 크게 그 뜻을 얻으리로다.

▶ 益(풍뢰익)

初九   靈丹益壽라 木長春天하고 水流大海라.

영단이 수를 더한다. 봄 하늘에 나무 자라고 물은 대해로 흐른다.

六二   或益十朋이라 河淸海晏하고 地久天長이라.

혹 유익하려면 열이 짝하는 것이다. 하수 바다 편안하고 땅도 오래에 하늘
도 장구하다.

六三   玉免昇東이라 萬里無雲하니 海天一碧이라.

달이 동으로 오른다. 만리에 구름 없으니 바다와 하늘도 하나 같이 푸르
다.

六四   江漢朝宗이라 志在公益에 自患不誠하라.

강한의 조종이라 뜻이 공익에 있으니 스스로 성실하지 못함을 근심한다.

九五   如養池水라 不惠其德이면 如魚在釜라.

못 물에다 기르는 것 같다. 그 덕이 자애롭지 않으면 물고기가 가마에 있
는 것과 같다.

上九   潛龍見雲이라 擊自外來하니 雲合飛上이라.

숨은 용이 구름을 본다. 밖으로부터 와서 치니 구름과 합하여 날은다.

▶ 夬(택천쾌)

初九   知勝可決이라 凶方可避오 吉方可趨로다.

이길 것을 알아서 가결한다. 흉방은 피하는 것이 가하고 길방은 쫓는 것이
가하다.

九二   知時識勢라 太白西旺하니 可以用兵이라.

때를 알고 형세를 안다. 태백이 서쪽에 왕하니 가히 써 용병하리라.

九三   獨行夬夬라 奮威揚武하니 賊酋膽落이라.

홀로 행하여 처결을 통쾌하게 한다. 위엄을 떨치고 무용을 날리니 적 추장도 낙담한다.

九四　險道思難하라 不受苦艱하면 難爲人上이라.
　　　험한 길 어려움을 생각하라 고난을 받지 않으면 사람의 위가 되기 어렵다.

九五　天高有梯라 必見高低니 快騎勿遲하라.
　　　하늘이 높아도 사다리가 있다. 반드시 높고 낮볼 것이니 통쾌하게 타고 더디지 말라.

上六　木榮擎天이라 春茂雖艶이나 恐有秋凋라.
　　　나무 번영하여 하늘을 부여잡는다. 봄 무성하비록 고우나 가을에 시들까 두려움도 있다.

▶ 姤(천풍구)

初六　魚果兼葉이라 其味淡泊하니 耐久如何오.
　　　물고기 과일에 잎을 겸하였다. 그 맛이 담박하니 오래 참는 것이 어떠하리오.

九二　社內除奸하라 點起遲行하면 日月其逝라.
　　　사내에 간사움을 제거하라 점점이 일어나 더디게 행하면 해와 달이 가게되리라.

九三　一樹花開라 無人認根하면 達者先捨라.
　　　한 나무에 꽃이 열린다. 뿌리를 아는 이 없으면 달통한자가 먼저 버린다.

九四　零水成氷이라 盜聽者聾하고 盜視者盲이라.
　　　차가운 물이 얼음이 된다. 도청자는 귀를 먹고 도적질로 보는 자는 눈이 먼다.

九五　龍下甘霖이라 沛然四隅하고 好濟蒼生이라.
　　　용이 단 비속으로 내린다. 사방에 주룩주룩 오고 좋게 창생을 구제한다.

上九　姤角上窮이라 一把長劒하고 斬魔折群하라.
　　　만남에 뿔은 위로 궁하다. 한번 긴 칼을 잡고 마귀를 베고 무리를 꺾는다.

▶ 萃(택지취)

初九　虎搏馬舞라 望者失色하고 一握爲笑라.

　　　범이 치고 말이 춤춘다. 바라보는 자가 실색하고 한 바탕 웃으리라.

六二　龍蛇競逐이라 太白現西하니 龍飛蛇戮이라.

　　　용과 뱀이 다투어 쫓아간다. 태백이 서쪽에 나타나니 용은 나르고 뱀을 죽인다.

六三　狂夫遲悔라 三仙出世하니 西海盡知라.

　　　미친 지아비는 늦게 후회한다. 삼선이 출세하니 서해에서 모두 알리라.

九四　精齋精藝라 到頭成功하니 急回勿誤하라.

　　　정을 공경하여 예에 정밀하다. 도두에 성공하니 급히 돌이키고 그르치지 말라.

九五　栽花待春이라 東風嫋嫋하니 遍滿天街로다.

　　　꽃을 심어 봄을 기다린다. 동풍이 산들거리니 하늘 거리에 두루 가득하여라.

上六　佩劍登殿이라 覆護三山하여 永垂一件하라.

　　　칼을 차고 궁전에 오른다. 삼산을 덮고 보호하여 영원히 한 건을 드리우리라.

▶ 升(지풍승)

初六　鶯遷喬木이라 蛟龍申爪하니 出沒海島라.

　　　꾀꼬리 높은 나무로 옮겨간다. 도마뱀 발톱을 거듭하니 해도로 출몰한다.

九二　允升大吉이라 立幟四方하고 雷鼓轟轟이라.

　　　진실로 하여 오름이니 대길하다. 사방에 기를 세우고 북소리도 요란하다.

九三　升取虛邑이라 竹索係舟하니 一鼓前進하라.

　　　텅빈 고을에 올라서 취한다. 대나무 새끼줄로 배를 메니 한 북소리에 전진하라.

六四　妙訣靈丹이라 隨人一服하니 卽時笑傲라.

　　　묘결과 령단이라 사람을 따라 한번 복종하니 즉시로 거만하게 웃는다.

六五   寶鼎丹城이라 水火相濟하니 掀天揚地라.

보배 솥의 단성이다. 수화상제하니 하늘에 치켜들고 땅에 날린다.

上六   兒啼有恤이라 不知何客이 早朝來救라. 어린이 울어 구휼이 있다. 어느 손님인지 모르는데 이른 아침에 와서 구원한다.

▶困(택수곤)

初六   應時得志라 一刻少延하면 無處下脚이라.

시기에 순응하여 뜻을 얻는다. 일각이라도 조지연하면 득지라 다리를 내려 놓을 곳이 없다.

九二   酒食有慶이라 水時際遇터니 遇火聊存이라.

주식에 경사가 있다. 물의 때에 만나게 되더니 불을 만나 존재하게 된다.

六三   入宮無妻라 風起日照하니 奇訣照看하라.

집에 들어도 아내가 없다. 바람이 일고 해가 비치니 기이한 비결을 비추어 본다.

九四   圓月被雲이라 萬籟無聲에 魂魄朦朧이라.

둥근 달이 구름에 덮인다. 모든 통소에 소리가 없어 혼백이 몽롱하다.

九五   萬里無運이라 步出西域하여 擧眼見日이라.

만리에 운이 없다. 걸어 서역으로 나가서 눈을 들고 해를 본다.

上六   金鷄報曉라 帽帶直至하니 朝門將曉라.

금계가 새벽을 알린다. 모자를 띠고 곧바로 이르니 아침 문도 장차 새벽일세.

▶井(수풍정)

初六   天涯知己라 勿得遲延하고 靜夜思忖하라.

천애에 지기이다. 지연하지 말고 고요한 밤에 헤아려 생각하라.

九二   衆犬顧主라 礪齒磨牙러니 遇主擺尾로다.

여러 개가 주인을 돌아본다. 이를 갈고 어금연마하더니 주인 만나자 꼬리를 흔든다.

九三　　鼠驚於猫라 得穴自寧터니 忽傷殘生이라.

　　　　쥐가 고양이에 놀란다. 구멍을 얻어야 자연 안녕하더니 홀연히 남은 생명을 상하리라.

六四　　修井無咎라 榮辱禍福은 念頭要眞이라.

　　　　샘을 수리하면 허물이 없다. 영욕이나 화복은 염두에 참을 요한다.

九五　　寒泉可食이라 風來月到하니 意味儘有라. 차가운 샘을 먹을 수가 있다. 바람이오고 달도 이르니 의미가 다 있다.

上六　　元吉在上이라 妙訣修身하고 遙指渡津이라. 크게 길함이 위에 있다. 묘결로 수신하고 멀리 건너는 나루를 가리킨다.

▶ 革(택화혁)

初九　　不可有爲라 何勞求仙가 廣扶有數라.

　　　　하기에는 불가하다. 어찌 수고롭게 신선을 구하는가? 널리 부조한 수가 있네.

六二　　已日嘉行이라 火生不滅하여 成玄更輝로다.

　　　　해가 저물도록 아름다운 실행이라. 불이 생불멸하여 현묘를 이루고 다시 빛나리로다.

九三　　三就何之오 入山建屋하고 設幕立鼎이라.

　　　　세 번 나아가고 어디 가리오. 입산하여 집을 세우고 막을 설치하고 솥은 세우리라.

九四　　改命惟吉이라 順舟行速이오 逆則風波로다.

　　　　명을 고쳐야 오직 길하다. 순주는 가는 것도 속하고 거슬리면 풍파로다.

九五　　大人虎變이라 赤壁風帆에 東南消息이라.

　　　　대인은 범으로 변한다. 적벽의 바람 돛대에 동남의 소식이로다.

上六　　平地風波라 仗策前進하면 風波自止하리라.

　　　　평지의 풍파라 지팡이에 의지하여 전진하면 풍파는 스스로 그치리라.

▶ 鼎(화풍정)

初六　得妾以子라 長安東北에 逢着天門이라.

첩을 얻어 써 아들이라 장안의 동북에 천문으로 봉착한다.

九二　風起浪滔라 定把艄舵하고 勿爲徒鼓하라.

바람 일어나 물결 넘친다. 안전하여 배를 붙들지만 한갓되게 북만 치지 말라.

九三　投市賈售라 錠金貫錢으로 買得頭錢이라.

시장에 던져져 장사를 하라. 은금으로 돈을 꿰고 사서 얻은 첫째 돈이로다.

九四　步入天台라 採藥仙童이 遙指洞府라.

걸어서 천태에 들어간다. 약캐는 선동이 멀리 동부를 가리킨다.

六五　覺世炎凉이라 深思不覺하니 惱人腑臟이로다.

세상의 차갑고 더움을 깨닫는다. 깊이 생각하는 것을 깨닫지 못하니 사람의 장부이로다.

上九　玉鉉在上이라 念苦覺眞하니 眞不喪靈이라.

옥의 솥귀 위에 있다. 생각 괴로움으로 참을 깨달으니 참은 령을 상하지 않는다.

▶ 震(중뢰진)

初九　笑言啞啞라 緣人自回오 迷者不隨라. 아하하고 웃는다.

사람으로 인연하여 스스로 돌아오고 미혹한자는 따르지 않는다.

六二　七日可得이라 能用呪符하니 賊膽盡驚이라.

7일에야 가히 얻으리라. 능히 주문 부작을 쓰니 도적은 담이 큰 것에 모두 놀랜다.

六三　震行无眚이라 仗策入城에 群邪望風이라.

벼락이 쳐도 재앙은 없다 지팡이에 의지하여 모든 삿된 무리들이 바람 같이 바라본다.

九四　悔望信志라 勇往前去하면 立賭榮身이라.

후회와 바람 믿은 뜻이라, 용감히 가서 앞으로 가면 걸어서 영화로운 몸이 되리라.

六五　危行无喪이라 性靈通神하고 慧眼照見이라. 위태롭게 행하면 상실은 없다. 성정이 신령하여 신과 통하고 혜안으로 비추어 본다.

上六　醒變隨時라 隨時變化하여 圓轉如神이라.
깨이고 변함을 수시로 한다. 수시로 변화하여 원만하게 굴음이 신과도 같다.

▶ 艮(중산간)

初六　明星在天이라 武人之貞이니 驅馳萬里라.
밝은 별이 하늘에 있다. 무인의 올 곧음이니 만리를 달리리라.

六二　小心心心하라 一點眞性이 不滅不明이라.
적고 적은 마음이라 일점의 참된 성정이 불멸되지만 밝지 못하다.

九三　修道爲本이라 人苦沈淪에 何不猛省고.
수도로 근본을 삼는다. 사람의 고통에 빠져있으니 어찌 용감히 반성하지 못 할고.

六四　艮止其身이라 求兎于海하고 求魚于山이라.
그 몸에 그쳐 있다. 토끼를 바다에서 구하고 물고기는 산에서 구한다.

六五　牛忙自奔이라 靈戚騎歌하고 田單尾焚이라.
소 바쁘게 스스로 날뛴다. 신령한 친척 노래를 타고 전단은 꼬리를 태운다.

上九　雨澤萬國이라 豕白其蹄하고 月離于畢이라.
우택이 만국이라 돼지는 그 발굽이 희고 달은 해가 다하는데 떠나리라.

▶ 漸(풍산점)

初六　街持木魚라 不見齊公하고 却遇一丐라.
거리의 나무 고기를 가진다. 제공은 보지 않고 문득 한 거지를 만나리라.

六二　參天拜地라 陰陽相聚하니 育物新民이라.
하늘에 참여하고 땅에 절한다. 음양이 서로 모이니 만물을 기르고 백성을 새롭게 한다.

九三   騎兎廣漢이라 天香馥郁한데 玉杵抽還이라.

토끼는 넓은 은하에서 말을 탄다. 하늘의 향기로움이 더하는데 옥의 절구
에 뽑혀 돌아온다.

六四   火候丹城이라 神生形成하야 白日飛昇이라.

여름 절후의 단성이다. 신이 낳고 신형을 이루어야 백일도 날아오른다.

九五   龍盤虎釦이라 一個神明으로 風雲際會라.

용은 서리고 범은 떠든다. 하나의 신명으로 바람과 구름이 모이는 것이다.

上九   風苦霜悲라 西有水船에 人如灰管이라.

바람 괴롭고 서리 슬퍼라. 서쪽의 물배에 사람은 재대롱 같구나.

▶ 歸妹(뢰택귀매)

初九   爐火砂金이라 未失其趾하니 功到鼎成이라.

화로 불에 사금이라 그 자취를 잃지 않으니 미실기지하니 공은 이르러 솥
을 형성한다.

九二   眇而能視라 春種夏榮하고 秋收冬藏이라.

애꾸로 능히 본다. 봄에 심어 여름에 꽃피며 가을에 추수하니 겨울은 갈무
리한다.

六三   同心共濟라 他鄕知音에 大立勳名이라.

같은 마음으로 함께 구제한다. 타향에서 소식을 아니 크게 공명을 세운다.

九四   春日尋芳이라 却見花開하니 可摘可栽라.

봄날에 꽃다움을 찾는다. 문득 꽃피는 것을 보니 가히 딸만도 하고 심을
만도 하다.

六五   虎隱山林이라 一嘯振威하면 百獸盡驚이라.

범이 산림에 숨는다. 휘파람 한번으로 위용을 떨치면 백수는 모두 놀란다.

上六   龍吟雲興이라 爲文爲武하니 朝野摠歡이라.

용이 읊으면 구름도 일어난다. 문도 되고 무도 되니 조야에서 모두 즐거워
하리라.

▶ 豊 (뢰화풍)

初九　標梅佳期라 寂寞香閨에 一惹情思로다.

표매의 아름다운 시기이다. 적막한 여인 집에 한번 정사가 야기된다.

六二　平步登梯라 共人指點에 捷徑甚寄라.

평탄한 걸음으로 사다리에 오른다. 사람과 함께 지점함에 첩경은 편히 의탁함이다.

九三　讀書登第라 鷄鳴犬吠터니 龍盤虎踞라.

독서하여 과제에 오른다. 닭이 울고 개도 짖더니 용이 소리고 범이 웅크리네.

九四　春水滌塵이라 馳馬紅塵에 共濟大事라.

봄물이 먼지를 씻는다. 홍진에 말을 달려 큰 일을 함께 구제한다.

六五　虛左從諫하라 避虎得趣하니 志似山丘이라.

저기를 비우고 간함을 따르라. 범을 피하여 뜻을 얻으니 뜻은 산언덕 같아라.

上六　龍頭三穴(鱗)이라 久旱施雨에 萬物回春이라.

용머리에 세 구멍이라. 오랜 가뭄에 비를 내리니 만물도 회춘된다.

▶ 旅 (화산여)

初六　日斜星輝라 斜日西天에 星輝月迷라.

해 기울고 별이 빛난다. 기운 해 서족 하늘에 별은 빛나고 달이 희미하여라.

六二　朝天方正이라 羊腸已過에 穩步平地라.

아침하늘도 방정하다. 구부러진 산길 이미 지남에 평온히 평지로 걸으리라.

九三　鼠安土穴이라 日中不窺하고 靜夜隨行이라.

쥐구멍에 편안하다. 한 낮에 도 엿보지 않고 고요한 밤에 수행한다.

九四　風雲際會라 東閣會開하고 嘉客唱歌라.

바람과 구름이 만나리라. 동쪽 집에 모임을 열고 가객은 창가를 한다.

六五　山上松亭이라 蒼然衝漢에 幹老枝長이라.

산꼭대기의 솔 정자이다. 푸르름이 은하를 찌르니 줄기 늙어도 가지는 길어라.

上九　鳥焚其巢이라 龍門跳浪이 虛躍萬丈이라.

새 둥우리를 불태웠다. 용문에 파도는 뛰고 거짓 만장이나 뛰는 것 같아라.

▶ 巽(중풍손)

初六　進退志疑라 木落歸根하고 火滅入墓라.

진퇴에 뜻을 의심함이로다. 나뭇잎도 떨어져 뿌리로 돌아오고 불 꺼져 묘에 든다.

九二　火遭水剋이라 水勢滔滔하여 源遠流長이라.

불이 극되는 물을 만나다. 수세가 도도하여 근원이 머니 흐름도 길다.

九三　火生光芒이라 再延少頃에 天下流光이라.

불에 광망이 생긴다. 재차 만연하여 조금 있다 천하에 빛이 흐른다.

六四　蠱惑中心이라 靑牛山頭에 衆志猶惑이라.

중심을 의혹으로 좀먹는다. 청우가 산머리에 중지하니 오히려 의혹한다.

九五　丁卯斬奸이라 速行奸疊하라 不然遭毒이라.

정묘에 간사한 것을 벤다. 성체 구하는 것을 속행하라 아니면 독을 만난다.

上九　英雄除奸이라 天下混混하니 大奮雄心하라.

영웅이 간사한 것을 제거한다. 천하가 혼탁하니 크게 영웅심을 분발하라.

▶ 兌(중택태)

初九　日月相隨라 天下大明하니 內外無違라.

해와 달이 서로 따른다. 천하가 크게 밝으니 내외에 어김이 없다.

九二　追悔其損이라 再欲趨步나 勢不可得이라.

후회를 쫓아 그를 덜게 된다. 재차 따라 걷고자 하나 세를 얻기는 불가하다.

六三　李自開春이라 東風來到하니 對酒可歌라.

오얏이 스스로 봄을 연다. 봄바람이 와서 이르니 술을 대하고 노래를 한다.

九四　圯橋受書라 雖未得位나 得出資釜라.

무너진 다리에서 글을 받는다. 비록 지위는 얻지 나가 재물과 호신 장비는 얻으리라.

九五　開疆有秋라 黃牛闢土에 穀粟盈倉이라.

터를 여는 시기가 있다. 황우가 흙을 일구는데 곡식들이 창고에 가득하다.

上六　未光无意라 以猪祭天하니 雖傷得好라.

빛이 아니면 뜻도 없다. 돼지로 하늘에 제사하니 비록 상해되어도 좋음 얻으리라.

▶ 渙(풍수환)

初六　不出戶庭하라 日間多勞하고 夜間却安이라.

뜰로 나서지 말라. 낮에는 노력이 많고 밤에는 문득 편하리라.

九二　人不識緣이라 直待功成에 方能覺悟라.

사람은 인연을 알지 못한다. 곧바로 성공을 기다리는데 바야흐로 능히 깨닫게 된다.

六三　蛇可化龍이라 平地雷轟에 變化莫測이라.

뱀도 가히 용으로 변한다. 평지에 뇌성이 시끄러우니 변화를 측량하지 못한다.

六四　謗言勿計하라 碌碌浮生이 不知安分이라.

훼방하는 말을 꾀하지 말라. 녹녹한 삶이 안분을 알지 못한다.

九五　蔬飮自樂이라 膏粱珍味가 猶足幾人고.

나물에 물마시며 스스로 즐긴다. 고량진미가 오히려 만족함은 몇 사람인고.

上九　金人破夢이라 逢火有用이오 通水不知라.

금인이 꿈을 깬다, 불을 만나면 유용이오 물을 통함을 알지 못한다.

▶ 節(수택절)

初九　入山養眞이라 寒暑不問하고 榮辱不知라.

입산하여 참을 기른다. 더위와 추위를 불문하고 영욕을 알지 못한다.

九二　天步可行이라 六橋着意하니 前去分明이라.

　　　하늘에 걸어 갈 수가 있다. 육교의 뜻을 부착하니 앞으로 가는 것이 분명하다.

六三　機緣大異라 卦爻已定에 干支相似라.

　　　기틀에 인연함이 크게 다르다. 괘효가 이미 정해짐에 간지는 상사하다.

六四　萬里翔翔이라 金馬玉車로 穩步康衢라.

　　　만리에 비상을 한다. 금마와 옥으로 만든 수레로 안온하게 편안한 거리를 걸어간다.

九五　風險舟沈이라 巨浪排空에 神武不測이라.

　　　바람이 험하면 배도 잠긴다. 큰 물결 공중으로 헤치니 뛰어난 신덕을 측량하지 못한다.

上六　炎生加風이라 火已將燃에 烈烈不滅이라.

　　　더위 생기면 바람도 더한다. 불이 이미 장차 타는데 열열하여 불멸한다.

▶ 中孚(풍택중부)

初九　求其所信하라 嶺月初出하여 中天皎潔이라.

　　　그의 소신 구하라 산봉우리에 달이 처음 나와 중천에서 교결하다.

九二　鶴鳴子和라 往釣于淵에 金鱗忽至로다.

　　　학 울고 새끼는 화답한다. 가서 못에서 낚시하니 금 비늘이 홀연히 이른다.

六三　調羹在鼎이라 鼎中滋味는 手品高强이라.

　　　조미한 국이 솥에 있다. 솥 안의 자미는 수제품이 고강하다.

六四　馬匹其亡이라 更闌水寒하니 魚不含餌라.

　　　말도 그 짝을 잃는다. 차단막 고치고 물도 차가우니 물고기 미끼도 삼키지 않는다.

九五　五湖泛舟라 中流砥柱에 揚淸激濁이라.

　　　오호에 배를 띄운다. 중류의 숫돌 기둥에 맑음 들치고 흐림도 친다.

上九　　青萍斬奸이라 先除鼠竊하고 倂戮狗偸하라.

　　　　푸른 부평이 간사함을 벤다. 먼저 좀도둑을 제거하고 아울러 개 도적도 죽인다.

▶ 小過(뢰산소과)

初六　　風掃雲霧라 萬里長空에 日月朗朗이라.

　　　　바람이 많은 안개를 쓸어버린다. 만리 장공에 해와 달이 낭랑하다.

六二　　羊腸塵路라 更不染塵하고 南北按排하라.

　　　　구부러진 세상길이다. 다시 진세 물들지 않고 남북으로 안배하라.

九三　　鍛鍊得力이라 遇火不傷이오 入水不溺이라.

　　　　단련하여 힘을 얻는다. 불을 만나도 상해되지 않고 물에 들어도 빠지지 않는다.

九四　　破臘梅開라 三冬一枝가 先報春魁라.

　　　　섣달을 깨고 매화는 핀다. 겨울에 한 가지가 먼저 봄의 우두머리임을 알린다.

六五　　春桃秋桂라 登龍登虎에 變化非常이라.

　　　　봄이 복숭아 가을 계수나무다. 용이 오르고 범에 오르니 변화가 비상하다.

上六　　避凶趨吉이라 苦節窮道에 達者可免이라.

　　　　흉을 피하고 길로 달린다. 외로운 절제 궁한 길에 달성하는 자라야 가히 면하리라.

▶ 旣濟(수화기제)

初九　　狗來兎嫌이라 巢穴隱身하고 不走山林이라.

　　　　개가 오면 토끼는 싫어한다. 둥우리와 구멍에 은신하고 산림으로 달아나지 않는다.

六二　　七日乃得이라 水火交濟에 自不相妨이라.

　　　　七日에야 이에 얻는다. 수화가 교제함에 자연 서로 방해하지 않는다.

九三　　三陽吐氣라 春而生成타가 秋而歸根이라.

삼양이 기를 토한다. 봄에는 생성타가 가을에는 뿌리로 돌아간다.

六四　入山修道라 天下泰平하니 將軍斂甲이라.

입산하여 수도한다. 천하가 태평하니 장군이 갑주를 거둔다.

九五　運籌獻策하라 飛龍在天에 利見大人이라.

이리저리 꾀를 내어 계책을 드린다. 날으는 용이 하늘에 있으니 대인을 봄이 이롭다.

上六　馬劣善御하라 失策不顧하면 馳馭不調라.

못난 말도 어거는 잘한다. 채찍을 잃고 불고하면 달리고 부리는 것이 조절되지 않는다.

▶ 未濟(화수미제)

初六　一住二行이라 前有知音하니 莫誤前程하라.

한번 머물고 두 번 간다. 앞에는 소리를 아는 자가 있으니 전정을 그르치지 말라.

九二　毒龍蟠石이라 呪法籙符하니 盤旋臥投라.

독용(毒龍)이 돌에 서린다. 저두하는 법과 부적 책이니 돌아다니며 눕는다.

六三　欲靜又動이라 不如深穩하니 莫問榮辱하라.

안정하려다 또 움직인다. 깊이 숨는 것만 못하니 영욕은 묻지 말라.

九四　勿焦勿暴하라 有運時到라. 言多則非니라.

조하지도 사납게 굴지도 말라 운이 있어 때에 이르니 말이 많게 되면 아닌 것이다.

六五　研究仙機라 豫非打疊커든 隨時變化하라.

선기를 연구한다. 미리 치는 것이 겹치지 않았거든 수시로 변화를 하라.

上九　有靈有機라 不知靈機면 未來怎知오.

신영도 기틀도 있다. 영기를 알지 못하면 미래를 어찌 알리오.

4. 皇極策數法(황극책수법)

<例>　地天泰卦(지천태괘)

陽爻의 1爻는 36策(책)　　36×3=108 ⎫
陰爻의 1爻는 24策(책)　　24×3=72　⎬ 180

錯綜數(착종수)

乾	216	履	204	同人	204	无妄	190	姤	204	訟	192	遯	192	否	180
夬	204	兌	192	革	192	隨	180	大過	192	困	180	咸	180	革	168
大有	204	睽	192	離	192	噬嗑	180	鼎	192	未濟	180	旅	180	晋	168
大壯	192	歸妹	180	豐	180	震	168	恒	180	解	168	小過	168	豫	156
小畜	204	中孚	192	家人	192	益	180	巽	180	渙	180	漸	180	觀	168
需	192	節	180	既濟	180	屯	168	井	180	坎	168	蹇	168	比	156
大畜	192	損	180	賁	180	頤	168	蠱	180	蒙	168	艮	168	剝	156
泰	180	臨	168	明夷	168	復	156	升	168	師	156	謙	156	坤	144

作卦(작괘)

姓字+名上字 합수 88除之 上卦(상괘)　姓名字 합수 88除之 下卦(하괘)
姓名字(성명자) 합수 66除之 動爻(동효)

17
÷
8　　　金 8
　　　　化 6　⎫ 14÷8=6(坎水감수)　上卦
—　　　　　　　　　本卦 水天需卦(수천수괘)
1
下卦　　　七 3　　17÷6=5爻動　之卦 地天泰卦(지천태괘)

※ 字劃(자획)은 필히 曲劃(곡획)에 의한다.

皇極策數(황극책수)

착종수　 －　 原數(원수, 被乘數 피승수)

內卦動時　　 卦數 10位　 동효수 單(단)　　　 上卦數＋下卦數＋爻數＝□□□□

外卦動時　　 爻數 10位　 괘수 單(단)　　　　　　　　　　　　元會運世

※ 5位數時(위수시)　 基位(기위) 減(감, 만단위 제외)　　　　 원회운세

　　384 괘효의 원문 원회 운세풀이(3개 4언절구)를 부호로 길흉 표시함

<例> 地天泰(지천태)　 3爻動인 경우라면

　　泰卦(태괘) 착종수 180 3爻動(효동)－ 內卦動(내괘동)

　　天卦(천괘) 10位 爻數(효수)3＝13　 180×13＝2340

　　2340＋180(착종수)＋8(上卦地상괘지)＋1(下卦天하괘천)＋3(동효수)＝황극책수

　　　　　　　　　　　　　　　　　　　　　　　　　　　　元會運世

<例> 地天泰(지천대)　 5爻動(효동)인 경우라면

　　180×58(5효동수 10位　 地卦數(지괘수) 8)＝10440

　　10440＋180＋8＋1＋5(動爻數 동효수)＝10634 → 0634

空數(공수, 천단위 4개 숫자 중 0이 된 것)

元數(천단위) － 일생사가 頭緖(두서)를 失(실)하며 가산이 敗壞(패괴)하고

會數(백단위) － 형제가 분리하여 孤獨無依之象(고독무의지상)

運數(십단위) － 자신에 불길함이 多(다)하고

世數(단단위) － 자손의 富(부)가 有(유)하는 象(상)

※ 運(운)은 自己(자기), 世(세)는 人(인, 본인)이 되니 世(세)가 運(운)을 생하면
　洩氣(설기)되고, 세가 운을 剋(극)하면 평길하고 비화가 되도 평길하다. 원회운
　세는 성명자 길흉풀이(4언절구) 외에도 만상의 변화가 있다.

重天乾(11)		天風姤(15)		天山遯(17)		天地否(18)		風地觀(58)	
111	2595 ○	151	0615 ×	171	3833 △	181	4770 ×	581	3790 ×
112	2812 ○	152	0820 ×	172	4026 ×	182	4951 △	582	3959 ×
113	3029 ×	153	1025 ×	173	4219 ○	183	5132 △	583	4128 △
114	9078 ×	154	8578 △	174	8076 ×	184	7573 ○	584	7745 △
115	1239 ×	155	0619 ×	175	9997 △	185	9374 △	585	9426 ×
116	3400 ×	156	2660 ×	176	1918 ○	186	1175 ×	586	1107 ×
火山旅(37)		山地剝(78)		火地晋(38)		火天大有(31)		重水坎(66)	
371	2972 ×	781	2808 ×	381	3788 ○	311	2453 ×	661	0429 ×
372	3152 △	782	2965 △	382	3957 ○	312	2658 △	662	0598 △
373	3333 △	783	3122 ○	383	4128 ×	313	2863 △	663	0767 ×
374	7934 △	784	7507 ×	384	7407 ×	314	8984 △	664	7912 △
375	9735 ×	785	9068 ×	385	9088 ×	315	1025 ×	665	9593 △
376	1936 ×	786	0629 △	386	0769 ×	316	3066 △	666	1274 ×
水澤節(62)		水雷屯(64)		水火旣濟(63)		澤火革(23)		雷火豊(43)	
621	3969 ○	641	7067 ×	631	5770 ×	231	6150 ×	431	5768 △
622	4150 ×	642	7236 △	632	5951 △	232	6342 ×	432	5949 △
623	4331 ○	643	7405 ×	633	6132 ○	233	6536 ○	433	6130 △
624	8472 △	644	7910 ×	634	0273 ○	234	8265 ×	434	8111 ○
625	0273 △	645	9591 ×	635	0274 ×	235	0186 ×	435	9912 ○
626	2074 ×	646	1272 ○	636	2075 ×	236	2107 ×	436	1723 ×
地火明夷(83)		地水師(86)		重山艮(77)		山火賁(73)		山天大畜(71)	
831	5388 ×	861	9687 △	771	2111 ×	731	5771 △	711	2313 ×
832	5557 ×	862	9844 △	772	2280 ×	732	5952 ○	712	2506 ×
833	5726 ×	863	0001 ×	773	2449 ○	733	6133 ○	713	2699 ○
834	8247 △	864	7662 △	774	8082 ×	734	8654 ×	714	9228 ○
835	9928 △	865	9223 △	775	9763 △	735	0455 △	715	1149 ○
836	1609 ×	866	0784 △	776	1444 ○	736	2256 ○	716	3070 ×

山澤損(72)			火澤睽(32)			天澤履(12)			風澤中孚(52)			風山漸(57)		
721	3970	×	321	4230	×	121	4492	○	521	4232	△	571	2973	○
722	4151	×	322	4423	○	122	4697	△	522	4452	△	572	3154	△
723	4332	△	323	4616	△	123	4902	×	523	4618	△	573	3335	×
724	8653	×	324	8457	△	124	8575	△	524	8843	△	574	8296	×
725	0454	×	325	0378	×	125	0616	△	525	0764	×	575	0097	×
726	4255	×	326	2299	○	126	2657	○	526	2685	×	576	1898	×
重雷震(44)			雷地豫(48)			雷水解(46)			雷風恒(45)			地風升(85)		
441	7065	×	481	2805	×	461	0427	×	451	9370	×	851	8750	△
442	7234	×	482	2962	○	462	0596	△	452	9551	○	852	8919	○
443	7403	×	483	3119	○	463	0765	×	453	9732	×	853	9088	×
444	7572	△	484	7036	×	464	7574	○	454	8113	×	854	8249	△
445	9253	×	485	8597	△	465	9255	△	455	9914	○	855	9930	×
446	2934	×	486	0158	△	466	0936	△	456	1715	×	856	1611	△
水風井(65)			澤風大過(25)			澤雷隨(24)			重風巽(55)			風天小畜(51)		
651	9372	○	251	9992	○	241	1367	△	551	9995	○	511	2455	○
652	9553	○	252	0185	△	242	7548	×	552	0188	△	512	2662	△
653	9734	×	253	0378	△	243	9729	△	553	0431	△	513	2865	△
654	8475	△	254	8267	×	244	7750	△	554	8846	△	514	9534	×
655	0276	△	255	0188	×	245	9551	○	555	0767	×	515	1615	×
656	2077	×	256	2109	×	246	1352	○	556	2688	○	516	3656	△
風火家人(53)			風雷益(54)			天雷无妄(24)			火雷噬嗑(34)			山雷頤(74)		
531	6153	×	541	7570	△	241	8070	△	341	7568	△	741	7068	×
532	6346	×	542	7751	○	242	8178	△	342	7749	△	742	7237	×
533	6539	×	543	7932	△	243	8456	○	343	7930	△	743	7406	×
534	8844	×	544	8253	△	244	8073	△	344	7931	△	744	8079	×
535	0765	×	545	0094	×	245	9994	△	345	9731	×	745	9760	×
536	2686	△	546	1895	○	246	1982	△	346	1533	×	746	1441	○

山風蠱(75)			重火離(33)			火風鼎(35)			火水未濟(36)			山水蒙(76)		
751	9373	○	331	6343	×	351	9993	×	361	1170	×	761	0430	×
752	9554	×	332	6344	×	352	0186	△	362	1351	×	762	0599	×
753	9735	×	334	6537	×	353	0187	×	363	1532	×	763	0768	×
754	8656	×	335	8456	×	354	8463	×	364	7933	×	764	8081	○
755	0457	○	336	0379	△	355	0381	△	365	9734	△	765	9762	△
756	2258	×	337	2300	×	356	2302	×	366	1535	△	766	1443	○

風水渙(56)			天水訟(16)			天火同人(13)			重地坤(88)			地雷復(84)		
561	1172	×	161	1912	○	131	6533	△	881	1825	○	841	6565	×
562	1353	×	162	2105	×	132	6738	○	882	1970	×	842	7722	△
563	1534	×	163	2298	×	133	6943	△	883	2165	×	843	6879	○
564	8295	○	164	8075	×	134	8576	×	884	7126	×	844	7660	×
565	0096	×	165	9996	△	135	0617	×	885	8517	×	845	9653	×
566	1897	×	h166	1917	○	136	2658	×	886	9958	○	846	0777	△

地澤臨(82)			地天泰(81)			雷天大壯(41)			澤天夬(21)			水天需(61)		
821	3707	×	811	2170	×	411	2309	×	211	2452	○	611	2312	×
822	3876	○	812	2351	×	412	2503	×	212	2657	○	612	2505	×
823	4045	×	813	2532	×	413	2696	×	213	2862	×	613	2698	×
824	8246	△	814	8833	×	414	8649	○	214	8779	△	614	9035	×
825	9927	△	815	0634	△	415	0570	×	215	0820	×	615	0956	△
826	1608	×	816	2435	△	416	2491	○	216	2861	○	616	2877	△

水地比(68)			重澤兌(22)			澤水困(26)			澤地萃(28)			澤山咸(27)		
681	2807	×	221	4229	△	261	1169	○	281	3787	○	271	2970	×
682	2964	○	222	4422	×	262	2350	×	282	3956	△	272	3151	△
683	3121	×	223	4615	×	263	1531	△	283	4125	×	273	3332	○
684	3750	△	224	8264	○	264	7752	○	284	7283	○	274	7753	△
685	8911	△	225	0185	△	265	9553	×	285	8919	○	275	9554	△
686	0472	×	226	2106	×	266	1354	×	286	0600	×	276	1355	×

水山蹇(67)			地山謙(87)			雷山小過(47)			雷澤歸妹(42)				
671	2110	×	871	1248	△	471	2108	×	421	3967	△		
672	2279	×	872	1405	×	472	2277	×	422	4148	×		
673	2448	×	873	1562	×	473	2446	○	423	4329	×		
674	7913	○	874	7663	×	474	7575	×	424	8110	×		
675	9594	○	875	9224	×	475	9256	△	425	9911	○		
676	1275	×	876	0785	×	476	0937	×	426	1712	×		

5. 朱子式 解名法(주자식 해명법)

姓(성)을 제외한 첫 자의 획수를 88除之하여 上卦(상괘), 이름 다음자를 같은 방법으로 下卦(하괘)로 삼아 작괘하여, 괘별로 그 길흉을 四言節句(4언절구)로 간단히 풀이하였다.

一一	始見貧困 終賴榮貴 △	一二	枯木逢春 終見開花 ○	一三	天顏好聲 英雄優遊 ○
一四	木馬行時 終成財利 ○	一五	身退九級 花落空房 ×	一六	愁心不解 爭訟不利 ×
一七	寂寞空山 逶迤高臥 ×	一八	愁見春夢 終無風景 ×	二一	暗裏衣冠 身成名利 ○
二二	碧玉琅玕 舟行江亭 ○	二三	二十年光 有似飄風 ×	二四	安身守義 名譽新風 ○
二五	睢鳩獨鳴 日食五粥 ×	二六	有求逢折 霜緣漸潤 ×	二七	脣缺調談 左漏右寒 ×
二八	有君寵保 賞賜無雙 ○	三一	日更月新 壽福綿綿 ○	三二	木火無緣 血深如塵 ×
三三	枝動不靜 謹身之務 △	三四	修竹榮長 香蓮開新 ○	三五	聰明文章 風雲有光 ○
三六	十年臥病 終身不差 ×	三七	二十光景 風雲淡蕩 ×	三八	第一金榜 俊夫餘慶 ○
四一	風雲新來 雪氣騰天 △	四二	糊口城門 低頭心事 ×	四三	一振金聲 陰谷暖氣 ○
四四	雍容自得 優遊度日 ○	四五	有財無功 終得不亨 △	四六	長秩千人 仁聲自聞 △

四七	五鬼満林 向人弔問 ×	四八	才超貌美 事事生新 ○	五一	含脣切齒 千恨未伸 ×
五二	太行大路 三月奄行 △	五三	琴瑟淸音 一家爭春 ○	五四	家門千里 刑到便留 ×
五五	不願事事 老物興降 △	五六	花落無實 狂風更放 ×	五七	右脚己折 左目亦盲 ×
五八	大成千人 仁吉四海 ○	六一	枯木逢春 千里有光 ○	六二	薰風吹軒 子孫縉紳 ○
六三	風生保位 巨川舟楫 ○	六四	若非英雄 壽福不期 △	六五	身安保居 風塵不侵 ○
六六	重遭險坂 魂魄驚散 ×	六七	有魚無鱗 有財無功 △	六八	紫府背依 天恩自得 ○
七一	老龍得雲 食前方丈 ○	七二	老龍無聲 江邊垂淚 ×	七三	青鳥無春 花盖無風 ×
七四	柳枝街道 山月徘徊 ×	七五	身有疾病 墻有寇賊 ×	七六	射之眉間 賣少空房 ×
七七	朝后折桂 零落飄風 △	七八	一入刑門 有何壽福 ×	八一	多高榜籍 紫府文章 ○
八二	鳳雛麟閣 光被日月 ○	八三	江上起樓 心適自閑 ○	八四	飄零東西 暮年得病 ×
八五	才學一枝 道德文章 ○	八六	初稼平地 山頭與齊 ○	八七	立身揚名 文章變換 ○
八八	淸香滿堂 帝傍揚名 ○				

※ 한자에 대한 상식인이라면 오히려 활용이 용이할 수 있다고 본다.

일반적인 吉卦(○길괘)인데도 凶卦(×흉괘)인 경우가 있는데, 그것은 이 방법의
특성으로 보면 될것 같다.

● 64괘별 運勢(운세)풀이

1. 1. = 乾爲天　　始見貧困 終賴榮貴(시견빈곤 종뢰영귀)
(처음인 초년에는 빈곤할지라도, 차츰 발전하여 마침내는 영귀하리라.)

1. 2. = 天澤履　　枯木逢春 終見開花(고목봉춘 종견개화)
(마른 나무가 봄을 만났으니, 마침내 꽃이 피게 되더라. 영화광영)

1. 3. = 天火同人　天顏好聲 英雄優遊(천안호성 영웅우유)
(임금의 얼굴에 좋은 말씀이니, 영웅이 넉넉하게 세월을 즐긴다)

1. 4. = 天雷无妄　木馬行時 終成財利(목마행시 종성재리)
(목마가 때때로 다니는 격이니, 마침내 재물과 이익을 이루게다)

1. 5. = 天風姤　　身退九級 花落空房(신퇴구급 화락공방)
(직위 관직에서 떨어지는 격이요, 부부간에 이별수가 있다)

1. 6. = 天水訟　　愁心不解 爭訟不利(수심불해 쟁송불리)
(근심이 떠나지 않고 송사가 일어나며, 남과 가족간에 불화로다.)

1. 7. = 天山遯　　寂寞空山 逶迤高臥(적막공산 위이고와)
(적막한 산중에서, 엎치락뒤치락하며 할 일 없이 누웠다)

1. 8. = 天地否　　愁見春夢 終無風景(수견춘몽 종무풍경)
(봄꿈에서 수심과 안타까워하니, 끝까지 좋은 일이 없으리라)

2. 1. = 澤天夬　　暗裏衣冠 身成名利(암리의관 신성명리)
(남모르는 사이에 출세하여, 공명을 떨치게 된다.)

2. 2. = 兌爲澤　　碧玉琅杆 舟行江亭(벽옥랑간 주행강정)
(좋은 정자에 앉아 즐기며, 경치 좋은 강물에 배를 띄우고 한가롭게 보낸다)

2. 3. = 澤火革　　二十年光 有似飄風(이십년광 유사표풍)
(이십여 성상을, 헛되이 아까운 세월만 보낸다)

2. 4. = 澤雷隨　　安身守義 名譽新風(안신수의 명예신풍)
(분수를 알고 의로운 일을 지키니, 명예가 새롭게 드날린다)

2. 5. = 澤風大過　雎鳩獨鳴 日食五粥(저구독명 일식오죽)
(원앙새가 홀로 우니, 날마다 다섯 가지 죽을 먹는다. 빈궁하다는 뜻)

2. 6. = 澤水困　　有求逢折 霜綠漸潤(유구봉절 상연점윤)
(구하려다가 실패하니, 서릿발 같은 고통이 점점 더해 간다)

2. 7. = 澤山咸　　脣缺調談 左漏右蹇(순결조담 좌루우건)
(언청이가 말을 고르게 하려고 해나, 뜻대로 되지 않는 격이다)

2. 8. = 澤地萃　　有君寵保 賞賜無雙(유군총보 상사무쌍)
(임금의 총애와 보호가 있어, 상 받는 일이 무궁하다. 출세한다는 뜻)

3. 1. = 火天大有　日更月新 壽福綿綿(일경월신 수복면면)
(날로 새롭고 달로 발전하여, 수복이 무궁하도다)

3. 2. = 火澤睽　　木火無緣 血深如塵(목화무연 혈심여진)
(좋은 인연과 때를 만나지 못하여, 피맺힌 한을 풀지 못하리라)

3. 3. = 離爲火　　枝動不靜 謹身之務(지동부정 근신지무)
(나뭇가지가 흔들리니, 몸을 조심하고 부지런히 노력하라)

3. 4. = 火雷噬嗑　修竹榮長 香蓮開新(수죽영장 향연개신)
(대를 가꾸어 영화롭게 자라니, 향기로운 연꽃도 새롭게 피어라.)

3. 5. = 火風鼎　　聰明文章 風雲有光(총명문장 풍운유광)
(총명하고 문장이 뛰어나니, 과거에 급제하여 영화를 누리게 된다)

3. 6. = 火水未濟　十年臥病 終身不差(십년와병 종신불차)
(십년이나 병에 누어있으니, 종신토록 차도를 보지 못하는 격이로다)

3. 7. = 火山旅　　二十光景 風雲淡蕩(이십광경 풍운담탕)
(이십이나 되는 나이에, 이곳저곳을 방랑하며 풍상을 겪는다)

3. 8. = 火地晋　　第一金榜 俊夫餘慶(제일금방 준부여경)
(제일 높은 시험에 장원을 하니, 준수한 대장부의 앞날에 경사뿐이로다)

4. 1. = 雷天大壯　風雲新來 雪氣騰天(풍운신래 설기등천)
(풍운이 새롭게 이르니, 눈발의 기운이 하늘에 사무치리라)

4. 2. = 雷澤歸妹　糊口城門 低頭心事(호구성문 저두심사)
(성문을 다니며 입에 풀칠하니, 머리를 굽실거리며 사는 신세로다)

4. 3. = 雷火風　　一振金聲 陰谷暖氣(일진금성 음곡난기)
(한번 쇠 소리를 떨치니, 그늘진 골짜기에도 따뜻한 기운이 감돈다)

4. 4. = 震爲雷　　雍容自得 優遊度日(옹용자득 우유도일)
(화평한 얼굴로 가운데 만족해 하며, 한가롭고 편안하게 생애를 보내리라)

4. 5. = 雷風恒　　有財無功 終得不享(유재무공 종득불형)
(재물은 있으나 공덕이 없으니, 늦도록 좋지 못하리라)

4. 6. = 雷水解　　長秩千人 仁聲自聞(장질천인 인성자문)
(오래 가는 녹봉 천인 중에 윗사람이 되니, 어질다는 덕망의 소리가 자연히 들려온다)

4. 7. = 雷山小過　五鬼滿林 向人弔問(오귀만림 향인조문)
(오귀가 숲 속에서 득실거리니, 사람이 죽어서 조문객을 받는다)

4. 8. = 雷地豫　　才超貌美 事事生新(재초모미 사사생신)
(재주가 출중하고 용모가 아름다워, 일마다 좋은 일이 새롭게 생긴다)

5. 1. ＝ 風天小畜　含脣切齒 千恨未伸(함순절치 천한미신)
(입술을 다물고 이를 갈며 노력하여도, 많은 한을 풀지 못한다)

5. 2. ＝ 風澤中孚　太行大路 三月奄行(태행대로 삼월엄행)
(태산의 높은 길을, 삼월에 걸어간다. 힘들고 보람된 일을 시작한다는 뜻)

5. 3. ＝ 風火家人　琴瑟淸音 一家爭春(금슬청음 일가쟁춘)
(부부의 금슬이 좋고 좋으니, 한 가정이 화목하리로다)

5. 4. ＝ 風雷益　　家門千里 刑到便留(가문천리 형도편유)
(집안들 마다 곳곳에서, 형액이 이르러 떠나갈 줄을 모른다)

5. 5. ＝ 巽爲風　　不願事事 老物興降(불원사사 노물흥강)
(원치 않은 일이 이니, 귀찮게 생겨났다 없어졌다 하여라.)

5. 6. ＝ 風水渙　　花落無實 狂風更放(화락무실 광풍경방)
(꽃이 떨어지고 열매마저 없는 데다가, 광풍이 다시 몰아닥친다.)

5. 7. ＝ 風山漸　　右脚已折 左目亦盲(우각이절 좌목역맹)
(右足이 이미 잘렸는데, 왼쪽 눈이 마저 다시 멀게 된다. 엎친데 겹친 격)

5. 8. ＝ 風地觀　　大成千人 仁吉四海(대성천인 인길사해)
(천인이 대성을 하게 되니, 사해가 어질고 길하더라)

6. 1. ＝ 水天需　　枯木逢春 千里有光(고목봉춘 천리유광)
(고목이 봄을 만나니, 천리에 광채가 있더라)

6. 2. ＝ 水澤節　　薰風吹軒 子孫縉紳(훈풍취헌 자손진신)
(훈훈한 바람이 가정에 불어오니, 자손이 모두 벼슬을 한다)

6. 3. ＝ 水火旣濟　風生保位 巨川舟楫(풍생보위 거천주즙)
(바람이 불어도 지위를 보전하고, 큰 강물에 임하여 돛단배를 얻는다)

6. 4. ＝ 水雷屯　　若非英雄 壽福不期(약비영웅 수복불기)
(만일 영웅이 아니면, 수복을 기약하기 어렵도다)

6. 5. ＝ 水風井　　身安保居 風塵不侵(신안보거 풍진불침)
(몸을 편안히 보전하여 가며는, 풍진이 침노하지 못하게 되더라)

6. 6. ＝ 坎爲水　　重遭險坂 魂魄驚散(중조험판 혼백경산)
(거듭 험한 등판 길을 만나니, 혼백마저 놀라서 흩어진다)

6. 7. ＝ 水山蹇　　有魚無鱗 有財無功(유어무린 유재무공)
(물고기 라며는 비늘이 없듯이, 재물은 있으나 공이 없도다)

6. 8. ＝ 水地比　　紫府背衣 天恩自得(자부배의 천은자득)
(대궐(관부)에서 관복을 입으니, 임금의 은혜를 자연히 얻는다)

7. 1. = 山天大畜　老龍得雲　食前方丈(노룡득운 식전방장)
(늙은 용이 구름을 얻는 격이요, 식전 방장 격이라. 得氣武力)

7. 2. = 山澤損　　老龍無聲　江邊垂淚(노룡무성 강변수루)
(늙은 용이 소리 없이, 강가에서 눈물만 흘린다. 無能力事不成)

7. 3. = 山火賁　　青鳥無春　華蓋無風(청조무춘 화개무풍)
(청조가 봄을 만나지 못하니, 華蓋에 바람이 없다. 실속이 없음)

7. 4. = 山雷頤　　柳枝街道　山月徘徊(유지가도 산월배회)
(버들가지 한 길에, 산달이 장차 지려고 한다. 주색을 좋아하고 나쁜 운이 다가오고 있음)

7. 5. = 山風蠱　　身有疾病　墙有寇賊(신유질병 장유구적)
(몸에 질병이 있고, 담장 너머에서 도둑이 기웃거린다)

7. 6. = 山水蒙　　射之眉間　賣少空房(사지미간 매소공방)
(눈썹 사이로 쏘아, 빈 방에서 젊음을 판다)

7. 7. = 艮爲山　　朝后折桂　零落飄風(조후절계 영락표풍)
(아침 뒤에 계수나무를 꺾으니, 바람에 떨어져 나부낀다. 得官이나 不長)

7. 8. = 山地剝　　一入刑門　有何壽福(일입형문 유하수복)
(한 번 나쁜 곳의 감옥에 들어가니, 어찌 수복을 누리게 되랴)

8. 1. = 地天泰　　名高榜籍　紫府文章(다고방적 자부문장)
(이름이 과거보는 방에 높이 붙었으니, 대궐 안에서 문장으로 종사한다)

8. 2. = 地澤臨　　鳳雛麟閣　光被日月(봉추린각 광피일월)
(봉황이 날아오고 기린이 나오니(궁권에서), 광채가 일월과 같이 찬란하다)

8. 3. = 地火明夷　江上起樓　心適自閑(강상기루 심적자한)
(강상에 누각을 짓고 거처하니, 일이 뜻대로 풀리고 심신이 한가롭다)

8. 4. = 地雷復　　飄零東西　暮年得病(표령동서 모년득병)
(동서로 떠돌다가, 만년에는 병을 얻게 된다)

8. 5. = 地風升　　才學一枝　道德文章(재학일지 도덕문장)
(재주와 학문이 같이 뛰어나고, 도덕과 문장을 겸한다)

8. 6. = 地水師　　初稼平地　山頭與齊(초가평지 산두여제)
(처음에는 평지에 심은 것이, 나중에는 산머리와 가지런하도다)

8. 7. = 地山謙　　立身揚名　文章變換(입신양명 문장변환)
(출세하여 이름을 떨치는 것은, 문장이 뛰어남이로다)

8. 8. = 坤爲地　　清香滿堂　帝傍揚名(청향만당 제방양명)
(맑은 향기가 집에 가득하니, 임금이 있는 곳에까지 이름을 떨친다. 大成數)

Ⅲ

諸作象名法

Ⅲ. 諸作名法(제작명법)

1. 匡彌名姓學(광미명성학)

　이름에 있어 발음오행을 전체적인 오행관계로 분석하지 않고 名上字와 앞뒤의 生剋(생극)으로 인간관계를 보고, 우리의 이름에 있어 한자에 한글을 병기함에 비추어 수리와 易象(역상, 주역의 괘상)을 각각 내·외형적 또는 총·각론으로 파악 종합적으로 분석하여 그 사람의 미래를 예측하고 있다. 황돈 스님이 30여년간 연구하고 수행한 바를 통해 터득한 성명학의 결정체라고 한다.(WHAT'S YOUR NAME?이란 제하의 趙顯娥<조현아>씨가 지은 책이 절찬리에 시판중)

● 匡彌名姓學(광미명성학)의 5가지 要素(요소)

　1) 성명의 음양오행 - 부부 상사 부하 등 주변 인물들과의 관계
　　천지우주의 기운이 끌리는지 상승하는지, 자식운과 부부운
　　※ 성명학에서 통상 말하는 발음오행을 말할 뿐, 이름에 쓰이는 글자 획수가
　　　기 · 우수인지의 음양은 도외시한 것이다.
　2) 한글 이름의 수리 - 평생 살아가는데 나타나는 외형적인 모양새
　3) 한문 이름의 수리 - 인생의 내면의 기운을 나타낸다.
　　한글 이름이 나쁘더라도 한자이름이 좋으면 끊임없이 좋은 효과를 드러낸다.
　　(수리는 元亨利貞<원형이정>의 4격)
　4) 한글 이름의 주역 - 삶의 큰 흐름을 주관하는 의미
　5) 한문 이름의 주역 - 인생이 어떻게 흘러 갈 것인지 그리고 그 사람의 器局

(기국, 그릇)은 어떠한지를 나타낸다.

위의 5가지 요소를 종합 분석하여 성명에 잠겨있는 우주자연의 비밀코드를 해석해 낸다.(이름에 설계되어 있는 우주자연의 비밀설계도를 풀어낸다.)

※ 이름은 우주자연이 인간에게 부여한 복음이다. 그리고 이름은 神(신)들이 우리 인간에게 베풀어 놓은 운명의 여백이라고 말하고 있다.

<例> 성명의 음양오행

윗사람 부모 선배 남편(아내)   아랫사람 자손 부하 후배
사회적으로 내위 상급기관   주변인 사회적으로 내아래
   하급기관

生剋 관계   홍   길   동
氣의 흐름
(상승, 하강)   土   木   火

木剋土 (相剋상극)   木生火 (相生상생)

부모와 갈등(자식이 부모   부하와 아랫 사람들과는 원만한
해침) 상층 사람들에   관계유지 국민 여론도 좋아
대항하는 기운   지지를 받는다.

※ 전체적으로 土(토) 기운을 가진 사람,

주변관계 분석시 나는 "길"(명상자)이다. 대통령 회장 등 정상에 서게 되면 "홍"(姓字성자)의 위치로 이동한다.

<例> 한글 이름의 數理(수리)

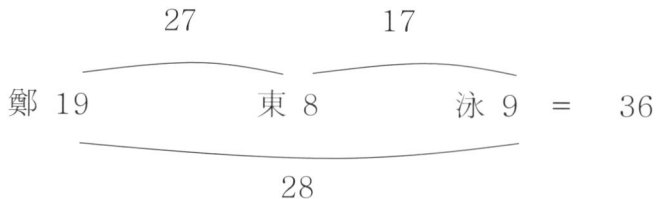

元格11 − 衆人先望運(중인선망운)　　　亨格20 − 萬事虛妄運(만사허망운)

和格15 − 萬人統率運(만인통솔운)　　　貞格18 − 進取發展運(진취발전운)

※ 81수리 靈動力(영동력) 해석임. 한글 획수에 있어 ㅇ=2, ㅈ=3

해석은 그 배열과 전체 구조를 보아야 하는데 가령 元格(원격)·亨格(형격)이 나쁘다고 해도 말년과 전체운인 貞格(정격)이 좋으면, 고생은 하지만 이를 극복하고 좋은 방향으로 발전한다고 보는 것이다.

그리고 金(금) 기운에 5수리, 土 기운에 6수리인 경우라면 土生金(토생금)으로 도와주어 5·6 두 수리를 합하면 11의 衆人信望運(중인신망운)의 길운으로 보는 것이다.

<例> 한자 이름의 數理(수리)

　　　　　27　　　　　　17

鄭 19　　　　東 8　　　　泳 9　=　36

　　　　　　　28

元格17 − 名望四海之象(명망사해지상)　　　亨格27 − 大人格(대인격)

和格28 − 大海片舟之象(대해편주지상)　　　貞格36 − 骨肉相爭之象(골육상쟁지상)

※ 획수는 통상 성명학에서 사용하는 原劃法(원획법)에 의한다.

따라서 한글 이름 수리와 한문이름 수리가 다를 수도 있는데, 이런 경우 "내면의 기운은 이런데 외면의 흐름은 이렇다." 또는 "외면의 흐름이 이렇더라도 내면의 기운이 이렇기 때문에 앞으로 이런 방향으로 나가겠다"등으로 해석이 가능하다.

예컨대 한글이름에서 중년에 19(고독비참의 운 – 이별하거나 좌천하는 운)인데 한문에서16(덕망운)이 들어와 있다면 이별하거나 좌천할 흐름이 있더라도 덕망운으로 극복해 나간다고 해석한다.

한자이름을 모르고 한글이름만 분석하면 제대로 된 해석이라 할 수 없다.

<例> 한글이름의 周易(주역)

이3	건4	희6	=	13
上卦(상괘)		下卦(하괘)		

作卦 1) 人生前半運 7(3+4) → 7   10(4+6) → 2 山澤塤卦 (산택손괘)

2) 人生後半運 7(3+4) → 7   9(3+6) → 1 山天大畜卦(산천대축괘)

3) 人生全體運 7(3+4) → 7   13(3+4+6) → 1 山天大畜卦(산천대축괘)

<풀 이>

山澤塤卦(산택손괘) :

뒤에는 이익을 얻겠으나 처음에는 손실 감퇴 등을 당한다. 급하게 하는일은 달성하지 못한다. 협동하여 서서히 차근차근 해내면 나중에 성취한다.

山天大畜卦(산천대축괘) :

크게 축적한다는 뜻 · 크고 높이 살고 기른다는 의미. 결국 고생을 이겨내고 인생후반부로 갈수록 엄청난 富(부) 축적.

※ 수리와 주역 괘의 의미는 하나의 수리나 주역괘 하나의 개별적 의미보다는 그 배합관계를 보아 인생운로를 종합적으로 판단해야 한다. 따라서 수리나 주역괘 하나가 나쁘다고 이름 전체가 나쁘다고 인식하는 것은 경계해야 한다.

▶ 작괘시 선천복희8괘 수의 사용은 다를바 없으나, 上卦(상괘)는 7艮山(간산)에 국한되는 艮卦(간괘)의 天卦管局(천괘관국)내의 8괘에 한정되어 있는 점과 그 중 중요시되는 인생 전체운의 경우는 8괘중 6괘만 해당된다는 것은 일반성이나 합리성이 부족한 것 같다. 또한 動爻(동효)가 없는데 本卦(본괘)와 變卦(변괘)의 조화로 대신 인식한것 같다.

※ 광미명성학은 창시자라 할 수 있는 煌暾(황돈, 호 正鹽정염) 스님이 30여년간 연구하고, 수행한 결과물로 수많은 통계학적 근거를 토대로 정립한 독창적인 이름 해석 방법이라고 한다.

<例> 한자이름의 周易(주역)

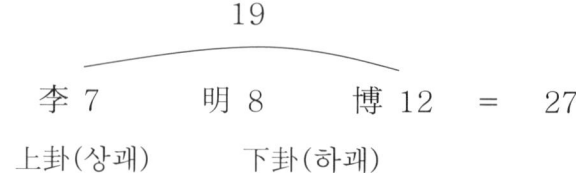

19

李 7　　　明 8　　　博 12　 =　 27

上卦(상괘)　　　下卦(하괘)

作卦　 1) 人生前半運　15(7+8) → 7　　20(8+12)　 → 4　山雷頤卦 (산뢰이괘)

　　　　 2) 人生後半運　7(3+4)　→ 7　　19(7+12)　 → 3　山火賁卦 (산화비괘)

　　　　 3) 人生全體運　15(7+8) → 7　　27(7+8+12) → 3　山火賁卦 (산화비괘)

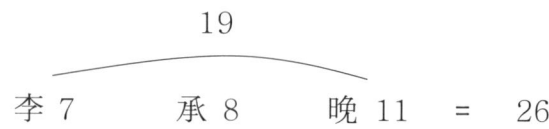

19

李 7　　　承 8　　　晩 11　 =　 26

※ 匡彌(광미 - 스님의 字) 스님은 이명박 후보의 이름에 이승만 전대통령과 같은 鳳凰傷翼之象(봉황상익지상 - 貞格정격 수리 19)이 들어있음을 알고 선거초기 부터 이명박후보의 당선을 단호하고 일관되게 주장하였다 한다.

※ 이명박의 한자이름 주역풀이는 첨부한 64괘의 해석을 참고하시기 바람.
그러나 산화비괘는 저녁노을의 찬란하고 화려함에 비유될 수 있다 하겠다.

● 81劃數理(획수리) 吉凶表 (길흉표)

(부호표시 : 吉○ 平△ 凶×)

1획 출발권위(出發權威) 태초격(太初格) ○

2획 분리파괴(分離破壞) 이별격(離別格) ×

3획 지도적인물(指導的人物) 명예격(名譽格) ○

4획 제사불성(諸事不成) 부정격(不定格) ×

5획 부귀봉록(富貴奉錄) 성공격(成功格) ○

6획 계승발전(繼承發展) 지성격(志成格) ○

7획 맹호출림(猛虎出林) 달성격(達成格) ○

8획 수복겸전(壽福兼全) 발달격(發達格) ○

9획 대재무용(大材無用) 분산격(分散格) △

10획 만사허망(萬事虛妄) 공허격(空虛格) ×

11획 중인신망(衆人信望) 신성격(新成格) ○

12획 박약박복(薄弱薄福) 쇠약격(衰弱格) ×

13획 총명지모(聰明智謀) 지달격(智達格) ○

14획 이산파멸(離散破滅) 파산격(破散格) ×

15획 군계일학(群鷄一鶴) 영도격(領導格) ○

16획 덕망유부(德望裕福) 재부격(財富格) ○

17획 명망사해(名望四海) 건창격(健暢格) ○

18획 부귀명달(富貴榮達) 융창격(隆昌格) ○

19획 고독비참(孤獨悲慘) 고난격(苦難格) ×

20획 백사실패(百事失敗) 허망격(虛妄格) ×

21획 두령운(頭領運) 견실격(堅實格) ○

22획 중도좌절(中途挫折) 야당운(野黨運)
　　 파란격(波瀾格) ×

23획 일흥충천(日興)衝天 명진격(名振格) ○

24획 부귀영화(富貴榮華)
　　 재물(財物풍부豊富) 입신격(立身格) ○

25획 지모순조(智謀順調) 안락격(安樂格) ○

26획 영웅풍파(英雄風波) 변괴격(變怪格) △

27획 대인격(大人格) 중절격(中折格) ×

28획 파란풍파(波瀾風波) 조난격(遭難格) ×

29획 권력,재물(勸力,財物) 풍재격(豊財格) ○

30획 길흉상반(吉凶相半) 부침격(浮沈格) ×

31획 자수성가(自手成家),
　　 개화만발(開花滿發) 흥가격(興家格) ○

32획 의외득재(意外得財) 순흥격(順興格) ○

33획 권위충천(權威衝)天 왕성격(旺盛格) ○

34획 재화연속(災禍連續) 파멸격(破滅格) ×

35획 온유화순(溫柔和順) 태평격(太平格) ○

36획 영걸시비(英傑是非) 의협격(義俠格) △

37획 권위인덕(權威人德) 출세격(出世格) ○

38획 문예,기예(文藝,技藝) 문예격(文藝格) ○

39획 위세관중(威勢冠衆) 장성격(將星格) ○

40획 변화공허(變化空虛) 무상격격(無常格) ×

41획 선견고명(先見告明) 고명격(高格名) ○

42획 파란자초(波瀾自招) 고행격(苦行格) ×

43획 패가망신(敗家亡身) 무존격(無存格) ×

44획 백전백패(百戰百敗) 패전격(敗戰格) ×

45획 통달사해(通達四海) 대지격(大智格) ○

46획 곤궁신고(困窮辛苦) 불성격(不成格) ×

47획 일확천금(一穫千金) 성취격(成就格) ○

48획 배후조종(背後操縱) 관철격(貫徹格) ○

49획 선가,은퇴(仙家,隱退) 은퇴격(隱退格) △

50획 공허실의(空虛失意) 부몽격(浮夢格) ×
51획 파란변동(波蘭變動) 성패격(盛敗格) △
52획 비룡승천(飛龍昇天) 약진격(躍進格) ○
53획 외화내빈(外華內賓) 장해격(障害格) △
54획 절망불구(絶望不具) 무공격(無功格) ×
55획 극성극쇠(極盛極衰) 미달격(未達格) △
56획 변전무상(變轉無常) 패망격(敗亡格) ×
57획 고진감래(苦盡甘來) 시래격(時來格) ○
58획 선흉후길(先凶後吉) 후복격(後福格) △
59획 의지박약(意志薄弱) 실의격(失意格) ×
60획 복록자실(復祿自失) 동요운(動搖運) ×
61획 영달격(榮達格) 부귀운(富貴運) ○
62획 쇠멸격(衰滅格) 고립운(孤立運) ×
63획 길상격(吉祥格) 순성운(順成運) ○
64획 고행격(苦行格) 쇠퇴운(衰退運) ×
65획 유덕격(有德格) 행복운(幸福運) ○
66획 쇠망격(衰亡格) 재액운(災厄運) ×
67획 형통격(亨通格) 영달운(榮達運) ○
68획 공명격(功名格) 흥왕운(興旺運) ○
69획 재난격(災難格) 정지운(停止運) ×
70획 적막격(寂寞格) 공허운(空虛運) ×
71획 발전격(發展格) 만달운(晚達運) △
72획 평상격(平常格) 상반운(相半運) ×
73획 노력격(努力格) 평길운(平吉運) △
74획 불우격(不遇格) 파탄운(破綻運) ×
75획 수분격(守分格) 평화운(平和運) ○
76획 선곤격(先困格) 후길운(後吉運) △
77획 희비격(喜悲格) 불안운(不安運) △
78획 만고격(萬苦格) 평길운(平吉運) ○

79획 궁극격(窮極格) 불신운(不信運) ×
80획 은둔격(隱遁格) 종말운(終末運) ×
81획 환원격(還元格) 대성운(大盛運) ○

● 64卦의 解釋(해석)

乾 (☰)

☰	乾 (중천건)	많은 사람위에 군림할 수 있고, 하늘과 같은 운수다. 권위적인 일을 하게되며 높은 위치에서 인생의 영화를 누릴 운. 귀인은 크게 성공하지만, 범인은 그 위력에 압도당하여 흉하다.
☰	履 (천택리)	능히 영웅적 풍모, 호랑이 등에 탄다는 뜻이니 크게 출세한다는 의미(김종 필 이상득) 정치권(나라일)에 줄이 닿아 있다. 처음에 오면 위험하나 마지막에 오면 길하다. 선후배의 도움을 받아 출세 의 기회를 얻을 수 있다. 그러나 남보다 앞서려다가는 재난을 당한다.
☰	同人 (천화동인)	영웅의 풍모를 지니고 남과 동업을 해나가면 그 뜻을 마음껏 누릴 수 있 다. 많은 사람들을 이끌고 나가야 뜻하는 바를 이룬다. (정치인에게 많다) 협동을 절대적으로 요하는 사업에는 대길하다.
☰	无妄 (천뢰무망)	마음껏 뜻을 펼칠 기회가 온다. 좋은 시절을 만나 크게 활개를 치는 형상 (사업가는 좋지만 정치인은 정상에 오르기는 조금부족). 복된 사람이라 태 평을 누린다. 모든 일에 무리하지 말고 순리를 따르면 자연히 이루어진다.
☰	垢 (천풍구)	여왕벌의 기운, 많은 사람들이 내주위에 몰려들고 내가 그 모두를 먹여 살 리게 되는 운. 우두머리가 되어 많은 사람들을 먹여 살린다. 높은 사람의 귀여움을 받으나 귀가 얇아 속는 일이 많다.
☰	訟 (천수송)	소송등 정신 사나운 일이 많이 생긴다. 구설수의 괘로 시비를 조심해야 한 다는 의미로 소송이나 싸움을 피해야 한다. 타협과 화친에 힘쓸 것이며, 너 무 고집을 피우면 실패하기 쉽다.
☰	遯 (천산돈)	숨으라는 뜻 숨어서 지내야 한다는 의미인데, 다른 사람을 앞세워 일하면 큰 성공을 거둔다는 뜻. 높은 자리에 오르더라도 항상 대비책을 만들어야 하고 수양에 힘써야 한다. 遯十无妄= 태양이 땅속에 있는 기운으로 아직 자기의 시대를 만나지 못하다가 무망으로 좋은 시절을 만나 뜻을 펼친다.
☰	否 (천지비)	좌절을 겪는다. 점점 멀어진다는 뜻이어서 좌절을 겪게 된다. 망하는 운(군 자의 도가 소멸하고 소인이 득세하니 나라 기업 단체가 망한다). 막힘이 있는 부정적인 괘로, 스스로 덕을 숨기고 물러나 참고 기다려야 한다.

兌 (☱)

☱	**夬** (택천쾌)	성공하는 운, 난관이 있더라도 잘 헤쳐나간다. 나쁜것을 치고 올라가는 운, 끊임없이 높은 곳으로 도전해 새로운 영역을 만들어내는 운명. 분에 넘치는 지위에 오르면 위험하니 근신해야 한다.
☱	**兌** (중택태)	크게 기쁨이 온다는 의미, 입으로 인하여 큰일 성취할 수 있는 괘(정치인, 가수 등). 일찍 출세의 길에 나선다. 겉으로는 행복한듯 하나 내면으로는 고민이 많으며, 남과 다툼이 있어 걱정이 끊이지 않는다.
☱	**革** (택화혁)	변화를 추구하는 운. 개혁을 단행한다는 뜻. 항상 자세를 낮추고 낮은 자리에서 일하면 더욱 성공할 수 있는 운 . 어떤 일을 개혁하고 고쳐나가는 일에 종사하고, 그 일의 개혁을 통해 높은 자리에 오르게 된다. 개혁에 신중을 기하여 때와 세를 잘 맞추어 나가면 행운이 온다.
☱	**隨** (택뢰수)	2인자의 운, 정치인 같은 사람들을 밀어주어야 하는 운으로 손해를 보더라도 남을 열심히 도와야 복덕을 받을 수 있다. 훌륭한 지도자를 만나 그를 보좌하게 된다. 항상 분수를 지켜 주제넘는 일을 삼가고 변동에 잘 순응해야 한다.
☱	**大過** (택풍대과)	큰 임무(대임)을 맡는다는 의미, 큰 일을 맡게 된다.(주로 나라의 큰 일을 담당하게 될 운) 신자군왕지격으로 임금의 옆자리에 앉는다는 뜻이 있으니 능히 중임을 맡아서 해나간다.(여자 – 영부인:이휘호)
☱	**困** (택수곤)	물은 물인데 흐르지 않는 물이니 막힘이 있어 곤궁함을 뜻한다. 참고 기다리라는 뜻, 의욕이 있어도 참고 기다리면 성공이 온다. 불평불만만 일삼으면 더욱 어려움이 배가 됨으로 침착하게 앞일을 개척하는 노력과 한결같이 변함이 없으면 길하다
☱	**咸** (택산함)	많은 사람을 포용한다는 의미, 다른 분야도 포용하여 함께 나아간다는 뜻. 그렇게 하면 소원성취가 된다. 외유내강이요 혼인에 길한 괘다. 한결같이 변함이 없으면 행복하다.
☱	**萃** (택지취)	모든 것이 나에게 몰려드니 무엇을 하든 성공할 운, 물이 모여드는 저수지처럼 사업들이 왕성하다. 산 중앙의 못으로 사방에서 물이 모여드니, 사람이나 돈이 나에게 집중된다는 의미로 큰 돈을 번다(이건희). 대외관계를 원만히 갖도록 해야 한다.

離 (☲)

☲☰	**大有** (화천대유)	부자로 살 기운이다. 태양이 높이 떠서 만물을 비추는 상으로 큰부자라는 의미가 있다. 크게 재산이나 명예를 모으게 된다. 그러나 대개 고집불통의 성격으로 인해 물심양면으로 큰 손실을 볼 수 있다. 噬嗑(서합) + 大有 = 난관을 극복하고 출세할 운
☲☱	**睽** (화택규)	서로 상반되는 운이라 적의를 품고 논쟁을 벌리게 된다. 자리를 위협 당하거나 교통사고등 건강에 장애가 생기는 일이 일어날 수 있다. 천추원한 백골혼이라는 의미도 있어, 불의의 사고를 조심해야 함(박정희).
☲☲	**離** (중화리)	하늘에 태양이 2개가 떠 있으며 매우 밝다는 의미(연예인의 경우 큰 인기), 크게 출세하여 빛나는 인물이 될 수 있다. 크게 빛을 내며 사람들에게 알려질 운. 크게 출세하여 발전할 운(큰 경영주 운). 여자는 미인이지만 사치 허영심이 많으니 조심해야 한다.
☲☳	**噬嗑** (화뢰서합)	방해물, 특히 악에 대한 단호한 조치를 한다. 이빨을 깨물어 난관을 극복한다는 뜻, 앞에 놓여 있는 방해물을 과감하게 처리할 운(조개 깨물듯). 처음에는 장애가 있으나 나중에는 화합하고 형통함이 있겠다.
☲☴	**鼎** (화풍정)	제사장의 기운(세발달린 향로와 인연) 조상이나 하늘이 나를 도와준다. 종교활동을 하는 것이 좋은 운을 불러 들인다. 항상 자신보다는 조상의 음덕에 감사하고 하늘의 기운을 받아야 한다. 평생 총명하고 지혜롭고 현명하게 산다. 여자를 조심해야 한다.
☲☵	**未濟** (화수미제)	대사를 능히 처리할 수 있는 것을 의미, 사업이 점점 확대되어 크게성공할 운. 여우처럼 영리하고 일처리가 능통해서 실패하지 않는다. 큰 경영주로서의 운이 들어와 자신감을 가지고 성공하게 된다. 연속되면 새로운 것을 창업할 큰 경영주의 운.
☲☶	**旅** (화산여)	이리 저리 돌아다닌다. 여러 나라 여러곳을 여행할 운. 여행길은 불안정하고 고생과 걱정이 항상 따른다. 공명하고 신중한 태도로 일을 처리하라. 약간의 반전이 있다. 조심하는 마음으로 길이 변함이 없으면 길하리라.
☲☷	**晋** (화지진)	아침에 해양이 떠오르는 진취와 향상의 기운. 해를 향해 승천하는 듯한 왕성한 운수다. 모든 곳에서 찬란하게 시작하는 자질이 주어져 있다. 사업은 날로 번창하고 윗사람으로부터 도움을 받는다. 자칫 겉보기에는 화려해도 속은 텅 빌 수 있으니 내실에 힘써야 한다.

雷 (☳)

☳	**大壯** (뇌천대장)	장군의 풍모, 강건하고 장엄한 기세가 너무 지나치다. 크게 이름을 떨칠운도 있으나, 기세가 너무 지나쳐 파란을 가져올 수 있다. 혈기왕성하여 급진적인 일에 뛰어들어 자칫 비난을 받고 재난을 자초하게 된다. 고독운 + 大壯 = 고독이 스케일이 큰 인물을 만들어 나간다.(정주영)
☳	**歸昧** (뇌택귀매)	높은 자리에 올라 성공하는 인생을 살게 된다는 의미, 왕공의 일. 상응하되 뒷거래로구나. 길이 장래를 전망하면서 폐해를 깨닫고 참회하고 정진하라. 운동선수의 경우 금메달을 딴 사람이 많다.
☳	**豊** (뇌화풍)	풍성한 의미 풍성함이 빛나니 크게 출세한 인생이다. 시야가 넓고 야망이 있음을 의미, 우뢰와 불이 만났으니 풍성하고 큰 스케일의 사람이다. 내면적으로 곤란을 겪을 수 있다. 허영심을 버리고 사리판단하여 처신해야 한다. 大壯 + 豊 = 전쟁 싸움의 뜻 싸움이 심하고 남과 다툼이 많다.
☳	**震** (중뢰진)	산천이 크게 요동하고 요란하다는 뜻, 외형에 비하여 그 내실이 부족하다는 운. 처음에는 크게 풀리지만 실속이 없다. 그 이름이 우뢰처럼 크게 울린다. 처음은 위세가 좋으나 끝이 허망하다. 자칫 행동을 경솔히 하면 구설수에 오를 수 있다.
☳	**恒** (뇌풍항)	부귀영화의 운, 꾸준히 나아가면 부귀가 가까이 있다. 우뢰가 바람과 화합하여 안정을 이룬다는 뜻. 크게 빛나고 성공한다는 의미. 그러나 천둥과 바람이 일어나니 내연의 남녀관계로 고민하기도 한다. 풍성함이 항상 유지되면서 평생 인기있는 삶을 살게 될 운.
☳	**解** (뇌수해)	해결사 역할을 한다는 의미. 겨울에 언물을 녹이는 형국, 어려움이 있어도 순조롭게 진행된다는 뜻. 어려운 난관을 능히 극복하고 사업을 성취한다. 모든 일이 풀리므로 때를 놓치지 말고 적극적으로 나가면 행운이 온다. 어려운 문제에 부딪혀도 무난히 해결해 편안하게 노년을 보낸다.
☳	**小過** (뇌산소과)	무슨 일이든지 조금은 지나칠 수 있다. 작은 일은 성공하나 큰 일은 실패하기 쉽다. 주변의 의견을 듣고 자기주장을 조절할 필요가 있다. 지나치게 행동하면 반드시 재앙을 받으므로 절제해야한다.
☳	**豫** (뇌지예)	빈틈 없는 계획과 결단력으로 위세를 떨치며 크게 성공하나, 미리 준비한다는 의미. 땅위에 우뢰가 있는 괘상으로 미래에 일어날 일을 예지한다. 순응하여 움직이면 발전한다. 모범생으로 꼼꼼한 성격인데 자칫 향락에 빠질 수 있다.

巽 (☴)

䷈	**小畜** (풍천소축)	절치절욕상 이빨을 깨물며 어려움을 견뎌낸다. 뜻을 이루려 해도 막힘이 있어 나아가기 힘들다. 고생이 끝나고 축적한다는 뜻. 어려움을 견뎌내면 풍요로운 생활, 나랏일에 깊숙이 관여하면 치욕스런 일을 겪게된다.
䷥	**中孚** (풍택중부)	주로 펜(학문이나 글재주)으로 먹고사는 사람을 뜻,고단한 생활. 연못 위에 뜬 배처럼 유유자적한다. 변함없는 신의와 성의를 가지고 만사에 임하라. 너무 재주만 믿다가 크게 실패할 수 있다.
䷤	**家人** (풍화가인)	아름다운 사람이란 의미로, 지모가 출중하여 자신의 주변에 많은 사람을 끌어모으는 운. 사람들과 잘 지내고 함께 일을 도모할 수 있는 기운. 많은 사람들이 나에게 몰려온다(연예인에 많다). 남의 말을 잘 믿어 손해보거나 자신의 재주만 믿고 나가다 낭패를 본다. 본업에만 열중하면 대성하나 여자와 가까이 하면 색정에 빠지기 쉽다.
䷩	**益** (풍뇌익)	많은 사람들에게 이익이 되는 일을 추진하게 된다. 공익을 우선 하는 경향이 있다. 많은 사람에게 이익을 줄 수 있는 사업을 하는 것이 좋다. 적극적으로 나아가면 남의 도움을 받아 크게 번창한다.
䷸	**巽** (중풍손)	바람이 바람을 밀어주는 격으로, 순풍에 돛단듯 모든 일이 순조롭고 점점 더 좋아진다. 하나를 투자하면 세곱을 얻을 운. 큰일을 맡아서 능히 번창시킨다. 크게 번창 발전시키는 운으로써 사업을 크게 키운다. 의심이 많고 고집이 세어 파탄에 이르기도 한다.
䷺	**渙** (풍수환)	빗자루로 쓸어 새판을 짜니, 면모를 일신시키는 자질이 있다. 강한 개척 정신으로 새로운 판을 짜는 일을 한다. 풍파를 겪지만 차차 일이 풀려 목적을 이룬다. 지나친 자존심으로 고독에 빠지거나, 마음이 불안한 상태가 될 수 있다.
䷴	**漸** (풍산점)	점차 운이 나아진다. 성공을 위해 점차 나아감을 의미한다. 큰 성공은 하지 못한다. 한결같은 보조로 변함 없으면 순조롭다. 바른 도리로 나아가 단체등을 바르게 한다. 한번 일을 그르치면 큰 후회를 하게 된다.
䷓	**觀** (풍지관)	덕이 사방천리를 뻗어나가 왕이 그 소리를 듣고 나랏일에 쓰려고 한다는 의미. 모든 사람들이 본인의 덕을 볼 운이다(칭찬한다). 그러나 처음은 좋으나 허망하게 끝나는 수가 있다.

坎 (☵)

䷄	需 (수천수)	남들보다 잘난 인물로 성장한다는 의미, 성실한 역량을 키우면 발전이 있다. 어떤 일이든 참고 기다리면 귀인이 도와주고 마침내 성공한다. 실패운(19) + 需 = 실패운을 막아준다.
䷻	節 (수택절)	절도를 지키라는 의미니 자기분수에 넘치는 일은 삼가라. 인기를 얻고 돈이 넘치는 운이지만, 너무 많으니 절제를 해야 한다는 의미. 곤경에 빠져도 조급하게 무리하지 말고 제자리에서 시기를 기다린다.
䷾	旣濟 (수화기제)	이미 이루었다(성공)는 의미. 더할 수 없이 출세하여, 오히려 기우는 것을 염려할 위치에 가겠다(용두사미). 내리막길이 시작된다는 뜻. 새로운 사업보다 현재의 사업발전에 힘쓰는 것이 더 낫다.
䷂	屯 (수뢰둔)	물아래 우뢰가 갇혀 있다는 의미로 험난하고 어렵다는 뜻. 금전이나 주거문제로 고민이 많다. 일은 시기가 와야 이루어지는 것이니 서두르면 실패할 수 있다. 활동이 제약된다는 의미가 있으며 말년을 대비해야 함. 덕망운(16) + 屯 = 갇혀서 꼼짝 못하는 기운이 있지만 덕망운으로 극복해 나간다.
䷯	井 (수풍정)	퍼내도 퍼내도 마르지 않는 샘물처럼 지혜가 솟아 오른다는 의미, 풍성하고 넉넉하다. 재물은 마르지 않는 샘물과 같다(부자운). 우물속의 물은 거역하지 않고 순종하는 미덕이 있다.
䷜	坎 (중수감)	험한 일이 거듭된다는 뜻이니, 매우 곤란한 지경에 이르고 곧잘 재난을 당한다. 태풍에 견딜 수 있는 고목나무가 되어야 한다. 다 이루었으나 허망해진 경우이다.(이성계는 왕이 되었으나 방원에게 물려준 괘다)
䷦	蹇 (수산건)	물위에 산이 걸렸으니 이러지도 저러지도 못하는 형국이라는 뜻, 오도가도 못하는 진퇴양난의 운. 곤경에 빠지는 수가 많다. 7(맹호출림지상) + 蹇 = 강한 기운으로 극복할 수 있다.
䷇	比 (수지비)	타인의 도움을 얻게 되니 순조롭게 뜻을 이룰 수 있다. 많은 사람들이 나를 중심으로 해서 일이 진행된다. 많은 무리들을 모아 성공의 길로 나간다. 겹치면 대문장가 문필가나 학자로 크게 출세할 운이다.

艮 (☶☶)

☶☰	**大畜** (산천대축)	크고 높게 쌓는다는 의미로 큰 부를 축적할 운. 크게 성공하는 운, 큰 어른으로써 자기의 위치를 굳힌다. 결국 고생을 이겨내고 후반부로 갈수록 엄청난 부 축적. 인재를 육성하여 많은 무리를 이끌어 나간다.
☶☱	**損** (산택손)	의리 때문에 손해를 볼 수도 있는 기운, 어려움에도 강한 의지로 대처해야 대성할 수 있을 운. 길이 비록 험할 수 있으나, 협동하여 꾸준히 밀고 나가면 나중에는 성취한다.
☶☲	**貴** (산화비)	금옥대를 하고 빛나는 길로 나가는 운, 빛나는 지위에 오른다. 크게 출세한다. 금옥대를 차고 높은 위치에서 사람들을 호령하게 된다(공직자).
☶☳	**頤** (산뢰이)	산이 크게 울린다는 의미. 산을 울릴만큼 이름을 떨칠 운, 이름을 떨쳐서 모르는 사람이 없을만큼 두루 알려진다. 실속은 없다(현상유지 정도). 말을 조심하고 음식을 절제한다. 모든 일을 급하게 처리하면 실패로 끝날 수 있다.
☶☴	**蠱** (산풍고)	어려움을 겪는다. 여러 가지(3가지) 고통을 당하는 운(몸, 건강, 사업, 재물, 사람의 고통). 남들은 부러워하나, 정작 본인은 고통이 있다. 돈은 있으나 내면은 고통을 겪으니 고목나무가 되어야만 말년의 험난한 세파에 살아남을 수 있다.
☶☵	**蒙** (산수몽)	현실보다는 이상을 추구하는 경향이 있다. 대기만성이라는 생각으로 착실히 노력하면 성공한다. 조급하게 처리하면 실패할 수 있다. 무지 몽매하니 선생에게 배울 의욕이 나도록 유도해야 한다.
☶☶	**艮** (중산간)	산 넘어 산의 뜻, 하는 일에 난관이 많다(산악인 수도인 산사람에게는 길하다). 외고집에 자만심이 강해, 남과 자주 불화를 빚으니 출세에 지장이 있다. 멈춰야 할 곳에 멈춰야 한다. 움직이고 정지하는 것이 시의를 잃지 않으면 그 길에 광명이 온다.
☶☷	**剝** (산지박)	산 꼭대기에서 물을 찾는다는 의미, 항상 위태로운 상황에 처해있다. 회사나 사업이 무너지는 고통에 직면하게 된다. 부도나기 일보직전의 운. 크게 발전할 때는 심복의 배반이 있으니 조심해야 한다.

坤 (䷁)

䷊	泰 (지천태)	만사가 형통하여 태평한 세월을 보낸다. 천지가 합일하니 만사대길이요, 만물이 자라난다. 자칫 무사안일에 빠져 헛일을 벌려 고생하거나 색정으로 재난을 당할 수 있다. 귀인에게는 길수이나 범인에게는 걸맞지 않는 운수다.
䷒	臨 (지택림)	많은 사람들 위에 군림하며 항상 잘 이끌어간다. 인기가 많은 사람이 내 밑에서 나를 따르며 우러러 본다(정치인, 연예인에 많다).
䷣	夷 (지화명이)	태양이 땅속에서(야망이) 이글이글 끓고 있는 형상. 굉장히 강한 운으로 上品(상품)인 사람은 아주 크게 성공하고, 下品(하품)인 사람은 매우 고통스럽게 보낸다. 높은 자리에 올라가더라도 잘못될 경우 폭발할 수 있다. 어려움을 이겨내고 높은 자리에 오른다. 그러나 뜻하지 않은 액운을 당할 수 있으므로 조심해야 함.
䷗	復 (지뢰복)	모든 것을 던져버리고 새로 시작해야 한다는 의미. 과거는 생각하지 말고 현재에 전념하는 것이 좋다. 자연의 법칙에 순응하니 행동이 자유로워 장애가 없다.
䷭	升 (지풍승)	일약 대옥성의 운으로 한번 뛰어 정상에 오른다는 의미. 아무리 바닥에 있어도 절망하지 않고 계속 노력하면, 생각지도 못한 순간에 정상에 오른다(환골탈태). 거듭되면 어느날 크게될 수 있다(노무현).
䷆	師 (지수사)	많은 사람들을 통솔하고 지휘한다는 운 (제갈공명 이순신). 바른 길로 가면 우러러보는 훌륭한 인물이 된다. 師 + 復 = 군대를 이끌고 전쟁을 한다는 운이나, 많은 무리를 이끌고 기세를 올리지만 중년에 지뢰복괘가 들어와 다시 처음부터 시작하는 운.
䷎	謙 (지산겸)	정상에 올라서라도 겸손을 잊지 말아야 한다. 겸손하게 낮춤으로서 형통한다. 많은 것을 덜어 적은것에 보태 사물의 균형을 살피고 공평하게 한다. 거만한 생각을 고쳐 남의 충고를 듣고 수양을 쌓으면 꿈을 이룬다.
䷁	坤 (중지곤)	인내하고 꾸준히 나아가면 비로소 행운을 얻는다. 한결같이 음덕을 지키면 유종의 미를 거둘 수 있다. 남의 뒤를 따르면 순조롭게 목적지에 도달할 수 있다. 온순하니 남과 타협하여 협력하면 이득을 본다. 모든 것(인재 포함)을 육성하여 출세의 바탕을 만들어 준다는 의미(등소평).

2. 字劃字源(자획자원)五行法(오행법)

발음오행과 수리에 곁들여 자획자원오행을 활용하였다. 慧東(혜동), 金龍述(김용술) 선생은 80고령으로 수십년 동안 秘法(비법)으로 써왔던 작명법이다.

가. 생년太歲(태세)와 名上字(명상자 己身 기신)의 相沖(상충)불허

<例> 丙子生(병자생)의 경우

示玉目石禾玄生用田白立甲申 (5획) 百 (6획) 甫男秀究(7획) 孟直知秉(8획) 皇盈務祗祈禹科秋(9획) 珉益眞短祖祐(10획) …… 등과 같이 자획자원오행이 午(火)이면 地支(지지)간 子午(자오) 相沖(상충 六沖 육충)이 된다.

地支	子	丑	寅	卯	辰	巳	午	未	申	酉	戌	亥
相沖	午	未	申	酉	戌	亥	子	丑	寅	卯	辰	巳

地支相沖 —   身若(신고)   病難(병난)   喪妻(상처)   別妻(별처)   波瀾(파란)
(지지상충)   被家(파가)   訟事(송사)   破財(파재)   冲突(충돌)   散財(산재)
              破壞(파괴)   殺傷(살상)   左遷(좌천)   解任(해임) 등 작용

나. 생년 태세와 名上字의 怨嗔(원진) 불허

<例> 丙子生(병자생)인 경우

朱羽臣自艮(8획) 良(7획) 羌舍(8획) 紅約紀美耐耶致(9획) 粉紛純紋素(10획) ……등과 같이 자획자원오행이 未(土)이면 지지간 子未(자미) 원진이 된다.

地支	子	丑	寅	卯	辰	巳	午	未	申	酉	戌	亥
怨嗔	未	午	酉	申	亥	戌	丑	子	卯	寅	巳	辰

怨嗔(원진) : 서로 싫어하여 증오하고 혐오하거나 대인관계에서 시기 질투 원망하
며 거리를 둔다는 일종의 殺(살)

怨嗔(원진) : 孤獨(고독), 別居(별거), 離婚(이혼), 夫婦生死離別(부부생사이별),
短命(단명), 父母兄弟不和(부모형제불화), 他鄕(타향)살이, 子女不孝
(자녀불효), 不遜(불손) 등 작용

★ 12地支(지지) 動物比喩(동물비유)

鼠忌羊頭角(서기양두각) 쥐는 양의 뿔이 제몸을 다칠까봐 미워한다.

牛憎馬不耕(우증마불경) 소는 말이 논밭을 갈지 않고 주인만 태우고 다니는 것을
미워한다.

虎憎鷄紫短(호증계자단) 호랑이는 닭이 울면 날이 밝아오므로 미워한다.

兎怨侯不平(토원후불평) 토끼는 원숭이가 자기를 쫓아다니는 것을 미워한다.

龍嫌猪面黑(용혐저면흑) 용은 돼지 얼굴이 자기와 닮아 검다하여 싫어한다.

蛇警犬吠聲(사경견폐성) 뱀은 개짖은 소리에 놀라 허물이 벗어진다하여 원망한다.

다. 생년 태세와 名上字의 庫藏(고장) 불허

<例1> 丙子生인 경우

명상자 臣(신하신)은 5획으로 丙부터 5번째는 庚경(丙丁戊己庚)인데 臣字의
자획자원오행이 丑(축)이므로 庚(경)의 고장은 丑(축)이 된다.

<例2> 癸未生(계미생)인 경우

명상자 星(별성)은 9획으로 癸부터 9번째는 辛신(癸甲乙丙丁戊己庚辛)인데 星
字의 자획자원오행은 辰(진)이므로 辛(신)의 고장은 辰(진)이 된다.

天干	甲	乙	丙	丁	戊	己	庚	辛	壬	癸
庫藏	未	戌	戌	丑	戌	丑	丑	辰	辰	未

라. 명상자의 劃數(획수)에 따른 생년태세의 천간 正祿(정록)과 상충 불허

<例> 丙子生(병자생)인 경우

명상자가 孟直知秉과 같이 자획자원오행이 午(오)이면서 8획이니 8번째인 癸계(丙丁戊己庚辛壬癸)의 正祿(정록)이 子(자)이므로 명상자의 자획자원 오행午(오)와 子午(자오) 상충이 된다.

天干	甲	乙	丙	丁	戊	己	庚	辛	壬	癸
正祿	寅	卯	巳	午	巳	午	申	酉	亥	子

正祿(정록, 建祿-건록), 合祿(합록), 爵祿(작록)을 得(득)한다는 뜻(관직으로성공). 恭順(공순)하고 高尙(고상)하여 재물이 풍부, 운이 좋고, 부부 행복, 장수한다.

마. 명상자와 相沖(상충)시 流年身數(유년신수)

위와 같이 명상자 孟直知秉의 자획자원오행이 午(오)인 경우 流年(유년)이 戊子年(무자년)이라면 지지간 子午(자오) 상충이 된다.

이 경우에 예를 들면 移徙(이사)를 간다든지 하여 모면할 수도 있다.

바. 名字(명자)의 相沖(상충)시 子息關係(자식관계)

위와 같이 명상자가 孟直知秉으로 자원자획오행이 午(오)인데 명하자가 云今元友仙과 같이 자획자원오행이 子(자)이면 子午 상충이 되어 不和(불화) 不睦(불목) 不倫(불윤)들이 발생한다.

※ 한자 部首(부수), 획수별 字劃字源五行表(자획자원오행표)를 첨부한다.

- 字源五行法 (자원오행법)

木(목) ———————————	寅, 卯
火(화) ———————————	巳, 午
土(토) ———————————	辰,戌,丑,未
金(금) ———————————	申, 酉
水(수) ———————————	亥, 子

즉, 申酉(신유) 밑에 있는 劃邊(획변)은 金(금)이 될 것이요. 寅卯(인묘) 밑에 있는 획변의 글자는 木(목)이 될 것이요 亥子(해자) 밑에 있는 획변의 글자는 水(수)가 될 것이요. 巳午(사오) 밑에 있는 획변의 글자는 火(화)가 될 것이요 辰(진) 戌(술) 丑(축) 未(미) 밑에 있는 획변의 글자는 土(토)에 해당되어 각각 五行(오행)의 작용을 갖게 되는 것이다.

一劃　子 …… (水)
丨 丶 乀 乙 亅 乀

二劃　子 …… (水)
丁 乂 乃 了 人 力 又 亠 几 厶 厂 卩 十 匚 匕 刂 刀 凵 几 冫 冂 八 亻 冖 卜

三劃　丑 …… (土)
口 囗 土 士 夊 夂 夕 大 女

三劃　寅 …… (木)
子 宀 寸 小 尢 尸 屮 山 巛 工 巳 巾 干 幺 广 廴 廾 弋 弓 彐 彑 彡 彳 忄 氵 犭 阝右 阝左

四劃　卯 …… (木)
心 支 攵 文 斗 斤 方 无 戈 戶 手

四劃　辰 …… (土)

日曰月木欠止歹殳毋比毛氏气

四劃　巳 …… (火)

水火灬爫父爻爿片牛犬允王ㄓ罒冗冈月艹牛

五劃　午 …… (火)

玉爪瓦甘用生田疋疒癶白皮皿目四矛矢石示内禾穴立
氷歺

六劃　末 …… (土)

竹米糸缶网羊羽老而耒耳聿肉臣自至臼舌舛舟艮色

六劃　申 …… (金)

虍虫血行衣西艸

七劃　酉 …… (金)

見角言谷豆豕豸貝赤走足身車辛辰辵邑酉釆里

八劃　戌 …… (土)

金長門阜隶隹雨青非

九劃　戌 …… (土)

面革韋韭音頁風飛食首香

十劃　亥 …… (水)

馬骨高髟鬥鬯鬲鬼

十一劃 ~ 十七劃　亥 …… (水)

魚鳥鹵鹿麥麻黃黍黑黹黽鼎鼓鼠鼻齊齒龍龜龠

● 字劃字源五行(자획자원오행)

第一劃　(子)
一　乙

第二劃　(子)
二 丁 乂 乃 了 人 力 又 卜 厶 亻 厂 卩 匸 匕刂 刀 凵 几 冫 冂 八

第三劃
子(寅) 寸(寅) 小(寅) 兀(子) 午(子) 工(寅) 弓(寅) 凡(寅) 巳(寅) 川(寅)
才(寅) 个(子) 丫(子) 乞(子) 亡(子) 凵(子) 三(子) 上(子) 下(子) 千(子)
丌(子) 万(子) 大(丑) 丸(子) 久(子) 也(子) 于(寅) 土(丑) 士(丑) 夕(丑)
丈(子) 女(丑) 刃(子) 勹(子) 叝(子) 叉(子) 囗(丑) 口(丑) 夂(丑) 夊(丑)
宀(寅) 尸(寅) 屮(寅) 山(寅) 己(寅) 巾(寅) 千(寅)

第四劃
四(丑) 月(辰) 中(子) 矛(子) 丹(子) 之(子) 云(子) 亢(子) 仁(子) 今(子)
允(子) 元(子) 公(子) 分(子) 化(子) 牛(子) 手(卯) 文(卯) 斗(卯) 方(卯)
日(辰) 木(辰) 止(辰) 毛(辰) 氏(辰) 水(巳) 火(巳) 父(巳) 牛(巳) 片(巳)
比(巳) 王(巳) 斤(卯) 卞(子) 友(子) 壬(丑) 夫(丑) 井(子) 太(丑) 天(丑)
孔(寅) 少(寅) 尹(寅) 屯(寅) 巴(寅) 引(寅) 心(卯) 戶(卯) 仃(子) 半(子)
內(子) 介(子) 丑(子) 兮(卯) 勿(子)

第五劃
五(子) 世(子) 丙(子) 乎(子) 仔(子) 仕(子) 代(子) 仙(子) 仟(子) 令(子)
兄(子) 冬(子) 出(子) 功(子) 加(子) 北(子) 弘(寅) 必(卯) 戊(卯) 本(辰)

未(辰) 正(辰) 民(辰) 氷(巳) 玉(午) 玄(午) 生(午) 用(午) 田(午) 白(午)
皮(午) 石(午) 半(子) 占(子) 卯(子) 台(丑) 史(丑) 只(丑) 古(丑) 召(丑)
可(丑) 右(丑) 左(丑) 外(丑) 巨(丑) 布(寅) 平(寅) 幼(寅) 示(午) 禾(午)
立(午) 甲(午) 由(午) 申(午) 主(子) 未(子) 且(子)

第六劃

六(子) 丞(子) 交(子) 伸(子) 伊(子) 仵(子) 伍(子) 份(子) 伉(子) 任(子)
先(子) 光(子) 共(子) 全(子) 再(子) 印(子) 宇(寅) 安(寅) 守(寅) 宅(寅)
年(寅) 戌(卯) 戍(卯) 收(寅辰) 旬(辰) 旭(辰) 有(辰) 札(辰) 朴(辰) 朱(寅)
汀(巳寅) 求(巳) 同(丑) 名(丑) 吉(丑) 合(丑) 回(丑) 因(丑) 圭(丑) 圩(丑)
在(丑) 地(丑) 多(丑) 夙(丑) 如(丑) 好(丑) 字(寅) 存(寅) 百(午) 竹(未)
米(未) 羽(未) 臣(未) 自(未) 行(申) 艮(未) 西(申) 系(未) 乞(子) 司(丑)
孖(寅) 兆(子) 老(未) 糸(未)

第七劃

七(子) 亨(子) 余(子) 作(子) 伸(子) 何(子) 佐(子) 佑(子) 伯(子) 兌(子)
免(子) 初(子) 克(子) 利(子) 判(子) 助(寅) 杝(辰) 李(辰) 杞(辰) 杜(辰)
材(辰) 村(辰) 杆(辰) 杓(辰) 杉(辰) 机(辰) 杏(辰) 步(辰) 每(辰) 江(寅巳)
池(寅巳) 汝(寅巳) 孝(寅) 完(寅) 局(寅) 希(寅) 延(寅) 廷(寅) 弟(寅)
志(卯) 成(辰) 扛(寅) 改(卯) 旰(辰) 昊(辰) 昕(辰) 杠(辰) 呂(丑) 吾(丑)
吴(丑) 君(丑) 呈(丑) 址(丑) 圻(丑) 均(丑) 坎(丑) 壯(丑) 夾(丑) 妢(丑)
妘(丑) 妊(丑) 妙(丑) 妧(丑) 汕(寅巳) 牢(巳) 甫(午) 男(午) 秀(午) 究(午)
良(未) 見(酉) 角(酉) 言(酉) 豆(酉) 貝(酉) 赤(酉) 辛(酉) 辰(酉) 邑(酉)
酉(酉) 里(酉) 谷(酉) 沂(寅巳)

第八劃

八(子) 所(卯) 事(子) 享(子) 京(子) 供(子) 來(子) 依(子) 侚(子) 侖(子)

佺(子) 佼(子) 侊(子) 侔(子) 侑(子) 佶(子) 佰(子) 両(子) 其(子) 具(子)

典(子) 凭(子) 券(子) 到(子) 制(子) 刲(子) 卓(子) 協(子) 厓(子) 受(子)

叔(子) 呻(丑) 呼(丑) 和(丑) 咏(丑) 命(丑) 周(丑) 坤(丑) 垣(丑) 坪(丑)

坰(丑) 垂(丑) 坫(丑) 坧(丑) 坩(丑) 坴(丑) 奉(丑) 奇(丑) 奈(丑) 奄(丑)

奅(丑) 始(丑) 姓(丑) 姃(丑) 季(寅) 孟(寅) 宗(寅) 宜(寅) 宛(寅) 官(寅)

定(寅) 宙(寅) 尙(寅) 岷(寅) 杭(辰) 承(卯) 政(卯) 於(卯) 易(辰) 旿(辰)

旼(辰) 昕(辰) 昆(辰) 昊(辰) 昌(辰) 昂(辰) 昀(辰) 昉(辰) 旺(辰) 明(辰)

岡(寅) 岳(寅) 岩(寅) 帛(寅) 拜(寅) 辛(寅) 康(寅) 弦(寅) 忠(卯) 房(卯)

技(寅卯) 扶(寅卯) 扮(寅卯) 扐(寅卯) 扱(寅卯) 抄(寅卯) 杭(辰) 杭(辰)

杰(辰) 枉(辰) 杪(辰) 林(辰) 析(辰) 梠(辰) 欣(辰) 武(辰) 氣(辰) 沂(寅巳)

汾(寅巳) 汶(寅巳) 沅(寅巳) 汧(寅巳) 昇(辰) 昑(辰) 昔(辰) 旽(辰)

朋(辰) 服(辰) 東(辰) 松(辰) 枝(辰) 枇(辰) 扶(辰) 枓(辰) 枚(辰) 杳(辰)

枘(辰) 果(辰) 知(午) 秉(午) 羌(未) 史(未) 舍(未) 采(酉) 金(戌) 長(戌)

門(戌) 阜(戌) 隶(戌) 佳(戌) 雨(戌) 靑(戌) 玘(巳午) 桦(辰) 汀(寅巳)

汪(寅巳) 沆(寅巳) 沈(寅巳) 沃(寅巳) 畓(午) 炕(巳) 炅(巳) 牧(巳) 玒(巳午)

玕(巳午) 玗(巳午) 玊(巳午) 的(午) 盂(午) 直(午) 虎(申) 胃(辰) 祁(午)

亞(巳) 旷(辰)

第九劃

九(子) 亮(子) 俐(子) 亭(子) 侶(子) 備(子) 侯(子) 信(子) 俊(子) 保(子)

侹(子) 俅(子) 兪(子) 前(子) 則(子) 勇(子) 勉(子) 匍(子) 南(子) 郞(子)

厚(子) 哉(丑) 品(丑) 或(丑) 戋(丑) 垠(丑) 垣(丑) 奎(丑) 奧(丑) 秦(丑)

奕(丑) 斿(卯) 是(辰) 昫(辰) 春(辰) 昭(辰) 昴(辰) 易(辰) 晒(辰) 映(辰)

星(辰) 昑(辰) 昱(辰) 昶(辰) 曷(辰) 枳(辰) 柄(辰) 廻(寅) 建(寅) 彦(寅)

徇(寅) 後(寅) 律(寅) 征(寅) 思(寅) 怜(寅卯) 性(寅卯) 招(卯寅) 抱(寅卯)

拊(寅卯) 担(寅卯) 敄(卯) 施(卯) 姬(丑) 姜(丑) 姅(丑) 姑(丑) 宦(寅)

宣(寅) 宥(寅) 封(寅) 屋(寅) 峋(寅) 巷(寅) 帥(寅) 帝(寅) 帠(寅) 度(寅)

河(寅巳)　泓(寅巳)　洞(寅巳)　炬(巳)　炷(巳)　炫(巳)　炤(巳)　炳(巳)　炯(巳)

炡(巳)　爰(巳)　玫(巳午)　玢(巳午)　玠(巳午)　玩(巳午)　癸(午)　柱(辰)　柘(辰)

査(辰)　柄(辰)　柔(辰)　柳(辰)　柚(辰)　柏(辰)　柍(辰)　柾(辰)　治(寅巳)　泗(寅巳)

泰(巳)　泫(寅巳)　法(寅巳)　沼(寅巳)　紀(未)　美(未)　耐(未)　籽(未)　耶(未)

致(未)　舡(未)　虹(申)　芘(巳申)　衍(申)　表(申)　要(申)　訂(酉)　貞(酉)　軍(酉)

重(酉)　皆(午)　皇(午)　盈(午)　矜(午)　砂(午)　祇(午)　祈(午)　禺(午)　禹(午)

科(午)　秋(午)　籽(未)　紅(未)　紈(未)　約(未)　閂(戌)　面(戌)　草(戌)　韋(戌)

音(酉)　貢(酉)　韭(戌)　飛(戌)　風(戌)　首(戌)　香(戌)　紀(戌)　玖(巳午)　相(辰)　姸(丑)

第十劃

乘(子)　俸(子)　值(子)　倚(子)　偉(子)　俱(子)　俠(子)　倍(子)　倧(子)　倫(子)

倌(子)　倩(子)　倡(子)　倘(子)　倆(子)　倉(子)　娛(丑)　娬(丑)　娟(丑)　娗(丑)

娍(丑)　娘(丑)　宮(寅)　容(寅)　宰(寅)　害(寅)　專(寅)　展(寅)　峯(寅)　峿(寅)

峻(寅)　峴(寅)　侯(子)　倖(子)　修(子)　俺(子)　淑(子)　倬(子)　兼(子)　准(子)

剛(子)　勍(子)　原(子)　員(丑)　唐(丑)　哲(丑)　城(丑)　料(卯)　時(辰)　眩(辰)

晋(辰)　旵(辰)　晏(辰)　胱(辰)　晁(辰)　晃(辰)　映(辰)　朔(辰)　桐(辰)　株(辰)

桂(辰)　栽(辰)　根(辰)　烏(寅)　師(寅)　席(寅)　庫(寅)　座(寅)　庭(寅)　彧(寅)

徐(寅)　後(寅)　恭(卯)　恩(卯)　扇(卯)　指(寅卯)　拮(寅卯)　敉(卯)　效(卯)

洸(寅巳)　洋(寅巳)　活(寅巳)　洛(寅巳)　烜(寅巳)　烏(巳)　娃(巳)　烟(巳)　烈(巳)

烙(巳)　烆(巳)　炯(巳)　姚(巳)　特(辰)　玹(巳午)　玲(巳午)　桓(辰)　校(辰)　桃(辰)

桑(辰)　栗(辰)　栢(辰)　栓(辰)　殷(辰)　氣(辰)　洪(寅巳)　洞(寅巳)　洙(寅巳)

洣(寅巳)　津(寅巳)　洹(寅巳)　洮(寅巳)　粉(未)　紛(未)　紘(未)　純(未)　紋(未)

素(未)　紝(未)　翁(未)　耆(未)　耄(未)　耿(未)　聆(未)　耽(未)　肯(辰未)　芝(巳申)

芺(巳申)　珀(巳午)　珍(巳午)　珤(巳午)　珌(巳午)　玕(巳午)　玆(巳午)　珉(巳午)

益(午)　盍(午)　眞(午)　短(午)　砲(午)　祖(午)　祐(午)　祜(午)　竝(午)　芸(巳申)

芬(巳申)　花(巳申)　芳(巳申)　記(酉)　訓(酉)　託(酉)　豈(酉)　財(酉)　起(酉)

躬(酉)　軒(酉)　邕(酉)　邛(寅酉)　釜(戌)　釗(戌)　隼(戌)　馬(亥)　骨(亥)　高(亥)

髟(亥)　夏(丑)　留(午)　書(辰)　者(辰)

第十一劃

乾(子) 偉(子) 健(子) 偶(子) 晃(子) 停(子) 凰(子) 副(子) 動(子) 務(子)

勘(子) 髙(子) 卿(子) 唪(丑) 啓(丑) 問(丑) 崗(寅) 峻(寅) 巢(寅) 崩(寅)

帶(寅) 常(寅) 庸(寅) 康(寅) 強(寅) 張(寅) 彩(寅) 彬(寅) 彫(寅) 琮(寅)

孰(寅) 寄(寅) 執(丑) 埠(丑) 婉(丑) 琮(寅) 寄(寅) 寅(寅) 尉(寅) 將(寅)

專(寅) 崧(寅) 崇(寅) 崎(寅) 崔(寅) 崙(寅) 崝(寅) 崋(寅) 商(丑) 基(丑)

埴(丑) 執(丑) 培(丑) 琛(丑) 埭(丑) 堅(丑) 埽(丑) 埜(丑) 堈(丑) 堂(丑)

珊(丑) 場(丑) 域(丑) 梅(辰) 梟(辰) 梁(辰) 根(辰) 桯(辰) 梃(辰) 澤(辰)

浯(辰巳) 浦(寅巳) 淇(寅巳) 海(寅巳) 浚(寅巳) 焉(巳) 烺(巳) 焜(午)

珣(巳午) 旣(辰) 晞(辰) 晤(辰) 晨(辰) 晙(辰) 晥(辰) 晧(辰) 晟(辰) 晝(辰)

晚(辰) 曼(辰) 朗(辰) 望(辰) 梨(辰) 梓(辰) 梧(辰) 寂(寅) 得(寅) 悅(寅卯)

悠(寅卯) 扈(卯) 乭(寅) 振(卯寅) 撥(寅卯) 捍(寅卯) 捎(卯寅) 敍(卯寅)

敏(卯) 敎(卯) 救(卯) 斬(卯) 旋(卯) 許(酉) 迂(巳酉) 近(巳酉) 迎(巳酉)

那(寅酉) 邦(寅酉) 邢(寅酉) 野(酉) 崔(戌) 雩(戌) 雪(戌) 頃(戌) 頂(戌)

馗(戌) 离(午) 章(午) 竟(午) 第(未) 翌(未) 翊(未) 胡(辰未) 背(辰未)

胎(辰未) 苑(巳申) 英(巳申) 苾(巳申) 范(巳申) 術(申) 術(申) 規(申)

班(巳午) 珦(巳午) 珩(巳午) 珞(巳午) 珖(巳午) 琅(巳午) 珠(巳午) 珝(巳午)

珪(巳午) 浣(寅巳) 率(寅巳) 時(午) 畢(午) 略(午) 皎(午) 祥(午) 魚(亥)

鳥(亥) 鹵(亥) 鹿(亥) 麻(亥) 釱(戌) 釦(戌) 胤(辰未) 國(丑)

第十二劃

偓(子) 偰(子) 傳(子) 傲(子) 傑(子) 牋(子) 滄(子) 深(子) 創(子) 勖(子)

勝(子) 厥(子) 參(子) 圍(丑) 喞(丑) 喆(丑) 尊(寅) 尋(寅) 就(寅) 尌(寅)

嵋(寅) 嵑(寅) 嵆(寅) 嵊(寅) 崔(寅) 幀(寅) 幾(寅) 庾(寅) 堞(寅) 弼(寅)

彭(寅) 循(寅) 善(丑) 喚(丑) 喜(丑) 塌(丑) 報(丑) 堤(丑) 堯(丑) 壹(丑)

壻(丑) 奠(丑) 媞(丑) 婷(丑) 婺(丑) 寓(丑) 富(寅) 寔(寅) 棟(辰) 椅(辰)

植(辰) 棲(辰) 棣(辰) 棽(辰) 棠(辰) 棱(辰) 聚(辰) 森(辰) 棆(辰) 棡(辰)

棶(辰) 椋(辰) 探(辰) 欽(辰) 掟(寅卯) 敦(卯) 敝(卯) 敢(卯) 敠(卯) 斐(卯)

智(辰) 普(辰) 晉(辰) 景(辰) 晴(辰) 晶(辰) 晳(辰) 㝡(辰) 晬(辰) 曾(辰)

徨(寅) 復(寅) 惟(卯寅) 惇(卯寅) 惋(卯寅) 情(卯寅) 惜(卯寅) 眞(卯)

捧(卯寅) 措(卯寅) 採(卯寅) 掄(卯寅) 掍(卯寅) 授(卯寅) 捨(卯寅) 捷(寅卯)

珵(午巳) 珽(午巳) 現(午巳) 琇(午巳) 球(午巳) 異(午) 晙(午) 登(午) 發(午)

皖(午) 皔(午) 皓(午) 敠(午) 盛(午) 硯(午) 皐(午) 淵(巳寅) 淑(巳寅)

淲(巳寅) 淏(巳寅) 焞(巳) 焙(巳) 焜(巳) 然(巳) 焱(巳) 焖(巳) 爲(巳)

猛(卯巳) 理(午巳) 琪(午巳) 斌(午巳) 琅(午巳) 殖(辰) 淞(巳寅) 淙(巳寅)

淇(巳寅) 淳(巳寅) 淪(巳寅) 涫(巳寅) 淦(巳寅) 淀(巳寅) 淼(巳) 清(巳寅)

淨(巳寅) 滓(巳寅) 淩(巳寅) 涪(巳寅) 深(巳寅) 鈑(戌) 開(戌) 閔(戌) 閏(戌)

間(戌) 阮(寅戌) 雄(戌) 集(戌) 雲(戌) 雯(戌) 雰(戌) 項(戌) 須(戌)

順(戌) 馮(亥) 黃(亥) 衆(酉) 衕(申) 街(申) 邵(寅酉) 証(酉) 評(酉) 衆(酉)

貴(酉) 超(酉) 軫(酉) 述(巳酉) 邰(寅酉) 邱(寅酉) 量(酉) 鈞(戌) 釰(戌)

稀(午) 程(午) 童(午) 竦(午) 竣(午) 筍(未) 筆(未) 答(未) 統(未) 結(未)

給(未) 翔(未) 能(午) 舒(未) 舞(未) 草(申巳) 黍(亥) 黑(亥) 黽(亥) 鼎(亥)

詅(酉) 媛(丑) 彬(寅) 晉(辰)

第十三劃

鼓(亥) 鳧(亥) 頌(戌) 頑(戌) 頊(戌) 靖(戌) 雉(戌) 阿(寅戌) 鉉(戌) 鈕(戌)

鉦(戌) 鉑(戌) 鉀(戌) 郇(寅酉) 郊(寅酉) 邦(寅酉) 經(未) 粲(未) 筮(申)

淨(午) 稙(午) 祺(午) 祿(午) 碌(午) 盟(午) 䀝(午) 暫(午) 當(午) 琮(午巳)

琦(午巳) 琪(午巳) 琨(午巳) 誅(酉) 詿(酉) 解(酉) 補(申) 裕(申) 衙(申)

蜂(申) 虞(申) 號(申) 莊(巳申) 莞(巳申) 莫(巳申) 肅(未) 聖(未) 羣(未)

綉(未) 郁(寅酉) 逢(巳酉) 送(巳寅) 迴(巳酉) 逈(巳酉) 迓(巳酉) 載(酉) 艴(酉)

賂(酉) 賈(酉) 登(酉) 豊(酉) 觥(酉) 詩(酉) 詮(酉) 詳(酉) 極(辰) 楠(辰)

楺(辰) 楸(辰) 楹(辰) 楨(辰) 楊(辰) 楥(辰) 椿(辰) 楅(辰) 楡(辰) 暉(辰)

會(辰) 暐(辰) 暄(辰) 暘(辰) 熙(巳) 湜(寅巳) 渴(寅巳) 湳(寅巳) 渚(寅巳)

淳(寅巳) 溱(寅巳) 湟(寅巳) 湘(寅巳) 湖(寅巳) 渼(寅巳) 滑(寅巳) 歲(寅巳)

握(辰) 婿(辰) 業(辰) 琬(午巳) 琯(午巳) 琪(午巳) 琤(午巳) 琭(午巳) 琡(午巳)

煥(巳) 湞(巳寅) 煜(巳) 煬(巳) 寮(巳) 煌(巳) 照(巳) 煥(巳) 煓(巳)

煒(巳) 幹(寅) 實(寅) 嵩(寅) 塘(丑) 塡(丑) 園(丑) 勢(子) 勤(子) 僅(子)

傳(子) 働(子) 亶(子) 軾(申) 湧(寅巳) 琳(午巳) 鈺(戌) 暎(辰) 新(卯) 敬(卯)

敤(卯) 揄(卯) 提(寅卯) 揆(寅卯) 揮(寅卯) 揄(寅卯) 換(寅卯) 意(卯) 愛(卯)

愚(卯) 廈(寅) 彙(寅) 鉞(戌) 福(辰) 楦(辰)

第十四劃

僎(子) 償(子) 僥(子) 傅(子) 兢(子) 凳(子) 㒤(子) 境(丑) 壽(丑) 夢(丑)

夤(丑) 夥(丑) 齊(丑) 獎(丑) 嫦(丑) 寞(寅) 殞(辰) 溶(寅巳) 滋(寅巳)

溥(寅巳) 溪(寅巳) 準(寅巳) 潋(寅巳) 溫(寅巳) 源(寅巳) 滇(寅巳) 滈(寅巳)

滄(寅巳) 滉(寅巳) 榮(巳) 滕(巳) 溢(寅巳) 寧(寅) 嶂(寅) 彰(寅) 愼(寅卯)

搶(寅卯) 敽(卯) 暡(辰) 暢(辰) 曙(辰) 榕(辰) 榲(辰) 榶(辰) 榔(辰) 槍(辰)

榮(辰) 溱(寅巳) 瑓(巳午) 瑕(午) 瑝(巳午) 瑟(巳午) 瑊(巳午) 瑛(巳午)

瑈(巳午) 瑃(巳午) 瑠(巳午) 碩(午) 碧(午) 腕(巳未) 福(午) 禎(午) 楊(午)

種(午) 熊(巳) 熀(巳) 熏(巳) 熅(巳) 熉(午) 熒(巳) 熇(巳) 煽(巳) 熇(巳)

瑋(巳午) 瑞(巳午) 瑚(巳午) 瑪(巳午) 琴(巳午) 瑄(巳午) 稱(午) 窩(午) 端(午)

箕(未) 萁(巳申) 綠(未) 置(未) 聞(未) 與(未) 舞(未) 菶(巳申) 華(巳申)

菜(巳申) 菊(巳申) 裳(申) 說(酉) 連(巳酉) 造(巳酉) 逑(巳酉) 透(巳酉)

郗(寅酉) 郭(寅酉) 郜(寅酉) 郎(寅酉) 郢(寅酉) 郕(寅酉) 鄆(寅酉) 銅(戌)

銆(戌) 銓(戌) 鉸(戌) 銑(戌) 誠(酉) 誘(酉) 誼(酉) 誧(酉) 誨(酉) 豪(酉)

賓(酉) 賑(酉) 赫(酉) 趂(酉) 趙(酉) 輔(酉) 通(巳酉) 逢(巳酉) 途(巳酉)

逡(巳酉) 銘(戌) 銜(戌) 鉻(戌) 閨(戌) 韶(戌) 領(戌) 祕(戌) 鳳(亥) 鳶(亥)

鳴(亥) 鼠(亥) 鼻(亥) 齊(亥) 銕(戌) 管(未) 肇(未)

第十五劃

徹(寅) 德(寅) 影(寅) 廣(寅) 寬(寅) 嬉(丑) 嬌(丑) 嬈(丑) 嬅(丑) 嫬(丑)

爽(丑) 墩(丑) 增(丑) 劉(子) 儀(子) 儆(子) 漢(寅巳) 潁(巳) 澤(寅巳)

滿(寅巳) 漫(寅巳) 漕(寅巳) 漳(寅巳) 滸(寅巳) 樂(辰) 模(辰) 暎(辰) 碻(午)

摸(寅卯) 慶(卯) 慷(寅卯) 慧(卯) 穆(未) 磁(午) 確(午) 畿(午) 瑢(巳午)

瑱(巳午) 瑪(巳午) 瑤(巳午) 溫(巳午) 塋(午) 瑩(午) 瑯(巳午) 輝(巳) 熟(巳)

演(寅巳) 漢(寅巳) 贊(酉) 賢(酉) 諄(酉) 調(酉) 解(酉) 褯(申酉) 蔿(申酉)

落(巳申) 萬(巳申) 萱(巳申) 葉(巳申) 興(未) 緒(未) 線(未) 箱(未) 範(未)

魯(亥) 駙(亥) 養(戌) 震(戌) 院(寅戌) 陣(寅戌) 閱(戌) 閭(戌) 鋪(戌) 鋒(戌)

郭(寅酉) 逮(寅酉) 進(寅酉) 逸(寅酉) 輝(酉) 賦(酉) 億(子) 瑨(巳午) 緣(未)

第十六劃

儒(子) 儕(子) 儘(子) 儐(子) 儔(子) 冀(子) 凝(子) 勳(子) 叡(子) 學(寅)

導(寅) 憙(巳) 憲(卯) 撰(寅卯) 撤(寅卯) 整(辰) 燃(巳) 燎(巳) 燒(巳)

璃(巳午) 瑾(巳午) 璇(午巳) 璋(巳午) 盧(午) 穎(午) 橅(未) 縣(未) 翰(未)

翁(未) 蒼(巳申) 蓉(巳申) 蔣(巳申) 澗(寅巳) 潮(寅巳) 澆(寅巳) 澔(寅巳)

澂(寅巳) 潭(寅巳) 澈(寅巳) 潾(寅巳) 潚(寅巳) 憙(卯) 熾(巳) 燐(巳)

燔(巳) 燉(巳) 燁(巳) 燕(巳) 曒(辰) 曉(辰) 曀(辰) 曇(辰) 遲(辰) 曄(辰)

機(辰) 樹(辰) 樵(辰) 樺(辰) 橢(辰) 橡(辰) 潼(寅巳) 澦(寅巳) 澌(寅巳)

潤(寅巳) 蓁(巳申) 蒿(巳申) 衛(申) 衝(申) 親(酉) 諸(酉) 諛(酉) 謀(酉)

誠(酉) 譚(酉) 豫(酉) 賴(酉) 踶(酉) 蹄(酉) 輸(酉) 輯(酉) 錯(戌) 錞(戌)

錢(戌) 鋼(戌) 錠(戌) 錦(戌) 錫(戌) 陪(戌) 陵(戌) 陳(戌) 陶(戌) 陰(戌)

陸(戌) 霏(戌) 霖(戌) 輮(酉) 遂(巳酉) 達(酉巳) 逾(酉巳) 遇(酉巳) 運(酉巳)

遄(酉巳) 道(巳酉) 遐(酉巳) 遑(酉巳) 遹(酉巳) 達(巳酉) 都(巳酉) 鄆(酉寅)

錡(戌) 錄(戌) 霍(戌) 靜(戌) 靛(戌) 頭(戌) 頻(戌) 餘(戌) 默(亥) 龍(亥)

塿(丑) 墻(丑) 隔(戌)

第十七劃

優(子) 償(子) 壕(丑) 壎(丑) 嬰(丑) 孀(丑) 寵(寅) 嶽(寅) 嶸(寅) 嶷(寅)

憶(寅卯) 應(卯) 擇(寅卯) 瞰(辰) 檀(辰) 檍(辰) 鍾(戌) 闊(戌) 闌(戌)

隍(寅戌) 隅(寅戌) 隋(寅戌) 隆(寅戌) 雖(戌) 霧(戌) 霜(戌) 霞(戌) 鞠(戌)

韞(戌) 顆(戌) 豪(酉) 鮮(亥) 繁(未) 績(未) 禧(午) 義(未) 蔚(巳申) 蓬(巳申)

蓮(巳申) 蔡(巳申) 蔣(巳申) 襄(申) 覬(酉) 遜(巳酉) 遣(巳酉) 遠(巳酉)

鄉(寅酉) 鄒(寅酉) 澤(寅巳) 澡(寅巳) 澣(寅巳) 澧(寅巳) 燮(巳) 燠(巳)

營(巳) 燦(巳) 璟(巳午) 璜(巳午) 璘(巳午) 皤(午) 礁(午) 磽(午) 磷(午)

縵(未) 鴻(亥) 黜(亥) 龠(亥) 龜(亥) 齊(亥) 韓(戌)

第十八劃

謨(酉) 謹(酉) 豐(酉) 轉(酉) 遭(巳酉) 鎔(戌) 鎢(戌) 鎮(戌) 鎬(戌) 鎊(戌)

鎦(戌) 鐙(戌) 鎰(戌) 闖(戌) 顏(戌) 馥(戌) 環(午巳) 瑢(午巳) 瞰(午) 礎(午)

禮(午) 簡(未) 簧(未) 縛(未) 繕(未) 翻(未) 翱(未) 翼(未) 轟(午) 蕓(巳申)

覆(巳申) 曠(寅) 擠(寅卯) 曚(辰) 檳(辰) 殯(辰) 濛(寅巳) 濩(寅巳) 濟(寅巳)

濠(寅巳) 濘(寅巳) 濕(寅巳) 燻(寅巳) 燾(巳) 嫌(巳) 爵(巳) 騎(亥) 駢(亥)

鵑(亥) 曙(辰) 歸(辰) 魏(亥) 壘(丑) 斷(亥) 彝(寅) 龜(亥) 澹(寅巳)

第十九劃

麓(亥) 麗(亥) 鶉(亥) 鶓(亥) 鵰(亥) 鶊(亥) 鵬(亥) 願(戌) 顚(戌) 穎(戌)

韻(戌) 霧(戌) 霪(戌) 障(寅戌) 鏞(戌) 鏈(戌) 鏢(戌) 鏘(戌) 鏡(戌) 鏨(戌)

鄧(寅酉) 鄭(寅酉) 鄲(寅酉) 鄰(寅酉) 遵(巳酉) 選(巳酉) 遼(巳酉) 辭(酉)

贇(酉) 贊(酉) 譚(酉) 薛(巳申) 薀(巳申) 薆(巳申) 繳(未) 穩(午) 礙(午)

疇(午) 爆(巳) 曝(巳) 瀅(寅巳) 瀋(寅巳) 擻(辰) 勸(子) 櫓(辰)

第二十劃

嚴(丑) 壤(丑) 寶(寅) 曦(辰) 瀚(寅巳) 燁(巳) 瓊(巳午) 競(午) 繼(未)

繽(未) 纊(未) 耀(未) 薰(巳申) 議(酉) 譜(酉) 邀(巳酉) 還(巳酉) 邁(巳酉)
鄴(巳酉) 釋(巳未) 鐘(戌) 露(戌) 馨(戌) 驤(亥) 騰(亥) 羅(巳未) 藏(巳申) 鷄(未)

第二十一劃
欄(辰) 櫻(辰) 爛(巳) 藝(巳申) 護(酉) 辮(戌) 鐵(戌) 顧(戌) 鶴(亥)
藤(巳申) 隨(戌)

第二十二劃
儼(子) 權(辰) 競(午) 邊(巳酉) 鑑(戌) 響(戌) 霽(戌)

第二十三劃
顯(戌) 隱(寅戌) 瓘(巳午) 巖(寅) 蘭(巳申) 鑛(戌)

第二十四劃
瓚(巳午) 隴(寅戌) 靈(戌)

第二十五劃
觀(酉) 讙(酉)

第二十六劃
驥(亥)

前述(전술)한 가운데 字源(자원)이 두 글자로 기명된 것은 劃數(획수)의
적용에 따라 두가지로 해석된 것이니 이 점을 留意(유의)하기 바람.

例, 「氵」을 3으로 보면 寅(인)을 쓰고 4로 보면
   巳(사)를 用하라는 것이다.

3. 曲劃作名法(곡획작명법)

생년 간지별로 정해진 先天生數(선천생수)에 성명의 筆劃(필획)수와 曲劃(곡획)
수를 더한 총수에 따른 길흉을 원문은 4개의 4언절구로 판단하였다.(60-147)
(생년별 선천생수 + 성명의 정획수 + 성명의 곡획수 = 총합수)

先天生數(선천생수)

甲子 42	甲戌 48	甲申 37	甲午 34	甲辰 56	甲寅 38
乙丑 40	乙亥 42	乙酉 33	乙未 46	乙巳 52	乙卯 40
丙寅 46	丙子 36	丙戌 36	丙申 44	丙午 38	丙辰 32
丁卯 32	丁丑 38	丁亥 46	丁酉 42	丁未 46	丁巳 41
戊辰 34	戊寅 36	戊子 48	戊戌 55	戊申 44	戊午 30
己巳 37	己卯 34	己丑 55	己亥 30	己酉 41	己未 32
庚午 48	庚辰 43	庚寅 57	庚子 44	庚戌 32	庚申 46
辛未 43	辛巳 41	辛卯 59	辛丑 38	辛亥 30	辛酉 35
壬申 51	壬午 30	壬辰 41	壬寅 41	壬子 59	壬戌 37
癸酉 53	癸未 35	癸巳 32	癸卯 35	癸丑 44	癸亥 40

<例>

        玄   哲   (合)

（筆）   5   10   15   30+15+19=64
                                64 → 一生多福(○○○)
                                         初中末
（曲）   7   12   19
        (壬午生 = 선천생수 30)

▶ 출생년도의 干支(간지)에 따른 先天生數(선천생수, 예 甲子生은 42)에 성명의 필획수(正劃數정획수)와 곡획수를 합한 총수를 아래 곡획작명길흉표의 해당란에서 찾아 吉凶(길흉)을 보면 된다. 따라서 같은 성명이라도 출생년도가 다르면 그 길흉 역시 같지 않게 된다는 것이다.

※ 趙先生은 저서에서 "선영사에서 출간한 한자로 된 원문2820字는 생략…"이라하였으나 언급한 책은 구하지 못하였다. 그러나 본서에서 제시한 제갈무후작명결과 같은 류의 것이며 선천생수를 가산한 것은 다르나, 숫자적으로는 위 결록에 88을 가산하여보면 될 것 같다.(아래표의 대표문구 외에는 참고 가능하다)

● 曲劃作名 吉凶表(곡획작명 길흉표)

曲劃法(곡획법)=先天生數선천생수+筆劃數필획수+曲劃數곡획수

吉凶數	吉凶 略言	初中末	吉凶數	吉凶 略言	初中末	吉凶數	吉凶 略言	初中末
60	富至石崇	○○○	71	一生辛苦	×××	82	早晚財旺	○○○
61	一身無依	○××	72	壽官可期	○○○	83	冠在末年	××○
62	先困後達	×○○	73	去去高山	×××	84	寶劍出匣	○○○
63	前程有害	×××	74	一生多福	○○○	85	去去高山	×××
64	一生多福	○○○	75	終身多苦	×××	86	福祿綿綿	○○○
65	愁深家庭	××○	76	終身多福	○○○	87	前程險惡	×××
66	貴中兼富	○○○	77	累見風霜	×××	88	手握四海	○○○
67	外無人助	×××	78	自手成家	×○○	89	富貴兼全	○○○
68	貴中兼富	○○○	79	一生孤單	×××	90	一身辛苦	×××
69	外實內虛	○××	80	名振四方	○○○	91	名振四海	○○○
70	祿福綿綿	○○○	81	去去高山	×××	92	去去高山	○××

吉凶 數	吉凶 略言	初中末	吉凶 數	吉凶 略言	初中末	吉凶 數	吉凶 略言	初中末
93	自手成家	○○○	112	一生享吉	○○○	131	一身孤獨	×××
94	一生辛苦	○××	113	終身無亨	×××	132	先困後達	×○○
95	貴中兼富	○○○	114	中末多福	×○○	133	一身無依	×××
96	去去高山	×××	115	風霜重重	×××	134	內實外虛	○○○
97	名振一世	○○○	116	一生多福	○○○	135	前程無望	×××
98	一生辛苦	×××	117	一生孤單	×××	136	一生安樂	○○○
99	一生亨吉	○○○	118	仁聲四海	○○○	137	前程無望	×××
100	去去高山	×××	119	前程無望	×××	138	晚年多福	×○○
101	先困後達	×○○	120	子孫盛大	○○○	139	晚無依身	×××
102	去去高山	×××	121	東西丐乞	○××	140	壽福可知	○○○
103	安過一生	○○○	122	貴中兼富	○○○	141	先吉後凶	○××
104	外無人助	×××	123	去去高山	×××	142	晚年多福	×○○
105	安過一生	○○○	124	文章可知	○○○	143	一身孤獨	××○
106	壽福綿綿	○○○	125	風霜何多	×××	144	一生多福	○○○
107	一身無依	×××	126	多智多辯	○○○	145	晚無依身	×××
108	揚名後世	○○○	127	有何壽福	×××	146	貴中兼富	○○○
109	一生辛苦	×××	128	富至千石	○○○	147	去去高山	×××
110	文章可知	○○○	129	去去高山	×××			
111	一身孤獨	×××	130	富貴兼全	○○○			

※ 본표는 성명 획수별 해설을 필자가 요약하여 활용에 편의를 제공한 것이다.

4. 諸葛武侯(제갈무후) 作名訣(작명결〈諸葛孔明訣〉)

作句法 (작구법)　　　姓名三字 총획은 선천수(正劃, 筆劃, 實劃)와 후천수(曲劃)의 총
　　　　　　　　　합수로부터 시작하여 88을 가산하는 식으로, 숫자적으로 나열된
　　　　　　　　　글자를 찾아 간편하게 사언절구의 문장을 만든 것이다. 이렇게
　　　　　　　　　나열된 한자 2820字를 知冠(지관) 宋忠錫(송충석) 선생이 作句
　　　　　　　　　作業(작구작업)을 하여 완성한 내용을 게재한 것이니, 우리들의
　　　　　　　　　手苦(수고)를 크게 덜어주어 참고가 될 것으로 믿는다.

▶ 看法(간법) 例

　　　7李9　　　1乙4　　　11連14 → 선천수 19　후천수 27　합수 46

　　그러므로 이 사람의 이름은 46數란의 勤儉治農 神農…의 四言節句(사언절구)와 그
풀이를 보면 되는 것이다.

※ 혹 誤書(오서)로 여겨진 字는 原書(원서)에서 의도한 취지를 벗어나지 않는 線에
　　서 바로잡았음을 諒知(양지) 바랍니다.

　　그리고 이와 비슷한 類型(유형)으로 陰劃(음획, 原劃원획 玉篇劃옥편획)과 陽劃양
획, 曲劃곡획, 힘이 드는 획, 구부러진 획)을 위 방법으로 2817字를 활용하는 것도
있으나 그 내용이 똑같지는 않다.

　　또 생년월일을 가지고 같은 방식으로 활용하는 글자는 3460字(공간도 있음)인데,
예를 들어 45세 3月 25日 子時生이라면
　　숫자 45+3+25+1(地支順)=75가 되는데,
　　여기에서 限度(한도) 48(48種類)을 뺀 26(75-48)의 글자부터 순차적으로 48을 더해
가면(74, 122, 170…) "才事煩亂 食少事煩"과 같은 문장이 만들어지는 것이다.

※ 앞서의 曲劃作名法(곡획작명법)에서 60, 89 139 147은 이 법에서는 80과 같고 나머
　　지는 88을 차감한 1 51 59와 同一視(동일시)된다.

● 數別(수별) 諸葛武侯作名訣(제갈무후작명결)

01數 富貴兼全 花折龍門. 四十未滿 到處有權.
有威有權 名振一世. 劃法如此 一生安樂.
부귀겸전하며 용문에 꽃을 꺾는다. 40미만에 간곳마다 권위가 있다. 위엄도 있고 권위도 있으니 이름이 일세에 떨친다. 획수가 이와 같으면 일생에 안락하리라.

02數 虎入陷中 生死未判. 莫言盛族 一身無依.
琴瑟不調 及玆斷絶. 劃法如此 一生辛苦.
호랑이 함정이 드니 생사를 판단할 수 없다. 친족이 성하다 말을 말게 한 몸은 의지할 곳도 없네. 부부가 불화하니 결국 단절된다. 획수가 이와 같으면 일생에 고생스럽다.

03數 早登靑雲 位至一品. 言事有理 萬事能權.
乃積乃倉 可知萬石. 劃法如此 仁情四海.
일찍 청운에 올라 지위는 일품이 된다. 언사가 유리하나 만사에 권력도 능하다. 창고에 가득 쌓으니 가히 만석이리라. 획수가 이와 같으면 천하에 어진 정을 베푼다.

04數 劃法如此 何論壽福. 萬里長程 去去高山.
子宮不利 晩見風霜. 莫言祖業 未久貧苦.
획수가 이와 같으면 어찌 수와 복을 논하리. 만리의 먼 길이 갈수록 태산이로세. 자손궁이 불리하니 늦게 풍상을 본다. 조업은 말하지 말게 미구에 빈궁 고생하리라.

05數 劃法如此 壽富可期. 乃積乃倉 衣食無憂.
吉星常隨 自手成家. 吉中多害 子宮不利.
획수가 이와 같으면 수와 부를 하리라. 창고에 가득 쌓으니 의식은 고생이 없다. 좋은 별이 항상 따르니 자수로 가정을 이룬다. 좋은 중에 해가 많음은 자손궁이 불리함이다.

06數 名不合姓 何論我福. 萬里滄海 無船片舟.
金錢雖多 三生辛苦. 祖業有小 與人必敗.
이름이 성과 맞지 않으니 어찌 나의 복을 논하랴. 넓은 창해에 배는

없고 조각배여라. 금전이 비록 많으나 일생 고생하리라. 조업은 다소
있으나 남으로 해서 반드시 패한다.

07數　大鳳高樓 先呼壽命. 三四十間 花折龍門.
貴中兼富 乃積乃倉. 晩年之運 子孫滿堂.

큰 관직 높은 빌딩에 먼저 수명을 말하리. 30~40사이에 과거에 급제
하리라. 귀한 중에 부를 겸하니 창고에도 가득 쌓이리라. 말년에는
자손이 가정에 많으리라.

08數　魚龍失水 可知窮困. 太行山路 去去高山.
若無妻死 和宮不利. 劃法如此 何論壽福.

물고기와 용이 물을 잃으니 곤궁을 알리라. 크게 산길을 가는데 갈수
록 태산이로세. 만일 아내가 죽지 않으면 부부궁이 불리하다. 획수가
이와 같으니 어찌 수와 복을 논하리.

09數　萬事能權 名振一世. 有威有權 萬人應伏.
名垂竹帛 子孫萬歲. 劃法如此 學業成就

만사에 권위도 능란하고 이름이 일세에 떨친다. 위엄 있고 권력 있으
니 만인이 복종한다. 이름이 사기에 오르고 자손도 많으리라. 획수가
이와 같으면 학업으로 성취한다.

10數　滄海萬里 臨渡無船. 莫言盛族 一生辛苦.
晩年之運 流離南北. 劃法如此 祖業必敗.

푸른 바다 만리인데 나루터에 임하여 배도 없네. 친족이 성하다 말을
말게 일생이 고생이네. 만년의 운은 남북으로 돌아다닌다. 획수가 이
와 같으면 조업이 반드시 실패된다.

11數　劃法如此 一生享吉. 金錢有餘 乃積乃倉.
四五十間 可期富名. 子宮祿吉 四五其男.

획수가 이와 같으면 일생에 복을 누린다. 금전도 여유로워 창고에 가
득 쌓인다. 40~50 사이에 부자로 이름나리라. 자손궁에 녹으로 좋아
4~5명의 사내이다.

12數　劃法如此 何論壽福. 飄離南北 一無依身.
有志未就 中被人害. 太行山路 去去高山.

획수가 이와 같으면 어찌 수와 복을 논하리. 남북으로 떠돌아다니니
한 곳 의탁할 데 없네. 뜻 두고 이루지 못하니 중간에 남의 피해를

본다. 머나먼 산길이 갈수록 태산이로세.

13數 三陽春回 枯木逢春. 莫言初困 孤身多福.
四十以後 和氣富名. 劃法如此 先困後達.

세 번의 양기에 봄 돌아오니 마른 나무도 봄을 만나네. 처음 고생 말하지 말게 고독한 몸 복도 많네. 40이후로 화기에 부자여라. 획수가 이와 같으면 처음 고생에 뒤로 발달되리라.

14數 虎入陷中 生死未判. 六親無德 晚年可知.
初雖巨富 累世依身. 劃法如此 祖業難守.

호랑이 함정에 드니 생사를 판단하기 어렵네. 육친이 무덕하니 말년을 알리라. 처음은 비록 거부이나 더러운 세상에 몸을 의지하리라. 획수가 이와 같으면 조업을 지키기 어렵다.

15數 之南之北 貴人相助. 金錢有餘 衣食無憂.
子宮亦吉 三四其男. 劃法如此 安過一生.

남으로 가고 북으로 가도 귀인이 서로 돕네. 금전도 여유롭고 의식 걱정이 없네. 자손궁도 또한 길하여 3~4의 사나이로세. 획수가 이와 같으면 일생을 편안히 보내리라.

16數 白日無光 愁深家庭. 六親無德 外無人助.
有子三四 一無終身. 劃法如此 晚無依身.

밝은 해 빛이 없듯이 수심은 가정에 가득하여라. 육친이 덕 없으니 친히 돕는 사람도 없네. 아들 3~4가 있으나 종신 하나도 없네. 획수가 이와 같으면 늦게 의탁할 곳 없네.

17數 貴人相助 財祿可知. 三四十間 驛馬到門.
乃積乃倉 安過一生. 劃法如此 性本仁厚.

귀인이 서로 도우니 재물과 녹을 가히 알리라. 30~40사이에 여행하게 된다. 창고에 가득 쌓이니 일생을 편히 지내리라. 획수가 이와 같으면 천성은 본래 어질고 두텁다.

18數 名字合姓 壽福綿綿. 性本仁厚 仁情四海.
金錢有餘 資財重重. 子孫滿堂 榮華一生.

이름과 성이 맞으니 복록이 오래간다. 천성이 본래 어질고 두터워 천하에 어진 정일세. 금전도 여유로워 자재가 중중하리라. 자손이 집에 가득하니 일생에 영화로우리라.

19數　手足無脈 何有壽福. 莫言兄弟 一身無依.
若無妻死 和宮不利. 驅馳四方 風霜何多.
수족에 맥이 없으니 어찌 수와 복이 있으리. 형제를 말하지 말게 한 몸 의탁할 수 없네. 만일 처가 죽지 않으면 부부궁이 불리하다. 사방으로 돌아다니니 풍상이 허다하다.

20數　劃法如此 學業盛大. 萬化雄辯 何論蘇秦.
杖威千人 飄動一世. 祿高位重 揚名後世.
획수가 이와 같으면 학업이 성대하리라. 모든 변화를 응변하니 어찌 소진 장의를 논하랴. 위엄은 천인을 의지하고 한세상 움직이리라. 작록이 높고 지위 중하여 이름이 후세에 날리리.

21數　大旱七年 年事可知. 世業雖多 不如本無.
左右相侵 外實內虛. 劃法如此 一生辛苦.
큰 가뭄 7년이니 연사를 가히 알리라. 세상 업이 비록 많으나 본래 없는 것만도 못하리. 좌우에 서로 침범하니 밖은 실하나 속이 비어라. 획수가 이와 같으면 일생에 고생이로세.

22數　劃法如此 文章可知. 守義崇志 仁情四海.
呼生一諾 萬人應伏. 敎化千萬 可知孔聖.
획수가 이와 같으면 문장을 가히 알리라. 의리 지키고 뜻 숭상하니 천하에 어진 정이어라. 호령하여 한번 대답하니 만인이 복종하는데 천만을 교화하는 공자 성인임을 가히 알리라.

23數　滄海萬里 一葉片舟. 六親無德 一身孤獨.
初雖巨閣 晚無依身. 早別父母 流離南北.
푸른바가 만리에 한 잎새 조각배로세. 육친은 덕이 없어 일신이 고독하여라. 처음은 비록 큰 대궐이나 늦게는 의탁할 곳이 없네. 일찍 부모를 이별하고 남북을 떠돌게 되리라.

24數　有龍得水 壽富可期. 衣祿無虧 乃積乃倉.
富貴榮達 長遠百年. 劃法如此 一生亨吉.
용이 물을 만나니 수와 부를 가히 기약하리라. 의식에 일그러짐 없어 창고에 쌓이리라. 부귀와 영달이 백년이나 장원하여라. 획수가 이와 같으면 일생에 좋음을 누리리라.

25數 枯財必損 終身無亨. 平地起風 累見風霜.
莫言祖業 未久貧苦. 劃法如此 何論壽福.

없는 재물마저 손해보고 일생에 되는 일이 없네. 평지에도 바람은 일어 여러 번 풍상을 보리라. 조업을 말하지 말게 미구에 빈궁 고생하네. 획수가 이와 같으면 어찌 수와 복을 논하리.

26數 枯木逢春 千里有光. 積善萬人 仁聲四海.
莫恨初困 中末多福. 劃法如此 晚年財旺

마른 나무 봄을 만나 천리에 빛나리라. 만인에 적선하니 천하에 이진 소리로세. 처음 고생 말하지 말게 중 말에 복이 많으리. 획수가 이와 같으면 만년에 재물이 왕성하다.

27數 高山植木 風霜重重. 莫言祖業 不如本無.
左右相侵 外實內虛. 劃法如此 害人必多.

높은 산에 식목하니 풍상이 중중하다. 조업은 말하지 말게 원래 없는 것만 못하리. 좌우로 서로 침노하고 밖 실하나 안은 비어라. 획수가 이와 같으면 해치는 사람이 반드시 많다.

28數 魚變成龍 可得高名. 乃積乃倉 福祿重重.
子宮最吉 五六男女. 劃法如此 一生多福.

물고기 변하여 용이 되니 높은 이름을 얻으리라. 창고에 가득 쌓이니 복록이 중중하여라. 자손 궁이 가장 좋아 5~6의 남녀라네. 획수가 이와 같으면 일생에 복이 많으리라.

29數 驅馳四方 山程水程. 祖業多少 自然成空.
平地起風 風霜重重. 劃法如此 一生孤單.

사방으로 돌아다니니 산 설고 물 설어라. 조업의 다소는 자연이 없어지게 되리라. 평지에 바람은 일어 풍상이 중중하리라. 획수가 이와 같으면 일생이 고단하다.

30數 乾龍得水 衣祿無虧. 積小成大 終成器局.
號命眾人 到處有積. 劃法如此 仁情四海.

목마른 용이 물을 얻으니 의식에 일그러짐이 없다. 적은 것 쌓여 크게 되니 결국 그릇을 이룬다. 여러 사람에게 명령하고 간곳마다 쌓이게 된다. 획수가 이와 같으면 천하에 어진 정이리.

31數　日入雲中 愁深家庭. 子宮不利 風霜重重.

　　莫言兄弟 終身孤單. 劃法如此 前程難望.

해는 구름 속으로 들어 수심 가정에 깊네. 자손 궁이 불리하니 풍상이 중중하다. 형제는 말 하지 말게 종신토록 고단하리라. 획수가 이와 같으면 앞길을 바라기 어렵다.

32數　東君淡蕩 陰谷回春. 科數在何 名掛春堂.

　　貴人相助 乃積乃倉. 觀其劃法 子孫盛大.

봄기운이 담탕하니 그늘진 골에 봄이 오네. 과거 수 어디 있을까 이름을 춘당에 거네. 귀인이 서로 도우니 창고에 쌓이리라. 그의 획수를 보니 자손이 성대하리라.

33數　散其財祿 東西乞食. 龍飛雲中 落之人間.

　　初雖千石 晚歲糊口. 觀其劃法 莫誇積倉.

재물과 녹을 흩어 버리고 동서로 빌어먹네. 용 구름 속을 날다 인간으로 떨어졌네. 처음에 비록 천석이나 늙게는 풀칠하네. 획수를 보면 많이 있다고 자랑 말게나.

34數　有威有權 男兒之像. 三四十間 驛馬到門.

　　貴中兼富 福祿重重. 觀其劃法 手握四海.

위엄 있고 권력 있어 남아의 상이라네. 30~40사이에 여행하게 된다. 귀한 중에 부를 겸하니 복록이 중중하리라. 그의 획수를 보면 손으로 사해를 움켜잡으리라.

35數　觀其劃法 手足失脈. 飄離南北 一身無依.

　　山程水程 風霜何多. 東西長程 去去高山.

그의 획수를 보니 수족이 맥이 없네. 남북으로 떠돌아다니니 몸 하나 의지할 곳 없네. 산 설고 물 서는데 풍상 왜 이리 많은가. 동서의 장정에 갈수록 태산이라네.

36數　劃法如此 文章可知. 馳馬長安 得意春風.

　　早成文章 以修前途. 東奔西走 祿在四方.

획수가 이와 같으면 문장을 가히 알리라. 장안에 말 달리니 뜻 얻어 봄바람일세. 일찍 문장 이루고 써 앞길을 닦으리. 동서로 분주하여 녹은 사방에 있네.

37數　山中重雲 盲人失杖. 子宮不利 前程險惡.
　　　驅馳四方 風霜許多. 古基不利 離鄉可知.
　　　산중에 구름 중하는데 맹인은 지팡이를 잃었다. 자손궁 불리하여 앞
　　　길이 험악하네. 사방을 달리니 풍상이 허다하여라. 옛 터가 불리하니
　　　고향을 떠나리라.

38數　多智多謀 男兒氣像. 周流四海 非官則商.
　　　三街都福 黃金滿積. 若非官祿 以富得名.
　　　지혜와 꾀 많은 남아의 기상이라. 천하를 주유하니 관직 아니면 상업
　　　이네. 모든 거리 다 복이니 황금 가득 쌓이네. 만일에 관록이 아니면
　　　부자로 명성을 얻으리라.

39數　名不合姓 有何壽福. 莫誇積倉 未久貧苦.
　　　國無良臣 天下何平. 晩無依身 東西作客.
　　　이름과 성과 맞지 않으니 어찌 수와 복이 있으리. 창고에 쌓였다 자
　　　랑 말게 미구에 가난 고생하네. 나라에 어진 신하 없어 천하 시끄럽
　　　네. 늦게 의지할 곳 없어 동서로 나그네라네.

40數　富而能寬 何其壯耶. 志氣不久 可帶高名.
　　　子孫滿堂 和氣重重. 乃積乃倉 富至千石.
　　　부와 위엄에 너그러우니 어찌 장하지 않으리. 지기는 오래지 않아 높
　　　은 이름 되리라. 자손이 만당하니 화기가 중중하네. 창고에 쌓이니
　　　부자로 천석이 이르리라.

41數　三年不雨 年事可知. 有財必敗 終無財亨.
　　　萬里遠程 去去高山. 劃法如此 可知窮困.
　　　3년에도 비 오지 않아 연사를 알겠네. 재물 있어도 반드시 실패하니
　　　결국 재물은 없네. 만리의 먼 길에 갈수록 태산이네. 획수가 이와 같
　　　으면 곤궁함을 가히 알리라.

42數　杖威千里 仁聲四海. 金錢有餘 富至千石.
　　　三四十間 折桂仙宮. 富貴兼全 福祿綿綿.
　　　위엄은 천리에 떨치고 천하에 이진 소리라네. 금전이 여유로워 부자
　　　로 천석이어라. 30~40사이에 과거하리라. 부귀가 겸전하니 수와 복
　　　이 면면하리라.

43數 萬里滄海 一葉片舟. 驅馳四方 山程水程.

六親雖多 一身孤獨. 琴絃不調 獨坐叩盆.

만리의 푸른 바다 일엽편주라네. 사방으로 달리나 산 설고 물 설어라. 육친은 비록 많으나 일신이 고독하리. 부부가 불화하니 홀로 앉아 동이를 두드리네.(상처하리라.)

44數 陰谷回春 花開枯木. 莫恨初困 晩年多福.

四五十間 可期高名. 運在末年 先困後達.

그늘진 골 봄이 오니 고목에 꽃이 피네. 처음 고생 한탄하지 말게나 만년이 복 많으리. 40~50사이에 이름 높게 되리라. 운이 말년에 있으니 처음 고생에 늦게 발달 된다.

45數 靑天白日 雲雨霏霏. 前程萬里 來運何逢.

俯仰天地 一身無依. 劃法如此 無奈人力.

청천백일에 비만 계속하여라. 앞길 만리인데 오는 운을 어찌 만나리. 천지를 우러러 보아도 몸 하나 의지할 곳 없네. 획수가 이와 같으면 인덕이 없으리라.

46數 勤儉治農 神農遺業. 保身保家 內實外虛.

恒守隱密 衣食無憂. 吉中有富 子宮大利.

근검으로 농사를 하니 신농씨의 유업일세. 몸과 가정을 보전하니 안이 실하고 겉은 비었네. 항시 은밀히 지키니 의식걱정이 없네. 좋은 속에 부도 있고 자손궁도 크게 이롭네.

47數 臨渡無船 前程無望. 莫誇積倉 盜人踰墻.

平地起風 害人必多. 於財於人 風霜重重.

나루에 임하여 배는 없고 앞길 바랄 수 없네. 돈 있다 자랑 말게 도적이 담을 넘으리. 평지에 바람이 일어 해치는 사람이 많으리. 재물이나 사람에서 풍상이 중중하리라

48數 龍入大海 可得高名. 杖威千里 萬人仰視.

金錢有餘 乃積乃倉. 觀其劃法 一生安樂.

용이 큰 바다에 드니 고명을 가히 얻으리라. 위엄 천리에 떨쳐 만인이 우러러 보네. 금전도 여유로워 창고에 쌓이리라. 그의 획수를 보면 일평생 안락하리라.

49數　浪中商船　不知安分. 有財必敗　有子必害.
飄離南北　一身無依. 長歎一聲　前程難望.
파도 속 상선이니 분수를 알지 못하리라. 재물 있어도 패하고 아들
있으면 반드시 해치네. 남북으로 떠도나 한 몸 의지할 곳 없네. 한번
길게 탄식하나 앞길을 바랄 수 없네.

50數　枯木逢春　千里有光. 早年平吉　晚年多福.
四五十間　可得富名. 子孫滿堂　不羨汾陽.
고목이 봄 만나니 천리나 빛이 나네. 조년이 평길하고 만년에 복이
많네. 40~50사이에 가히 부자가 되리라. 자손이 가정에 가득하여 곽
분양(郭子儀의 작위 이름)이라도 부럽지 않네.

51數　暗中行人　又逢山君. 進退兩難　死生未判.
有子二三　一無終身. 晚無依身　飄離南北.
어둠 속의 행인인데 또 호랑이를 만났네. 진퇴가 양난이요 생사도 알
수 없네. 아들 들 셋이나 하나도 종신이 없네. 늦게 몸 의탁 곳 없어
남북으로 떠돌아다니네.

52數　魚龍得水　衣祿無憂. 南北有田　黃金滿積.
子宮亦吉　三四其男. 劃法如此　壽富可知.
물고기와 용이 물을 얻듯 의식에 근심 없어라. 남북에 전답 있고 황
금을 가득 쌓으리. 자손 또한 좋아 3~4남아이네. 획수가 이와 같으
면 수하고 부자 되리라.

53數　百花爭發　意外逢霜. 莫言積倉　未久貧苦.
子宮雖吉　妻宮不利. 觀其劃法　先吉後凶.
모든 꽃 다투어 피어나는데 의외로 서리 맞으리. 창고 쌓여 있다고
말하지 말게 미구에 가난하리라. 아들은 비록 좋으나 처가 불리하다.
그의 획수를 보면 먼저 좋고 뒤로 흉하다.

54數　桂花成鳳　末年多福. 初雖困窮　後必千石.
身超九級　名振四海. 有子有孫　和氣滿堂.
계수 꽃(닭이) 봉이 되어 말년에 복도 많고 처음 곤궁해도 뒤는 반드
시 천석이라. 몸 관직에 초월 되니 이름 사해에 떨치리. 아들 두고
손자 두니 화기가 가정에 가득 하리라.

55數 手足無脈 何論壽福. 莫言盛族 一身孤獨.

琴絃不調 累見風霜. 運在末年 五十以後.

수족이 맥없으니 어찌 수와 복을 논하리. 종족 성하다 말을 말게 일신은 고독하네. 부부가 불화하고 여러 번 풍상을 당하리. 운이 말년이 있어 50이후라네.

56數 萬事能權 名振四海. 金錢有餘 乃積乃倉.

琴絃雖和 月照兩房. 劃法如此 一生多福.

만사에 권력도 능하고 이름 사해에 떨치네. 금전이 여유롭고 창고에 쌓이리라. 부부가 서로 화락하나 달은 두 방에 비치리. 획수가 이와 같으면 일생에 다복하다.

57數 人於世間 風霜許多. 孑孑單身 四顧無親.

愁深家庭 子宮不利. 晩無依身 驅馳四方.

인간의 세상에서 풍상도 허다해라. 혈혈단신이 사고무친이라네. 수심은 가정에 깊고 자손이 불리하여라. 늦게는 몸 의지할 곳 없어 사방으로 떠돌게 되리라.

58數 杖威千里 萬事能權. 言辭有理 萬人應視.

三十未滿 花開龍門. 貴中兼富 終身安樂.

위엄은 천리에 떨치고 만사에도 권세가 능란하리라. 언사도 이치가 있으니 만인이 응시하리라. 30미만에 용문에 꽃이 피네. 귀한 중에 부를 겸하니 평생 안락하리라.

59數 白日無光 前程險惡. 於財於人 風宿無堂.

有財必損 一生辛苦. 萬里長程 去去高山.

백일에 광채가 없으니 앞길도 험악하여라. 재물이나 사람에 있어 노천에 집도 없네. 재물 있으면 반드시 손해되고 일생이 고생이네. 만리의 장정에 갈수록 태산이라네.

60數 長安大道 得意春風. 多智多謀 意氣男兒.

杖威千里 驚動一世. 南北有田 富至石崇.

서울의 큰길에 뜻 얻어 봄 바람이라네. 지혜 많고 꾀도 많아 의기 남아여라. 위엄은 천리에 떨치고 일세를 놀래키네. 남북이 전답을 두니 부자로 석승이여라.

61數 散其財祿 東西歸客. 一代運命 如此崎嶇.

一身無依 飄離南北. 莫言積倉 未久必敗.

그 재물과 녹 흩어버리고 동서로 나그네로세. 일세의 운명이 이와 같이 기구하는가. 한 몸 의탁 못하여 남북으로 떠도누나. 창고에 쌓였다 말을 말게 미구에 반드시 패하리라.

62數 三陽泰回 陰谷回春. 初雖困窮 後必千石.

四五十間 可期富名. 觀其劃法 先困後達.

따뜻한 양기 오니 그늘진 골에 봄이 돌아오네. 처음은 비록 곤궁하나 뒤에 반드시 천석이 되고, 40~50사이에 부자가 되리라. 그 획수를 보면 앞서는 곤궁하나 뒤에 발달된다.

63數 萬里滄海 臨渡無船. 山程水程 驅馳四方.

於財於人 累見風霜. 觀其劃法 前程難望

만리 창해에 나루에 임하여 배도 없네. 산 설고 물 설은 사방을 떠돈다. 재물이나 사람에서 여러 번 풍상을 보리라. 그 획수를 보면 앞길을 바라기 어렵다.

64數 觀其劃法 一生多福. 守義崇志 仁情四海.

乃積乃倉 食祿無憂. 晩年之運 子孫滿堂.

그 획수를 보니 일생 복이 많으리라. 의리 지키고 뜻 숭고하니 천하에 어진 정이어라. 창고에 쌓이니 식록은 걱정이 없네. 만년의 운은 자손이 만당하리라.

65數 日別南中 愁深家庭. 子宮不利 豫禱高山.

早別父母 飄離南北. 男年末年 五十以後.

해도 한 낮이 지나듯 수심이 가정에 깊네. 자손 궁 불리하니 미리 고산에 기도하라. 일찍 부모 이별하고 남북으로 떠도네, 남자의 말년은 50이후라오.

66數 三十未滿 折桂仙宮. 貴中兼富 乃積乃倉.

琴瑟長調 和樂百年. 晩年之運 子孫滿堂.

30미만에 과거를 하리라. 귀한 중에 부를 겸하니 창고에 쌓인다. 부부가 화평하니 백년을 화락하리라. 만년의 운은 자손들 가정에 많으리라.

67數　早失父母 驅馳四方. 六親無德 外無人助.

子宮不利 早子難養. 劃在不法 雖怨誰咎.

일찍 부모 잃고 사방으로 떠도네. 육친이 무덕하니 밖은 돕는 사람도 없다. 자손이 불리하여 일찍 둔 자식 기르지 못하여라. 획수가 좋지 않으니 원망하고 싶으나 뉘를 허물하랴.

68數　龍入大海 可帶高名. 三四十間 折桂仙宮.

貴中兼富 乃積乃倉. 運年如此 一生安樂.

용이 대해로 들어가니 가히 고명하게 되리라. 30~40사이에 과거급제한다. 귀한 중에 부를 겸하니 창고에도 쌓여만 간다. 운수가 이와 같으니 일생 안락하다.

69數　名不合姓 何論壽福. 釣魚乾川 有名無實.

莫言祖業 未久必敗. 左右相侵 外實內虛.

이름이 성과 맞지 않아 어찌 수와 복을 논하랴. 매 마른 냇에 낚시하니 유명무실하다. 조업은 말하지 말게 미구에 반드시 실패하리. 좌우로 서로 침범하니 밖 실하고 속 비었네.

70數　名字合姓 福祿綿綿. 乃積乃倉 和樂百年.

子宮亦吉 五六男女. 有威有權 名振四海.

이름 성과 맞으니 복록이 면면하리라. 창고에 가득 쌓이니 백년이 화락하리라. 자손 또한 좋아 5~6남녀이다. 위엄 있고 권력 있으니 이름이 사해에 떨친다.

71數　劃法如此 何論壽福. 有志未就. 反被人害.

平地起風 與人必害. 金錢雖多 一生辛苦.

획수가 이와 같으면 어찌 수와 복을 논하랴. 뜻 두고 이루지 못하니 도리어 해를 당한다. 평지에 바람이 일어 남들이 해를 끼치리라. 금전은 비록 많으나 일생이 고생되리라.

72數　觀其劃法 壽福可期. 金錢有餘 乃積乃倉.

子宮最吉 四五其男. 晩年之運 和氣滿堂.

그 획수를 보면 수와 복을 기약 하게 된다. 금전이 여유롭고 창고에도 쌓이게 된다. 자손이 가장 좋아서 4~5의 사내이다. 만년의 운은 화기가 집에 가득하다.

73數 魚龍失水 何論壽福. 莫言兄弟 一身孤獨.

太行山路 去去高山 觀其劃法 一生辛苦.

물고기와 용이 물을 잃었으니 어찌 수복을 논하리. 형제는 말하지 말게 일신이 고독하리. 멀리 산길 가는데 갈수록 태산이어라. 그 획수를 보면 일생에 고생뿐이라네.

74數 渴龍得水 壽福可知. 南北有田 衣食無憂.

早成文字 以修前途. 金錢有餘 一生多福.

목마른 용 물을 얻으니 수와 복은 가지이다. 남북에 전답 있어 의식은 걱정 없네. 일찍 문자를 이루고 써 앞길을 닦네. 금전이 여유로우니 일생은 다복하다.

75數 有鳥不飛 有木無葉. 去去高山 前程險惡.

琴絃不調 累見風霜. 愁深家庭 孤身辛苦.

새라도 날수가 없고 나무에도 잎이 없네. 갈수록 태산이니 앞길 험악하여라. 부부가 불화하니 여러 번 풍상을 보리라. 수심은 가정이 깊어 고독한 몸 고생뿐이네.

76數 聰明過人 到處有權. 營謀遂意 萬事能權.

乃積乃倉 福祿綿綿. 觀其劃法 孤身多福.

총명이 과인하니 도처에 권위가 있네. 꾀하는 일 뜻 이루고 만사에 능란하여라. 창고에 쌓여만 가니 복록도 면면하리라. 그 획수를 보면 고독한 몸에도 복이 많네.

77數 有弓無矢 來賊何防. 財多身弱 富屋貧人.

世業多少 不如本無. 於財於人 累見風霜.

활 있고 화살 없으니 오는 적을 어찌 막으리. 재물 많고 몸 약하여 부자 집에 가난한 사람이라. 세업이 비록 많으나 본래 없음만 못하다. 재물이나 사람에서 여러 번 풍상을 보리.

78數 大旱七年 雨放千里. 莫恨初困 中後大通.

四十以後 可得富名. 觀其劃法 自手成家.

큰 가뭄 7년에 비가 천리를 내리네. 처음 고생을 한탄하지 말게 중년 후로 대통하리라. 40이후로 가히 부자 되리라. 그 획수를 보면 자수로 성가한다.

79數　子有軍中 倚閭苦望. 有子二三 一無終身.

金錢雖多 一生孤單. 劃法如此 何論壽福.

아들 전쟁터 보내고 마을 어귀에서 괴롭게 기다리네. 아들 2~3에 하나도 종신은 없네. 금전이 비록 많으나 일생 고단하리라. 획수가 이와 같으니 어찌 수복을 논하리.

80數　早成文字 以修前途. 大則昌國 小則昌家.

杖威千里 驚動一世. 有威有權 名振四方.

일찍 문자 이루고 써 앞길을 닦네. 크면 나라 창업하고 적어야 가정을 창설하게 된다. 위엄이 천리를 떨치니 일세를 놀래키네. 위엄 있고 권력 있으니 이름을 사방으로 떨친다.

81數　山程水程 遇過風霜. 一代運命 如此崎嶇.

君無妻死 和宮不利. 萬里長程 去去高山.

산 설고 물설어 풍상을 맞았다네. 일대의 운명이 이와 같이 기구하여라. 그대 상처하지 않으면 부부가 불화하리라. 만리의 먼 길에서 갈수록 태산이라네.

82數　之南之北 吉星相隨. 沙中隱金 早晚財旺.

子孫滿堂 和氣重重. 晚年之運 乃積乃倉.

남으로 가고 북으로 가도 좋은 별이 서로 따르네. 모래 속에 금 숨겨 있어 조만간에 재물 왕성하리. 자손이 만당하니 화기도 중중하여라. 만년의 운은 창고에 많이 쌓이리라.

83數　崑山採玉 不知歲月. 去去高山 來運何遲.

運在末年 魚變成龍. 晚年之運 困者得安.

곤륜산 옥을 캐느라 세월 가는 줄 모르네. 갈 소록 태산인데 오는 운 어찌 더디는가. 운이 말년에 있으니 물고기 변하여 용이 되리. 만년의 운은 곤궁한자 편안을 얻으리.

84數　寶劍藏匣 價正千金. 身招九級 位至一品.

杖威千里 萬事能權. 乃積乃倉 富至千石.

보검 갑 속에 들어도 값은 정이 천금이라오. 몸 관직이 뛰어나서 지위 일품이어라. 위엄 천리에 떨치니 만사에 능란하여라. 창고에 쌓여만 가니 부자로 천석이네.

85數　茫茫大海 遇風孤棹. 去目無親 一身何依.

　　子宮不利 風霜重重. 前程險惡 去去高山.

망망한 대해에서 바람만난 외로운 노라네. 눈 돌려 보나 친한 자 없으니 일신을 어찌 의탁하리. 자손이 불리하니 풍상이 중중하리라. 앞길이 험악하니 갈수록 태산이로세.

86數　二月桃李 逢時滿發. 子孫盛大 和樂家中.

　　乃積乃倉 富至石崇. 福祿綿綿 不羨汾陽.

2월의 복사꽃 오얏이니 때를 만나 만발하다. 자손이 성대하여 가정이 화락하다. 창고에 쌓여만 가니 부자로 석승이어라. 복록이 면면하니 곽분양도 부럽지 않네.

87數　釜中之魚 終無活計. 去去益甚 前程險惡.

　　祖業雖多 與人必敗. 劃法如此 何論壽福.

가마 속 물고기 인데 결국 살 계책이 없네. 갈수록 더욱 심하여 앞길 험악하여라. 조업이 비록 많으나 남으로 해서 실패한다. 획수가 이와 같으면 어찌 수와 복을 논하리.

88數　九重丹桂 我先折揷. 位至一品 手握四海.

　　金錢有餘 富至石崇. 杖威千里 驚動一世.

구중궁궐의 붉을 계수를 내가 먼저 꺾으리. 지위는 일품에 이르고 사해를 주무르리라. 금전이 여유로우니 부는 석승에 이른다. 위엄은 천리를 떨쳐서 일세를 놀라키네.

5. 代數論(대수론)

代數(대수)

前運(전운) 名上字 획수 → 代 名下字 획수 - 數 ⇒ 30세까지 운

後運(후운) 姓字 획수 → 代 名字 총획수 - 數 ⇒ 31세 이후의 운

※ 유년시절에는 부모 밑에서 이름 2자만을 사용하기 때문이며, 그 후부터는 自立活動(자립활동)으로 성명3자를 사용하게 되므로 이 같은 看法(간법)이 된 것이라 한다.

<例>

```
8代 ← 金김 8
```

       ┌ 容용10 → 10代
17數 ┤
       └ 佑우 7 → 7數

- 前運(전운)
  10代의 7(數)를 看
  財運 壽運 妻運 子孫運 모두 吉하나
  결혼을 늦게 함이 좋다

- 後運(후운)
  8代 17(數)를 看
  財運 壽運 妻運 子孫運이 모두 吉하다.

* 대수별 운의 구분(다음 代數運表<대수운표>에서)

財運(재운)	: 巨富거부 大富대부 富부 普(보普通) 貧빈 凶흉	6구분
壽運(수운)	: 長壽장수 壽수 普(보普通) 短단 凶흉	5구분
妻運(처운)	: 大吉대길 吉길 兩(양兩妻運) 晩(만晩婚吉運) 喪(상喪妻運) 凶흉	6구분
子孫運(자손운)	: 好호 普(보普通) 多子다자 1子 2子 凶흉	6구분

다음에 代別(대별) 수에 대하여 위 구분대로 代數運表(대수운표)를 만들어 빨리 찾아볼 수 있도록 하였다.

代數運表(대수운표)

(財재 壽수 妻처 子孫運자손운 備考順비고슌)

1代

	財	壽	妻	子孫運	備考
1	普	壽	吉	好	
2	普	壽	晚	大好	
3	富	短	晚	好	
4	普	壽	吉	一子	官職吉
5	富	長壽	凶	大好	
6	富	壽	晚	好	
7	富	壽	晚	好	
8	富	短	兩	好	
9	普	壽	晚	好	
10	富	壽	凶	好	
11	普	短	晚	好	
12	富	壽	吉	二子	
13	貧	壽	凶	無子	
14	巨富	壽	晚	大好	
15	富	壽	晚	二,三子	
16	富	壽	兩	多子	
17	富	壽	吉	好	
18	貧	短	凶	凶	
19	貧	短	晚	好	
20	富	壽	吉	好	
21	凶	短	吉	多子	
22	富	壽	晚	好	
23	富	壽	晚	好	
24	富	壽	晚	好	
25	凶	短	凶	凶	
26	普	短	吉	好	官職發展

2代

	財	壽	妻	子孫運	備考
1	富	壽	吉	多子	
2	普	短	凶	一,二子	
3	富	壽	吉	好	半官半民職
4	富	壽	吉	好	
5	富	短	凶	一子	
6	富	壽	吉	好	
7	富	壽	凶	好	
8	普	壽	吉	二,三子	
9	富	壽	吉	好	
10	普	短	凶	二子	
11	普	壽	吉	好	
12	富	壽	吉	好	陰陽不交凶
13	凶	普	凶	一,二子	
14	富	壽	吉	好	陰陽不交凶
15	巨富	壽	吉	多子	
16	富	壽	吉	好	
17	凶	壽	晚	多子	
18	凶	短	凶	一無子	
19	凶	壽	晚	好	官職吉
20	富	壽	吉	好	
21	富	壽	吉	好	官職吉
22	凶	短	凶	一無子	農業吉
23	富	壽	吉	多子	事業吉
24	普	壽	吉	二,三子	
25	普	短	吉	好	
26	凶	凶	凶	凶	政治家吉
27	普	壽	吉	好	
28	富	壽	吉	好	
29	富	壽	吉	二,三子	軍職吉
30	富	壽	吉	好	陰陽不交凶
31	富	平吉	吉	好	事業吉
32	普	平吉	吉	好	
33	普	平吉	吉	好	三遷大吉
34	普	平吉	兩	一,二子	
35	普	平吉	吉	好	
36	富	平吉	吉	好	
37	普	平吉	吉	好	
38	普	短	吉	好	
39	普	平吉	吉	多子	事業吉

3代

	財	壽	妻	子孫運	備考
1	普	平吉	吉	一,二子	政治吉
2	富	短	喪	好	
3	富	平吉	吉	好	
4	富	平吉	吉	好	
5	富	平吉	吉	好	
6	普	短	凶	凶	
7	貧	短	凶	凶	
8	富	平吉	吉	好	
9	普	平吉	吉	一,二子	
10	普	平吉	凶	二,三子	
11	普	短	晚	好	
12	富	平吉	吉	好	
13	富	平吉	吉	好	
14	普	短	吉	一,二子	
15	普	短	凶	凶	
16	普	平吉	凶	凶	
17	普	平吉	吉	一,二子	
18	普	短	凶	多子	
19	普	短	吉	多子	
20	富	壽	兩	三子	
21	普	壽	吉	二,三子	
22	普	短	吉	好	
23	貧	凶	凶	凶	政治吉
24	普	短	吉	好	
25	普	壽	吉	一,二子	軍人政治
26	普	壽	吉	好	官職出世
27	普	壽	吉	好	官職大吉
28	普	壽	吉	好	事業好
29	富	平吉	吉	一,二子	
30	普	壽	吉	好	軍大成
31	貧	凶	凶	凶	
32	富	壽	吉	好	
33	富	壽	吉	一,二子	
34	普	壽	兩	二,三子	
35	普	壽	吉	好	
36	富	壽	吉	多子	

	4代				
1	富	壽	吉	二,三子	軍,政治
2	富富	壽	吉	好	
3	富	壽	吉	好	
4	富	長壽	吉	多子	
5	富	長壽	吉	多子	
6	普	普	凶	好	
7	普	壽	晩	二子	
8	普	短	凶	二子	
9	富	長壽	吉	好	
10	普	普	晩	一,二子	
11	富	壽	吉	二子	
12	富	壽	吉	好	
13	富	長壽	吉	多子	
14	富	壽	兩	多子	
15	貧	短	吉	凶	
16	普	壽	兩	二子	
17	普	壽	吉	一,二子	
18	普	短	吉	凶	
19	富	長壽	吉	好	
20	富	長壽	吉	好	
21	富	壽	吉	多子	
22	普	短	兩凶	好	
23	普	短	吉	二子	
24	普	短	兩	二子	
25	富	壽	吉	好	
26	普	壽	吉	一,二子	官職吉
27	富	壽	吉	好	官職吉
28	富	壽	吉	多子	事業吉
29	富	壽	吉	多子	
30	普	短	兩	好	軍人大吉
31	普	短	吉	一,二子	
32	富	壽	吉	好	
33	富	壽	吉	好	
34	富	長壽	吉	好	
35	普	短			

	5代				
1	富	長壽	晩	好	官職
2	普	長壽	晩	一,二子	
3	巨富	長壽	吉	多子	
4	貧	短	凶	凶	官職外不吉
5	普	壽	吉	好	
6	普	壽	兩	好	陰陽不交凶
7	貧	凶	凶	凶	
8	巨富	壽	吉	多	官職名振
9	普	壽	晩	二,三子	
10	普	壽	晩	二子	他鄉利財吉
11	富	壽	吉	多子	事業大吉
12	普	壽	凶	一,二子	
13	富	壽	吉	多子	
14	貧	短	凶	凶	不意災難
15	貧	短	凶	凶	
16	巨富	長壽	吉	大好	名振四海
17	普	壽	晩	好	數理凶不吉
18	普	壽	吉	二子	
19	富	長壽	吉	好	事業大成
20	普	壽	吉	二子	
21	普	壽	吉	好	
22	普	短	凶	凶	
23	貧	凶	兩	一子	軍人出世
24	巨富	長壽	吉	好	官職名振
25	普	普	吉	好	三遷大吉
26	普	壽	吉	好	
27	普	壽	吉	好	事業大成
28	富	短	兩	一子	早子難養
29	普	壽	吉	好	
30	富	壽	吉	好	
31	普	短	凶	凶	軍人政治
32	富	長壽	吉	好	
33	富	壽	吉	大好	
34	普	壽	吉	二子	
35	富	壽	吉	好	陰陽不交凶
36	普	壽	吉	好	
37	普	壽	吉	好	
38	普	短	兩	凶	財上風波
39	普	凶	兩	凶	〃
40	富	壽	吉	多	事業成市

	6代				
1	富	長壽	吉	好	事業大成
2	富富	壽	吉	好	
3	富富	壽	吉	好	
4	貧	短	凶	凶	數理好吉
5	普	壽	凶	凶	
6	貧	短	凶	凶	
7	富	壽	吉	好	
8	普	壽	凶	好	
9	富	壽	吉	好	
10	富壽	吉	好	凶	
11	富壽	吉	好	好	事業大成
12	巨富	壽	兩	好	有才無功
13	普	凶	凶	一子	
14	貧	短	凶	凶	
15	富	壽	吉	好	
16	普	凶	凶	好	夫婦離別
17	巨富	壽	吉	好	事業大成
18	富	壽	吉	好	
19	富	壽	吉	好	
20	貧	短	兩	凶	軍人出世
21	貧	短	凶	凶	官職成功
22	普	短	兩	一,二子	
23	富	壽	吉	好	
24	普	短	兩	好	
25	大富	壽	吉	好	
26	富	壽	吉	好	
27	大富	壽	吉	好	
28	普	短	兩	好	
29	普	凶	凶	凶	
30	貧	凶	凶	凶	
31	富	壽	吉	好	
32	普	壽	兩	好	
33	富	長壽	吉	好	
34	普	壽	吉	好	
35	富	長壽	吉	好	
36	凶	短	凶	凶	
37	凶	短	凶	凶	官職大吉
38	普	短	吉	一,二子	
39	富	長壽	吉	好	
40	普	壽	吉	好	

7代

	財	壽	妻	子孫	備考
1	富	長壽	吉	二子	事業大吉
2	富	壽	晚	好	離別,短命
3	貧	壽	吉	好	官職外不利
4	富	壽	吉	一,二子	官職大吉
5	普	壽	晚	好	
6	普	壽	吉	二子	
7	普	長壽	晚	好	
8	普	短	凶	凶	官職外不利
9	大富	壽	吉	好	事業大吉
10	大富	壽	晚	好	離別,短命
11	普	短	凶	凶	官職外不利
12	普	壽	晚	一,二子	官職吉
13	普	短	晚	一,二子	
14	普	壽	吉	一,二子	
15	富	長壽	吉	好	
16	貧	凶	凶	凶	
17	富	壽	吉	好	事業大吉
18	富	壽	兩	多子	
19	富	壽	凶	凶	軍人,政治
20	普	短	凶	一,二子	
21	普	短	兩	好	
22	普	壽	吉	二子	
23	富	壽	吉	好	
24	普	壽	吉	好	先天 不吉
25	富	長壽	吉	好	
26	富	長壽	吉	好	
27	普	短	兩	凶	官職外不利
28	富	壽	吉	好	軍人,政治
29	大富	壽	吉	好	軍人,政治
30	富	壽	吉	好	
31	富	壽	吉	好	
32	普	壽	吉	凶	陰陽不交凶
33	富	長壽	吉	二子	
34	富	長壽	吉	好	
35	普	短	凶	二子	
36	富	長壽	吉	好	
37	富	壽	吉	好	
38	富	壽	吉	二子	
39	富	壽	吉	好	事業大吉
40	普	壽	吉	好	

8代

	財	壽	妻	子孫	備考
1	富	長壽	吉	好	
2	富	壽	吉	二子	
3	貧	短	凶	二子	一時吉後凶
4	普	病苦	晚	一,二子	
5	普	壽	吉	二子	官職名振
6	普	壽	短	凶	一子
7	富	壽	晚	好	
8	富	壽	吉	多子	
9	富	壽	凶	多子	官職大吉
10	富	長壽	吉	好	
11	普	短	凶	凶	
12	普	短	吉	一,二子	
13	普	壽	吉	多子	
14	普	壽	凶	凶	事業大吉
15	富	壽	吉	二子	
16	大富	壽	兩	多子	事業大成
17	富	壽	吉	好	
18	普	壽	吉	二,三子	
19	普	短	凶	一子	先天半吉
20	普	壽	吉	二子	
21	富	長壽	吉	多子	官職大吉
22	富	壽	凶	三子	先天不吉無孫
23	巨富	長壽	凶	好	事業大吉
24	富	壽	兩	多子	事業대길
25	普	壽	吉	一,二子	官職吉
26	普	壽	吉	好	軍人,政治
27	富	長壽	吉	好	
28	普	短	吉	一,二子	
29	富	壽	吉	凶	
30	富	壽	吉	一,二子	
31	大富	壽	吉	好	事業大吉
32	富	壽	吉	多子	
33	富	壽	吉	好	
34	普	壽	吉	好	
35	普	短	凶	二子	
36	普	短	吉	二子	
37	富	壽	吉	好	
38	普	壽	吉	凶	
39	大富	壽	吉	二子	
40	富	壽	吉	多子	

9代

	財	壽	妻	子孫	備考
1	普	壽	晚	好	
2	普	壽	凶	好	官職大吉
3	普	短	晚	凶	有才
4	普	壽	吉	一,二子	
5	富	短	凶	凶	農商業吉
6	普	壽	晚	多子	
7	富	短	晚	二,三子	陰陽不交凶
8	貧	壽	凶	多子	離別,短命
9	富	壽	吉	好	
10	貧	凶	凶	凶	官職不吉
11	普	短	晚	二子	
12	富	壽	吉	好	
13	貧	短	凶	凶	官職大吉
14	富	壽	凶	多子	
15	富	壽	晚	好	
16	富	壽	晚	好	
17	普	壽	凶	好	軍人大吉
18	貧	短	凶	好	離別,短命
19	貧	壽	晚	好	
20	富	壽	吉	好	
21	富	長壽	凶	多子	官職大吉
22	富	壽	兩	多子	
23	普	短	吉	凶	陰陽不交不利
24	巨富	壽	吉	多子	事業官職
25	普	壽	吉	好	
26	普	壽	吉	好	
27	普	短	兩	好	官職外不利
28	富	壽	吉	一,二子	官職吉
29	富	壽	吉	大好	官職吉
30	富	長壽	吉	好	事業大吉
31	普	短	凶	凶	
32	富	壽	吉	多子	事業不利
33	普	壽	吉	大好	
34	普	壽	吉	多子	官職外不利
35	普	壽	吉	好	人德無事業不利
36	富	壽	吉	一,二子	
37	富	長壽	吉	大好	
38	富	壽	吉	多子	
39	普	壽	吉	一,二子	
40	富	長壽	吉	好	財에 風波

10代

1	富	壽	吉	多子	
2	普	短	凶	一,二子	水厄有
3	普	壽	吉	三子	技術職官職
4	富	壽	吉	二三子	陰陽不交凶
5	富	壽	喪	二子	官職吉有才
6	普	壽	吉	好	
7	大富	壽	晚	多子	事業大吉
8	富	長壽	吉	好	
9	富	壽	吉	好	奇蹟數回
10	普	短	凶	二子	官職吉有才
11	富	壽	晚	二三子	官職吉有才
12	富	長壽	吉	好	
13	富	短	喪	二子	官職吉
14	富	壽	吉	好	事業吉
15	巨富	壽	晚	多子	事業吉
16	富	長壽	雨	好	軍人,政治
17	富	壽	吉	凶	
18	貧	短	凶	二子	
19	富	壽	晚	好	
20	富	長壽	吉	好	官運大吉
21	大富	壽	吉	好	
22	富	長壽	吉	好	陰陽不交凶
23	富	壽	吉	大好	
24	富	長壽	吉	好	
25	富	壽	吉	多子	奇蹟數回
26	普	短	凶	二子	水厄不吉
27	普	壽	吉	好	官職外不吉
28	富	長壽	吉	好	事業大吉
29	普	壽	吉	多子	官職大成
30	貧	短	吉	好	
31	富	長壽	吉	好	商事業大吉
32	普	壽	吉	好	
33	富	壽	吉	多子	
34	富	短	凶	二子	水厄不吉
35	富	壽	吉	好	官職大吉
36	巨富	壽	吉	好	
37	富	長壽	吉	好	軍人,政治
38	普	壽	吉	好	
39	富	壽	吉	好	
40	普	短	凶	好	

11代

1	富	長壽	吉	好	
2	普	壽	凶	好	官職大吉
3	普	短	晚	多子	東奔西走
4	富	壽	吉	二,三子	
5	富	壽	晚	凶	官職吉
6	普	壽	晚	二子	
7	貧	凶	凶	凶	
8	普	壽	吉	二子	
9	富	壽	吉	多子	軍人,政治
10	富	長壽	凶	好	
11	普	短	晚	多子	
12	富	壽	吉	多子	官職吉
13	富	壽	吉	一,二子	
14	普	短	凶	好	
15	貧	凶	凶	凶	官職外不成
16	普	壽	吉	好	陰陽不交不吉
17	富	壽	晚	一,二子	
18	普	壽	凶	二,三子	
19	普	壽	吉	多子	
20	富	長壽	吉	大好	
21	普	短	凶	凶	官職外不利
22	普	短	吉	二,三子	
23	貧	凶	凶	凶	官職外不成
24	富	長壽	吉	好	
25	富	壽	吉	多子	軍人,政治
26	普	壽	吉	好	
27	普	長壽	吉	多子	東奔西走
28	富	壽	吉	多子	
29	普	短	晚	二子	
30	普	短	吉	好	
31	貧	凶	凶	凶	母事不成
32	普	壽	吉	好	
33	富	長壽	吉	一,二子	
34	富	壽	吉	大好	
35	富	壽	吉	好	多難多苦
36	富	壽	吉	好	
37	普	長壽	吉	一,二子	
38	普	短	吉	凶	
39	貧	短	吉	好	
40	富	長壽	吉	好	事業大吉

12代

1	富	長壽	吉	好	
2	普	普	晚	一,二子	
3	富	長壽	吉	好	官職大吉
4	富	長壽	吉	好	事業大吉
5	富	壽	吉	多子	
6	富	壽	雨	好	軍人,政治
7	普	凶	凶	凶	
8	普	短	凶	二子	
9	富	壽	吉	好	
10	普	短	雨	二子	
11	富	壽	晚	好	官職外不利
12	大富	壽	吉	好	
13	富	壽	吉	二子	後天運大吉
14	普	普	凶	好	軍人大吉
15	貧	短	凶	凶	
16	普	短	雨	二子	農業,政治
17	富	壽	吉	好	
18	普	壽	雨	一,二子	官職吉
19	富	長壽	妻	二子	官職名振
20	富	壽	雨	好	
21	富	壽	吉	多子	
22	普	普	雨	好	軍人,政治
23	普	短	凶	好	痛苦愁心
24	普	短	吉	二子	陰陽相交吉
25	富	壽	吉	普	
26	富	壽	吉	好	
27	富	長壽	吉	好	官職名振
28	大富	壽	吉	大好	
29	富	壽	吉	好	
30	普	壽	雨	好	軍人,政治
31	貧	短	凶	凶	
32	普	短	凶	凶	
33	富	普	吉	好	
34	普	壽	吉	好	
35	富	壽	吉	好	
36	富	長壽	吉	好	
37	普	壽	吉	好	
38	普	短	雨	好	
39	貧	短	凶	凶	
40	普	普	雨	二子	

(財 壽 妻 子孫運 備考順)

13代

#	財	壽	妻	子孫運	備考
1	普	壽	晚	好	
2	富	壽	晚	一,二子	利在他鄉
3	富	長壽	吉	多子	
4	普	壽	晚	二,三子	姓字七劃大吉
5	富	普	吉	多子	農商業吉
6	貧	短	凶	凶	
7	貧	凶	凶	凶	
8	富	壽	吉	多子	官職大吉
9	普	短	凶	二,三子	
10	富	壽	晚	一,二子	
11	富	壽	吉	多子	事業
12	普	短	凶	好	陰陽相合吉
13	普	短	晚	普	政治外不利
14	富	短	兩	凶	事業風波
15	貧	短	凶	凶	
16	巨富	長壽	吉	好	官職事業吉
17	普	壽	晚	好	官職吉
18	普	壽	吉	好	利在他鄉
19	富	壽	吉	多子	名振四海
20	普	壽	吉	二子	
21	普	壽	吉	好	
22	富	短	兩	多子	
23	普	凶	凶	凶	陰陽相交平吉
24	富	長壽	吉	多子	事業,官職
25	普	壽	吉	好	
26	普	壽	吉	大好	奇蹟有
27	大富	壽	吉	好	事業大吉
28	普	壽	兩	凶	
29	普	壽	大吉	好	
30	貧	短	凶	凶	
31	貧	凶	凶	凶	手足不具吉
32	巨富	長壽	吉	好	名振四海
33	普	短	吉	好	官職外不利
34	普	壽	吉	二子	
35	富	壽	大吉	好	陰陽不交吉
36	普	壽	兩	一,二子	財産風波
37	普	壽	吉	好	
38	富	短	兩	好	
39	富	壽	吉	好	事業大吉
40	普	壽	大吉	好	

14代

#	財	壽	妻	子孫運	備考
1	富	壽	吉	好	事業大吉
2	富	長壽	吉	好	
3	富	壽	吉	好	
4	普	壽	兩	凶	
5	貧	凶	凶	凶	每事不成
6	貧	短	凶	凶	
7	普	壽	吉	凶	
8	普	短	凶	普	
9	普	壽	吉	好	每事大吉
10	大富	壽	吉	大好	
11	富	壽	吉	好	
12	貧	短	凶	凶	陰陽相交平吉
13	貧	短	晚	二子	官職吉
14	貧	短	凶	凶	軍人,政治
15	富	壽	吉	好	
16	普	短	凶	好	官職大吉
17	富	壽	吉	大好	
18	富	長壽	吉	好	陰陽不交吉
19	富	壽	吉	好	
20	普	短	凶	好	
21	普	短	凶	一,二子	官職後母同居
22	普	短	兩	二子	軍人,政治
23	富	壽	吉	好	
24	富	短	兩	好	
25	富	壽	吉	一子	
26	富	壽	吉	大好	
27	普	短	兩	普	
28	貧	短	兩	凶	
29	貧	短	凶	凶	每事不成
30	貧	短	凶	凶	
31	富	壽	吉	好	
32	富	壽	兩	好	
33	富	長壽	吉	好	事業大吉
34	富	壽	吉	好	
35	富	壽	吉	好	
36	普	短	凶	凶	
37	普	短	凶	二子	官外不利
38	富	長壽	吉	二子	寒足
39	富	壽	吉	二子	
40	普	短	兩	好	

15代

#	財	壽	妻	子孫運	備考
1	大富	壽	吉	好	
2	富	壽	凶	好	妻離別,吉
3	普	短	凶	凶	
4	普	短	晚	凶	陰陽相交吉
5	普	短	凶	好	
6	普	壽	吉	一,二子	
7	富	壽	吉	好	
8	貧	短	凶	凶	刑官職外不
9	富	壽	吉	好	事業大吉
10	富	壽	晚	好	官職不利
11	普	短	凶	凶	軍人,政治
12	普	短	晚	一,二子	中折運
13	普	壽	晚	好	英雄之象
14	富	壽	吉	好	
15	富	長壽	吉	好	
16	普	短	凶	凶	後天大吉
17	富	壽	吉	好	陰陽不交不利
18	富	壽	兩	一,二子	
19	貧	短	凶	凶	
20	富	壽	吉	一,二子	
21	普	壽	吉	好	
22	普	壽	吉	大好	
23	大富	壽	吉	好	
24	富	壽	吉	好	
25	普	壽	吉	好	
26	富	長壽	兩	二子	
27	貧	凶	凶	凶	官職外不利
28	普	壽	吉	一,二子	
29	普	短	吉	好	陰陽不交不利
30	普	壽	吉	好	
31	富	長壽	吉	好	
32	普	壽	吉	好	
33	富	壽	大吉	好	
34	普	普	兩	一,二子	

16代

	財	壽	妻	子孫運	備考
1	富	壽	凶	多子	
2	富	壽	吉	好	
3	普	短	凶	二子	
4	普	短	吉	二子	
5	普	壽	吉	好	官職名振
6	普	短	兩	一子	
7	大富	壽	吉	好	事業大吉
8	大富	壽	兩	好	事業大吉
9	富	壽	晚	好	官職大吉
10	普	壽	吉	好	
11	普	短	凶	一,二子	
12	普	短	凶	二子	政治人病苦愁心
13	富	壽	吉	多子	官職吉
14	普	富	凶	凶	
15	富	壽	吉	好	晚婚大吉
16	大富	壽	兩	多	事業大吉
17	富	壽	吉	好	官職名振
18	普	壽	吉	好	
19	富	壽	普	好	
20	普	壽	吉	好	官職之象
21	富	壽	吉	凶	
22	富	壽	兩	普	
23	大富	壽	吉	好	
24	富	短	兩	多子	
25	富	壽	吉	好	官職大吉
26	富	壽	吉	好	
27	貧	短	凶	凶	
28	普	短	吉	二子	
29	普	壽	吉	多子	
30	富	壽	吉	凶	陰陽不交不利
31	大富	壽	吉	好	事業大吉
32	富	壽	吉	多子	
33	富	長壽	吉	好	
34	富	壽	吉	二子	
35	富	壽	大吉	好	
36	富	壽	吉	二子	
37	富	短	吉	好	
38	富	長壽	吉	好	
39	大富	壽	吉	好	

17代

	財	壽	妻	子孫運	備考
1	富	長壽	吉	好	六龍御天格
2	貧	短	凶	凶	官職外不利
3	普	凶	凶	二,三子	有才
4	富	壽	晚	二子	官職大吉
5	普	短	凶	凶	官職名振
6	富	壽	晚	多	
7	富	壽	晚	一,二子	平數不吉
8	富	壽	兩	多子	財物風波
9	普	短	凶	好	政治外不利
10	普	短	凶	凶	官職外不利
11	普	短	兩	好	軍人,政治
12	富	壽	吉	二子	
13	貧	短	喪	凶	
14	富	壽	晚	好	
15	富	長壽	吉	好	
16	富	壽	兩	好	
17	大富	壽	兩	多子	
18	大富	壽	普	好	
19	普	壽	凶	好	
20	富	壽	吉	好	
21	貧	短	喪	凶	官職名振
22	富	壽	兩	好	
23	普	短	兩	凶	
24	富	壽	兩	多子	妻無離別不利
25	普	壽	吉	好	
26	普	短	兩	好	
27	普	短	吉	二子	
28	富	壽	吉	二子	官職吉
29	富	壽	吉	多子	官職名振
30	富	普	普	好	陰陽不交不利
31	普	短	吉	凶	
32	普	短	兩	多子	
33	普	壽	吉	好	
34	富	壽	吉	好	
35	富	壽	吉	好	官職吉人德無

18代

	財	壽	妻	子孫運	備考
1	富	壽	吉	好	
2	普	短	凶	一,二子	水厄不吉
3	普	壽	晚	好	官,機械職
4	富	壽	吉	好	
5	普	短	喪	一,二子	喪妻無時短命
6	富	壽	吉	好	
7	大富	壽	吉	好	
8	富	壽	晚	好	
9	普	壽	吉	多子	奇蹟三遷
10	普	短	凶	一,二子	軍,政治不利
11	富	壽	晚	好	官職大吉
12	富	壽	吉	好	
13	普	短	喪	一,二子	
14	富	壽	吉	好	
15	大富	長壽	吉	多子	
16	普	壽	吉	好	
17	富	壽	吉	多子	大振名利
18	普	短	兩	一,二子	軍,政治不利
19	普	普	吉	好	
20	富	壽	吉	好	
21	富	壽	吉	好	名振四海
22	普	壽	吉	二子	
23	富	長壽	大吉	好	事業大吉
24	普	壽	吉	二子	
25	普	長壽	吉	好	奇蹟三遷
26	普	壽	兩	一,二子	
27	普	壽	吉	好	官職大吉
28	大富	壽	吉	好	事業大吉
29	普	壽	大吉	好	軍人,政治
30	富	壽	吉	好	
31	富	壽	吉	好	
32	普	壽	吉	一,二子	
33	富	長壽	大吉	多子	
34	普	壽	吉	一,二子	
35	普	壽	吉	好	

19代

	財	壽	妻	子孫運	備考
1	富	壽	晚	一,二子	陰陽不交凶
2	富	壽	凶	好	官職技術
3	普	短	吉	好	
4	富	壽	吉	普	官職大吉
5	富	長壽	吉	一,二子	
6	普	壽	晚	好	
7	普	壽	凶	凶	
8	普	壽	吉	多子	財物風波
9	富	壽	吉	好	
10	普	壽	凶	好	
11	凶	壽	吉	好	
12	富	壽	吉	好	
13	富	壽	吉	大好	
14	富	長壽	大吉	好	
15	貧	壽	吉	好	
16	貧	短	凶	凶	
17	富	壽	吉	好	
18	大富	壽	吉	好	
19	富	壽	吉	好	東奔西走
20	富	壽	吉	好	官職大吉
21	普	短	吉	凶	有才
22	普	壽	大吉	好	不成嘆息
23	貧	短	凶	凶	官職外不成
24	富	壽	吉	好	
25	富	壽	吉	一,二子	
26	富	長壽	吉	好	官職大吉
27	大富	壽	吉	多子	
28	富	壽	吉	好	
29	富	壽	吉	好	
30	富	凶	普	凶	
31	貧	凶	凶	凶	事業不利
32	富	壽	吉	好	
33	富	壽	吉	好	
34	富	凶	短	吉	凶
35	富	壽	凶	好	

20代

	財	壽	妻	子孫運	備考
1	富	壽	吉	好	
2	貧	壽	晚	二子	
3	富	壽	吉	好	官職大吉
4	大富	普	吉	好	
5	富	壽	吉	多子	萬年快意達成
6	富	壽	吉	好	
7	貧	長壽	凶	凶	
8	貧	長壽	兩	二子	
9	富	壽	吉	好	
10	富	壽	晚	二,三子	官職吉
11	富	壽	吉	好	官職大吉
12	富	長壽	吉	好	陰陽不交不吉
13	大富	壽	吉	好	
14	大富	壽	兩	好	
15	富	長壽	兩	大好	
16	富	壽	兩	好	
17	貧	壽	吉	好	
18	富	壽	吉	好	
19	普	壽	吉	好	
20	富	壽	吉	好	
21	大富	壽	吉	好	
22	大富	壽	兩	好	
23	貧	短	兩	二子	
24	貧	長壽	兩	二子	
25	富	壽	吉	好	
26	普	壽	吉	二子	
27	富	壽	吉	好	
28	富	壽	吉	好	
29	富	壽	吉	多子	
30	貧	壽	兩	好	
31	貧	長壽	兩	凶	
32	貧	壽	兩	二子	
33	普	壽	吉	好	
34	貧	長壽	兩	好	
35	富	壽	吉	好	
36	大富	壽	吉	好	

21代

	財	壽	妻	子孫運	備考
1	普	短	晚	二,三子	官職吉
2	普	壽	吉	二子	
3	大富	壽	吉	二子	名振四海
4	富	壽	兩	好	姓字七劃吉
5	富	壽	吉	多子	
6	普	短	凶	凶	蜂蝶失路
7	貧	短	凶	凶	
8	富	壽	吉	好	
9	普	壽	吉	好	
10	普	壽	吉	二子	
11	大富	壽	吉	好	
12	富	壽	吉	好	
13	普	壽	吉	好	
14	普	長壽	兩	好	財物風波
15	凶	短	喪	凶	
16	大富	長壽	吉	多子	名振四海
17	富	壽	吉	好	有才
18	富	壽	吉	二子	
19	大富	壽	吉	大好	
20	貧	壽	吉	好	
21	貧	普	晚	一,二子	利在他鄉
22	貧	普	兩	凶	財産波亂
23	凶	短	凶	凶	每年不成
24	大富	壽	吉	多子	名振四海
25	貧	壽	兩	晚	好
26	富	壽	吉	好	利在他鄉
27	大富	長壽	吉	多子	
28	貧	普	凶	凶	千里有光

	22代						23代				
1	巨富	壽	吉	好	事業大成	1	大富	壽	吉	好	諸事業大興
2	富	壽	吉	好		2	大富	壽	晚	好	
3	富	壽	吉	好		3	貧	長壽	凶	凶	軍,政治不利
4	普	短	兩	多子	英雄格	4	貧	長壽	晚	凶	官職大吉
5	貧	凶	凶	凶		5	貧	普	吉	好	病苦愁心
6	普	短	凶	二子		6	富	壽	吉	二子	官職大吉
7	富	壽	吉	好		7	富	壽	吉	好	
8	普	壽	吉	好	陰陽不交不利	8	貧	長壽	凶	凶	刑厄不吉
9	富	壽	吉	好		9	富	壽	吉	好	事業大吉
10	富	壽	吉	好		10	大富	壽	晚	好	每事不吉
11	富	壽	吉	好		11	貧	短	凶	凶	
12	富	短	兩	好		12	富	壽	吉	好	官職大吉
13	普	短	凶	二子	官職外不利	13	富	壽	吉	好	有始無終
14	普	短	凶	二子		14	貧	壽	吉	好	
15	普	壽	吉	好		15	大富	壽	吉	好	事業大吉
16	普	壽	凶	好	陰陽不交不利	16	貧	長壽	凶	凶	不吉
17	大富	壽	吉	好		17	貧	壽	吉	好	
18	富	壽	吉	好		18	富	壽	兩晚	好	
19	大富	壽	吉	好	事業大吉	19	貧	長壽	凶	凶	
20	普	長壽	兩	好		20	貧	長壽	晚	凶	
21	貧	壽	凶	凶		21	富	壽	兩	好	
22	貧	壽	凶	凶							
23	富	壽	吉	好							
24	富	壽	兩	好							
25	富	壽	吉	好	事業發展						
26	富	壽	吉	好							
27	富	壽	吉	好							
28	貧	壽	吉	好							
29	貧	長壽	凶	一子							
30	貧	普	兩	一,二子							
31	富	壽	吉	好							
32	富	壽	吉	好							
33	富	壽	吉	好							
34	大富	壽	吉	好							
35	富	壽	吉	好							
36	貧	長壽	凶	一,二子							

IV

秘法作名技術

Ⅳ. 秘法作名技術(비법작명기술)

新生兒(신생아)의 初名(초명)이나 살아가다가 改名(개명)하는 경우에 作名(작명 撰名<찬명> 選名<선명>)의 科程(과정, 節次절차)를 거쳐야 함은 必然(필연)이다.

작명을 함에는 當事者(당사자)가 직접 짓거나 타인에게 의뢰하는 두가지 경우를 상정해 볼 수 있는데, 둘다 나름대로 重大事(중대사)인 작명을 어떠한 기준에 의할 것임은 틀림없다.

설혹 그것이 혼자 언듯 생각한 것이거나, 침대머리에서 남편이름에서 1자 아내이 름에서 1자를 넣는다거나, 마음에 드는 순한글 이름으로 하거나, 좋다고 생각되는 이름에 적당한 漢字(한자)를 맞춰 넣는등 대체로 단순하게 작명하는 사람이 許多 (허다)하다.

대개 이런 경우는 이름이라면 부르기 좋고 거부감 없이 기억하기 좋으면 그만 아니냐는 식이나, 더 깊이 생각하지도 않을테지만 요즘 일부 인기 연예인의 藝名 (예명)처럼 현대적 감각도 있고 한술 더떠 세련미까지 넘친다면 錦上添花(금상첨 화)일텐데 그게 말처럼 쉬운 일은 아니다. 말로는 沙上樓閣(사상누각)이야 하룻밤 에도 수십채도 가능한 일이다.

또 學識(학식)은 있겠지만 그렇듯한 字意(자의)를 골라 그 뜻 위주의 좋다고 하는 이름을 짓는 예도 더러 있다. 이런 경우는 교장 선생님이니 有識(유식)하게 생각하거나 漢字(한자)선생이니 이름도 잘 지을것으로 생각해서 맡긴것인데 개인 적인 차이는 있을테지만 몹쓸 권위의식 때문에 거절하지 못하고 作名家(작명가)

행세를 했다면 그것이 바로 識字憂患(식자우환)의 죄를 짓는 것이되는 것이지요.

姓名(성명, 이름)과 작명의 歷史(역사)는 참으로 길다.

인류가 3000여년전 文字(문자)를 사용하기 시작하면서 우선 이름을 呼稱(호칭)할 필요에서 이름과 작명이 동시에 發端(발단)되었을 것이다.

세계의 4대 성인(聖人)의 여러 文獻(문헌)에서도 성명의 重要性(중요성)등에 관한 明言(명언)이 수없이 많다.

文明(문명)이 차츰 발달하면서 人間性(인간성)의 존중과 삶의 목표라 할 수 있는 幸福追求(행복추구)에 대한 본질적인 욕구가 강해지고, 그 방안들이 模索(모색)되면서 이름에 관한 역사적 경험들이 축적되어 작명분야에도 歸納的(귀납적)으로 命理(명리)와 함께 학문적으로 연구 발전한 것이다.

姓名學(성명학)에도 그 역사성은 물론 正統性(정통성)이나 正論的(정론적) 공통분모가 있는 법인데, 그저 무시하고 백지화하면서 어떠한 經綸(경륜)도 쌓을 틈도 없이 새로운 작명방법의 創案(창안)이랍시고 무작정 떠버리는 사람도 간혹 있으니 作名界(작명계)도 衆口難防(중구난방)이나 다름없다 할만하다.

그런짓이 易理(역리) 중에서 가장 文字的(문자적)이고 학문적인것이 작명임에도 불구하고, 邪術(사술) 취급을 받는 주된 요인이 되고 있음을 慨歎(개탄)만 하기에 앞서 姓名學(성명학)으로 定立(정립)하고 定型化(정형화)가 되어야함이 무엇보다도 시급한 당면 命題(명제)이다.

폐일언하고, 본서에서 작명방법으로 제시한 기본작명과 易象法(역상법) 다섯가지 그리고 기타의 다섯가지 작명법을 토대로 실제 작명 作業(작업)에 활용함에 있어 그 오령쯤을 다소 거창하지만 秘法作名技術(비법작명기술)이라 하여 다음에 記述(기술)한다.

이런 것은 선듯 文書化(문서화)하기가 쉽지 않으면서도 전적으로 개인적인 견해 일수밖에 없는 것이니, 참고 정도에 쓰여 지기를 바라면서 양해를 구합니다.

가. 基本作名法(기본작명법)의 活用(활용)

● 먼저 성명에 들어갈 文字(문자 : 漢字한자, 한글)는 결국은 선택한 글자의 뜻. 즉 字意(자의)로 집약되는 데 그 比重(비중)이 상당히 크다. 특히 한자의 경우는 表意文字(표의문자)의 여러 새김과 어휘 등을 염두에 두어야 하며, ① 인명용 한자인지? ② 장자녀 및 불용문자인지? ③ 원획수와 발음 수리 자원 오행의 파악이 필요하다.

● 음양은 문자의 획수를 보되 전부 음이나 양으로 되었다면, 보충적으로 자형음양을 보아 그 길흉의 정도를 인식한다.

● 음오행(음령, 발음오행)은 이름 굴자마다의 처음 닿소리의 오행기준에 따라 이름 3자의 오행(예 목화화 등)을 다음장(p.47)의 음령오행 길흉표에서 해당 오행조합을 찾아 부호(○△×)를 보고 그 길흉을 인식한다.

● 삼원오행도 먼저 삼원오행의 구성 ①의 방법으로 3개의 오행을 만들어 다음장 (p.51)의 삼원오행 길흉조견표에서 해당 오행조합을 찾아 부호(○△○∧×)를 보고 그 길흉을 인식하되 소흉이하의 부호(∧×)인 경우에는 삼원오행 구성 ②의 방법에 의해 검토하거나, p.54의 삼재오행길흉조견표도 함께 보아 그 길흉을 인식하면 된다.

  아래에 필자 나름대로 그 比重(비중)을 例示(예시)하여 보지만 전적으로 私見(사견)임을 밝혀두며, 그 비중이 70% 정도면 好名(호명)으로 본다는 생각이다.

作名要素(작명요소)	例示(예시)			比重(비중)
字意(자의)	上 20	中 10	下 5	20%
陰陽(음양)	上 5	中 3	下 1	5%
音五行(음오행)	上 20	中 10	下 5	20%
	단 亨格相生에 加點			
三元五行(삼원오행)	上 10	中 5	下 2	10%
數理(수리)	上 25	中 15	下 7	25%
	(四格 元1 亨3.5 利1.5 貞格4)			
易象(역상)	上 20	中 10	下 5	20%
합계	100	53	25	100

만약 이러한 작명 기법을 모르고 代入(대입)하지 않고 이름을 지었다면 거의가 30점(비중은 點數점수임)도 안나올 것은 뻔하다.

그러나 작명에 대한 아무런 前題(전제) 없이 부모가 國解(국해) 정도의 常識人(상식인)으로 지은 이름인데도 7~80점이 되는 경우도 보았다.

그것은 宿命(숙명)쯤되는 알 수 없는 不可思義(불가사의)는 아닐런지?

위 표에서 통상 말하는 5가지 작명요소를 그대로 사용하는 사람은 변동은 없겠지만, 易象(역상)을 아예 고려하지 않는 사람이 많음에 비추어 80%정도를 만점으로 보아 評點(평점)하여도 될 것 같다. 왜냐하면 단순하다싶은 일반역상법을 重視(중시)해서가 아니라 그 마저도 참작하지 않으면 무언가 허전한 생각이 들어서이다.

이러한 기본작명법에서 ①음양을 무시하거나 ②字意(자의)는 어떤 경우나 기본적으로 생각은 하지만 별도의 비중으로 까지는 인식하지 않거나 ③음오행과 삼원오행중에서 음오행을 더 중시하는것은 일반적이나, 삼원오행을 도외시하거나 아니면 두 오행중 하나만 길격이면 충족된다고 보거나, ④음오행의 비중을 다른 요소보다 훨씬 높여 1/3수준이상의 40%까지 보는 사람도 있는 것같다. ⑤반대로 음오행보다 수리(수리)를 50%정도 인정하거나 수리작명류에서 4격중에서 형격과 총격

또는 형격이나 총격에만 置重(치중)하는 사람도 있다.

이 모든 가정적 사례들은 作名家(작명가)의 소양, 학문의 정도 경험의 다소 개인적 편견 학구적 습성 의뢰인의 부류 작명료의 차이 연령 등 많은 變數(변수)에 따른 것으로 이해가 요구되는 事案(사안)이다.

그리고 작명의 基準點(기준점)을 어디에 두느냐에 따라 着手(착수)가 다르다. 음오행을 우선 한다면 3개의 연결오행이 상생으로 해야 하고, 수리를 우선한다면 성씨별로 p.60에서 보는 길격수리 구성조건표에서 어느 하나를 골라 원형이정 4격은 물론 女命(여명, 여자)에게도 지장이 없게 하고, 음오행과 수리 두 가지를 대길한 쪽으로 찾을 양이면 여러 경우를 대체해 가면서 撰定(찬정)하는 수고를 해야 한다. 적용할 작명방법이 몇 가지나 되는 사람은 차제에 몇 개(보통7-8개)는 想定(상정)해 두어야 삭제해 가면서 마지막 2~3개의 작명이 가능하도록 배려해야 한다.

한 가지 더 보태자면 四柱命式(사주명식)을 구하여 用神(용신)을 p.47의 명자에 오행보완의 방법 등으로 구하여 가능하면 名上字(명상자, 성 다음의 이름 앞자)에 음오행으로 반영하는데 음령오행의 길흉표상 여의치 않으면 이름의 끝 자에 반영하여도 차선책으로 無放(무방)한 것이다.

※ 사주의 용신을 이름에 반영하는 것이 일반적이나, 성명도 운명학적 독자성이 있다하여 용신 같은 것은 개의치 않는 부류도 있다.

- 작명실例(수리작명)

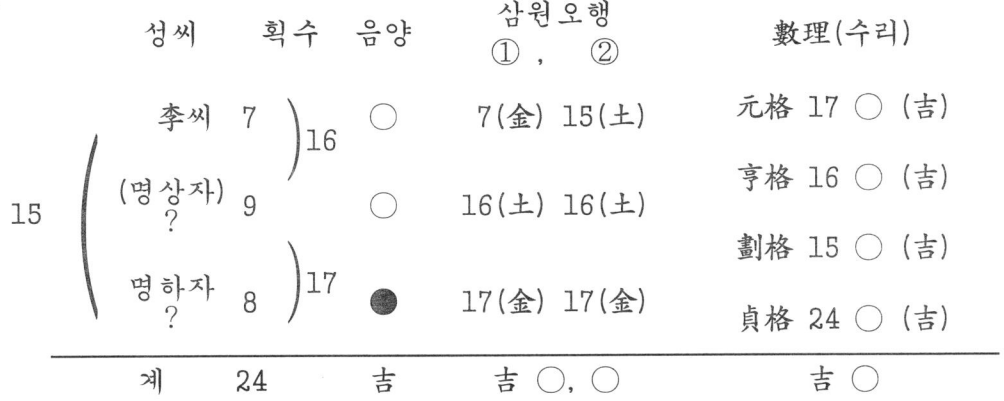

	성씨	획수	음양	삼원오행 ①, ②	數理(수리)
15	李씨 7 〉16		○	7(金) 15(土)	元格 17 ○ (吉)
	(명상자) 9 ?		○	16(土) 16(土)	亨格 16 ○ (吉)
					劃格 15 ○ (吉)
	명하자 8 〉17 ?		●	17(金) 17(金)	貞格 24 ○ (吉)
	계 24		吉	吉 ○, ○	吉 ○

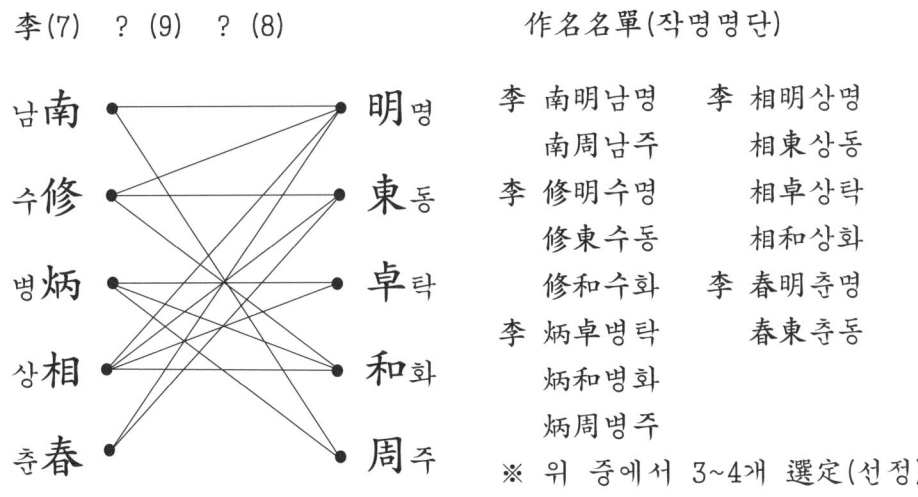

李(7) ?(9) ?(8)

남南   明명
수修   東동
병炳   卓탁
상相   和화
춘春   周주

作名名單(작명명단)

李 南明남명   李 相明상명
  南周남주   相東상동
李 修明수명   相卓상탁
  修東수동   相和상화
  修和수화   李 春明춘명
李 炳卓병탁   春東춘동
  炳和병화
  炳周병주

※ 위 중에서 3~4개 選定(선정)

나. 易象法(역상법)의 活用(활용)

- 일반역상법은 어떤 성씨에서나 주역의 64괘 중에서 8괘에 局限(국한)되는 것도 그렇고 日本式(일본식)이라 해서 탐탁치 않게 생각하는 부류도 있지만, 그 명칭 만은 역상법에 속하기 때문에 周易(주역)까지 넣어서 이름을 짓는다고 標榜(표 방)하기도 좋고해서 많이 사용하고 있다. 그러나 그 획수를 계산함에 있어서 원 획을 쓰는지 필획을 쓰는지는 사실 확실치 않은데, 필자는 주역作卦(작괘)시에는

일반적으로 필획을 쓰는 것임에도 불구하고 원획을 적용하고 있다.

　　그것은 기본작명에서 重視(중시)하는 음령오행과 수리를 무시하는 비법류의 독특한 작명법을 썼다하더라도, 鑑名(감명)에 들어가면 그런것도 맞지않는 엉터리라고 지적받을테니, 그러고서야 思慮(사려)있는 작명이라 할 수 없는것이 세상이치라 치면 누구나 共通的(공통적)으로 쓰는 일반화되고 상식화된 음오행과 수리 같은 작명요건들은 모든 작명가들이 받아들여서 검토의 대상으로 삼을 일이다.

　　마찬가지로 일반역상법도 역상을 들먹일려면 역시 검토의 대상이 됨직한 것이라고 그냥 편하게 생각하면 어떨까싶다.

● 일반역상법에서 凶卦(흉괘)가 나오면 그렇기도 하지만 周易作名法(주역작명법)을 加味(가미)하는것도 妙方(묘방)이 되는 것은, 사주팔자에 있어서 主體(주체)인 日辰(일진)을 기준으로 불길한 煞(살)을 고려하는 것은 상당히 구체적이기 때문이다.

● 黃極策數法(황극책수법)은 각괘의 理數(이수)가 심상치 않음을 볼 수 있다. 특히 주역 384효에 대한 3개의 4언절구로 보아 전통있는 技法(기법)으로 호감이 간다. 이름난 작명가의 作名紙 (작명지)에서 黃極訣(황극결)작명법 또는 後天周易卦(후천주역괘)작명법으로 쓰임을 보았다. 충분히 검토의 대상이 되기에 필자도 염두에 두고 지낸다.

● 朱子式解名法(주자식해명법)은 이름 2자를 각각 주역괘의 상·하괘로 보는 것이어서 일반역상법 못지 않게 간편하다.
그 풀이에 있어서도 한 개의 4언절구뿐이니 한자를 어느 정도 알아도 대충 짐작할 수 있을 정도인데 필자가 길흉표시(○△×)를 하였으니 그에 의존하여도 무던한 일이다.
과거에는 이 방법 하나만으로 작명업계에서 이름을 날린 예도 있다.

또 한가지 첨언하자면 획수의 계산은 필획(정획, 실획)으로 하지만 곡획까지 두 가지를 겸하는 경우도 보았다.

★ 필자가 역상법 아니 작명의 核心(핵심)으로 삼고있는 先後天易象法(선후천역상법)을 충분히 연구 습득하여 작명에 쓴다면 어디에 내놓아도 遜色(손색) 없는 作名秘法(작명비법)으로 脚光(각광)받을 것을 의심치 않는다.

여기에 한 實例(실예)를 들어둠으로 선후천 역상법의 이해에 공한다.
　　乾命(건명) 己丑生(기축생 2009년)
　　　　　四柱吉神(사주길신) : 木, 金

① **의뢰인**이 검토를 요망

　　㉛주는 誠 14획 字源金(이하 획수는 숫자로, 자원오행은 ( )안에 한자로 쓴다)
　　㉑규는 印 6(木) 認 14(金), ㉓진은 桐 10(木) 銅 14(金) 揀 12(木), 동㉓은 診 12(金) 賑 14(金), ㉛석은 棕 12(木) 鍾 17(金), 종㉛은 析 8(木) 錫 16 (金) 등은 수리와 易象作卦(역상작괘)에서 부적합하여 제외하였다.

② **수리**를 林氏姓(임씨성)에 8, 名字(명자)를 7과8, 8과7 또는 8 7 10, 8 13 10, 8 15 10의 길격을 상정하고 상응한 漢字(한자)를 물색하였다. 우선 名上字 (명상자)를 정(한글음)으로 定하여 9柾(木)辰(글자앞의 숫자는 원획수, 글자뒤는 자원오행과 자획자원오행임)
　　13鉦(金)戌 14禎(木)午 9訂(金)酉 8定(木)寅 16錠(金)戌 12程(木)午 13靖 (木)戌 15靚(木)戌 14精(木)未 7廷(木)寅 10庭(木)寅 16整(金)卯 등을 검토 하여 姓名(성명)을 林임廷정祜호 林임靚정佶길 및 林임銍지訓훈 林 임杓표相상 林임定정言언 林임正정託탁 등을 대상으로 올려놓고 검토를 하여 林廷祜(임정 호)와 林定言(임정언)으로 姓名狀(성명장, 撰名狀찬명장 選名狀선명장)을 작성 하였으나 의뢰인은 임정언으로 決定(결정)하였다.

③ **撰定(찬정)**한 성명

林(임) 定(정) 言(언)의 分析(분석)

			성씨	음오행	삼원오행(삼재)	數理(수리)	역 상

15 {
  16 {
    8 林임 　土(火)水 　金(土) 水 　元 15 (○)
    8 定정 　金土 　土 土 　亨 16 (○)
  }
  15 {
    7 言언 　土火 　土 土 　劃 15 (○)
  }
}

貞 23 (○)

23 <吉凶>　○　○(○)　×　吉

<일반>
8획성 정격 23수
重山艮(중산간) □

<주자식>
이름앞자 8뒷자 7
87(地山謙지산겸)○

吉

	실획		곡획
	8	林임	8
15 {	8	定정	9
	7	言언	8
	23		**25**

> 　元氣(원기)는 己丑生(기축생)으로 離리(☲)와 艮간(☶)이며 反원기는 坎감(☵)과 兌태(☱)이다.
>
> 　선후천역상법의 作卦(작괘)는 선천수(정획) 정격수 23을 88除之하여 上卦 7艮山(간산)을 얻고, 후천수(곡획) 정격수 25를 88제지하여 하괘 1乾天(건천)을 얻어서 71의 山天大畜(산천대축)괘를 확정하고,

　動爻(동효)는 선천수 名字(명자) 합수 원격수 15를 66除之하여 3爻를 얻으니 之卦(지괘)는 72의 山澤損(산택손)괘 上爻動(상효동)이 된다.

　本卦(본괘)와 之卦(지괘)의 大畜(대축)과 損(손)괘는 좋으니 (卦<괘>가 좋고 나쁜것은 卦辭괘사의 해석으로 분별하는 것임) p.96의 작명역상속견표와 p.114의 64괘상과 길흉을 참조한다.

그리고 爻의 길흉역시 爻位(효위)와 爻辭(효사)로 그 길흉을 보는 것인데 p.122 주역효사 길흉표와 그 다음의 p.123 384효 길흉론을 보면 산천대축 3효는 80점(20점 만점의 16점)과 松栢長春(송백장춘)이라 平吉(평길)은 되고, 산택손 6효는 100점과 大得其志(대득기지)라 大吉(대길)하며 爻(효)도 좋다고 할 수 있다.

선천괘				후천괘			
산천대축 3효동(713)				택산함 6효동(276)			
22	▬▬▬	30		49•	▬ ▬	54 ○	
16	▬ ▬	21 ○ ×		85	▬▬▬	93 ○ ×	
10	▬ ▬	15 ○ ×		76	▬▬▬	84 ◎ ×	
1•	▬▬▬	9 ○ ×		67	▬▬▬	75 ○ ×	
40	▬▬▬	48 ◎ ×		61	▬ ▬	66 ×	
31	▬▬▬	39 ○ ×		55	▬ ▬	60 ×	

※ p.128의 713, 276, 49세와 부합됨을 꼭 체크해야 한다.

각 大象(대상, 각효)마다 원기를 ○표시하고 참고로 반원기를 ×표시하였다.

위의 경우 선후천괘 12대상중 원기가 9개로 대단히 양호하며 10~21세 기간은 중고등학교시절 대학입학과 대학저학년 시절에 해당하니 학교가는 것은 걱정없을 것이며 어떤 큼직한 자격시험도 딸 수 있을듯 하다.

반원기×는 상대적인 개념으로 어떤 인생사나, 좋으면 大人(대인)에게는 어떻고 나쁘면 또는 小人(소인)에게는 어떻다는 약간은 兩非論的(양비론적) 다양한 견해로 이해하면서 조심하고 근신(謹愼)하는 쪽으로 생각하면 될듯싶다. 원기가 없는 반원기라면 아무짝에도 쓸모 없다고 보기 때문이다.

※ 이름 3자를 보면 정획과 곡획이 다른데 특히 성씨가 곡획이면 작괘시 후천수 (곡획)에 의해 下卦(하괘)를 결정하기 때문에 선천수와 후천수를 8로 나눠 나머지로 괘를 성정해 보아 합당한 획수의 문자를 선택하는것 또한 어려움을 겪어야 한다.

가령 金氏(김씨)로 己丑生(기축생)이라면 원기가 3離火(이화) 7艮山(간산)이므로 우선 좋은 괘는 아니지만 火山旅(화산여)괘로 작괘한다면, 8(성)+?(이름)=?(8의 배수 +3)의 算式(산식)을 그래서 상괘(정획)를 8로 나누어 3이 나오는 27=(8+19) 또는 35=(8+27)으로 상정하고,

하괘(곡획)은 7간산에서 3리화를 뺀 4만큼 많아야(숫자가 커야) 하므로 정획의 27 또는 35에 각각 3을 더한 30 또는 38이 되는데, 이중 성씨 8을 차감한 22와 30수로 이름 2자를 나누어 가령 성씨를 뺀 이름의 합수가 정획보다 3이 많아 명상자 또 명하자에 0 1 2 3의 수만큼 곡획이 많은 문자를 선택해야 한다.

먼저 p.248 原劃實劃同字表(원획실획동자표)를 활용(원획=실획 곡획)하고 정히 마땅한 글자가 없으면 p.262의 原劃實劃異字表(원획실획이자표)를 활용(원획 실획 곡획)하면 된다. 여러차례 시도해보지 않으면 터덕거릴수 있는 일이다. 결국 정획과 곡획을 활용하여 작괘를 하는 것으로 수리에 있어서의 원획과 정획 곡획 3가지를 파악하는 것이며, 수리오행은 원획에 의한 만큼 4격 모두 길격을 담보해야 함을 잊어서는 안된다.

그리고 戊子年(무자년, 2008년)의 경우 元氣(원기)가 坎(감)으로 상하괘가 겹친 重水坎(중수감)괘를 생각할 수 있으나 중수감은 4대란괘로 卦辭(괘사)가 나쁘니 제외하고, 坎水(감수)가 상하괘 어느쪽에서 들어간 다른 괘를 물색해야 하는 것이다.

(예:수풍정 수화기제 수지비 화수미제 지수사 뇌수해 등)

④ 일반역상법에서의 重山艮(중산간)괘는 좋은 편인데, 주역작명법에서도 다른 제

약 사항이 없어 괜찮다.

⑤ 황극책수법에서는

17

<곡획>　林8　定9　言8　合 25　　　上卦 17÷8 …… 1乾天건천

下卦 25÷8 …… 0乾天건천

劃爻 25÷6 …… 1爻動

∴ 重天乾(중천건)괘　初爻動(초효동)　　111

다음 p.165의 원회운세표 첫머리에 보면 건괘 111의 황극책수는 2595로 길○
하다. 原典(원전)에는 手弄千金(수롱천금) 田土洋洋(전토양양)의 좋은 문구가 보인
다.

⑥ 주자식 해명법에서는

<실획>　　定8　言7　　　上卦 8÷8 …… 8坤地곤지

下卦 7÷8 …… 7艮山간산

∴ 地 山謙(지산겸) 82

다음 p.169의 주자식해명법(표)에서 八二(82)는 吉(○)하다.
鳳雛麟閣(봉추린각) 光被日月(광피일월)의 4언절구 풀이를 함께 본다.

● 原劃 實劃同字表(원획실획동자표)

－원획수와 실획수가 같은 한자－

실획	원획	
1	1	一
	4	乙
2	2	卜又二人
	3	又入丁
	4	刀力了匕
	6	乃
3	3	干工大士三上卅丈川千土下
	4	久口囗女亡山尸夕小于才叉寸
	5	巾万兀子勺孑
	6	乞己凡巳已丸
	7	弓也
4	4	介犬斤斗木文卞夫父不什午王夭牛仁壬井爪中之止.支.天仄太火爻
	5	公戈今反少手心刈曰五友云尹以日中支尺丑夬片戶凶欠
	6	勻及內丹毛无勿方分水氏牙円尤亏元月互化
	7	仇勾屯毋比四予允切.巴匹亢兮
	8	孔厄冗引仍弔幻
5	5	甘丘全立末未半本丕仕乍生矢失.玉仗正左主斥仟平乏禾卉
	6	刊甲去巨古瓜広旦代冬皿目戊白弁付史石仙世囚示申央

실획	원획	
5		外右由田占只叺必疋穴乎
	7	可功奴令丙北氷市用仔冊朮出台布皮玄
	8	加巧句尼母矛卯民司召氷永瓦凹叱此凸充兄
	9	尻弗册他
	10	包弘
	11	孕
6	6	价件共交圭企年卍米朴幷伏羊耳任匠庄在全州朱灰休
	7	仮奸曲匡臼亘互伐吏牟百伐缶寺似舌收戌式亦伍聿戎衣自伊因匠早竹仲至次尖虫冲吐合亥行血刑后
	8	各艮光劻伋老多列礼妄名牝死糸.西先束守臣安如曳字有肉而印再存舟舛艸回
	9	考攷机宅同劣刎夙旬丞仰字吊旨伉向好朽兇匈
	10	亙妃色羽旭夷地朵吃.屹.
	11	危
	12	巹
	14	弛
7	7	杆杠攻圻杜来弄牡伴兵杉床辛位攸作杖佐坐走住址夾形
	8	坎更車戒告谷困求但豆牢利里伯步否私宋寿伸亜言余妖佑会听矣壯材赤佃姸足志辰村妥吞判坂貝佀旱杏
	9	系串宏君均姈岐妓坍彤良呂伶李忘妙坊彷尨甫孚成身我冶吾旴酉吟孜灼岑佇町廷底肖佈杓何罕含汞孝希
	10	伽角改見囧克杞卵男每尾妨机庇些伺刪序児延吳完妧

실획	원획	
7		岏甬忍甸助兌.兎呀亨吸
	11	囵局紃努免別佛秀妤役邑杝
	12	究吼
8	8	佳杰供卦坵金其季科來林枚牧炆杯奉斧奔非祉析垂厓佯炎往枉杵佺征卒侏釆竺坼坪幸炘
	9	庚炅杲坤果眈具国佶奈枏東妹杳武昧旻旼态.盃佰秉宝府卑使舍狀狋昔姓所松昇侍実岳岸夜昨旺委依狀長典店定政妵姃知枝侄刹坵姜炒取炊卓坦板表俹昊和欣昕
	10	刻岬羌居京季屆固姑呱空刮佹乖劵旿奇枏念坮岱到兩冽例侖盲物放枋宓咐皐受岫崐叔侁岩於臥盂雨侑宜侚爭底咀姐岾宗宙直帙昌妻靑青初忠侈宕妬坡版彼学呼岾或効肴
	11	侃岡垌孤官糾沓岑姈彔罔孟明命門房防帛忿盼枇事祀尙承始兒妸軋奄易昀姉姊刺的制周侂帖枕爬杷杭.咍享呟昏忽
	12	昆卷旽䢙姆崏佛朋芝刷亞咏乳岽帑佩虎
	13	服叓弧
	14	穹弩弥宛咆弦協宏
9	9	竿柑科奎祈某美拜赴衫庠彦歪炸柾姃柱奏炷祉秋柝枰俠
	10	看柬姜炬癸界計故枯咬姣垢赳奈待度律俚俐厘昧面砂石文叛柏盃便屛保封査侯相峠星俗首盾是屍信姸衍栄娃昱垣爰柚臾音姙者昨斫畑点貞俎柊姝重枳昣秒促春炭昰

9		缸垓香革奕頁型虹哄皇侯昰
	11	柯舡係契軍衿祇姞南突刾侶冒眉炳柄負思砂柶叙宣契省柿食室俄昳哀映俉屋畏要威垠姻咽姿客哉訂咫姪柵峙則柴泰咸哈姮咳炫晧紅徊俙
	12	架枷削姦客建俓枸畇急挐衲耐怒栀象畓垌剏昤柳侮敀盼晒昺盆秕削炤招徇柴甚昜兗染姚俑禹紓韋柔宥前亭窅酊帝胄紂泉酋勅侵垞.怠.殆扁品風虐函巷孩眩倪炯胡奐宦厚後.
	13	曷皆冠耉軌剋矜段亮晛昴飛砒絘毗毘昭帥約瓮勇兪俊姹昶咤眈匍廻姬
	14	勁紀勃幽胤姨卽穿剃紈紇
	15	勉施盈
10	10	栞耕耿桂洼羔校徒料俳倂竝俸釜笑修栓祚座株.准隼症秦.疹秩疾差針秤倖烘烋效
	11	祛庫恭貢俱矩拳桔凍栗砬埋袂蚊畔蚌倍栢俯祕.秘匪徐秳剟釗殊栻神秧埃恙烟倭祐耘袖盇恁奘宰栽疽釘祖租眞晋畛桱借站隻臭恥倬套特桁核軒峽祜訌桓候訓
	12	家個倨虔桀格缺兼倞桃根衾氣豈拿衲爹唐倒桃烙倆烈倫唎馬冥耗畞紋紊倣病峯峰剖粉姿書栖席城素衰乘時豺息娠宸案辱容或栯原員袁恩恋財展庭曹蚤倧酒祇唇倉倡凄哲衷值蚩砧討唄疲夏奚害笀
	13	徑蚣恕紘宮起耆娘竜紐桐烔旅凌恧們旁粃射紗祠朔桑索恕屑閃娍宬宵梳栒訊娥峨晏圄俺宴倪烏垸埇疵晃凋酎

실획	원획	
10		烝砥晉朕窄倜哨畜祝託耽破哺圃豹眩晃晄哮
	14	哥剛勍高骨恐倦鬼級記㫊.納島留离眠剝紡舫紛師孫殉 娟娫兹酌埈紙眞砦剔峴訖
	15	娜娩配唆純翅翁蚓峻疱航
	16	躬般啞窈怨芻砲
	17	旣邕殷
	18	弱
11	11	基徠笠粒班徘彬徙産祥爽笙庶痒梓條從袗彩埰釧堆
	12	桿盖梗械皐梏梱皎救眷硅袓啖婡崍鹵梨犁麥培烽符趺斜 赦笹袖羞悉崖研釪唯悠庾異訢註章笛粘偵粗做趾棖斬 宷釵責婇聒鈔崔唾敗畢許烼彗畦
	13	紺康訣啓袞敎教埼匿蛋聘堂袋得梁笭羚聆率痲眸絆瓶埠 婢斌敍旋雪飡訟宿崧偲埴晨郷魚域軟梧敖欲婑移寅專 晳頂旌埩彭釣曹族晝執戚梢婜側厠啄貪笞販票被盒該 晧焄痕烯
	14	假堈健堅牽竟頃斛貫梡毬國堀規寄崎訥豚動略聊累婁 崙.勒曼望梅覓梶敏密舶訪梵副貧參晟喊細術崇匙紳訝 眼庵御唹偃焉垸晤訛梡庸偶偉尉堉將帳寂停祭組鳥彫 眺終紬埻跡窒參唱娼悤梔桶婆烹偏衒貨患凰梟晞
	15	袈勘崗乾偈烱區寇飢帶朗鹿問瓶匐蛇梭殺常商啇巢堊 唵野埶婠雩勖痍翊翌瓷紵第梯寃焌紮窓偸閉彪啣偕絃 晛舷毫瓠婚晥晦
	16	卿絅崑圈兜晩務婦崩船設紹孰習婀冤紫張晙舵扈

실획	원획	
11	17	翎處
	18	婉
	19	匏
12	12	敢棋無斑棒焚斐棐斯傘森雁粧筌集椠焦椎焱
	13	街稈鈐堺絷辜雇筐蛟棄欺鈕短答堵棹童棟等媒痢雯媄嵫博跋焙番筏楝普堡賁悲斌詐奢廂犀黍晳善睉訴甦粟須順循弒然蛙雄釉雀程堤註蛛衆診軫跌着堞替痴鈑彭貶評筆寒項黃堭徨黑欽
	14	堪嵌距傑硬款絞厥貴鈞戟期朞棠貸盜屠登量買寐睦復傅備散鈒棲賫疎植寔雅堨堯俗雲媛越椅貳壹棧裁詛戢棕智蛭硨策喆貼椒稍酢最軸晫牌馮廈蛤惠皓媓喉嗅喜稀畫
	15	訶軻開結景痙棺袴晷裙勤給喫挈單悳敦焞鈍喇裂勞棉楡媚帽閔蜜傍幇報富雰象喪甥壻盛稅筍舜焯視媤殖尋馭堰焰堨閏銃絨貽絪靭剩殘場掌貯奠晶幀朝曾創敞晴晴超硝筑跆痛筒跛閑割喊虛惑絵蛔喉喧
	16	跚間絳喀棍傀喬窘棘筋絡嵐硫帽貿悶棚絲詞翔舒婿絮疏幄暘硯詠寅圍爲婷啼詔棗尊竣喘貂蜀就幅賀睍喚喙助
	17	喝強凱幾費惡喩畯統閒絢壺毁.毀彙翁
	18	強巽椀絶
	19	殼殻屛
	20	粥

실획	원획	
12	21	發弼
13	13	鉗祺稘煤鉢笓新業鈺珪鉦鈺鉁楸稚雉
	14	幹鉀粳鉅剄較禁碁煖塗煉廉裡鉑煩痺詳塞鉊羨聖碎愁睡楯塋奧矮煜裕賃煮楮箸雎詮鈿楨誅楫嫉嗟嵯債楚催椿塔稗鉍煌
	15	賈畺墥慫鼓痼群筠暖楠農塘粮梁鈴雷裏痲貊楣飯酓補蜂碑裨肆裟煞想嗇暑楔箴歲頌酬馴銃腥詩試軾蝨暗惹椰爺煙暎傲雍園鉞飮義意稔資裝載跡賊傳靖碇稙斟粲僉牒睫塚楕馱稞豊廈該鉉嫌話會塤煊煇歆詰
	16	嫁感戡踍楗傾敬綠鉤禽畸祿亶當跳督零路輅賂稜楞募梻微頒傷詵跌塑嫂竪綏肅衙蛾愛碍楊敾煬與艅煙筵橡塢篁媼頑備暈圓嫄椿猷肄雌盞勛煎鼎晴稠雋詹置嗤飭剽楓畵靴煥賄暈暄暉
	17	暇闇誇跨塊舅極嗜酪審磏頓廊盟酩嫩愍瞥孳聘鼠詢暘鉛預詣鳴螟虞楡電塡艇綎照楼胴楷煦
	18	絹經窟虜旒硼儡勢嵩裔嵬虞愈鞘殿剪嗔剿嗝解歇幌毁
	19	鳩詭雹梟嗣楹嫛馳熙
	20	亂碗
	22	號
14	14	箕僕墹銖銓榛銚
	15	箝睾墐對裸辣靬墓誣箔粕裹裵榧蜚算斡榮截禎種罪塹彰寨聚奪衛熒熏

실획	원획	
14	16	箇誠誥構旗嫩睹棘僚寞銘駁碧福鼻緋賓署誓碩銑滕熄 睿窪僥晞榕熔煩維銀爾棟箏塼箋精肇趙誌蜘賑盡箚槍 綵稱嘆祕赫僖
	17	監嫌覡境管閨暝端團臺銅領幕暝聞榜罰輔腐賦颯裳像 誠壽需嗽僧飾瘍語厭髥煐墉禍殞愿齋飴駔綽輕聰銃綻 槌頗熒豪酷榤劃
	18	嘉竭甄輕槁寡槐魁僑綺寧圖嶋廖屢榴綸鳴貌頤閥翡飼 墅嬋韶誦綏實嫣鳶誤寤踊遞僞玉兪疑熤認臧嫡翟齊製綜 塵察暢翠誕叚碬閣禍誨酵
	19	歌閣碣綱敲暠廓嘔嶇銃競緊綠綾輗網綿碻鳳孵嘗煽說 霏誘慈靜綢總寢楫颲嫦魂廓歆
	20	廐槃酸塾窩毓僭綴緇飽
	21	熊
	22	慇態
15	15	樊鋏
	16	廣餃錄槿談稻輦賚模墨髮輩斬裸鋒墳誹儨箱墡誰睟嘶 瑩褃樟鋧慫鋱質徵磋贊趣齒瑩鞋嫿篁
	17	價稼儉課德樑凜賣慕暮摹賠僻燋噴奭瘙銷瘦穗簀蝕審養 億燃熬葵瘟窯稵玉慇儀暫箋暲諍蝶鋌槽駐廚增震憋瘡瘠 諏衝醉歎弊褒鋪暴標慧暳皞確蝗
	18	踞劍頴徵磎槻鬧幢墩嶝諒輞黎練魯論磊寮樓劉輪履摩 碼罵緬瞑廟幡駙敷賞緒鋤數鴈鞍樣影嶢慾褌誼獎敵塵 箭篆霆踪儒摯緝廠踐賤徹請請醋褪慝篇墟價憲糊皛勳

실획	원획	
15		輝嬉
	19	褐概劍慶稿鞏寬劇駕踏慮瘤輞魅慫魃磅褙劈寫馹賜嬋嘯銹諄磊熱銳憂慰蝟誾頤樗嘲調稷禛諂樞墜層幟墮幣蝦緘餉噓賢蝴麾興
	20	駕蝎穀槨嬌嶠歐駒樂螂誾毅魄範線醇鴉緣頴蝸緯毅磁漿節靚瞋輟締輜駝編碻熈
	21	畿緞緡瘢熟
	22	盤磐閱豌緩嘴彈緶翩
	23	慭毆窮皺
16	16	橄錤錟歷樸辨銒篠燁樵錐錘樺
	17	曆霖謀默燔奮斁諺橾燃曄壖整錠轃臻錯頰橫
	18	諫鋸黔錮錡諾糖賭篤曈頭燈橙燎錀廩厬燐穆躬壁頻儐燒穌樹餘甕橈檩諛儵墻錚錢霑諸踵輯簒諜賻熾頹辦螢熹熺禧
	19	墾鋼憩稽錦冀壇導燉錄瘦磨瞞螟輹憊憑橡錫醒橃鐏諶餓縊燕穎叡隸榮暉儒諮緙鮎靜醍雕築緻親孹輻瓢輯駭憲衡豁曉勳噫憙
	20	曘頸錕舘橋器覦噭駱盧賴褸冪縛篩諝橚鴨鶱禦霓縕謂衛蹂凝戰諄蹄寯餐艙諦諷學謔縣諱戲羲
	21	窺機輸諡譪關衞諭融劑樽縉翰諧骸
	22	彊磬龍褶閣豫縯縞
	23	橘燏罷鮑
	24	鴛

실획	원획	
16	25	龜
17	17	聳
	18	瞰鍍鍊錨餠糞鍈應檉鍾蹉礁穉壎
	19	橿糠蹇檢謙顆鮫黛蹈瞳斂療謎磻檗鍑鮮燮雖燧穗檍輿 嶸霙諡檣點爭糟簇縱燦鍼檜禧爔
	20	艱講鍵檄縈檄谿購鞠檎檀蝗膽殮傴瞭謐擘瞥賻嬪償嶼 嶼禪褻嶽壓襄營嬰謠轅隱牆齋績輾餞爭頁燥聰黜蟄壑 한 轄蹊壕徽
	21	懇癎擎鍋館矯懃鍛螺嶺懋謗縫謝瞬鮟癌闇曖縝繇優鍮 蹲燭縮霞韓鴻闊濶
	22	磵勵縷麮臨繁聲謖鍔孺翼氈總嚆燬虧
	23	磯聯繆繆騁駿醜趨
	24	擊繃
18	18	雜
	19	鎌壙舊鳌雙鎖顏蹠叢豐鎣簧燻
	20	鎧瞿謹騏戴糧禮蟠璧癖襒駢檳穡燼穢鎔檼儲蹟題職礎 鞭嬿顕
	21	擧瞼櫃簞燾壘鯉馥覆殯曙繕歟蟯彝贇爵轉燽贄癟蟲贅 檻
	22	簡鵠鞫覲騎櫂擘蟬簫鎖額燿繞嚅謫織鎮瞻鎬
	23	鞨謳闕竅機謬䳼灝翻鵝甕曜魏癒醬繒闖嬈闔
	24	襁鵑翹軀歸觴繡顎簪竄雛
	27	斷

실획	원획	
19	19	羹
	20	襟難簾類攀璽瓣譁穫
	21	曠壞犢鏋靡譜穡鏃懲簽醮爆
	22	鏡麯蹶譚疇牘櫓鏤離襪顙<ruby>鵝</ruby>識硯繹鏞韻願蟻鏑櫛證識曝
	23	鯨鷓麒韜襤蘆麓蟾<ruby>黷</ruby>獸曣鵲疇贊轍鯖癡覇繪
	24	繭轎橱噓辭蠅孼顚繰蹴騙
	25	疆鯤麒麗疊霧龐繩艷蟹醯
	26	贏鵬寵
	27	繫關譎
	29	嚮
	30	醸
20	20	鏐
	21	礬釋鐥鐘鑛
	22	饉麵嚴譯躇齟鰍
	23	騫黨籃齡寶譬霰孀囂壤癩籌纂鬪鹹櫨
	24	警勸騰礪醴露爐饅鰒繽騷孃曣躁譞犧爔
	25	覺醲競寶贍耀飄鰕艦懸斅曦
	26	礫鷔闡馨獻
	27	夒鰐觸
	28	驍
	30	繼
21	22	儺辯鐸

실획	원획	
21	23	顧饍殲鐵護
	24	轟饋鐺驀霹齧櫻轝譽饒鑴蠱颷鐶鰥
	25	癩爛欄蠣鶯嚼齏纏躊驃鶴顥
	26	鷄鰍鬪續屬躍贓
	27	驅饑覽儷
	28	魔麝饌
	29	蠟
22	23	鑂
	24	權癬鬚儼曬齷聽
	25	鑑鑒贖禳穰齬鑄譿歡
	26	鰊讀鰲饗懿穢顳霽驍囍
	27	囊鰻囍疊
	28	驕欒變籠聾巒竊
	29	龕鷗襲響
	30	饗
	31	彎
23	24	鑛讎籤讚
	25	黴護
	26	纖巖驛
	27	蠱鱗驚驗
	28	驚欒纓
	29	戀攣鷺麟變釄體顯
	30	髓癰鷲
	33	鸕

실획	원획	
24	25	靂
	26	讖
	27	鑵衢齷驟
	28	羈靈讓鹽鐸
	29	釀鼇癲
	30	靎艷矗囑
	31	韉
	32	蠶
	34	讒
25	27	廳
	28	籬
	30	觀
	31	欖蠻鼇纘
	32	蠹
26	27	邏
	31	讚
	32	驢
27	31	躪鑽
	32	驥
	35	纜
28	32	戀驊

실획	원획	
28	33 34	鑿 鸚
29	34 37	鬱 驪
30	38	鸞

● 原劃 實劃異字(원획 실획이자)

원획수와 실획수가 다른 한자

실획	원획	곡획	
2	7	3	七
	8	2	八
	9	5	九
	10	2	十
4	5	5	五
	6	4	六
5		7	四
	4	6	汀
		7	打
	6	9	氾
		10	犯
6	7	6	忔汗
		7	汕汐汝.玎忖
		8	扜
		9	汚托
		10	池
	8	6	艾
	10	6	邙
	11	8	阡

실획	원획	곡획	
7	8	7	玕沂沐汶沃汪玔汰忻
		8	决汩狂玖扶沙犽沄汨狄折迚玔沖快
		9	抉汲汤汾沘沅
		10	扱玘沌肋沔沒扮沈沇
		11	批抒抑抗
		12	扼投
	9	8	芋芒
		9	肝芍
		11	芎
	10	9	迂
		10	迅
		12	巡
	11	9	邦邢
		11	邲邪
	12	9	阞
		10	阪
		11	防阮
		12	阮
8	9	8	玠沫玟泮泛性泣注泙
		9	怯沽怪拉抹泊拌拔法泌泄怏沿油沮拄泞拎沾治泌

실획	원획	곡획	
8		10	拒拈怜泠拍泗沬押狎玩怡狙抽波沛怖河泫恔狐
		11	泥玭沼泳玧抵拙披泂況
		12	拐拘狗拇沸招
		13	拂拗拖抛泡泓
		14	抱
	10	8	芥芹芙茫芝芷
		9	芩芯芸芦
		10	肯芼芳芽芮
		11	肩肱苞芬育肢芭
		12	肪苃苀
		13	肥
		14	股
	11	9	近邢
		10	返
		12	迎邨
	12	10	邯祁
		12	邰
		13	邵
	13	11	附阻
		12	阿陂
		13	陀

실획	원획	곡획	
9	10	9	
		10	珏狀洙洋洲珍洪恢
			拱狡恬㺱恃珊洹津派恒活恤恰洽
		11	恪括洸拮洛洌玲洺袂洩洗拾拭洧持恨玹恍
			珉挑洞玿狩洵恂按玩洶
		12	拷流拯指
		13	茉苡
	11	9	苴苗茂若英芯
		10	苟胚苺芧茁苔
		11	茄胛苟茅胥胃苕
		12	范胎
		13	苑苞
		14	法迫
	12	11	述
		12	迦
		13	郊耶
	13	11	郁
		13	陌
	14	12	降限
		13	陋
		14	

실획	원획	곡획	
10	11	10	珙珪湆浜珥珠浹
		11	悧浬珻涉涑悚浴浙挫袗淇悍挾狹珩浩
		12	珞捏袒浪狸珫悟浯珢涏振捉狠浦涍
		13	狼琉珣涓涏浣涌挺浸悖捕被海珦現悔
		14	捐挺悅悌涕珝
		15	挽捌
		16	袍
	12	10	茶茸茯茱
		11	茫草荇荊
		12	茗茹脊茜茴
		13	脈茍荒
		14	胱脵
		15	胴猛脂胸
		17	能脆
		18	脅脇
	13	11	迷
		12	逆适逅
		13	追退
		14	逈
	14	14	郡郎
		12	陜
	15	13	除陣
		15	院陞

실획	원획	곡획	
11	12	11	淇淡淋涯惟悴淮
		12	掛球悼涙理排捧惜琁淞液淀珵猝採添推渼
		13	悸捵掉琅淪珹淯淑深掖接淨情措悽淺捷淸淸淆
		14	据控捻淘悼掠捷授淳猜淹淵琓淙悰猖探涵惚
		15	袴掘淰惱猛琇掩猊淄混
		16	捲掃
	13	11	莾莘茨
		12	莉莫莎莊荻
		13	荸脩荴荷
		14	莖屑莞
		15	脯
		16	脚脛脘
	14	13	述途逗連逞逢逝速這造逐
		14	逍逎逋
		15	逕通
		16	逡透
	15	13	郵
		14	部
		16	郭
	16	14	陸陪陳
		15	陵陰
		16	陶陵陷

실획	원획	곡획	
12	13	12	琪琳渼湃瑈琰珃湊琗湫
		13	琴琺湙渣湘湀惺湜渶湲渚琠湞琢琸惶湟
		14	揀揆琦湳描渺猫湄揷湞惲猩琡渥琻援裕揖湮湿猪提琮　測惻琛惰愎渾
		15	裙湍補惰握挪猥渭淳湯琶港湖渙揮
		16	渴減琨揚渦湧猶愉游琥換
		17	揭渤愕揄
		18	琬
	14	12	萊菲菜萃萍華
		13	菓菌菫菩萎萸菹
		14	菊菽菖菁
		15	菰菅萄菱萌腑脾菴腋
		16	腔
		17	腎
		20	腕
	15	14	達
		15	逮
		16	週
		17	逸
	16	15	都
	17	15	隆隍
		16	隊隋
		17	陽隅
		18	階

실획	원획	곡획	
13	14	13	準溙
		14	慊滔慄珵瑟瑛頊瑗溢滓堤瑃匯
		15	愷愾溪溝祼滅溟愯瑂裨瑄愫搜演溫溶源滄愴搭琿
		16	滂溥瑞損搔溯搖瑀猿瑋瑕瑚滉慌慌
		17	滑愧瑙溜愼滋搢搾滑
		18	搗獅瑜猾携
		20	搬潑
		21	溺
	15	13	萩
		14	葵董葉著茸
		15	落萱
		16	萬葦葬腫葫
		17	葛葯腰葡
		18	腱腺
		19	腦
	16	14	達
		15	道遁遑
		16	遂遇運逼
		17	違遒遍遐
		18	過遊逾
	17	20	鄕
		21	鄒

실획	원획	곡획	
13	18	16	隘
		17	隙陻
		19	隔
14	15	14	瑳滌
		15	漌漠漳漸潰玊晉慚漆漢滸
		16	慷滾漣瑪滿慢漫裸漱漁獄瑥瑤瑢玊愚獐漕慽漂慓
		17	慣漏複滲漾滴瑁慘憁慟
		18	慨漑瑯瑠璃褘摘瑱滯摠
		19	褐褙漲
		20	摺
	16	14	蒢蓁
		16	蓋蓂蒙蓑蒜蓆蒔蓉蒼蒲
		17	夢蒡蒢蒸蓄
		18	膊蒸蒐蒿
		19	膏膀腿
		20	膈
	17	16	遡遠
		17	遙
		18	遡遣
		19	遜
		20	遞
	18	19	鄙

실획	원획	곡획	
14	19	17	障
		19	際
15	16	15	瑮憮澁瑽濮𣲗憔
		16	幢潼憮撲潘澘憤潛璋澎潢
		17	潰摯撞璉憐潾澐澍澄播憊澔憘
		18	憬獙撓憫潤撒潟璇潤潮憎澈撮憚褪澗蒿
		19	澗潔撈瀟撒撑
		21	潛
		22	潺撰
		24	潑
		25	撥
	17	15	蔗
		17	蓮蓬蔚蔡
		18	蔞膜蔓蓼蔣蒾蔥
		19	蓼蔔蔬蓴膝蔭
		20	膚蔩
		21	膠膣
	18	16	遮
		18	遭
		19	遜適
	19	19	鄧鄰鄭
		20	鄲
	20	19	鄰

실획	원획	곡획	
16	17	16	璞
		17	澾濂罹濉璡澤澔璜
		18	濃撻澧璘撡憶澉濨擇澮
		19	憾激璟潞擁鴻獪
		20	據擒憺澹褸操擅濁
		21	擔獨澱懈
		22	璣擄褶
	18	16	蕪蕉
		17	蕃
		18	蕨朣蕓膦蔽蕙
		19	幬膳燊蕩膨
		20	蕎朦蕭蕘
	19	18	暹遺遲
		19	遼
		21	遵遷
		23	選
	21	20	險
		21	隨隱
17	18	18	璱濚濩
		19	濱澺澹璨獲
		20	璥懦濤濫璗濡濟璪濠環
		21	擡濯

실획	원획	곡획	
17		22	擢
		23	獰濕擬擦擢
		24	襋
	19	17	薪
		19	薑薄薜薏薔
		20	薇薦
		21	膿臂臆膾
		22	麌
		23	膽
		24	臀
	20	20	避還
		21	遽邀
		23	邂
	22	21	隱
18	19	19	瀅
		20	襟璜璿瓗瀋濸璵瀑擴
		21	瀆
		22	瀏瀉璹
		23	濾擾擲擄濾擾擲擄
		26	獵
	20	27	擺
		19	藉薰
		20	薩薯蕷蓋

실획	원획	곡획	
18		21	藍薺
		22	藁藏
		23	臍
	21	21	邁
		22	邃
		23	邈
19	20	19	瀝
		20	瓆
		21	瀕瀣懷
		22	羅襪
		23	瓊懶襤瀘瀨瀟
		24	獺瀚
		25	瀧
		27	瀛瀞
	21	20	藩
		22	藤藜藪藕
		24	藥藝
		28	臘
	22	22	邇
		25	邊
20	21	21	懺
		23	灣

실획	원획	곡획	
20		24	瀾攘
		25	灢
		26	瓏
	22	21	藿
		22	蘇藷
		23	蕑蘂藻
		24	蘆蘊
		28	朧
21	22	22	攝灐
		23	灌懼
		24	瓔
		25	瓓
	23	23	蘗蘚蘖
		25	蘭藿
22	23	23	灘
		24	瓘
		26	灑
		27	攢
	24	28	臟
23	24	27	瓚攫
		29	攪
	25	26	蘿
	26	27	邏

실획	원획	곡획	
24	25	28 31	灝 攬
25	26	26	灣

다. 諸作名法(제작명법)의 檢討(검토)

① 광미명성학

<pre>
    상생   상생
    ───── ─────
 임   정   언
 土   金   土
</pre>

정을 중심으로 위와 土生金(토생금)으로 상생하고 아래와도 토생금으로 상생하니 부모와 상사와는 물론 아래 자식 부하 등과도 원만하다고 본다.

<pre>
 6   7   5   16
 임   정   언   合
</pre>

한글이름의 수리 12 13 11 16은 원격외는 좋으며, 한글주역은 風雷益(풍뢰익) 風火家人(풍화가인) 風雷益(풍뢰익)으로 좋은 편에 속한다.

<pre>
 8   8   7   23
 林   定   言   合
</pre>

한문주역은 地山謙(지산겸) 地山謙(지산겸) 地風升(지풍등)으로 좋다.
＊위 한글주역괘와 같이 각종 괘 길흉표 참조

② 자획 자원오행

출생 太歲(태세)가 己丑生(기축생)으로 名上字(명상자) 定(정 8획)의 자획자원오행이 寅(인)으로 상충이 申(신)인데 丑(축, 대지띠)생으로 무관하고, 怨嗔(원진) 역시 축생의 午(오)가 아니므로 해당 없으며,

庫藏(고장) 역시 丙生(병생)으로 丙부터 8번째인 癸(계)인데 정자의 자획자원오행 寅(인)과는 무관하며, 丙으로부터 8번째인 癸(계)와 定字(정자)의 寅(인)과는 正祿(정록, 癸의 정록은 子)이 아니며 寅申沖(인신충)도 아니다. 그 외 身數(신수)도 대입해보면 알 수 있다.

③ 곡획작명법

의외로 간편하게 검토할 수 있다. 출생간지에 따른 先天生數(선천생수)에 先天數(선천수) 실획과 後天數(후천수) 곡획 모두 3개의 합수를 가지고 다음의 곡획작명 길흉표에서 初中末(초중말)의 운세를 부호(○×)로 보면된다.

8	8	7	선천수 23	즉 55(선천생수)
林	定	言		23(선천수합)
8	9	8	후천수합 25	+ 25(후천수합)
				103

※ 이법에서 103은 安過一生(안과일생) ○○○으로 초중말년 모두 吉하다.

그런데 곡획작명법에서 ×표가 들어가 흉하게 나온다면 기분이 상할 수 있는데, 제갈무후작명결(삼국지에서 유명한 제갈공명의 이름을 붙인 작명비결)에서 앞서의 선천생수를 빼고 선·후천수의 합수로만 해당수리를 4언절구의 풀이를 보고 그 길흉을 판단하며 위안을 삼으면 된다.

예시의 경우 林8(8) 定8(9) 言9(8) 계 23(25)이므로 23과 25의 합 48을 보면 一生安樂(일생안락)으로 길함을 알 수 있다.

④ 대수론으로 보자면

林임 8   前運(전운) 8代 7 數
                富(부) 壽(수) 晩(만) 好(호)로 길하고
15 ⎰ 定정 8   後運(후운) 8代 15數
   ⎱ 言언 8   富(부) 壽(수) 吉(길) 二子로 길하다.

라. 綜合評價 (종합평가, 林定言〈임정언〉의 작명)

① 定(정할정) 言(말씀언)은 불용문자 등 결함이 없을 뿐아니라 달리 제외시킬 이 유는 없다. 辭典(사전)의 풀이에는 어떤 명제나 주장 판단을 만약 또는 따위의 조건을 달지 않고 단정하는 일이라 하였지만, 言語(언어)를 定立(정립) 또는 定 論(정론)과 연관지어진다. 말을 함에 있어 신중히 과묵하게하므로 꼭 할말은 한 다는 뜻도 유추할 수 있을 것이다. 대체로 字意(자의)가 좋은 이미지이다.

② 기본작명법으로는 음양·음오행 삼원오행 수리가 무던하고, 역상법에서도 일반 역상과 함께 본 중산간괘도 좋은 편이다.

③ 작명비법인 선후천역상법으로 보면 평생괘 산천대축괘로 아주 좋고 동효역시 좋으며, 특히 대상으로 보는 運路(운로)가 元氣(원기)에 충만하여 나무랄데 없 다고 본다.

④ 그외 역상법중 황극책수법에서 중천건괘 초효동으로 주역효사길흉표에서 20점 (20점 만점의 4점을 100점 만점으로 환산)으로 일반적으로 그렇듯 아주 낮은 점수이나, 이 법에서는 卦爻(괘효)풀이상 최고로 길하며, 주자식 해명법에서도 좋은 풀이가 연달아 나와서 좋다.

⑤ 기타 작명법에서 요즘 관심를 끌고 있다는 광미명성학에서 음양 수리 한글과 한문 주역에서 풍뢰익, 풍화가인괘와 지산겸 지풍승괘 같은 좋은 괘가 나와 좋 아 보이며, 자획자원오행에 걸리면 찜찜한데 그런것도 없고,

⑥ 곡획작명법은 상당히 광범위하게 쓰이는가 보던데, 출생년도에 따라 같은 이름 이라도 그 길흉이 다른 것이 특색이다. 林定言(임정언)의 경우 103수로 초중말 년 모두 길하고, 같이 검토한 제갈무후작명결에도 일생안락으로 좋게 나왔으며, 대수론의 경우도 부자로 오래살고 두 자식을 두는등 좋게 평가하고 있다.

작명	기본작명법	역상법	제작방법	비　　고
林임 定정 言언	음령오행○ 수　리○	일반역상법　○ 주역작명법　○ ※ 선후천역상법○ 황극책수법　○ 주자식해명법○	광미명성학　　○ 자획자원오행법○ 곡획작명법　　○ 제갈무후작명결○ 대수론　　　　○	수리○ 음오행△ 선후천역상법 ◎ 황극책수법, 곡획 작명법△ 대수론 주자식 해명법▽

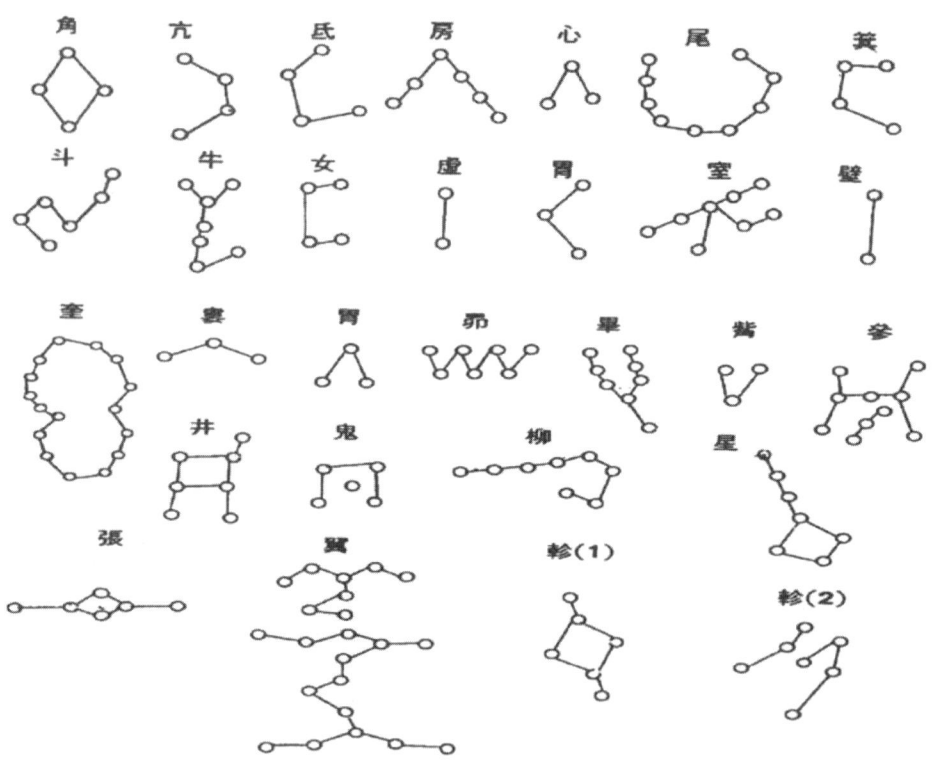

V

附 錄

Ⅴ. 附錄(부록)

● 일러두기

音部(음부)에서

* 音別(음별) 한자중 기초한자 끝에는 ,(컴마)를 하여 추가한자와 大別(대별)하였다. 간혹 ,가 없는 音(음)이 있는데 전부 추가한자임. 약속자는 本字(본자, 原字원자, 標題字표제자)에 배열하였다.

* 당초 원본에는 기초한자를 흑색으로 하고 본자와 同字(동자)는 적색으로 하였으며, 추가한자는 청색으로 다소 식별이 용이하도록 되어 있었으나 출판 편의상 전부 흑색으로 변환하였음을 양해 바랍니다.

※ 현재의 인명용 한자는 5,178자로 아래와 같이 구분한다.
이는 人名用漢字辭典(인명용한자사전, 李讚九이찬구 편저 金碩鎭김석진 감수 明文堂명문당 발행 2007. 7.13.판 참조)

　　　－ 한문교육용 기초한자

　　　　　2000. 12. 31 현재　　1,872자

　　　－ 인명용 추가한자

　　　　　1991. 4. 1 현재　　1,061자

　　　　　1994. 9. 1 현재　　　109자

　　　　　1998. 1. 1 현재　　　74자

　　　　　2001. 1. 4 현재　　1,737자

　　　　　2003. 10. 20 현재　　　48자

　　　　　2005. 1. 1 현재　　　161자

　　　　　2007. 2. 15 현재　　　116자

人名用 漢字 _(音部)

가 음부 〈木〉

○가家佳街可歌加價假架暇嘉嫁稼賈駕伽迦柯,呵苛哥枷珂痂茄袈訶跏軻哿　○각各角脚却閣覺刻殼珏恪,慤
○간干間看刊肝幹簡姦懇艮侃杆玕竿諫揀墾栞,奸柬桿澗癇磵稈艱　○갈渴葛,曷喝曷碣竭褐蝎鞨　○감甘減感敢監鑑(鑒)勘堪瞰,坎嵌憾戡柑橄疳紺邯龕　○갑甲鉀,匣岬胛閘　○강江降講强(強)康剛鋼(鎠)綱杠堈岡崗姜橿疆慷,畺疆糠絳羌腔舡薑襁鱇嫝踣　○개改皆個(箇)開介慨槪蓋(盖)价凱愷漑,塏愾疥芥豈鎧玠　○객客,喀　○갱更坑,粳羹　○갹醵　○거去巨居車擧拒距據渠遽鉅(혹鋸)炬,倨据祛踞鋸　○건建(建)乾件巾虔健楗鍵,愆腱蹇騫湕　○걸傑杰,乞桀　○검儉劍(劒)檢,瞼鈐黔　○겁劫怯法　○게憩揭,偈　○격格擊激隔檄,膈覡　○견犬見堅肩絹遣牽鵑,甄繭譴　○결決結潔缺訣,抉　○겸謙鎌,慊箝鉗　○경京景輕經庚耕敬驚慶競竟境鏡頃傾硬警徑卿(卿)倞鯨坰耿炅梗儆憬擎暻更俓涇璟瓊莖勁逕潁冏勍檠(橩),炯璥痙磬絅脛頸囧鶊冂涇　○계癸季界計溪鷄系係戒械繼契桂啓階烓誡,堺屆悸棨磎稽繫谿　○고古故固苦考(攷)高告枯姑庫孤鼓稿顧叩敲皐暠,呱尻拷槁沽痼睾羔股膏苽菰藁蠱袴誥賈辜錮

雇杲　　○곡谷曲穀哭,斛梏鵠　　○곤困坤昆崑琨鯤,梱棍滾袞鯤　　○골骨,汨滑　　○공工功空共公孔供恭攻恐貢珙控,拱蚣蛩　　○곶串　○과果課科過戈瓜誇寡菓,跨鍋顆　　○곽郭廓,槨藿　　○관官觀關館(舘)管貫慣冠寬款琯錧灌瓘梡,串棺罐菅　　○괄括,刮恝适　　○광光(炗)廣(広)鑛侊洸珖匡曠桄眖,壙狂筐胱　　○괘掛,卦罫　　○괴塊愧怪壞,乖傀拐槐魁　　○굉宏,紘肱轟　　○교交校橋敎(教)郊較巧矯僑喬嬌膠,咬嶠攪狡皎絞翹蕎蛟轎餃驕鮫姣佼　　○구九口求救究久句舊具俱區驅鷗苟拘狗丘懼龜構球坵玖矩邱銶鳩溝購軀耉枸,仇勾咎嘔垢寇嶇廐柩歐毆毬灸瞿絿臼舅衢謳述鉤駒痀　　○국國(国)菊局鞠,鞫麴　　○군君郡軍群,窘裙　　○굴屈窟,堀掘　　○궁弓宮窮躬,穹芎　　○권卷權勸券拳圈眷,倦捲淃　　○궐厥闕,獗蕨蹶　　○궤軌,机櫃潰詭饋　○귀貴歸鬼龜,句晷匭　○규叫規糾閨圭奎揆珪逵窺葵,槻硅竅赳糺邽嫢○균均菌畇鈞,勻筠龜　　○귤橘,　　○극極克劇剋隙,戟棘○근近勤根斤僅謹槿瑾墐墐嫤筋劤,懃芹董覲饉　　○글契,○금金今錦琴禁禽衾襟吟妗擒檎芩衿　　○급及給急級汲,伋扱　○긍肯亘(互)兢矜,　○기己紀記起其基期氣技旣忌旗奇寄騎豈器幾祈企機畿飢棄欺淇琪璂棋祺錤騏麒玘崎杞埼琦綺錤箕岐汽沂圻耆璣磯冀驥嗜暣譏伎,夔妓朞畸碁祁祇羈璣肌饑稘　　○긴緊,　○길吉佶桔姞,拮　○김金,○낏喫

나 음부＜火＞

○나那奈奈娜挐,儺喇懦拿挐㩳朒　　○낙諾,　○난暖難煖,
○날捺,捏　　○남南男楠湳,枏　　○납納,衲　　○낭娘,囊
○내內乃奈耐,柰　　○녀女,　　○년年,(秊)撚　　○념念,捻恬
拈　　○녕寧,嚀獰　　○노怒奴努,弩瑙駑　　○농農濃,膿
○뇨尿鬧撓　　○눈嫩,　　○뇌腦惱,　　○눌訥　　○뉴紐鈕,杻
○능能,　　○니泥,尼柅膩瀰　　○닉匿溺

다 음부 ＜火＞

○다多茶,爹窯　　○단丹但單短團端旦段斷壇檀鍛緞,亶象
湍簞蛋袒鄲煓　　○달達,撻澾獺疸　　○담談淡潭擔譚膽澹
覃,啖坍憺曇湛痰聃蕁錟倓　　○답答畓踏,沓遝　　○당堂當
唐糖黨塘鐺撞,幢戀棠螳　　○대大代待隊帶對貸臺戴垈玳
袋擡旲,坮岱黛　○댁宅,　　○덕德(悳),　　○도刀到度道島徒
導渡都圖倒挑桃途稻跳逃陶盜堵塗棹濤燾禱鍍蹈,屠嶋悼
掉搗櫂淘滔睹萄覩賭鞱𩹛　　○독獨督毒篤讀,瀆牘犢禿纛
○돈豚敦墩惇暾燉頓,焞旽沌　　○돌突乭,　　○동同洞銅動
童冬東棟桐董凍潼垌瞳蝀,仝憧疼胴瞳曈彤烔　　○두斗豆
頭杜枓,兜痘竇荳讀逗阧　　○둔鈍屯遁,臀芚遯　　○득得,
○등登燈等藤騰鄧謄,嶝橙

라 음부 〈火〉

○라 羅螺,喇懶癩蘿裸邏剌覶攞　○락 樂落絡洛珞酪,烙駱

○란 卵亂蘭爛欄瀾璘,丹欒鸞　○랄 剌辣　○람 藍覽濫,嵐

擥攬欖籃纜襤㜑　○랍 拉臘蠟　○랑 郎浪朗廊琅瑯,狼螂

烺　○래 來(来,逨)崍萊,徠　○랭 冷,　○략 略掠,　○량 良

兩梁量糧諒椋涼凉亮倆,粮粱輛　○려 麗旅慮勵黎閭呂侶,

儷廬戾梠濾礪藜蠣驢驪　○력 力歷曆,瀝礫轢靂　○련 連

蓮聯練鍊戀憐煉璉,攣漣輦變　○렬 列烈裂劣冽,洌　○렴

廉濂簾斂,殮　○렵 獵,　○령 令領嶺零靈伶玲姈呤鈴齡怜,

囹岺笭羚翎聆逞泠澪　○례 例禮(礼),澧體隷　○로 勞路老

露爐魯盧鷺,撈擄櫓潞瀘蘆虜輅鹵嚧　○록 祿綠錄鹿彔,碌

菉麓　○론 論,　○롱 弄瀧瓏籠,蘢朧聾　○뢰 雷賴瀨,儡牢

磊賂賚　○료 料了僚遼,寮廖燎療瞭聊蓼　○룡 龍(竜),

○루 屢累樓淚漏,壘婁瘻縷蔞褸鏤陋　○류 柳留類流琉劉

瑠硫,瘤旒榴溜瀏謬　○륙 六陸,戮　○륜 倫輪侖崙(崘)綸,

淪錀　○률 率栗律,慄崒　○륭 隆,　○륵 勒肋　○름 凜,廩

凛　○릉 陵綾菱稜,凌楞　○리 里梨理利李吏裏(裡)離履俚

璃莉离俐悧,浬厘唎犁狸痢籬罹羸螯鯉浰瓈　○린 隣潾璘麟,

吝燐藺躪鱗鄰鏻撛鏻　○림 臨林琳霖淋,琹　○립 立笠粒,

砬

마 음부 <水>

○마馬麻磨磨瑪,摩痲碼魔　○막莫漠幕,寞膜邈　○만萬滿晚慢漫蠻万曼蔓鏋,卍娩巒彎挽灣瞞輓饅鰻　○말末茉,靺抹沫襪鞋　○망亡忙忘望茫妄罔網,芒莽輞邙　○매每梅妹媒賣買埋,寐昧枚煤罵邁魅苺　○맥麥脈,貊陌貘　○맹孟猛盟盲萌,氓　○멱冪覓　○면免勉面眠綿冕棉,沔眄緬麵　○멸滅,篾　○명名銘命明鳴冥溟,暝楢皿瞑茗蓂螟酩慏洺眀鴨　○메袂　○모母毛某模謀矛募慕暮貌冒摸牟謨,侮姆帽摹牡瑁眸耗芼茅橅　○목木目牧沐睦穆,鶩　○몰沒,歿　○몽夢蒙,朦　○묘卯妙苗墓廟描錨畝,昴杳渺猫竗　○무戊茂武務霧無(无)舞貿拇珷畝撫懋,巫憮楙毋繆蕪誣鵡橅　○묵墨默,　○문文問聞門汶炆紋,們刎吻紊蚊雯　○물勿物,沕　○미米未味美尾迷微眉渼彌(弥)薇嵋媄媚,嵋楣楣湄謎靡黴躾嫩瀰　○민民敏憫玟旻旼閔珉(瑉)慜(慜)岷忞愍敃潤瞀頣泯砇,悶緡碈顐鈱　○밀密蜜,諡

바 음부 <水>

○박泊拍博迫朴薄珀璞鉑舶撲,箔剝樸粕縛膊雹駁　○반反半班盤返叛飯般潘伴畔磐頒,拌搬攀斑槃泮瘢盼磻礬絆蟠豳　○발發拔髮鉢渤潑,勃撥跋醱魃　○방方房傍倣放

訪芳防妨邦坊彷龐眆榜, 尨靹旁枋滂磅紡肪膀舫蒡蚌謗
○배拜杯(盃)倍培配背排輩湃陪裵(裴), 俳徘焙胚褙賠北
○백白百伯栢(柏)佰帛, 魄　○번番飜(翻)繁煩蕃, 幡樊燔磻藩　○벌伐罰閥, 筏　○범凡犯範汎帆机氾范梵, 泛釩
○법法, 琺　○벽壁碧璧闢, 僻劈擘檗癖薜霹　○변變辨辯邊卞弁, 便釆　○별別, 瞥鱉龞襒莂鷩
○병丙病兵竝(並)屛幷(幷)倂棅軿鉼瓶炳柄昺(昺)秉, 餠騈　○보保步報普補譜寶(宝)堡甫輔菩潽, 洑湺珤褓俌　○복福伏服復腹複卜馥鍑, 僕匐宓茯葍覆輻輻鰒　○본本,　○볼乶,　○봉奉逢峯(峰)蜂封鳳俸捧烽琫棒熢蓬鋒, 縫漨浲　○부夫扶父富部否副符附浮付府簿婦賦膚赴負腐孚芙溥敷傅復, 不俯剖咐埠孵斧缶腑孵莩訃賻趺釜阜駙鳧　○북北,　○분分紛粉奔憤墳奮汾芬盆, 吩噴忿扮昐焚糞賁雰　○불不佛弗拂, 彿
○붕朋崩鵬, 棚硼繃　○비比非悲飛備費批鼻卑婢碑妃肥祕(秘)庇枇琵屝譬丕匕匪憊斐榧妣毗毘沸泌痺砒秕粃緋翡脾臂菲蜚裨誹鄙棐　○빈貧賓頻彬斌濱嬪穦儐璸玭, 顂檳殯浜瀕牝邠繽份豳贇霦鑌　○빙氷聘憑, 騁

사 음부 <金>
○사四巳士仕寺史使舍射謝師死私絲思事司詞蛇捨邪賜斜詐社沙似査寫辭斯祀泗砂糸紗娑徙奢嗣赦, 乍些伺俟傞唆柶梭渣瀉獅祠篩肆莎蓑裟飼駟麝　○삭削朔, 數索　○산

山産算散酸珊傘,刪汕疝蒜霰　　○살殺薩,芟撒煞　　○삼三
森參蔘杉衫,滲芟　　○삽挿(揷),澁鈒颯　　○상上尙想霜相
祥詳常裳賞床(牀)償象像嘗商傷喪桑狀庠湘箱翔爽塽,孀峠
廂橡觴樣　　○새塞,璽賽　　○색色索嗇穡,塞　　○생生,甥牲
省笙　　○서西序書緒署暑叙(敍)徐庶恕抒舒瑞棲(栖)曙誓
壻(婿)惰諝,墅嶼捿筮絮胥薯逝犀鋤黍鼠嶼萓揟忞　　○석石
夕昔惜席釋析碩奭汐淅晳錫祏鉐,潟蓆舃　　　○선先仙善鮮
選船線宣旋禪扇渲琁瑄璿璇嬋羨銑墡愃膳繕珗嫙,僊敾煽
癬腺蘚蟬詵跣鐥饍洒　　　○설雪說設舌卨楔薛,屑泄洩渫蓺
齧卨契离　　○섬暹蟾纖,剡殲贍陝閃　　○섭爕涉攝葉,
○성성姓性成城誠盛省星聖聲惺晟(晠)珹娍醒瑆,宬猩筬腥聖
胜胜　　○세世洗歲勢細稅貰,笹說忕洒　　○소小少所訴掃
疎蘇蔬消素笑召昭燒騷沼炤紹邵韶巢疏遡招玿,嘯塑宵搔
梳溯瀟甦瘙篠簫蕭逍銷愫穌黼　　○속今俗速續束屬粟,涑謖
贖　　○손孫損遜巽,蓀飡　　○솔率帥,　○송松送訟頌誦宋
淞,悚　　○쇠衰釗,　　○쇄刷鎖,殺灑碎鎖　　○수水手受授首
守收誰須雖愁樹壽(寿)數修(脩)秀囚需帥殊隨輸邃洙睡獸
琇銖繡隨垂粹穗(穗)髓隋搜袖,嗽嫂岫(峀)戍漱燧狩璲瘦豎
綏綬羞茱蒐蓨藪讐邃酬銹隧鬚澹鵤睟　　　○숙叔淑肅宿孰熟
塾琡璹橚,夙潚菽　　　○순旬純旬殉盾順瞬循脣巡洵珣筍荀
舜淳諄錞醇焞,徇恂栒楯橓蕣蓴詢馴　　○술戌述術,鉥
○숭崇嵩,崧　　○슬瑟膝瑟,蝨　　○습習拾襲濕,褶　　○승乘

承勝升昇僧丞陞繩,蠅滕承塍　　○시市示是時詩施試視始
矢侍柴恃,匙嘶媤尸屎屍弑柿猜翅蒔蓍諡豕豺偲媞媞毸,
○식食式植識息飾栻埴殖湜軾寔,拭熄簽蝕　○신身申神臣
信辛新伸晨愼紳莘薪迅訊,侁呻娠宸燼腎蜃蜃辰璶　　○실
失室實(実)悉,　○심心甚深審尋沁沈,藩芯諶　○십十什
拾,　○쌍雙,　○씨氏

아 음부 〈土〉

○아兒(児)我牙芽亞(亜)阿雅餓娥峨(峩)衙妸,俄啞莪蛾訝
鴉鵝婀(娿)哦　○악惡岳樂堊嶽,喔愕握渥鄂鍔顎鰐齷
○안安案眼岸鴈(雁)顔晏按,鞍鮟　　○알謁,斡軋閼　　○암
巖(岩)暗庵菴,唵癌闇　○압壓押鴨,狎　○앙仰央殃昂鴦,
怏秧　　○애愛哀涯厓崖艾,埃曖磑隘靄睚　○액厄額液,扼
掖縊腋　○앵鶯櫻,鸎鸚　○야也夜野耶冶,倻惹揶椰爺若埜
○약弱約藥若躍,葯蒻　○양羊洋陽楊揚養樣讓壤襄孃漾,
佯恙攘敭暘瀁煬痒瘍禳穰釀易　　○어魚漁於語御,圉瘀禦
馭齬唹　　○억億憶抑檍,臆　　○언言焉諺彦(彦),偃堰嫣
○얼孼蘖　○엄嚴奄俺掩,儼淹　○업業鄴,　○엔円,
○여余餘如與汝輿予,歟璵礖艅茹轝妤悆　　○역亦易域譯
驛逆役疫晹,繹　　○연研硯鉛演然燃煙(烟)延燕燕沿緣宴軟
衍淵(渊)妍娟沇涓筵瑌姢,嚥堧捐挺椽涎繰鳶曣燃醼充(兖)
莚瓀嬿　　○열悅熱閱說,咽澧　○염炎染鹽琰艷(艶),厭焰

苒閻髥　○엽葉燁曄熀,　○영永詠英營榮(栄)迎泳影映暎楹渶煐瑛瀯盈鍈嬰瑩穎瓔咏,塋嶸潁濚瀛纓霙嬴懧　　○예豫預藝譽銳芮乂叡(睿,)倪刈曳汭濊猊穢藥裔詣霓坲埶榮玴嫕蓺蕊鼗

○오五吾午誤烏梧悟汚嗚娛傲伍吳旿晤奧珸,俉塢墺寤惡懊敖澳熬獒筽鼯鰲鼇浯燠　　○옥玉屋獄沃鈺,　　○온溫瑥穩(稳)媼,瘟縕蘊昷榅　　○올兀,　　○옹翁雍甕擁瓮甕癰邕饔　　○와瓦臥,渦窩窪蛙蝸訛　　○완完緩玩垸浣婉琓琬莞婠宛,梡椀碗翫脘腕豌阮頑妧岏鋎　　○왈曰,　　○왕王往旺汪枉,　　○왜倭娃歪矮　　○외外畏,嵬巍猥　　○요要搖遙腰夭堯曜耀瑤樂饒姚謠僥,凹妖嶢拗擾橈燿窈窯繇繞蟯邀喓

○욕欲浴慾辱,縟褥　　○용用勇容庸鎔溶瑢榕蓉湧涌埇踊墉鏞茸甬,俑傭冗湧熔聳傛槦　　○우于宇右牛友雨遇愚憂又尤羽優佑祐郵玗寓迂旴禹瑀偶霧堣隅釪,盂禑紆芋藕虞雩扝圩愚慪燠　　○욱旭昱煜郁頊彧,勖栯稶燠　　○운云雲運韻沄澐耘暉会,暈橒殞熉芸蕓隕篔(簼)　　○울蔚,鬱乤
○웅雄熊,　　○원元原院源願圓援遠園媛瑗苑轅愿嫄怨員袁垣洹沅婉,寃湲爰猿阮鴛褑朊杬鋺　　○월月越,鉞　　○위位危爲偉威緯圍衛(衞)謂慰胃僞違委尉渭瑋韋魏暐,葦蒍蔿蝟褘　　○유由油酉有儒遺幼幽愈維惟乳唯悠侑洧宥誘猶遊柔裕庾兪(俞)楡喩瑜猷濡(渘)愉釉攸柚釉珘,孺揄楢游癒臾萸諛諭踰蹂逾鍮曘婑囿迶牖　　○육肉育堉,毓　　○윤潤閏

尹允玧鈗胤阭裥,贇閨昀玧贇　○율聿,燏汩建　○융融,戎瀜絨　○은恩銀隱垠殷誾(闇)激垠,慇㶁听珢訢儓圻蒑檼隝　○을乙,圪　○음音吟陰飲淫,蔭愔　○읍邑泣,揖　○응應膺鷹凝,曋　○의衣依義議矣儀意宜醫疑倚誼毅擬懿,椅齮薏蟻　○이二貳以已耳而移異夷伊易弛怡彝(彝)爾珥頤,姨痍肄苡薾貽邇飴嫛杝胒　○익益翼翊瀷謚翌熤,　○인人引仁因忍認寅印刃姻,咽湮絪茵螾靭靷楝茫汈牣璘　○일一日壹逸溢鎰馹佾,佚　○임壬任賃妊姙稔,荏恁託　○입入,卅　○잉剩,仍孕芿

자 음부 〈金〉

○자子字自者姉(姊)玆資姿恣刺仔慈紫雌磁滋藉瓷,咨孜炙煮茨蔗疵諮秄　　　○작作昨酌爵灼芍雀鵲,勺嚼斫炸綽舃　○잔殘,屛棧潺盞　○잠暫潛(潜)蠶箴,岑簪　○잡雜,　○장長場丈張章障裝莊(庄)牆(墻)將(将)壯(壮)奬帳掌粧藏臟腸匠杖奘葬暲薔璋漳樟蔣,仗狀檣欌漿獐臧贓醬　　○재才材財在載裁再哉災栽宰梓縡齋溨,滓齎　○쟁爭錚,箏諍　○저著貯低底抵苧邸楮沮,佇儲咀姐杵樗狙渚猪疽箸紵菹藷詛躇這睢魼　　○적的赤寂適滴摘積績蹟籍笛敵跡賊迪,勣嫡翟荻謫迹鏑吊狄炙　○전田全典前展錢電專傳轉戰佺栓詮銓瑔甸塡殿奠荃雋顚,佃剪塼廛悛氈澱煎畑癲筌箋箭篆纏輾鈿鐫顫餞　○절節絶切折哲,截浙癤竊　○점店占

點(点)漸,粘岾霑鮎　　○졉接蝶,摺　　○정丁停頂井正政定
貞程淨整情靜(静)精庭亭訂廷征釘汀玎町呈桯珵妌偵湞幀
楨禎珽挺綎鼎晶晸柾鉦淀錠鋌鄭靖靚鋥炡淳涏頲婷,旌檉
瀞晴碇穽艇諄酊霆埩姃彭佂梃胜　　○제弟第帝提題堤制齊
際濟第製諸除祭悌梯瑅,劑啼臍薺蹄醍霽媞　　　○조兆早組
調造助祖弔燥操條朝潮照租鳥趙遭彫措晁窕祚曹肇詔釣
眺,俎凋嘲棗曹槽漕爪璪稠粗糟繰藻蚤躁阻雕昭　　　○족足
族,簇鏃　　○존存尊,　　○졸卒拙,猝　○종宗種鐘從縱終倧
琮棕淙鍾悰綜樅,慫腫踪踵柊椶　　○좌左坐佐座,挫　　○죄
罪,　　　○주主注住朱宙走酒晝舟周株州洲柱胄奏湊炷註珠
鑄疇週駐遒(酒)澍姝姝,侏倣呪喉廚籌紂紬綢蛛誅躊輳酎燽
鉒拄惆　　○죽竹,粥　　○준準(准)俊遵峻浚晙埈焌竣畯駿准
濬(睿)雋儁埻隼,寯樽蠢逡純俊蹲僔　　○줄茁,　　○중中重
仲衆,　　○즉卽,即　　○즐櫛,　　○즙汁,楫葺　　○증曾增贈
症證蒸憎烝甑,拯繒　　　○지只支枝止之知地指志至紙持池
誌智遲旨沚址祉祇芝趾摯鋕脂,咫枳砥肢芷漬蜘識贄洔底
泜　　○직直織職稙稷,　　○진辰眞(真)鎭振進盡陳陣珍璡軫
震塵瑱晉(晋)瑨(瑄)津秦抮診縝賑禛溱塡,唇嗔搢桭榛殄畛
疹瞋縉臻蔯袗鍉跡蓁昣构　　○질質秩疾姪瓆,侄叱嫉帙桎
窒膣蛭跌迭　　○짐斟朕　　○집集執什潗(潗)楫輯鏶,緝
○징徵懲澄,

차 음부 <金>

○차且次此借差車叉瑳,侘嗟嵯磋箚茶蹉遮硨鮓姹　　○착
着錯捉,搾窄鑿齪　○찬贊(賛)讚(讃)撰燦璨粲瓚澯纂纘鑽,
竄篡餐饌攢巑儧(償)　○찰察札,刹擦紮　○참參慘慚(慙),
僭塹懺斬站讒讖　　○창昌唱倉創蒼滄暢窓昶廠敞彰菖,倡
娼愴槍漲猖瘡脹艙　○채採彩菜債采埰蔡寀綵,寨砦釵琗責
棌婇睬　○책策責册(冊),柵　○처妻處悽,凄　○척尺斥
拓戚陟坧,倜刺剔慽擲滌瘠脊蹠隻　　○천千天川泉踐淺薦
仟阡遷賤,喘擅玔穿舛釧闡韆茜　　○철鐵哲徹喆澈撤轍綴,
凸輟惙　○첨尖添僉瞻,沾恬簽籤詹諂　○첩妾帖捷,堞牒
疊睫諜貼輒　○청靑(青)淸(清)請(請)晴(晴)廳聽,菁鯖
○체體替締遞諦,切剃涕滯逮諟　○초草(艸)招肖超抄初礎
樵焦蕉楚,剿哨憔梢椒炒秒硝礁稍苕貂酢醋醮岧鈔　　○촉
促燭觸,囑矗蜀　○촌寸村,忖邨　○총總聰(聡)寵叢銃,塚恩
憁摠蔥総　○촬撮　○최最催崔,　○추秋追推抽楸樞鄒
錐錘醜,墜椎湫皺芻諏趨酋鎚雛騶鰍　　○축丑祝畜縮築
蓄逐軸,竺筑蹙蹴　○춘春椿瑃賰,　○출出,朮黜　○충充
忠衝蟲(虫)珫沖(冲)衷,　○췌萃,悴膵贅　○취取吹臭趣就
醉翠聚,嘴娶炊脆驟鷲　○측側測,仄厠惻　○층層,　○치
治致齒値置恥稚熾峙雉馳,侈嗤幟梔淄痔痴癡穉緇緻蚩輜
○칙則勅,飭　○친親,　○칠七漆,柒　○침針侵浸寢沈枕

琛,砧鍼梣   ○칩蟄,   ○칭稱,秤

카 음부 〈木〉
○쾌快夬,

타 음부 〈火〉
○타　他打妥墮,咤唾惰拖朶楕舵陀駄駝　○탁濯琢濁托度卓倬琸鐸晫託擢拓,啄坼柝　○탄彈歎炭吞坦灘誕,嘆憚綻　○탈脫奪,　○탐探貪耽,眈　○탑塔,榻　○탕湯,宕帑糖蕩　○태太泰怠殆態汰兌台胎邰,笞苔跆颱鈦　○택宅澤擇垞,　○탱撑　○터攄　○토土吐兎討,　○통通統痛桶,慟洞筒　○퇴退堆,槌腿褪頹　○투投透鬪,偸套妬　○특特,慝　○틈闖

파 음부 〈水〉
○파破波派頗罷播琶巴杷芭坡杝,婆擺爬跛　○판判板販版阪坂,瓣辦鈑　○팔八,叭捌　○패貝敗霸浿佩牌,唄悖沛狽稗　○팽彭澎,烹膨　○퍅愎　○편片便編篇遍扁偏,翩鞭騗　○폄貶　○평平評坪枰泙,萍　○폐幣廢閉肺弊蔽陛,吠嬖斃　○포布抱包胞飽浦捕葡褒砲鋪,佈匍匏咆哺圃怖抛暴泡疱脯苞蒲袍逋鮑　○폭暴爆幅,曝瀑輻　○표表票漂杓豹彪驃標,俵剽慓瓢飇飄　○품品稟,　○풍豐(豊)風楓,諷馮

○피皮彼疲被避,披陂　　○필必筆匹畢弼泌泌祕苾鉍似,疋
○핍逼乏

하 음부 ＜土＞

○하下夏何河荷賀廈(厦)霞昰,瑕蝦遐鰕呀蝦碬　　○학學
(学)鶴,,壑虐謔嗃　　○한閑寒恨限漢韓旱汗澣瀚翰閒,悍罕
瀾𧶜　　○할割轄,　　○함咸含陷函涵艦,啣喊檻緘銜鹹　○
합合,哈盒蛤閤闔陝　　○항恒(恆)巷航港抗項亢沆姮,伉嫦
杭桁缸肛行降　　○해害該海(海)亥解奚諧偕楷,咳垓孩懈瀣
蟹邂駭骸咍　　○핵核,劾　　○행行幸杏,荇倖涬　　○향向香
響鄕享珦,嚮餉饗麕　　○허許虛墟,噓　　○헌軒憲獻櫶,軒
　○헐歇　○험驗險,　　○혁革赫爀奕,焱衁烞　　○현絃現賢玄
弦顯(顕)見峴縣懸晛泫炫玹鉉眩眩絢呟,倪睍舷衒儇儇怰
○혈血穴,孑頁　　○혐嫌　　○협協脅俠峽浹挾,夾狹脇莢鋏
頰洽　　○형兄刑形亨螢型邢珩泂炯衡瀅瑩馨熒,榮灐荊迥
鑒　○혜兮惠(恵)慧蕙彗譿憲憓,嘒蹊醯鞋譓鏸　　○호戶乎
呼好虎號湖互胡毫豪浩護晧皓澔昊淏濠灝祜扈鎬壺琥瑚護
顥壕濩澔,岵弧狐瓠糊縞芦葫蒿蝴皞婋　　○혹或惑,酷
○혼婚混昏魂渾,琿　　○홀忽惚,笏　　○홍紅洪弘鴻泓烘虹
鉷,哄汞訌　　　○화火化花貨和話畫(畫)華禾禍嬅樺,譁靴
○확確(碻)穫擴,廓攫　　○환換丸環還歡患喚奐渙煥晥幻桓
鐶驩,宦紈鰥　　○활活闊(濶),滑猾豁　　○황黃皇況荒凰晃

滉榥煌璜媓堭熀,幌徨恍惶愰慌晄湟潢篁簧蝗遑隍　　○회
回會灰悔懷廻恢晦檜澮繪,(絵)誨匯徊淮獪膾茴蛔賄　　○획
劃獲,　　○횡橫鐄,宖　　○효孝效(効)曉洨爻驍斅,哮嚆梟淆
肴酵晶歊寧　　○후後厚侯候喉后垕逅,吼嗅帿朽煦珝
○훈訓勳(勲勛)焄熏薰壎塤燻鑂,暈　　○훙薨　　○훤喧暄
萱,煊　　○훼毀,卉喙燬　　○휘揮輝彙徽暉煇,諱麾　　○휴休
携烋,畦虧　　○휼恤譎鱊　　○흉凶胸,兇匈洶　　○흑黑,　　○
흔欣炘昕,痕忻　　○흘屹,吃紇訖　　○흠欽,欠歆　　○흡吸洽
恰翕,　　○흥興,　　○희希喜稀戲姬晞噫僖嬉禧憙熹熙羲曦
熺爔煕俙禧,囍憘犧熙(熈)烯嘻　　○힐詰

• 일러두기

劃數部(획수부)에서

* 획수별로, 가나다순으로 배열하였으며 枚帳(매장)의 상단 좌·우측 ○안의 숫자는 그 페이지에 수록된 한자의 획수를 기재하여 辭典的(사전적)으로 활용토록 하였다.

* 劃字(획자)우측 < >란의 오행은 획수의 數理五行(수리오행)(例 3劃<火>)이며 한자 상단의 숫자는 曲劃數(곡획수)이고 그옆 ( )안의 오행은 字源五行(자원오행, 예 力의 상단<土>)이다.
   ※자원오행은 원래 글자의 원천이 되는 易理五行(역리오행)을 가르키는 것이다. 단 劃(획)이나 字(자)에 따라 오행의 배치가 달라 극소수의 경우 二重論(이중론)이 있어 物象(물상)을 위주로 하나만을 기재하였다. (예 三,火−木⇒火 王,金−土⇒金)

* 또 原字(원자 本字본자 標題語표제어)와 병기된 ( )안의 한자는 略·俗字(약·속자)며, 새김에서 ( )안의 音(음)은 본음과 다른 음을 넣었다.

* 당초 원본에는 기초한자를 黑色(흑색)으로 하고 추가한자를 靑色(청색), 동·속·약자와 曲劃(곡획)은 赤色(적색)으로 다소 식별이 용이하도록 하였으나 출판 편의상 전부 흑색으로 변환하였음을 양해바랍니다.

人名用 漢字 (劃數部)

一劃 <木>

4(木)　1(木)
乙새을　一하나일

二劃 <木>

6(金)　　4(金)　　4(土)　　4(金)　　　2(火)　　4(金)　　2(金)
乃이에내　刀칼도　力힘력　了마칠료(요)　卜점칠복　匕비수비　乂어질예

3(水)　2(木)　2(火)　3(木)　3(木)
又또우　二두이　人사람인　入들입　丁고무래정

三劃 <火>

3(木)　　5(木)　　6(木)　　3(火)　　4(金)　　4(水)　　4(水)
干방패간　巾수건건　乞빌걸　工장인공　久오래구　口입구(口나라국)

7(火)　　6(土)　　4(土)　　　3(木)　　5(木)　　4(水)　　　6(水)
弓활궁　己몸기　女계집녀(여)　大큰대　万일만만　亡망할망　凡무릇범

3(土)　　6(土)　　4(土)　　3(火)　　3(木)　　4(水)　　4(水)　　4(水)
士벼슬사　巳뱀사　山메산　三석삼　上위상　尸주검시　夕저녁석　小적을소

7(水)　　5(木)　　4(水)　　6(火)　　5(金)　　3(木)　　5(水)
也이끼야　兀우뚝할올　于어조사우　已이미이　刃칼날인　卄수풀입　子아들자

③④

5(金)   3(木)   4(木)   4(水)   3(水)   3(水)

勺 잔질할작 丈 어른장 才 재주재 叉 깍지낄차 川 내천 千 일천천

4(木)   3(土)   3(水)   5(水)   6(土)

寸 마디촌 土 흙토 下 아래하 孑 외로울혈 丸 알환

四劃 〈火〉

4(火)   4(土)   5(金)   8(水)   5(金)   7(火)   7(金)   6(金)

介 끼일개 犬 개견 公 귀공 孔 구멍공 戈 창과 仇 짝구 勾 글귀구 匀 고를균

4(金)   5(火)   6(水)   6(木)   6(火)   4(火)   7(木)

斤 근근 今 이제금 及 미칠급 內 안내 丹 붉을단(란) 斗 말두 屯 둔칠둔

6(火)   4(木)   4(木)   6(水)   6(水)   7(土)   6(金)   5(水)

毛 털모 木 나무목 文 글월문 (无)毋 없을무 勿 말물 反 돌이킬반 方 모방

6(土)   4(土)   4(木)   6(金)   4(水)   7(火)   7(水)

卞 성씨변 夫 지아비부 父 아비부 分 나눌분 不 아니불(부) 比 견줄비 四 넉사(실5획)

5(水)   6(水)   5(木)   4(木)   5(火)   4(火)   6(火)

少 젊을소 水 물수 手 손수 升 되승 心 마음심 什 열십(세간즙) 氏 성씨

6(金)   8(水)   6(火)   7(金)   5(金)   4(火)   5(火)

牙 어금니아 厄 재앙액 円 화폐엔 予 나여 刈 풀벨예 午 낮오 曰 가로왈

4(水)   8(木)   5(水)   4(土)   6(土)   5(水)   8(木)

夭 고울요 冗 번잡할용 友 벗우 牛 소우 尤 더욱우 云 이를운 丂 땅이름울

6(木)   6(水)   5(水)   7(土)   5(火)   4(火)   8(火)   5(火)

元 으뜸원 月 달월 尹 맏윤 允 진실로윤 以 써이 仁 어질인 引 끌인 日 날일

4(水)   8(火)   7(金)   4(水)   4(木)   8(土)   5(土)

壬 맡을임 仍 인할잉 切 끊을절(체) 井 샘정 爪 손발톱조 弔 조상할조 中 가운데중

4(土) 4(土) 5(土) 5(木) 4(火) 5(土) 4(火)

之 갈지 止 그칠지 支 지탱할지 尺 자척 天 하늘천 丑 소축 仄 기울측

5(木) 4(木) 7(土) 5(木) 7(水) 7(水) 7(金)

夬 터놓을쾌 太 클태 巴 땅이름파 片 조각편 匹 짝필 亢 높아질항 兮 어조사혜

5(木) 6(水) 4(火) 6(火) 8(火) 4(火) 5(水)

戶 집호 互 서로호 火 불화 化 화할화 幻 허깨비환 爻 형상효 凶 흉할흉

5(火)

欠 이지러질흠

五劃 <土>

7(水) 8(水) 6(金) 5(土) 6(木) 6(水) 6(火) 6(水)

可 옳을가 加 더할가 刊 책펴낼간 甘 달감 甲 답옷갑 去 갈거 巨 클거 古 옛고

8(水) 9(水) 7(木) 6(木) 8(火) 8(水) 5(土)

叩 두드릴고 尻 꽁무니고 功 공공 瓜 오이과 巧 공교할교 句 글귀구 丘 언덕구

7(水) 7(土) 8(水) 6(火) 6(火) 6(水) 5(火)

叫 부르짖을규 奴 종노 尼 여승니 旦 아침단 代 대신할대 冬 겨울동 仝 한가지동

7(火) 5(金) 5(木) 6(土) 8(土) 8(金) 6(木) 8(木)

令 명령할령 立 설립(입) 末 끝말 皿 그릇명 母 어미모 矛 창모 目 눈목 卯 토끼묘

6(土) 5(木) 8(火) 5(土) 6(金) 6(水) 7(火)

戊 다섯째천간무 未 못할미 民 백성민 半 반틈반 白 흰백 弁 고깔변.떨변 丙 남방병

5(木) 6(火) 7(水) 9(木) 5(水) 7(水) 5(火) 6(水)

本 근본본 付 줄부 北 북녘북(배) 弗 아니불 丕 클비 氷 어름빙 仕 벼슬사 史 사기사

8(水) 5(金) 5(木) 6(金) 6(火) 6(火) 8(水) 6(水)

司 맡을사 乍 잠간사 生 날생 石 돌석 仙 신선선 世 세상세 召 부를소 囚 가둘수

⑤,⑥

8(木) 　7(木) 　6(木) 　5(金) 　6(金) 　5(木) 　6(土) 　8(水)
承받들승 市저자시 示볼일시 矢화살시 申납신 失잃을실 央가운대앙 永길영

5(土) 　　　5(金) 　8(水土) 　4(金) 　　6(火) 　8(火) 　7(水)
五다섯오(실4획) 玉구슬옥 瓦질그릇와 王임금왕(실4획) 外밖외 凹오목할요 用쓸용

6(水) 　9(火) 　6(木) 　11(水) 　7(火) 　5(火) 　6(木)
右오른쪽우 幼어릴유 由말미암을유 孕아이밸잉 仔맡길자 仗기댈장 田밭전

6(火) 5(土) 5(火) 5(木) 6(水) 8(水) 6(木) 8(土)
占점점 正바를정 左왼좌 主임금주 只다만지 叱꾸짖을질 且또차 此이차

7(木) 　9(木)7(木) 　5(金) 　5(火) 　8(水) 　7(木) 　7(土)
札편지찰 册(冊)책책 斥내칠척 仟일천천 凸뾰족할철 朮삽주뿌리출 出날출

9(木) 　9(火) 　7(火水) 　6(혹7)(水) 　5(木) 　7(木) 　10(金)
充가득할충 他다를타 台별이름태 叭나팔팔 平평할평 布배포 包쌀포

7(金) 　6(火) 　6(土) 　5(金) 　7(火) 　7(水) 　8(木) 　6(金)
皮가죽피 必반드시필 疋필필 乏다할핍 玄검을현 穴구멍혈 兄맏형 乎온호

10(火) 5(木) 5(木)
弘클홍 禾벼화 卉풀훼

六劃 ＜土＞

8(水) 　8(土) 　7(土) 　12(木) 　6(火) 　6(火) 　9(土)9(土)
各각각각 艮괘이름간 奸간음할간 坴땅이름갈 价착할개 件사건건 考(攷)

　　7(土) 　6(金) 　8(火) 　7(土) 　6(火) 　7(土) 　9(木)
상고할고 曲굽을곡 共함께공 光빛광 匡광정광 交사귈교 臼확구 机책상궤

6(土) 　8(水) 　8(火) 　7(火)7(火) 　6(火) 　7(火) 　7(水)
圭서옥규 劤강할근 伋생각할급 亘(亙)뻗칠긍 企꾀할기 伎재주기 吉길할길

6(木)8(木)　　　8(土)　　　8(水)　　　9(木)　　　10(金)　　　9(水)

年(秊(실8획))해년 老늙을로 多많을다 宅집댁(택) 旲이름돌 同한가지동

8(金)　　　9(土)　　　8(木)　　　　　4(土)　　　　　7(水)

列벌릴렬 劣용렬할렬(礼)예도례(禮略字) 六여섯륙(육)(실4획) 吏관리리(이)

6(火)　　8(土)　　8(水)　　7(土)　　9(金)　6(木)　6(木)　7(水)

卍일만만 妄망녕될망 名이름명 牟보리모 刎벨문 米쌀미 朴순박할박 百

　　7(火)　　10(土)　　9(水)　　　6(火)8(火)　　　6(火)　　7(土)

일백백 伐칠벌 犯범할범 氾넘칠범(실5획) 幷(并)아우를병 伏엎질복 缶장군부

10(土)　　8(土)　　7(木)　　9(水)　　7(火)　　8(木)　　10(土)　　8(혹9)(金)

妃왕비비 牝암빈 寺절사 死죽을사 似같을사 糸실사 色빛색 西서녘서

8(木)　　7(火)　　8(木)　　8(木)　　7(金)　　9(木)　　9(火)　　7(土)

先먼저선 舌혀설 束묶을속 守지킬수 收거둘수 夙일찍숙 旬열흘순 戌개술,

　　9(木)　　7(金)　　8(火)　　8(木)　　9(火)　　6(土)

수자리수 丞정승승 式법식 臣신하신 安편안안 仰우러를앙 羊양양

8(土)　　7(水)　　8(火)　　7(火)　　8(木)　　10(火)　　10(火)　　11(水)

如같을여 亦또역 曳끌예 伍대오오 宇집우 羽깃우 旭빛날욱 危위태할위

8(水)　　8(水)　　7(火)　　7(金)　　7(木)　　10(木)　　6(火)　　8(水)

有있을유 肉고기육 聿드디어율 戎되융 衣옷의 夷오랑캐이 耳귀이 而말이

　　14(金)　　7(火)　　8(木)　　7(水)　　6(火)　　9(木)　　7(木)

을이 弛늦을이 伊저이 印도장인 因인할인 任맡을임 字글자자 自스스로자

7(土)　　6(木)　　6(土)　　8(木)　　6(土)　　6(水)　　　7(火)

匠장인장 庄정중할장 在있을재 再두재 全온전전 汀물가정(실5획) 早일찍조

9(土)　　8(火)　　8(水)　　6(水)　　8(木)　　6(木)　　7(木)　　7(火)

吊조문할조 兆조조 存있을존 州고을주 舟배주 朱붉을주 竹대죽 仲가운

　　5(水)　　　　10(土)　　9(火)　　7(土)　　7(火)　　8(木)

데중버금중 汁진액즙(실5획) 地땅지 旨뜻지 至이를지 次버금차 舛어기어질천

⑥,⑦

7(金)　　8(木)　　7(水)　　7(木)　　　10(木)　　9(木)　　7(水)

尖뾰족할첨 (艸)풀초 虫벌레충 打칠타(실5획) 朵떨기타 宅집택 吐토할토

7(水)　　9(火)　　7(水)　　7(火)　　　9(水)　　7(水)　　7(金)　　9(土)

合합할합 伉짝항 亥돼지해 行다닐행(항) 向향할향 血피혈 刑형벌형 好좋

8(水)　　6(火)　　7(水)　　9(木)　　6(火)　　　9(木)　　　9(金)

을호 回돌아올회 灰재회 后황후후 朽썩을후 休이름다울휴 兇흉할흉 匈가슴

10(水)　　10(土)

흠吃먹을흘 屹산우뚝할흘

七劃 〈金〉

10(木)　10(木)　10(木)　　7(木)　　8(土)　　　9(木)　　6(水)

伽절가 角뿔각 却물리칠각 杆지레간 坎구덩이감 匣궤갑 江물강(실6획)

7(木)　　10(金)　8(火)　　　10(土)　　8(火)　　　10(水)

杠깃대강 改고칠개 更다시갱(경) 坑구덩이갱 車수래거(차) 劫겁탈할겁

10(火)　11(火)　　10(火)　9(木)　　8(金)　　8(水)　　8(水)

見볼견 冏빛날경 囧빛날경 系이를계 戒경계할계 告고할고 谷골곡

8(水)　　7(金)　　9(金)　　9(木)　　12(水)　　8(水)　　8(火)

困곤할곤 攻칠공 串습관관(곶) 宏클굉 究궁리할구 求구할구 灸지질구

11(木)　9(水)　　11(火)　9(土)　　10(木)　　9(土)　　　11(火)

局판국 君임금군 糺꼴규 均고를균 克이길극 妗싱긋벙긋할금 忌꺼릴기

10(木)　　7(土)　　9(土)　　9(土)　　10(水)　　10(土)　　11(土)

杞구기자기 圻지경기 岐높을기 妓기생기 卵알난(란) 男사내남 努힘쓸노

10(水)　　8(火)　　9(土)　　　8(火)　　9(木)　　9(火)　　7(木)

尿오줌뇨 但다만단 坍물이언덕칠담 旲햇빛대 禿대머리독 彤붉을동 杜막을두

8(木) 9(水) 9(土) 9(水) 9(火) 7(金)
豆 팥두 冷 찰랭 良 어질량(양) 呂 음률려(여) 伶 영리할령(영) 弄 희롱할롱

8(土) 8(金) 8(土) 9(木) 8(水) 9(火)
牢 굳을뢰 利 이로울리(이) 里 마을리(이) 李 오얏리(이) 吝 인색할린 忘 잊을망

7(火) 10(土) 11(木土) 7(土) 9(土) 7(火) 10(水)
忙 바쁠망(실6획) 每 매양매 免 면할면 牡 수컷모 妙 묘할묘 巫 무당무 吻 입술문

10(木) 7(火) 9(土) 9(火) 10(土) 9(土) 8(火) 9(水)
尾 꼬리미 伴 짝반 坊 터방 彷 거닐방 妨 방해할방 厖 삽쌀개방 伯 맏백 汎 뜰범

10(木) 11(金) 7(金) 9(水) 8(土) 8(水) 9(水)
(실6획) 杋 나무범 別 분별별 兵 병사병 甫 클보 步 걸음보 否 아니부 孚 미쁠부

10(水) 11(火) 10(木) 8(木) 10(木) 10(火) 10(金) 7(水)
吩 뿜을분 佛 부처불 庇 덮을비 私 사사사 些 적을사 伺 살필사 刪 깎을산 汕 통

발산(실6획) 杉 삼나무삼 床(牀(실8획))평상상 序 차례서 汐 저녁조수석(실6획)
7(木) 7(木)9(木) 10(木) 7(水)

9(火) 6(火) 8(木) 11(木) 8(水)
成 이룰성 忕 살필세, 익힐설(실6획) 宋 나라송 秀 빼어날수 豕 돼지시

8(火) 7(金) 9(火) 9(金) 9(水) 8(金) 8(火)
伸 펼신 辛 매울신 身 몸신 我 나아 冶 쇠불릴야 言 멀쓸언 余 나여

7(水) 11(土) 11(火) 10(土) 9(水) 9(水)
汝 너여(실6획) 妤 아름다울여 役 부릴역 延 맞을연 吾 나오 污 더러울오(실6획)

10(水) 10(木) 10(土) 10(土) 8(土) 10(水)
吳 오나라오 完 완전할완 妧 좋을완 岏 가파를완 妖 고울요 甬 물솟아오를용

8(火) 9(火) 8(木) 8(木) 7(火) 7(金) 9(金)
佑 도울우 旴 해돋을우 扜 당길우(실6획) 夽 높을운 位 벼슬위 攸 바유 酉 닭유

⑦

8(水)　　7(土)　　9(水)　　11(土)　　8(金)　　11(木)　　10(火)

听웃을은 圻언덕은 吟읊을음 邑고을읍 矣어조사의 枻나무이름이 忍참을인

7(火)　　8(土)　　9(水)　　7(火)　　9(火)　　9(土)　　8(木)

佚안할일 妊아이밸임 孜부지런할자 作지을작 灼구울작 岑메뿌리잠 壯씩씩

7(木)　　10(火)　　8(木)　　9(火)　　9(火)　　8(火)　　8(火)

할장杖지팡이장 災재앙재 材재목재 佇오래설저 低낮을저 赤붉을적 佃사냥

10(火)　　7(金)　　9(土)　　8(水)　　9(木)　　8(土)

할전甸경기전 玎옥소리정(실6획) 町밭두덕정 呈보일정 廷조정정 姙개집엄

7(火)　　11(水)　　10(土)　　8(土)　　7(火)　　7(土)　　7(火)

전할정征두려워할정 弟아우제 助도울조 足발족 佐도울좌 坐앉을좌 走달아

7(火)　　8(火)　　10(水)　　7(土)　　9(水)　　8(土)　　9(水)

날주住머물주 志뜻지 池못지(실6획) 址터지 底숫돌지 辰별진(신) 肖어질초

8(木)　　7(火)　　9(火)　　4(金)　　8(土)　　9(木)

村마디촌 忖헤아릴촌(실6획) 吹불취 七일곱칠(실2획) 妥온당할타 托밀칠탁

8(水)　　10(金)　　10(木)　　8(金)　　8(土)　　8(金)　　8(水)

(실6획)吞삼킬탄 兑별태 兎토끼토 判판단할판 坂고개판 貝조개패 吠짖을폐

9(火)　　9(木)　　8(火)　　9(火)　　10(水)　　8(火)　　6(水)

佈펼포 杓자루표 佖가득할필 何어찌하 呀입벌릴하 旱가물한 汗땀한(실6획)

10(木)　　9(水)　　8(木)　　7(木)　　10(土)　　7(火)　　9(水)

罕드물한 含머금을함 杏은행행 夾낄협 亨형통할형 形얼굴형 汞수은홍

9(水)　　12(水)　　10(水)　　9(木)

孝효도효 吼사자우는소리후 吸마실흡 希바랄희

八劃 〈金〉

8(火)	11(水)	10(金)	11(火)	7(金)	10(土)
佳 아름다울가	呵 꾸짖을가	刻 각할각	侃 굳셀간	玕 옥돌간(실7획)	岬 산허리갑

11(土)	10(土)	10(木)	8(火)	8(水)	9(木)
岡 매강	羌 되강	居 살거	杰 빼어날걸	決 정할결(실7획)	抉 당길결(실7획)

10(土)	9(金)	11(土)	9(火)	10(水)	10(木)	10(水)
京 서울경	庚 일곱째천간경	垌 들경	炅 빛날경	季 끝계	屆 이를계	固 굳을고

10(土)	11(水)	10(水)	9(火)	9(土)	12(火)	8(水)
姑 시어머니고	孤 외로울고	呱 아이가울고	杲 밝을고	坤 땅곤	昆 맏곤	汩 통할골(실7획)

10(水)	8(火)	9(木)	11(木)	10(金)	10(火)	8(土)
空 빌공	供 이바지공	果 과실과	官 벼슬관	刮 쪼갤괄	侊 클광	狂 미칠광(실7획)

9(火)	8(木)	10(火)	9(金)	8(金)	8(土)	10(水)
晃 비칠광	卦 점괘괘	乖 어그러질괴	具 갖출구	玖 검은옥돌구(실7획)	坵 언덕구	咎 허

11(土)	14(水)	12(木)	10(土)	11(木)	10(火)	8(金)
물구 屈 굽을굴	穹 높을궁	卷 책권	券 문서권	糾 살필규	昑 밝을금	金 쇠금(금)

10(木)	9(水)	8(金)	9(木)	10(土)
扱 걸어가질급(실7획)	汲 물길을급(실7획)	其 그기	技 재주기(실7획)	奇 기이할기

10(金)	9(水)	7(水)	11(水)	9(火)
玘 패옥기(실7획)	汽 김기(실7획)	沂 물이름기(실7획)	肌 살기(실6획)	佶 바를길

10(木)	9(火)	10(火)	14(火)	9(木)	11(水)	10(土)
枏 매화나무남	奈 어찌내	念 생각념	弩 쇠노노	杻 싸리뉴	沓 유창할답	坮 대대

10(土)	10(金)	11(土)	12(火)	10(水)	9(木)	8(木)
岱 대산대	到 이를도	毒 독독	旽 밝을돈	沌 막힐돈(실7획)	東 동녘동	枓 두공두

8(火)7(火)	10(土)	9(金)	10(水)	11(土)	11(土)	11(水)
來(来7획)올래	兩 두량	戾 허물려	冽 찰렬	岺 고개령	姈 영리할령(영)	囹 옥령

10(火) 　 11(火) 　 10(火) 　 10(水) 　 8 (木)
例 범식례(예) 录 나무깎을록 侖 뭉치륜(윤) 肋 갈빗대륵(실6획) 林 숲을림(임)

11(木) 　 8(木) 　 9(土) 　 11(水) 10(木) 12(火) 10(水)
罔 없을망 枚 줄기매 妹 손아래누이매 孟 맏맹 盲 소경맹 呡 백성맹 沔 물이름면

(실7획) 11(火) 　 11(水) 　 12(土) 　 7(水) 　 8(土) 　 10(水)
明 밝을명 命 목숨명 姆 여선생모 沐 머리감을목(실7획) 牧 칠목 没 빠질

12(水) 　 9(木) 　 9(土) 　 7(水) 　 8(火)
몰(실7획) 歾 죽을몰 杳 아득할묘 武 굳셀무 汶 더럽힐문(실7획) 炆 연기날문

11(木) 9(水) 　 10(土) 　 9(水) 　 9(火) 　 9(火) 　 12(土)
門 문문 汤 잠길물(실7획) 物 만물물 味 맛미 旻 하늘민 旼 온화할민 岷 산이름민

9(火) 　 10(金) 　 11(木) 　 11(火) 　 10(木) 　 8(木)9(木)
忞 아름다울민 放 노을방 房 방방 昉 밝을방 枋 박달방 杯(盃)(실9획) 잔배

9(火) 　 11(木) 　 9(木) 　 13(水) 　 10(木) 　 13(木)
佰 일백백 帛 비단백 秉 잡을병.벼묶음병 服 옷복 宓 엎드릴복,잠잠할밀 曺 땅이

8(木) 　 9(土) 　 8(木) 　 10(水) 　 8(金) 　 10(土)
름볼 奉 받들봉 府 마을부 扶 도울부(실7획) 咐 분부할부 斧 도끼부 阜 언덕부

8(木) 　 9(水) 　 11(火) 　 10(木) 　 11(火) 12(火)
奔 달아날분 汾 물이름분(실7획) 忿 분할분 扮 잡을분(실7획) 盼 햇빛분 佛 방불

12(水) 　 9(土) 　 11(木) 　 8(木) 　 11(木) 　 8(木)
할불 朋 벗붕 卑 낮을비 批 깎을비(실7획) 非 아니비 枇 비자나무비 社 모일사

11(木) 9(火) 　 9(火) 　 8(水) 　 11(木) 　 9(水) 　 12(木)
事 일사 使 하여금사 舍 집사 沙 모래사(실7획) 祀 제사사 疝 산증산 乷 음역자살

11(金) 　 9(土) 　 11(木) 　 9(火) 　 8(木) 　 9(土) 　 9(木)
尙 오히려상 狀 형상상 抒 펼서(실7획) 昔 옛석 析 쪼갤석 姓 성성 所 처소소

9(木) 　 12(金) 　 10(水) 　 8(土) 　 10(土)10(土) 　 10(水)
松 솔송 刷 인쇄할쇄 受 받을수 垂 드리울수 岫(峀) 매뿌리수 叔 아재비숙

11(木)　9(火)　9(火)　11(土)　10(火)　10(水)　8(水)
承이을승 昇오를승 侍모실시 始비로소시 侁걷는모양신 呻끙끙거릴신 沁물

11(水)10(水)　11(土)　9(土)　9(土)아 12(火)8(火)
적실심(실7획) 兒(児)(실7획)아이아 妸고울아 岳큰산악 岸언덕안 亞(亜실

11(金)　10(土)　6(木)　9(水)　8(土)　12(木)
7획)버금아 軋잇을알 岩바위암 艾쑥애(실6획) 夜밤야 厓언덕애 扼움킬액(실7획)

8(火)　10(子)　11(木)　11(水)　11(火)　10(水)
佯거짓양 於어조사어 抑누를억(실7획) 奄문득엄 易바꿀역(쉬울이) 沇물흐를

12(水)　8(火)　9(水)　9(火)　7(水)
연(실7획) 咏읊을영 炎불꽃염 泃물이름예(실7획) 旿대낮오 沃기름질옥(실7획)

10(火)　14(木)　8(火)　9(火)　7(水)　8(木)
臥누울와 宛여전할완 往갈왕 旺왕성할왕 汪깊고넓을왕(실7획) 枉굽을왕

10(金)　10(水)　8(金)　8(水)　9(水)
盂밥그릇우 雨비우 玗옥돌우(실7획) 沄끓을운(실7획) 沅물이름원(실7획)

9(土)　10(火)　12(水)　11(火)　8(水)　9(火)
委맡길위 侑권할유 乳젖유 昀햇빛윤 汨흐를율(실7획) 依의지할의할의

10(木)　10(火)　11(土)11(土)　11(金)　9(火)　9(土)
宜마땅의 佾춤출일 姉(姊실7획)누이자 刺찌를자(척) 炙김쪼일자(적) 狀배

9(木)　10(火)　10(木)　10(水)　10(土)　8(木)　8(土)
長길장 爭다툴쟁 底밑저 咀씹을저 姐아가시저 杵공이저 狄오랑캐적,악

11(火)　9(金)　8(火)　8(木)　9(木)　10(土)
공적(실7획) 的과녁적 典법전 佺산신이름전 折꺾을절(실7획) 店가개점 岾고

9(木)　9(金)　8(火)　9(土)　11(金)　8(金)　10(木)
개점 定정할정 政정사정 征칠정 妌단정할정 制.제할제 卒군사졸 宗마루종

⑧

11(水) 9(土) 10(木) 8(火) 12(水) 9(金) 9(木) 7(水)
周두루주 姓예쁠주 宙집주 侏난장이주 呪주저할주 知알지 枝가지지 沚물

가지(실7획)直곧을직 侄굳을질 帙책갑질질 侘실심할차 刹절찰 昌창성창
10(木) 9(火) 10(木) 11(火) 9(金) 10(火)

采캘채 妻아내처 坧기지척 玔옥고리천(실7획) 妾첩첩 帖문서첩 靑(青)푸
8(木) 10(土) 9(土) 7(金) 9(土) 11(木) 10(木)10(木)

를청初처음초 抄배낄초(실7획) 炒볶을초 岹산높을초 竺나라이름축 忠충성
10(金) 9(木) 9(火) 12(土) 8(木) 10(火)

충沖(冲)(실6획)화할충(실7획) 取취할취 炊밥지을취 侈사치할치 沈잠길침
8(水)7 9(水) 9(火) 10(火) 10(水)

(성심)(실7획) 枕벼개침 快쾌할쾌(실7획) 卓높을탁 坼터질탁 坦너그러울탄
11(木) 8(火) 9(木) 8(土) 9(土)

宕골집탕 帑나라곳집탕 汰넘칠태(실7획) 投던질투(실7획) 妬투기할투 爬긁
10(木) 12(木) 7(水) 12(木) 10(土) 11(木)

글파把잡을파(실7획) 杷비파나무파 坡언덕파 板널판 版인쇄판 八어덟팔(실
11(木) 11(木) 10(土) 9(木) 10(木) 2(金)

2획)佩찰패 坪들평 咆먹일포 表거죽표 彼저피 抗대항할항(실7획) 沆큰물
12(火) 8(土) 14(水) 9(木) 10(火) 11(木) 10(水)

항(실7획) 杭건늘항.늘항 咍웃을해 幸다행행 享누릴향 洫고요할혁 弦활시위현
11(水) 11(水) 8(木) 11(土) 9(火) 14(木)

呟소리현 協화할협 呼부를호 虎범호 昊하늘호 峼산에숲질호 弧나무활호
11(水) 14(水) 10(水) 12(혹13)(木) 9(火) 10(土) 13(木)

或혹혹 昏어두울혼 忽문득홀 宖클홍 和화할화 効본받을효 肴안주효 欣기
10(金) 11(火) 11(火) 14(木) 9(火) 10(金) 10(水) 9(火)

뻐할흔昕해돋을흔 炘화끈거릴흔 忻기뻐할흔(실7획)
9(火) 8(火) 7(火)

九劃 <水>

11(木)　12(木)　12(木)　10(木)　10(木)　9(水)　12(土)
柯 가지가　架 횃대가　枷 칼가　看 볼간　柬 분별할간　肝 간간(실7획)　姦 간음할간

9(木)　13(火)　9(木)　10(土)　11(木)　13(火)　9(水)　8(金)
竿 장대간　曷 어찌갈　柑 감귤감　姜 성강　缸 배강　皆 다개　疥 옴개　珎 큰홀게(실8획)

12(木)　10(火)　10(木)　12(木)　9(火)　12(火)
客 손객　炬 횃불거　拒 막을거(실8획)　建 세울건　怯 겁낼겁(실8획)　俓 곧을경

14(金)　10(水)　10(土)　10(金)　11(火)　11(木)　10(金)
勁 굳셀경　癸 열째천간계　界 지경계　計 셈할계　係 걸릴계　契 맺을계(글)　故 연고고

10(木)　9(水)　9(木)　13(木)　9(火)　2(木)
枯 마를고　沽 살고(실8획)　科 과거과　冠 갓관　怪 괴이할괴(실8획)　拐 유인할괴

10(水)　10(土)　5(水)　12(木)
(실8획)咬 씹을교　姣 예쁠교　九 아홉구(실2획)　拘 거리낄구

12(木)　12(土)　13(土)　10(土)　11(木)
(실8획)枸 구기자구　狗 개구(실8획)　耉 늙은이구(耈와같음)　垢 때구　柩 널구

11(火)　11(木)　13(火)　10(土)　9(土)　12(土)
軍 군사군　芎 궁궁이궁(실7획)　軌 굴대궤　赳 헌걸찰규　奎 별규　昀 개간할균

13(金)　12(火)　13(金)　14(木)　9(木)　11　11(土)
剋 이길극　急 급할극　矜 자랑긍　紀 벼리기　祈 빌기　祇 토지신기(지)　姞 후직

12(木)　11(火)　10(木)　12(木)　10(木)　12(火)　11(水)
이름길拏 잡을나　南 남녘남　奈 능금내　耐 견딜내　拈 잡을념(실8획)　怒 성낼노　泥

12(木)　13(金)　12(火)　12(土)　10(火)　10(木)
진흙니(실8획)柅 무성할니　段 층계단　彖 결단할단　畓 논답　待 기다릴대　度 법도도

12(水)　12(土)　12(金)　11(金)　9(木)
(탁)突 부딪칠돌　垌 항아리동　剌 찰라(나)　剌 (음랄)어그러질랄　拉 껴을랍(실8획)

⑨

13(火)　　11(火)　　12(火)　　10(火)　　　　10(水)
亮 밝을량　侶 짝려　昑 날빛령　怜 영리할령(실8획)　冷 깨우칠령(실8획 음영)

12(木)　　10(火)　　10(火)　　10(火)　　10(土)　　9(木)　　　8(水)
柳 버들류　律 법률　俚 속될리　俐 영리할리　厘 티끌리　抹 뭉갤말(실8획)　沫 물방

8(木)　　　　　　10(火)　　　10(火)　15(金)　13(木)
울말(실8획)芒 가스랑이망(실7획)昧 어둘울매　面 낯면　勉 힘쓸면　眄 겹눈질할면

9(木)　　11(水)　　12(火)　　13(火)　　10(金)　　12(木)
某 아무모　冒 무릅쓸모　侮 업신여길모　昴 별묘　竗 땅이름묘　拇 엄지손가락무(실8

9(土)　　　11(木)　　8(金)　　　11(水)　　　12(金)　10(金)
획)美 아름다울미　眉 눈썹미　玟 옥돌민(실8획)　泯 빠질민(실8획)　敃 강할민　砇

9(水)　　　10(木)　　　10(水)　　　9(木)　　　　8(水)
옥돌민泊 배댈박(실8획)　拍 손벽칠박(실8획)　叛 배반할반　拌 버릴반(실8획)　泮

12(木)　　9(木)　　　14(金)　　　9(木)　10(木)　8(水)
반궁반(실8획)盼 돌아볼반　拔 뺄발(실8획)　勃 활발할발　拜 절배　柏 잣백　泛 뜰범

10(火)　　　9(水)　　　10(水)　　11(火)　11(木)　12(火)12(火)
(실8획)便 문득변(편)　法 법법(실8획)　屛 병풍병　炳 빛날병　柄 자루병　昺(昺)

10(火)　　10(土)　　11(金)　9(火)　　10(金)　　12(金)　　13(木)
밝을병保 보호할보　封 봉할봉　負 질부　赴 다다를부　訃 부고부　盆 동이분　拂 밀

13(火)　13(金)　12(木)　　13(火)　　13(火)13(火)　12(木)
칠불(실8획)飛 날비　砒 비상비　秕 쭉정이비　觜 삼갈비　毗 毘 밝을비　沸 끓을비

9(水)　　　　11(金)　　　　11(火)　　10(木)
(실8획)泌 샘물졸졸흐를비(실8획)玭 구슬이름빈(실8획)思 생각사　查 사실할사

10(水)　　11(金)　11(木)　10(火)　　12(金)　9(木)　　10(木)
泗 물이름사(실8획)砂 모래사　栖 윗사　俟 기다릴사　削 깎을삭　衫 적삼삼　相 서로

9(木)　　10(土)　　9(土)　　11(水)　　11(木)　　9(水)　　11(木)
상庠 학교상　峠 고개상　牲 희생생　叙 차례서　宣 배풀선　泄 세어날설(실8획)　契 사람

11(木)　10(火)　8(火)　　13(火)　11(水)　12(火)

의 이름설 省살필성(생) 星별성 性성정성(실8획) 昭밝을소 沼늪소(실8획) 炤밝을

12(木)　10(火)　13(水)　10(水)　10(木)　12(火)　10(水)

소招나무흔들릴소 俗풍속속 帥장수수 首머리수 盾방패순 徇부릴순 沭물이름술

10(火)　15(土)　12(木)　10(水)　11(木)　13(水)　11(水)　10(火)

(실8획)是이시 施배풀시 柴섶나무시 屎똥시 柿감시 屍주검시 食밥식 信믿을신

11(木)　12(土)　11(火)　10(木)　　10(土)　　12(火)　9(火)

室집실 甚심할심 俄잠깐아 押누를압(실8획) 狎친압할압(실8획) 昂높을앙 怏원

11(水)　11(水)　13(木)　12(火)　9(火)　13(水)　10(土)

망할앙(실8획) 殃재앙앙 哀슬플애 約대략약 易별양 彦선비언 疫염병역 姸고울연

9(水)　　10(火)　12(水)　12(木)　11(水)

沿물따라내려갈연(실8획) 衍퍼질연 兗바를연 染물들일염 泳헤엄칠영(실8획)

11(火)　15(水)　11(火)　11(木)　13(土)　10(金)　10(土)

映비칠영 盈찰영 俉맞이할오 屋집옥 瓮독옹(용기) 玩놀완(실8획) 娃아름다운왜

9(土)　11(土)　11(金)　12(土)　13(木)　13(土)

歪비뚤왜 畏드러울외 要중요할요 姚어여쁠요 拗꺾을요(실8획) 勇날랠용

12(火)　12(土)　12(木)　8(木)　　10(火)　10(土)

俑허수아비용 禹우임금우 紆얽힐우 芋토란우(실7획) 昱밝을욱 垣담원

10(木)　12(金)　11(土)　9(水)　　14(火)　12(木)

爰이에원 韋가죽위 威위엄위 油기름유(실8획) 幽깊숙할유 柔부드러울유

12(木)　13(火)　10(木)　10(土)　11(金)　　14(水)　11(土)

宥용서할유 兪성유 柚유자유 臾잠깐유 玧귀막는옥윤(실8획) 胤맏윤 垠끝

10(金)　8(水)　10(火)　14(土)　11(土)　11(水)

은音소리음 泣울읍(실8획) 怡기쁠이(실8획) 姨이모이 姻혼인인 咽목구멍인

10(土)　10(土)　11(土)　11(水)　9(木)　10(火)　9(火)

(열)姙자식밸임 者놈자 姿맵시자 咨물을자 芍작약작(실7획) 昨어제작 炸불

⑨

10(金)　11(水)　11(木)　9(水)　10(土)

터질작 斫 쪼갤작 哉 어조사재 抵 막을저(실8획) 沮 막을저(실8획) 狙 원숭이저

10(火)　12(金)　10(火)　10(金)　12(火)　11(金)　9(木)

(실8획) 畑 화전전 前 앞전 点 점점 貞 곧을정 亭 정자정 訂 고칠정 柾 나무정

9(火)　12(水)　12(金)　12(木)　10(火)　11(木)

炡 빛날정 穽 함정정 酊 비틀거릴정 帝 임금제 俎 제기조 拙 졸할졸(실8획)

10(木)　9(木)　8(水)　9(木)　12(水)　9(火)

柊 나무이름종 柱 기둥주 注 물댈주(실8획) 奏 아뢸주 胄 자손주 炷 심지주

10(土)　12(木)　9(木)　13(火)　10(土)　14(水)

姝 어여쁠주 紂 말고삐주 拄 떠받칠주(실8획) 俊 준걸준 重 무거울중 卽 곧즉

9(木)　11(水)　10(木)　10(木)　9(木)　10(水)

祉 복지 咫 짧을지 枳 탱자지 持 섬지(실9획) 抮 휘어잡을진(실8획) 殄 멸할진

10(火)　11(土)　13(土)　13(火)　11(木)　10(木)　12(水)

眹 밝을진 姪 조카질 姹 자랑할차 昶 밝을창 柵 우리책 拓 열척(실8획) 泉 샘천

14(水)　9(水)　14(金)　12(木)　10(木)

穿 뚫을천 沾 젖을첨(실8획) 剃 털깎을체 招 부를초(실8획) 秒 초침초(벼까락묘)

10(火)　10(木)　9(木)　12(金)　10(火)　10(水)

促 재촉할촉 抽 뽑을추(실8획) 秋 가을추 酋 두목추 春 봄춘 治 다스릴치(실8획)

11(土)　11(金)　12(土)　11(水)　12(火)　13(木)　13(水)

峙 산우뚝설치 則 법칙 勅 칙서칙 柒 옻칠 侵 침노할침 拖 끌타(실8획) 咤 꾸짖

12(土)　9(木)　10(火)　13(木)　11(水)　12(火)　12(水)

을타 垞 언덕택 柝 목탁탁 炭 석탄탄 眈 즐길탐 泰 클태 怠 게우를태 殆 위태로울

10(水)　10(水)　12(木)　9(木)　8(水)

태 波 물결파(실8획) 沛 클패(실8획) 扁 작을편 枰 바둑판평 泙 물소리평(실8획)

14(木)　13(木)　13(木)　13(水)　10(火)

抱 안을포(실8획) 匍 엎드러질포 抛 던질포(실8획) 泡 물거품포(실8획) 怖 두러

12(水)　　12(木)　　11(木)　　　　9(水)　　　　　10(水)
울포 品 품수품 風 바람풍 披 헤칠피(실8획) 泌 개천물필(실8획) 河 물하(실8획)

10(火)　　12(木)　　11(水)　12(木)　11(木)　　10(土)　　12(土)
昰 여름하 虐 사나울학 咸 다함 函 함함 哈 웃음소리합 缸 항아리항 巷 거리항

11(土)　　9(水)　　　　11(水)　10(土)　12(水)　10(木)　10(金)
姮 항아항 肛 항문항(실7획) 咳 기침해 垓 계단해 孩 어릴해 香 향기향 革 가죽

10(木)　10(水)　　　　　11(火)　　12(火)　　12(火)　　10(火)
혁 奕 클혁 泫 물깊고넓을현(실8획) 炫 밝을현 眩 당혹할현 俔 염탐할현 恔 판매

10(火)　　9(火)　　10(土)　　11(木)　　12(火)　12(火)
할현(실8획) 頁 머리혈 俠 호협할협 型 거푸집형 洞 찰형(실8획) 炯 빛날형 胡 오

11(火)　　10(土)　　11(木)　13(水)　　　10(水)
랑캐호 晧 밝을호 狐 여우호(실8획) 紅 불을홍 泓 물깊을홍(실8획) 虹 무지개홍

10(水)　　　12(木)　　12(木)　14(木)　　10(金)　　11(水)
哄 떠들석할홍 奐 빛날환 宦 벼슬환 紈 비단환 皇 임금황 況 모양황(실8획)

13(水)　11(火)　10(火)　12(土)　　12(火)　10(土)　　14(木)
廻 돌회 徊 배회할회 侯 제후후 厚 두터울후 後 뒤후 垕 두터울후 紇 긁은실흘

13(土)　　11(火)
姬 계집희 俙 비슷할희

十劃 〈水〉

12(木)　14(水)　　11(金)　　　13(水)　　　9(金)　　　11(火)
家 집가 哥 노래할가 珂 옥이름가(실9획) 痂 헌데딱지가 珏 쌍옥각(실9획) 恪 삼갈

10(木)　　10(水)　　14(金)　12(火)　8(木)　　　12(火)
각(실9획) 栞 깎을간 疳 감질병감 剛 강할강 個 낱개 芥 겨자개(실8획) 倨 거만할거

11(木) 12(木) 12(木) 12(木) 11(水) 12(土)
祛 물리칠거 虔 긍정할건 桀 해결 格 격식격 肩 어깨견(실8획) 缺 이지러질결

12(金) 10(土) 13(火) 12(火) 10(火) 14(水) 10(木)
兼 겸할겸 耕 갈경 徑 지름길경 倞 굳셀경 耿 깨끗할경 勍 굳셀경 桂 계수나무계

10(火) 14(火) 11(木) 10(土) 13(木) 14(水)
烓 화덕계 高 높을고 庫 창고고 羔 염소고 拷 매때릴고(실9획) 股 다리고(실8획)

12(火水) 14(金) 11(火) 14(火) 11(金) 10(木) 13(水)
哭 곡할곡 骨 뼈골 恭 공순공 恐 두려울공 貢 바칠공 拱 낄공(실9획) 蚣 지내공

11(木) 13(火) 11(水) 12(木) 13(木) 11(水)
括 묶을괄(실9획) 恝 격정없을괄 洸 굳셀광(실9획) 桄 배틀광 紘 넓을굉 肱 팔둑굉

10(木) 10(土) 11(火) 11(金) 13(木) 16(水) 11(木)
(실8획) 校 학교교 狡 교활할교(실9획) 俱 함께구 矩 법구 宮 집궁 躬 몸궁 拳 주먹권

14(火) 14(火) 12(木) 8(木) 12(木) 9(木)
倦 게우를권 鬼 귀신귀 根 뿌리근 芹 미나리근(실8획) 衾 옷금 芩 약이름금(실8획)

11(木) 14(木) 10(水) 12(水) 12(水) 14(金)
衿 옷깃금(실9획) 級 등급급 肯 즐길긍(실8획) 氣 기운기 豈 어찌기 記 기록

13(火) 13(土) 11(木) 11(木) 15(土) 12(木)
기起 일어날기 耆 늙은이기 桔 도라지길 拮 열심히일할길(실9획) 娜 아름다울나 拿 잡

14(土) 14(木) 12(木) 13(土) 10(火)
을나(挐俗字) 方多 깃발날릴나 納 드릴납 衲 장삼납(실9획) 娘 어머니낭 恬 편안념(실9획)

13(木) 12(木) 11(水) 12(水) 10(金) 10(火) 12(金)
紐 맬뉴(유) 爹 아비다 疸 황달달 唐 당나라당 玳 대모대(실9획) 徒 무리도 倒 넘

14(土) 12(木) 12(木) 11(水) 12(水) 13(木)
어질도 島 섬도 挑 돋을도(실9획) 桃 복숭아도 凍 얼동 洞 고을동(통)(실9획) 桐 오동동

11(水) 13(火) 11(木) 11(水) 12(火)
疼 아풀동 烔 뜨거운모양동 芚 나무싹둔(실8획) 洛 물락(낙(실9획) 烙 지질락

12(水) 12(火) 13(土) 12(火) 11(水)
涼 서늘할량(양) 倆 재주량(양) 旅 나그네려(여) 烈 매울렬(열) 洌 매섭게렬(열)(실9획)

11(金) 10(火) 12(水) 14(土) 12(火)
玲 옥소리령(영)(실9획) 料 헤아릴료(요) 流 흐를류(유)(실9획) 留 머무를류(유) 倫 차

11(木) 13(水) 12(水) 14(火) 11(金) 12(火) 15(土)
례륜(윤) 栗 밤률(율) 凌 업신여길릉 唎 가는소리리 离 남방리 砬 약돌립 馬 말마 娩 해산

13(水) 9(土) 11(土) 14(木) 12(木) 11(水) 11(木)
할만 㐘 끝말 邙 터망(실6획) 埋 묻을매 眠 잠잘면 冥 어둘명 洺 이름명(실9획) 袂 소매

12(木) 10(木) 12(土) 13(火) 12(木) 12(木)
메(실9획) 耗 빌모 芼 나물모(실8획) 畞 이랑무(묘) 們 무리문 紋 무늬문 紊 얽힐문

11(水) 12(金) 10(金) 14(金) 11(土) 16(木) 10(木)
蚊 모기문 珉 옥돌민(실9획) 珀 호박박 剝 깎을박 畔 물가반 般 본받을반 芳 꽃다울방(실

13(土) 14(木) 12(水) 14(木) 11(水) 12(火) 11(火)
8획) 旁 곁방 紡 자을방 肪 기름방(실8획) 舫 쌍배방 蚌 조개방 倣 본받을방 倍 갑절배

10(火) 15(字) 11(木) 10(火) 10(金) 12(水) 9(水)
俳 광대배 配 짝배 栢 잣나무백 倂 나란할병 竝 아우를병 病 병들병 洑 보막이보(실9획)

12 12(土) 10(火) 8(木) 10(金) 12(金) 11(火)
峯(峰) 봉우리봉 俸 봉급봉 芙 연꽃부(실8획) 釜 가마부 剖 쪼갤부 俯 업드릴부

14(木) 12(木) 11(木) 13(水) 11 11(木)
紛 어지러울분 粉 가루분 芬 향기분(실8획) 肥 살찔비(실8획) 祕(秘) 숨길비

11(木) 13(木) 13(土) 14(木) 13(木) 12(土) 15(水) 13(木)
匪 아니비 秕 쭉정이비 射 쏠사 師 스승사 紗 깁사 娑 춤출사 唆 꾀일사 祠 사당사

13(水) 11(金) 12(木) 13(水) 13(木) 12(木)
朔 초하루삭 珊 산호산(실9획) 芟 풀벨삼(실8획) 桑 뽕나무상 索 찾을색 書 글서

13(火) 12(木) 11(火) 12(木) 11(木) 15(木) 13(水)
恕 용서할서 栖 깃들일서 徐 천천히할서 席 자리석 祏 섬석 扇 부채선 屑 조졸할설

11(水)　　13(木)　11(金)　　12(土)　13(土)　13(木)　　11(水)
洩샐설((실9획)　閃피할섬　剡고을이름섬　城제성　娍헌걸찰성　宬도서실성　洗깨끗

12(木)　10(木)　12(金)　　13(木)　13(木)　14(水)
할세(실9획)　素흴소　笑웃음소　玿아름다운옥소(실9획)　宵하늘소　梳빗소　孫손자

12(木)　11(金)　11(水)　10(火)　9(水)　　12(土)
손衰쇠할쇠　釗힘쓸쇠　殊다를수　修닦을수　洙물가수(실9획)　狩순행할수(실9획)

15(木)　　14(水)　　12(水)　　12(火)　　13(木)　11(水)
純순수할순　殉따라죽을순　洵믿을순(실9획)　恂진실할순(실9획)　栒순나무순　巡순

11(木)　　　12(火)　　12(火)　10(火)　　12(水)
행할순(실7획)　拾주울습(십)(실9획)　乘탈승　時때시　恃믿을시(실9획)　豺늑대시

15(水)　12(火)　11(木)　　11(木)　　11(木)　10(土)
翅날개시　息쉴식　栻점치는판식　拭닦을식(실9획)　神귀신신　迅빠를신(실7획)

13(金)　12(土)　12(木)　9(木)　　2(水)　　10(木)
訊물을신　娠애밸신　宸집신　芯등심초심(실8획)　十열십(실2획)　芽움아(실8획)

13(土)　13(土)　　16(水)　　12(木)　13(火)　12(木)　11(木)
娥예쁠아　峨산높을아　啞벙어리아　案책상안　晏늦을안　按살필안(실9획)　秧모앙

11(土)　18(金)　9(水)　　11(火)　13(水)　13(火)　11(火)
埃티끌애　弱약할약　洋물양(실9획)　恙근심할양　圄옥어　俺클엄　烟연기연

13(木)　14(土)　　14(土)　　10(木)　　13(火)　10(金)
宴잔치연　娟아름다울연　娫환할연　芮나라이름예(실8획)　倪도울예　珽옥돌예

13(火)　14(土)　15(火)　17(土)　13(土)　16(土)
(실9획)烏가마귀오　娛즐길오　翁늙은이옹　邕화할옹　埦빠를완　窈고요할요

12(土)　12(木)　13(土)　11(火)　9(土)　　11(火)　12(火)
辱욕될욕　容얼굴용　埇길돈을용　倭뼁돌왜　迂굽을우(실7획)　祐복우　彧빛날욱

12(木) 11(木) 9(木) 12(土) 12(水) 16(火) 12(木)

楠산앵두욱 耘김맬운 芸향풀운(실8획) 原근원원 員관원원 怨원망원 袁성원

10(水) 11(水) 11(木) 11(水) 12(火)

洹흐를원(실9획) 洧물이름유(실9획) 䄖벼와기장무성할유 育기를육(실8획) 恩

17(金) 12(火) 11(水) 15(水) 8(木) 11(火)

은혜은 殷은나라은 倚의지할의 益더할익 蚓지렁이인 茵씨인(실8획) 恁생각할임

12(木) 14(火) 12(火) 13(水) 14(金) 11(木) 12(金)

芿플싹잉(실7획) 玆이자 恣방자할자 疵흠자 酌잔질할작 奘클장 財재물재

11(木) 11(木) 11(水) 12(水) 10(木) 12(木) 11(金) 11(金)

宰재상재 栽심을재 疽등창저 展펼전 栓나무못전 庭뜰정 釘못정 祖할아비조

11(木) 13(火) 12(火) 10(金) 12(水) 13(水) 12(火) 10

租구실조 晁아침조 曹성씨조 祚복조조 蚤벼룩조 凋시들조 倧한배종 座자리좌

9(水) 10(木) 13 12(金) 14(土) 15(土) 10(水) 10(火)

洲물가주(실9획) 株그루주 酎酒술주 埈가파를준 峻높을준 准승인할준 隼매

15(木) 10(水) 13(火) 13(木) 11(木)

새준 純선두를준 症병증세증 烝무리증 拯건질증(실9획) 持가질지(실9획)

13(木) 12(金) 8(木) 13(金) 11(水)

指손가락지(실9획) 祗공경할지 芝지초지(실8획) 砥숫돌지 肢사지지(실8획)

8(木) 14(木) 14(木)11(木) 13(火)11(火) 10(水)

芷백지지(실8획) 紙종이지 眞(真)참진 晉(晋)진나라진 津나루진(실9획)

9(金) 10(木) 12(水) 11(土) 10(水) 10(木) 10(水)

珍보배진(실9획) 秦진나라진 唇놀랄진 畛두렁길진 疹홍역진 秩차례질 疾병질

11(木) 13(火) 11(火) 10(火) 13(水) 11(金) 12(火)

桎속박할질 朕나짐 借빌릴차 差어긋날차 窄좁을착 站우두커니설참 倉곳집창

⑩

| 12(火) | 14(金) | 12(水) | 14(金) | 11(火) | 13(火) | 12(水) |

倡여광대창　砦웅타리채　凄쓸쓸할처　剔바를척　隻새한마리척　倜대범할척　哲어질

| 13(水) | 16(木) | 13(土) | 13(金) | 12(木) | 12(金) | 11(水) |

철哨망볼초　芻꼴추　畜기를축　祝빌축　衷가운데충　珫귀고리옥충(실9획)　臭냄새취

| 12(火) | 11(土) | 11(火) | 12(水) | 10(金) | 12(金) | 11(火) |

値값치　致이룰치　恥부끄러울치　蚩어리석을치　針바늘침　砧다딤이돌침　倬클탁

| 13(金) | 13(木) | 12(金) | 11(木) | 11(土) | 10(水) | 13(金) |

託부탁할탁　耽즐길탐　討칠토　套전례투　特특별특　派물갈래파(실9획)　破깨트릴

| 11(木) | 12(水) | 10(木) | 16(金) | 13(水) | 13(水) | 15(水) |

파芭파초파(실8획)　唄염불소리패　秤저울평　砲대포포　哺먹일포　圃동산포　疱부

| 13(水) | 11(火) | 12(水) | 10(金) | 12(火) | 11(火) |

르틀포豹표범표　俵흩어질표　疲피곤　珌칼장식옥필(실9획)　夏여름하　恨한할한

| 10(火) | 10(火) | 11(木) | 15(木) | 12(水) | 12(木) |

(실9획)恒(恆)항상항(실9획)　桁차꼬항　航배로물건널항　奚어찌해　害해로울해

| 11(木) | 10(火) | 11(火) | 14(土) | 11(金) | 13(木) | 11(土) |

核씨해　倖요행행　軒추녀헌　峴고개현　珦옥돌현(실9)　眩아찔할현　峽골짜기협

| 11(金) | 9(木) | 12(木) | 9(水) | 10(火) | 11(金) |

祜복호　芦부들호(실8획)　笏홀기홀　洪넓을홍(실9획)　烘횃불홍　訌어지러울홍

| 10(木) | 11(木) | 10(水) | 13(火) | 11(火) | 13(火) |

花꽃화(실8획)　桓굳셀환　活살활(실9획)　晃밝을황　恍황홀할황(실9획)　晄밝을

| 9(火) | 10(金) | 13(水) | 11(火) | 11(金) | 10(火) |

황恢클회(실9획)　效본받을효　哮큰소리낼효　候기후후　訓가르칠훈　休아름다울휴

| 10(火) | 12(水) | 14(金) | 10(火) |

恤근심할휼(실9획)　洶물소리흉(실9획)　訖이를흘(끝낼글)　恰흡족할흡(실9획)

10(水)

洽 젖을흡(실9획)

十一劃 〈木〉

14(火)7　　　　11(木)　　　　12(木)　　　　15(木)　12(木)

假(仮 실6획) 거짓가　苛 가혹할가(실9획)　茄 가지가(실9획)　袈 가사가　桿 줄기한

15(土)　　13(木)　　12(水)　　　　13(木)　　14(土)　15(土)

간 勘 헤아릴감　紺 보라빛감　胛 어깨쭉지갑(실9획)　康 편안할강　堈 언덕강　崗 매강

15(金)　14(火)　15(火)　14(土)　14(土)　13(金)　14(金)　14

乾 하늘건　健 건장헐건　偈 쉴게　堅 군을견　牽 끌견　訣 이별할결　竟 마침경　頃

(火)　　　16(木)　　13(水)　　　12(木)　　16(木)　15(火)　　　12(木)

기우러질경　卿 벼슬경　涇 물경(실10획)　梗 곧을경　絅 홑옷경　烱 빛날경(炯과同)　械 기

13(水)　　　10(木)　　　12(金)　10(木)　　　12(木)　14(火)

계계 啓 일께울계　苦 괴로울고(실9획)　皐 언덕고　苽 줄고(실9획)　梏 수갑곡　斛 열말들

16(土)　12(木)　　13(木)　　　10(金)　　　　　14(金) 14(木)

이곡 崑 매곤　梱 문지장곤　袞 곤룡포곤(衮同)　珙 크고둥근옥공(실10획)　貫 꿸관　梡 토

12(金)　　　　13(金)　　　12(金) 12(金) 15(土)　　12(木)

막나무관 珖 옥피리광(실10획)　敎(教) 가르칠교　皎 힐교　救 구할구　區 구역구　苟 진

15(木)　　14(木)　14(水)　9(水)　　　14(土) 16(水)　12(木)

실로구(실9획) 寇 도적구　毬 공구　國 나라국 (国)(실8획)　堀 굴굴　圈 우리권　眷 돌

14(火)　10(金)　　　12(金)　　　9(土)　　　11(土) 14(木)

볼권 規 법규　珪 모날규(실8획)　硅 유리만드는흙규　近 가까울근(실8획)　基 터기　寄 부

15(水)　14(土)　　13(土)　　17(水)　11(土)　　12(金) (실10획)

칠기 飢 주릴기　崎 산길험할기　埼 낭떨어지기　既 이미기　那 어찌나(실8획)　珞 목걸이낙(락)

⑪

12(木) 　　　 14(火金) 　　　 13(水) 　　　 13(水) 　　 12(木)
捏꼭찍을날(실10획) 訥말더듬거릴눌 匿거슴길닉 蛋새알단 袒옷벗어맬단(실10획)

12(水) 　 13(水) 　　　 13(木) 　 15(木) 　13(木) 　 14(水) 　　　14(水)
啖씹을담 聃귀바퀴없을담 堂집당 帶띠대 袋자루대 豚돼지돈 動움직일동

16(木) 　 13(火) 　 12(土) 　 12(水) 　　　　　15(水) 　　　13(土)
兜투구두 得얻을득 婪고을람 浪물결랑(낭)(실10획) 朗밝을랑(낭) 狼이리랑(실

　　　 12(土) 　　 11(火) 　　　 14(土) 　　　 13(木) 　　　 13(木) 　　　 13(土)
10획) 崍산이름래 徠산이름래,올래 略간략할략 梁들보량(양) 笭작은놀령 羚영양

17(火) 　　 13(火) 　 12(水) 　　 15(土) 　 14(火) 　　 14(木) 　　　 14(土)
　령 翎날개령 聆들을령 鹵소금로(노) 鹿사슴록 聊애오라지료 累여러누(루) 婁별이

13(金) 　　　 14(土) 　　　 13(火) 　　　 14(金) 　 12(木)
름루 琉유리류(유)(실획) 崙산이름륜(윤) 率거느릴솔(비율률(율) 勒굴래륵 梨배리(이)

11(火) 　　　　　　 11(水) 　　 12(土) 　　 12(土) 　　　　　 11(水)
悧영리할리(이)(실10획) 浬해리리(실10 犁얼룩소리 狸삵리(貍同字)(실10획) 涖다다

　　　　　　 11(木) 　　 11(木) 　　 13(木) 　 16(火) 　 14(土) 　 15(木)
를리(이)(실10획) 笠삿갓립(입) 粒낱알립(입) 痳삼마 晚늦을만 曼길만 挽당길만

　　　　　 9(木) 　　　 14(水) 　　 14(木) 　 12(木) 　 14(火) 　 16(木)
(실10획) 茉말리말(실9획) 望바랄망 梅매화매 麥보리맥 覓찾을멱 冕면류관면

13(木) 　 12(木) 　 10(木) 　　　 10(木) 　　　 16(土) 　 15(水)
眸눈동자모 茅띠모(실9획) 苗싹묘(실9획) 茂성할무(실9획) 務힘쓸무 問물을문

14(木) 　 14(金) 　 14(木) 　 14(木) 　 10(金) 　　　　　 10(土)
梶나무끝미 敏민첩할민 密빽빽할밀 舶큰배박 班나눌반(실10획) 返도라올반(실

13(木) 　 14(金) 　 9(土) 　　　　　 12(土) 　　　 13 (水) 　 11(火)
8획) 絆얽을반 訪찾을방 邦나라방(실7획) 培북돋을배 背등배(실9획) 徘배회할배

322 │ 비법작명기술

11(水)　　13(木)　　14(木)　　13(土)15(土)　　11(金)

胚애밸배(실9획) 范성범(실9획) 梵중의글범 瓶瓶(실13획)병병 珤보배보(寶古

15(金)　　12(火)　　14(金)　　12(木)　　12(水)　　16(土)

字)(실10획) 匐엉금엉금길복 烽봉화봉 副버금부 符병부부 浮뜰부(실10획) 婦며느리

13(土)　12(土)　　16(土)　　13(土)　　14(金)　11(火)　13(木)

부埠언덕부 趺도사리고앉을부 崩무너질붕 婢계집종비 貧가난할빈 彬빛날빈 斌빛날

10(水)　　　　11(土)　　12(火)　15(水)　11(土)

빈浜물가이름병(濱빈의略)(실10획) 邠나라이름빈 斜비낄사 蛇뱀사 邪간

11(火)　　12(火)　　15(水)　11(木)　15(金)　14(火)

사할사(실7획)徙옮길사 赦놓을사 梭북사 産낳을산 殺죽일살 參석삼(참여할참)

15(木)　　11(金)　　15(水)　　11(火)　　11(木)　　12(水)　　13(金)

常항상상 祥상서로울상 商장사상 爽상쾌할상 笙생황생 胥서로서(실9획) 敍펼

11(木)　17(木)　14(土)　12(金)　　13(水)　15(土)　16(金)　11(水)

서庶뭇서 船배선 旋돌선 琁옥돌선(실10획) 雪눈설 髙높을설 設배풀설 涉건널

14　14(火)　　14(木)　　12(木)　　16(木)　　15(水)　11(水)

섭(실10획)晟(晠)밝을성 細가늘세 笹가는대세 紹이을소 巢집소 涑행국속(실

13(水)　　13(金)　　11(火)　　12(木)　　12(土)

10획)飱밥손(飧과同) 訟송사할송 悚두려울송(실10획) 袖소매수(실10획) 羞부끄

13(木)　16(水)　13(金)　　14(火)　14(土)　13(土)

러울수宿잘숙 孰누구숙 珣옥그릇순(실10획) 術꾀술 崇높을숭 崶산웅장할숭

16(水)　14(金)　　13(火)　13(土)　13(火)　14(木)　　12(火)　14(金)

習익힐습 匙수저시 偲굳셀시 埴찰흙식 晨새벽신 紳벼슬아치신 悉다실 訝의심

16(土)　　15(土)　　14(木)　14(木)　15(水)　　12(土)　　15(土)

할아婀아리따울아 堊백토악 眼눈안 庵암자암 唵움켜먹을암 崖낭떨어지애 野들

13(火)　10(木)　　11(水)　13(水)　14(火)　14(水)

倻 땅이름야　若 같을약(야)(실9획)　痒 가려울양　魚 고기어　御 어거할어　唹 고요히

14(火)　14(火)　13(土)　12(金)　13(水)　14(木)

偃 쓰러질언　焉 어찌언　域 지경역　研 연마할연　涓 가릴연(실10획)　捐 버릴연

13(水)　14(木)　13(火)　14(火)　11(木)

(실10획)涎 침연(실10획)　挻 당길연(실10획)　軟 연할연　悅 기쁠열(실10획)　苒 덧없

10(木)　12(土)　14(土)　15(土)　13(木)

을염(실9획)英 꽃뿌리영(실9획)　迎 맞을영(실8획)　埂 성가퀴예　埶 재주예　梧 오동오

12(火)　14(火)　13(金)　12(水)　14(金)　13(水)

悟 깨달을오(실10획)　晤 만날오　敖 장대할오　浯 강이름오(실10)　訛 그릇될와　浣 씻을

15(土)　18(土)　14(木)　13(木)　11(水)

완(실10획)婠 맵시예쁠완　婉 아름다울완　梡 도마완(관)　欲 하고자할욕　浴 목욕욕(실10획)

14(木)　13(水)　14(火)　12(金)　15(水)　15(土)　14(木)

庸 떳떳할용　涌 권할용(실10획)　偶 짝우　釪 요령우　雩 기우제우　勖 힘쓸욱　苑 동산원

16(木)　14(火)　12(水)　14(土)　12(水)　12(火)　12(木)

(실9획)寃 원통원　偉 위대할위　胃 밥통위(실9획)　尉 벼슬위　唯 오직유　悠 멀유　庾 곳집유

13(土)　14(土)　12(金)　12(金)　13(木)　12(土)

婑 아리따울유　埻 기름진땅육　珢 옥돌은(실10획)　訢 공손할은　移 옮길이　異 다를이

10(金)　9(木)　15(水)　15 15(火)　13(木)　12(金)

珥 귀고리이(실10획)　苡 길경이이(실9획)　痍 상처이　翊翌 도울익　寅 동방인　訨 생각

16(木)　15(土)　16(金)　12(金)　14(土)　14(木)　11(木)

할임 紫 자주빛자　瓷 자기자　張 배풀장　章 글장　將 장수장　帳 휘장장　梓 가리나무재

11(木)　15(木)　14(木)　12(木)　13(土)　14(火)　13(火)

苧 모시저(실9획)　紵 모시저　寂 고요적　笛 저적　專 오로지전　悛 고칠전(실10획)　晢

11(水)　12(木)　14(火)　13(火)　12(火)　12(木)

밝을절 浙 강이름절(실10획)　粘 끈끈할점　停 머물정　頂 정수리정　偵 정탐할정　桯 걸

12(水)   13(木)   13(木)   13(土)   13(火)

상정 涏 곧을정(실10획) 旌 기정 挺 빼어날정(실10획) 埩 밭갈정 彭 조촐하게꾸밀정

15(木)   14(木)   14(火)   15(木)   14(木)   14(火) 14(火)

第 차례제 祭 제사제 悌 공손할제(실10획) 梯 사다리제 組 짤조 鳥 새조 彫 새길조

15(水)   13(金)   11(木)   12(木)   13(金)   14(木)   13(木)   14(木)

窕 안존할조 釣 낚시조 條 가지조 粗 거칠조 曹 무리조 眺 바라볼조 族 겨래족 終 마

11(火)   11(木)   13(火)   10(金)   12(火)   14(木)

침종 從 따를종 挫 꺾을좌(실10획) 晝 낮주 珠 구슬주(실10획) 做 지을주 紬 명주주

14(水)   16(火)   15(火)   14(土)   11(木)   12(土)

浚 깊을준(실10획) 晙 밝을준 焌 불땔준 埻 관혁준 茁 풀싹줄(실9획) 趾 발가락지

12(木)   12(木)   11(木)   14(火)   14(水)   13(土)

振 떨칠진(실10획) 桭 평고대진 袗 홑옷진(실10획) 昣 밝을진 窒 막을질 執 잡을집

12(木)   15(木)   14(火)   12(金) 14(水)   14(土)

捉 잡을착(실10획) 紮 감을찰 參 참여할참 斬 벨참 唱 부를창 娼 몸파는여자창

15(水) 11(火)   11(土)   12(木)   12(金)   12(金)   12(土)

窓 창창 彩 빛날채 埰 식읍채 寀 동관(同官)채 釵 비녀채 責 꾸짖을책(빚채) 婇 여자

17(土) 13(金)   8(土)   11(金)   12(土)   14(水)

이름체 處 곳처 戚 겨레척 阡 언덕천(실6획) 釧 팔찌천 甜 달첨 涕 눈물체(실10획)

13(木)   12(木)   12(金)   12(土)   14(火)

梢 나무끝초 苕 능소화초(실10획) 鈔 좋은쇠초 邨 마을촌(村과同)(실7획) 悤 바쁠총

12(土)   13(土)   13(火)   13(木)   14(木)   12(水)   13(水)

崔 높을최 娶 장가들취 側 곁측 厠 뒷간측 梔 치자나무치 痔 치질치 浸 잠길침(실10

12(水)   16(木)   13(水)   13(金)   13(水)   13(木)   11(木)

획)唾 침타 舵 키타 啄 쪼을탁 貪 탐할탐 胎 아이밸태(실9획) 笞 볼기칠태 苔 이끼태

14(木)   11(土)   15(火)   14(土)   13(金)   14(木)   12(金)

(실9획)桶 통통 堆 쌓을퇴 偸 훔칠투 婆 할미파 販 팔판 捌 깨트릴팔(실10획)敗 패

⑪

11(水)　　　　　13(水)　　　　　　12(土)　　　　　14(火)

할패 湏 물이름패(실10획)　悖 어그러질패(실10획)　狽 이리패(실10획)　烹 삶을팽

14(火)　　15(木)　13(水)　　　　　16(水)　　　　　12(水)　　　　　13(木)

偏 치우칠편　閉 닫을폐　肺 허파폐(실9획)　胞 패보포(실9획)　浦 물가포(실10획)　捕 잡

　　　　14(木)　　　　16(木)　　　　　19(木)　　13(火)　15(火)　13(木)

을포(실10획)苞 그렁포(실9획)袍 핫옷포(실10획)匏 박포　票 표표　彪 범표　被 덮을

　　　12(土)　　10(木)　　　　11(火)　　　　　15(水)　　　　　13(金)

피(실10획)畢 다할필　苾 향기필(실9획)悍 사나울한(실10획)啣 명함함(銜俗字)　盒 합

13(金)　13(水)　　　　15(火)　　13(金)　　　　　　12(金)

합 該 그해　海 바다해(실10획)偕 함께해　珦 옥이름향(실10획)　許 허락할허

12(火)　15(木)　　13(金)　　　　　15(火)　15(木)　14(火)　10(水)

烆 붉을혁　絃 악기줄현　現 나타날현(실10획)睍 햇발현　舷 뱃전현　衒 팔현　浹 사무

　　　11(木)　　　11(土)　　　　9(土)　　　　　11(金)

칠협(실10획)挾 낄협(실10획)狹 좁을협(실10)邢 나라이름형(실7획)珩 .노리개형

　　　12(火)　15(火)　11(水)　　　13(火)　16(木)　15(木)　　12(水)

(실10획)彗 비혜　毫 터럭호　浩 물호(실10획)晧 밝을호　扈 넓을호　瓠 표주박호　浤 물

　　　15(土)　　14(金)　15(火)　　14(火)　14(木)　13(火)

가호(실10획)婚 혼인혼　貨 재물화　晥 깨끗할환　患 근심환　凰 봉황새황　悔 뉘우칠회(실10획)

15(火)　14(木)　14(金)　　　　　13(火)　　　12(土)　　　13(水)

晦 그믐회　梟 올빼미효　珝 옥이름후(실10획)　焄 불김오를훈　畦 밭두둑휴　痕 흉터흔

14(火)　13(火)

晞 바를희　烯 불빛희

十二劃 〈木〉

13(火) 15(金) 16(土) 13(土) 15(火) 19(金)
街 거리가 訶 꾸짖을가 跏 책상다리할가 迦 막을가(실9획) 軻 수레가 殼 껍질각

16(木) 13(木) 17(水) 12(金) 14(土) 14(土) 10(土)
間 사이간 稈 짚간 喝 더위먹을갈 敢 구태어감 堪 견딜감 嵌 산깊을감 邯 땅이

18 17(金) 16(木) 15(木) 17(木) 16(水) 14(土)
름감(실8획) 强(強) 굳셀강 絳 붉을강 開 열개 凱 개선할개 喀 토할객 距

14(木) 13(金) 14(木) 11(土) 15(木)
떨어질거 据 일할거(실11획) 鈐 비녀장검 傑 뛰어날걸 迲 갈겁(실9획) 結 맺을결

15(火) 14(金) 15(水) 13(土) 13(火) 13(木) 15(木)
景 빛경 硬 굳을경 痙 심줄땅길경 堺 경계계 悸 두근거릴계(실11획) 棨 창계 袴 바

13(金) 13(火) 16(木) 14(木) 14(金) 15(木)
지고(실11획) 辜 허물고 雇 품살고 棍 몽둥이곤 控 당길공(실11획) 款 정성관 棺 널관

14(水) 13(木) 12(木) 16(火) 16水 14(木) 13(水)
胱 오줌통광(실10획) 筐 광주리광 掛 걸괘(실11획) 傀 클괴 喬 높을교 絞 목맬교 蛟

12(金) 10(土) 16(水) 15(木) 16(木)
교룡교 球 구슬구(실11획) 邱 언덕구(실8획) 窘 군색할군 掘 팔굴(실11획) 捲 거둘권

15(水) 14(土) 14(金) 15(火) 14(金) 16(金)
(실11획) 淃 물돌아흐를권(실11획) 厥 그궐 貴 귀할귀 晷 그림자귀 鈞 근균 棘 멧대추

14(金) 15(土) 13(火) 16(木) 15(木) 14(水) 17(火)
나무극 戟 갈래진창극 勤 부지런할근 僅 겨우근 筋 힘줄근 給 줄급 期 기약기 幾 거의

11(水) 12(木) 13(木) 10(木) 14(火) 13(金)
기 淇 물이름기(실11획) 棋 바둑기 棄 버릴기 祁 성할기(실8획) 朞 돌기 欺 속일기

15(水) 15(木) 14(水) 13(木) 15(火)
喫 마실끽 拏 붙잡을나 腡 성길나(실10획) 捏 누를날(실11획) 惱 괴로와할뇌(실

13(金) 14(木) 17(水) 10(木) 14(土)
11획)鈕 인꼭지뉴(유) 捻 비틀념(실11획) 能 능할능(실10획) 茶 차풀다(차)(실10획) 窱 깊을다

13(金) 15(水) 11(水) 14(金) 13(木) 14(木) 14(金)
短 짧을단 單 홑단 淡 맑을담(실11획) 覃 미칠담 答 대답답 棠 팥배나무당 貸 빌릴대

15(火) 14(金) 13(土) 14(水) 12(火) 13(木) 13(木)
悳 큰덕 盜 도적도 堵 담도 屠 잡을도 悼 슬퍼할도(실11획) 掉 흔들도(실11획) 棹 노도

14(水) 14(火) 15(金) 15(火) 13(金) 13(木)
淘 일도(실11획) 惇 도타울돈(실11획) 敦 도타울돈 焞 귀갑지지는불돈 童 아이동 棟 마

15(水) 13(水) 9(土) 15(金) 14(火) 13(木)
룻대동 胴 큰창자동(실10획) 痘 천연두두 卧 치솟을두 鈍 둔할둔 登 오를등 等 무리등

16(木) 16(土) 13(金) 14(木) 14(火)
喇 나팔라(나) 絡 헌솜락(나) 嵐 람기람(남) 琅 옥이름랑(실11획) 掠 노략질할략(실11

15(木) 15(水) 15(火) 12(水) 16(金) 13(木)
획)量 헤아릴량 裂 찢을렬 勞 수고할로 淚 눈물루(실11획) 硫 유황류(유) 淪 물놀이

13(金) 11(水) 11(木)
류(윤)(실11획)理 다스릴리(이)(실11획) 痢 설사리(이) 淋 물뿌릴림(임)(실11획)

13(土) 14(金) 14(木) 13(水) 15(土) 15(木)
茫 넓을망(실10획) 媒 중매매 買 살매 寐 잠잘매 脈 맥맥(실10획) 猛 사나울맹(실11획)

15(木) 12(木) 16(木) 14(木) 12(火) 16(金) 13(金)
棉 목화면 楣 홈통명 茗 차싹명(실10획) 帽 모자모 睦 화목할목 無 없을무 貿 무역할무

13(水) 13(土) 13(土) 15(土) 15(土) 15(木)
斌 무부무(실11획) 雯 구름무늬문 媄 빛고울미 嵋 깊은산미 媚 아첨할미 嵋 산이름미

16(火) 15(水) 13(水) 14(土) 12(木) 21(火) 13(土)
閔 민망할민 悶 번민할민 蜜 꿀밀 博 넓을박 迫 닥칠박(실9획) 斑 얼룩반 發 필

15(火) 11(土) 15(木) 12(木) 13(火) 13(土)
跋 밟을발 傍 곁방 防 막을방(실7획) 幇 도울방(幇과同) 排 물리칠배(실11획) 焙 불

13(木) 에쬘배 番 차례번　13(木) 筏 떼벌　15(土) 棅 자루병　13(火) 報 갚을보　13(土) 普 넓을보　14(火) 堡 작은성보　10(木) 復 회복할복

10(木) (부) 茯 복령복(실10획)　12(木) 捧 받들봉(실11획)　12(木) 棒 몽둥이봉　14(火) 傅 스승부　15(木) 富 부자부　12(火) 焚 불살

13(金) 을분 賁 꾸밀분　15(水) 雰 안개분　16(木) 棚 시렁붕　14(火) 備 가출비　13(火) 悲 슬플비　17(金) 費 소비할비　12(木) 斐 오락가락할

12(木) 비 棐 도지게비　13(木) 斌 빛날빈　12(金) 斯 이사　6(木) 絲 실사(실사)　16(金) 詞 말씀사　13(金) 詐 속일사　13(木) 捨 놀사(실11획)

13(木) 奢 사치사　14(金) 散 흩을산　12(火) 傘 우산산　12(木) 森 나무빽빽할삼　14(金) 鈒 창삽　15(水) 象 코끼리상　15(水) 喪 복입을상

16(火) 翔 날상　13(木) 廂 행랑상　15(水) 甥 생질생　14(木) 捿 깃드릴서(栖와同)(실11획)　14(木) 棲 살서　16(火) 舒 펼서

15(土) 壻(婿) 사위서　16(土) 絮 솜서(실9획)　16(木) 犀 물소서　13(土) 黍 기장서　13(木) 淅 일석(실11획)　11(水) 晳 밝을석

12(火) 惜 아낄석(실11획)　13(水) 善 착할선　12(金) 琁 아름다운옥선(실11획)　15(火) 盛 성할성　13(火金) 珹 옥이름성(실11

13(金) 획) 貹 재물성　15(木) 稅 세금세　14(金) 貰 세낼세　13(金) 訴 하소연할소　16(木) 掃 쓸소(실11획)　14(土) 疏 성길소

13(水) 消 녹을소(실11획)　13(土) 邵 높을소(실8획)　13(水) 甦 소생할소(鮇俗字)　16(土) 疏 성길소　13(木) 粟 조속　18(木) 巽 괘이

12(水) 름손 淞 강이름송(실11획)　13(火) 須 모름지기수　10(木) 授 줄수(실11획)　13(水) 琇 옥돌수(실11획)　13(火) 茱 수유수

13(火) (실10획) 淑 맑을숙(실11획)　15(木) 順 순할순　15(木) 循 돌순　13(木) 筍 죽순순　14(水) 舜 순임금순　15(火) 荀 사람이름

12(土) 순(실10획) 淳 순박할순(실11획)　16(土) 焞 밝을순　15(火) 述 지을술(실9획)　14(木) 勝 이길승　15(金) 視 볼시　14(土) 猜 시

15(土) 13(金) 14(木) 15(水) 14(木) 13(水)

기할시(실11획)媤 시집시 弑 죽일시 植 심을식 殖 번식할식 寔 이식 深 깊을심(실11

15(金) 12(土) 14(火) 17(火) 16(木) 11(水)

획)尋 찾을심 阿 언덕아(실8획) 雅 맑을아 惡 사나울악,미워할(오) 幄 휘장악 涯 물가

12(水) 13(木) 15(火) 15(土) 15(木)

애(실11획)液 즙액(실11획) 掖 낄액(실11획) 馭 말부릴어 堰 방죽언 掩 가릴엄(실11

14(水) 12(木) 16(火) 16(金) 13(火) 14(水)

획)淹 담글엄(실11획) 茹 먹을여(실10획) 暘 날흐릴역 硯 벼루연 然 그릴연 淵 못연

14(土) 15(火) 16(金) 15(土) 13(水)

(실11획)堧 빈터연 焰 불당길염(燄과同字) 詠 읊을영 猊 사자예(실11획) 蛙 개구리와

14(金) 18(木) 11(土) 14(土) 10(木)

琓 옥이름완(실11획) 椀 주발완 阮 관이름완(실7획) 堯 요임금요 茸 무성할용(실10획)

14(火) 16(木) 15(土) 14(木) 13(火) 14(土) 14(火)

俑 익숙한모양용 寓 붙여살우 堣 모퉁이우 雲 구름운 雄 수컷웅 媛 예쁠원 越 넘을월

16(水) 16(金) 11(火) 17(水) 13(木) 15(火) 15(金)

圍 둘레위 爲 위할위 惟 오직유(실11획) 喩 비유할유 釉 광택유 閏 윤달윤 鈗 병기윤

12(土) 15(木) 11(水) 14(木) 14(金) 14(木)

阭 높을윤(실7획) 絨 융용융 淫 음난음(실11획) 椅 의나무의 貳 두이 黃 벨이(실10획)

15(金) 15(木) 11(木) 15(金) 14(木) 10(木)

貽 줄이 絪 기운인 茵 자리인(실10획) 靭 질길인(靷과同字) 壹 하나일 茬 들깨임(실

15(金) 11(木) 13(火) 15(水) 19(水) 14(木)

10획)剩 남을잉 茨 가시나무자(실10획) 雀 참새작 殘 해칠잔 孱 잔악할잔 棧 잔도잔

15(土) 15(木) 12(木) 14(木) 15(金) 12(土) 14(金)

場 마당장 掌 손바닥장 粧 단장할장 裁 판결할재 貯 쌓을저 邸 집저(실8획) 詛 주저

11(土) 15(木) 10(木) 12(木) 18(木)

할저 迪 나아갈적(실9획) 奠 제사지낼전 荃 겨자무침전(실10획) 筌 통발전 絶 끊을절

13(木)　　13(木)　13(水)　　　12(水)　　　　13(火)
接 댈댈접(실11획) 程 길정 淨 깨끗할정(실11획) 淀 물소리정(실11획) 情 뜻정(실11획)

15(火)　15(木)　　13(金)　　　14(火)　16(土)　12(金)
晶 수정정 幀 그림족자정 斑 옥돌정(실11획) 朂 해뜰정 婷 예쁠정 珵 패옥정(실11획)

13(土)　16(水)　15(水)　13(木)　　　16(金)　16(木)　16(木)　12(土)
堤 방죽제 啼 울제 朝 아침조 措 들조(실11획) 詔 고할조 棗 대추조 尊 높을존 猝 갑

　　　14(木)　　13(水)　　　　13(火)　　　　13(金)
자기졸(실11획) 椶 종려나무종 淙 물소리종(실11획) 悰 즐거울종(실11획) 註 주낼주

13(水)　20(木)　　16(土)　17(火)　13(水)　15(火)　14(火)　15(水)
蛛 거미주 粥 죽죽성죽 竣 마칠준 畯 농부준 衆 무리중 曾 일찍증 智 지혜지 脂 기름

　　　13(金)　　13(火)　　　14(水)　　13(土)　　10(土)
지(실10획) 診 볼진(진단) 軫 수레뒤턱나무진 蛭 거머리질 跌 넘어질질 迭 갈마들질

　　　12(火)　　　　14(金)　　13(土)　15(金)　15(金)
(실9획) 集 모일집,모을집(실10획) 硨 조개이름차 着 붙을착 創 비롯할창 做 들어날창

14(土)　　　　12(木)　　　13(木)　13(火)　　　12(水)
猖 미쳐날뛸창(실11획) 採 캘채(실11획) 策 채찍책 悽 슬퍼할처(실11획) 脊 등성마루

13(水)　　　16(水)　　14(水)　12(水)　　　13(木)
척(실10획) 淺 얕을천(실11획) 喘 헐떡거릴천 喆 밝을철 添 더할첨(실11획) 捷 빠를첩

13(土)　　　14(金)　　13(水)13(水)　　　15(火)15(火)　13(火)
(실11획) 堞 성가퀴첩 貼 붙을첩 淸(淸) 맑을청(실11획) 晴(晴) 갤청 替 바꿀체

12(木)　13(木)　　　15(火)　11(木)　　　12(火)　14(木)
㭇 참나무채 茜 꼭두서니천(실10획) 超 뛸초 草 풀초(실10획) 焦 마를초 椒 산초나무

15(金)　14(木)　　16(水)　14(金)　16(火)　14(水)　12(木)
초硝 초삭초 稍 벼줄기끝초 貂 담비초 酢 초초 蜀 나라이름촉 最 가장최 推 밀추(실

12(木)　14(火)　15(木)　　11(火)　　　16(土)　17(水)
11획)椎 뭉치추 軸 굴대축 筑 악기이름축 悴 파리할췌(실11획) 就 나아갈취 脆 무릎

⑫

15(水) 13(水) 14(火) 14(木) 12(土)

취(실10획)淄검은빛치(실11획)痴어리석을치晫밝을탁探더듬을탐(실11획)郒나

15(土) 17(木) 15(水) 15(木) 15(土) 10(土)

라이름태(실8획)跆밟을태統거느릴통痛아플통筒대통통跛절뚝팔이파阪산비

13(金) 14(木) 13(火) 13(金) 13(金) 16(木)

탈판(실7획)鈑금박판牌패패彭나라이름팽貶떨어뜨릴폄評평론할평幅폭폭

14(火) 13(木) 21(金) 16(金) 13(水) 15(水) 17(土) 15(金)

馮성풍筆붓필弼도울필賀하례할하寒찰한閑한가할한閒한가할한割나눌할

15(水) 15(水) 14(水) 13(火) 11(木) 15(木) 12
(火)

涵젖을함(실11획)喊소리함蛤대합조개합項목항荇마름행(실10획)虛빌허焱
불

17(木) 16(火) 18(水) 18(水) 11(木)

꽃혁絢무늬현睍불거진눈현脅갈비협(실10획)脇脅과同(실10획)荆모형나무형(실10
획)

14(火)12(火) 12(水) 17(木) 14(金) 15(火) 15(水)

惠(恵(10획))은혜혜淏맑을호(실11획)壺병호皓빛날호惑미혹할혹混섞을혼

14(火) 16(水) 13(土) 13(木) 14(土)

(실11획)惚황홀할홀(실11획)喚부를환黃누루황荒거칠황(실10획)媓여자이름황

13(土) 13(火) 11(水) 12(木) 15(水) 13(水)

堭대궐황徨노닐황淮강이름회(실11획)茴회향풀회(실10획)蛔거위회淆뒤섞일

14(水) 15(木) 14(水) 15(水) 16(水) 17 17(金)

효(실11획)喉목구멍후帿과녁후嗅맡을후喧의젓할훤喙부리훼毇毀해담(협

17(火) 15(水) 13(水) 13(金) 17(火) 14(水)

담)할훼彙무리휘胸가슴흉(실10획)黑검을흑欽공경할흠翕합할흡喜기쁠희

14(木)

稀드물희

十三劃 <火>

17(火)   16(土)   15(金)   16(水)   14(木)   14(木)
暇겨를가   嫁시집갈가   賈장사고   脚다리각(실11획)   幹줄기간   揀가릴간(실12획)

16(水)   14(水)   16(火)   16(金)   14(金)   17(木)   15(土)
渴목마를갈(실12획)   減덜감(실12획)   感느낄감   戡칠감   鉀갑옷갑   閘물문갑   畺지

16(土)   15(土)   14(木)   13(水)   14(金)   16(木)
경강   踫우뚝설강   塏높고건조할개   粳메벼갱(秔과同)   渠똘거(실12획)   鉅클거   楗문

15(火)   17(木)   18(木)   13(金)   16(火)   14(木)
지방건   愆허물건   揭높이들게(실12획)   絹명주견   鉗칼겸   傾기울어질경   莖줄기경

16(水)   16(水)   18(木)   15(金)   15(水)   16(金)
(실11획)敬공경할경   脛정강이경(실11획)   經글경   鼓북고   痼고질고   琨옥돌곤(실

17(金)   17(土)   12(土)   14(木)   17(土)   11(土)
12획)誇자랑할과   跨타넘을과   适빠를괄(실10획)   罫줄괘   塊덩어리괴   郊들교(실9

14(火)   19(火)   16(木)   17(土)   16(金)   15(土)
획)較비교할교   鳩비들기구   絿급박할구   舅시아비구   鉤갈고랑이구   群무리군

15(木)   18(水)   19(金)   14(木)   15(木)   17(木)
裙치마군(실12획)   窟굴굴   詭속일궤   揆헤아릴규(실12획)   筠대나무균   極다할극

14(木)   16(火)   14(金)   12 14(金)   13(木)   17(水)
禁금할금   禽새금   琴거문고금(실12획)   琪琦옥이름기(실12획)   祺복기   嗜즐길기

16(土)   14(金)   13(木)   14 15(火)   17(金)   20(木)
畸뙈기밭기   碁바둑기   稘일주년기   煖暖따뜻할난   酪진한유즙낙(락)   亂어지러울

15(木)   14(水)   17(火)   16(水)   17(金)   15(土)
난(란)   楠녹나무남   湳물이름남(실12획)   寗편안녕   祿복녹(록)   碌돌모양록(녹)   農농

15(火水)   16(土)   14(水)   13(水)   15(土)   16(土)
사농   湍여울단(실12획)   亶믿을단   湛즐길담(실12획)   痰가래담   塘못당   當마땅당

13(水) 渡 건널도(실12획)　16(土) 跳 뛸도　13(土) 逃 도망할도(실10획)　14(土) 塗 바를도　16(木) 督 감독할독　17(火) 頓 조아릴돈

12(木) 荳 콩두(실11획)　17(木) 廊 복도랑(낭)　15(木) 粮 양식량(양)　15(木) 粱 기장량(양)　14(火) 煉 불릴련(연)　14(木) 廉 살필렴

(염) 16(水) 零 떨어질령(영)　15(金) 鈴 방울령(영)　16(土) 路 길로　18(木) 虜 포로로　16(火) 輅 수레로　16(金) 賂 뇌물줄뢰　15(水) 雷 우

뢰뢰(뇌) 18(土) 旒 깃발류(유)　16(木) 稜 모름릉　16(木) 楞 모릉　15(木)14(木) 裏(裡) 속리　12(木) 莉 말리리(이)(실11획)　12(金) 琳 옥

이름림(임)(실12획) 15(水) 痲 저릴마　12(木) 莫 아닐막(실12획)　11(木) 莽 우거질망(실11획)　13(火) 煤 그을음매

12(土) 陌 두렁맥(실9획)　15(水) 貊 북방종족맥　17(土) 盟 맹세맹　17(金) 酩 술취할명　16(土) 募 모을모　14(木) 描 그릴묘(실12

14((옥편14획)水) 渺 아득할묘(실12획)　14(土) 猫 고양이묘(실12획)　16(木) 楙 무성할무　16(火) 微 작을미　11(土) 迷 미혹할미(실

10획) 渼 물결무늬미(실12획)　15(木) 楣 문미미　14(水) 湄 물가미(실12획)　17(土) 嬍 착하고 아름다울미

17(火) 愍 근심할민　17(火) 暋 굳셀민　14(金) 鉑 금박박　19(水) 雹 누리박　15(木) 飯 밥반　16(火) 頒 반포할반　13(金) 鉢 바리발

17(水) 渤 바다이름발(실12획)　12(水) 湃 물결칠배(실12획)　14(火) 煩 번거로울번　13金 琺 법랑법(실12획)

15(木) 馛 갑자기향기날별　15(木) 補 도울보(실12획)　13水 洑 보보(실12획)　15(水) 蜂 벌봉　12(金) 琫 칼장식옥봉(실

11(土) 附 붙을부(실8획) 12획)　17(木) 艀 작은배부　13(木) 莩 풀이름부(실11획)　19(火) 鳧 오리부　18(金) 硼 붕산붕　15(金) 碑 비

15(金) 琶 비파비(실12획) 석비　14(水) 痺 암메추라기비　17(火) 聘 맞을빙　19(水) 嗣 이을사　13(水) 渣 찌끼사(실12획)　15(火) 肆

12(木)　15(木)　15(火)　14(木)　12(木)

방자할사莎 향부자사裟 가사사煞 죽일살揷(실12획) (揷)꽂을삽(실11획)

15(火)　14(金)　16(火)　13(水)　15(水)　14(土)　15(火)

想생각상 詳자상상 傷상할상 湘물이름상(실12획) 嗇인색할색 塞변방새(색) 暑

15(火)　13(木)　17(木)　14(金)　14(水)　14(土)

더울서 惛지혜서(실12획) 筮점대서 鼠쥐서 鉐놋석 渲바림선(실12획) 羨부러워할

14(火)　18(火)　16(金)　16(土)　15(木)　13(水)

선 愃쾌할선(실12획) 僊신선선 詵많을선 跣맨발선 楔문설주설 渫칠설(실12획)

14(火) 14(火)　13(火)　14(土)　15(木)　15(土)　18(金)

聖 聖王 성인성 惺깨달을성(실12획) 猩성성이성(실12획) 筬바디성 歲해세 勢기세세

16(土)　11(土)　15(火)　14(金)　13(水)　14(火)

塑토우소 送보낼송(실10획) 頌칭송할송 碎부술쇄 (脩)포수(실11획) 愁수심수

14(木)　16(土)　16(金)　16(木)　15(金)　16(火)　14(金)

睡잠잘수 嫂형수수 竪세울수 綏편안할수 酬갚을수 肅엄숙할숙 琡옥이름숙(실

14(水)　14(木)　17(金)　15(火)　15(金)　18(土)

12획) 脣입술순(실11획) 楯난간순 詢물을순 馴길들일순 鉥돗바늘술 嵩높을숭

15(土)　15(金)　15(金)　13(水)　15(火)　13(金)

塍밭두둑승 詩글시 試시험할시 湜물맑을식(실12획) 軾수레난간식 新새로울신

11(木)　15(水)　16(火)　13(木)　16(水)　17(火)

莘세신신(실11획) 蜃조개신 衙마을아 莪지칭개아(실11획) 蛾나비아 愕놀랄악

15(木)　14(水)　15(火)　16(火)　16(金)　11(火)

(실12획)握쥘악(실12획) 渥두터울악(실12획) 暗어둘암 愛사랑애 碍거리낄애 耶

15(火)　15(木)　15(木)　15(木)　16(木)

어조사야(실8획)惹이끌야 揶희롱지거리할야(실12획) 椰야자나무야 爺아비야 楊

16(木)　16(金)　17(火)　16(火) 15(水)　13(木)　16(土)

버들양揚오를양(실12획) 敭들칠양 暘해돋이양 煬쬘양 瘀병어 業업업 與더불여

⑬

16(木)　　12(土)　　　　17(金)　15(火)　16(木)　16(木)　12(金)
艅배이름여 逆거스릴역(실10획) 鉛납연 煙연기연 筵자리연 椽서까래연 琗비취

　　　15(火)　13(水)　　　　19(木)　14(土)　17(火)　18(木)
옥염(실12획) 暎비칠영 渶물맑을영(실12획) 楹기둥영 塋무덤영 預미리예 裔후손

17(金)　　17(水)　　16(土)　15(火)　14(木)　14(金)　　16(木)
예詣이를예 嗚탄식할오 塢둑오 傲거만할오 奧깊을오 珸옥돌오(실12획) 筽버들

17(水)　　14(火)　　13(金)　　16(土)　15(火)　14(金)　　16(水)
고리오 蜈지내오 項삼갈옥 鈺보배옥 媼할미온 雍화할용 矮키작을왜 渦소용돌이

　　　14(木)　　　　18(金)　　　　20(金)　　　16(水)
와(실12획) 莞빙그레웃을완(실11획) 琬홀완(실12획) 碗주발완(盌의俗字) 脘밥통완

16(火)　　18(土)　15(土)　　　16(水)　　　　16(火)
(실11획) 頑완고할완 嵬높을외 猥함부로외(실12획) 湧솟을용(실12획) 傭품팔이용

18(木)　　17(火)　　14(火)　13(土)　　　16(火)　16(水)　14
虞헤아릴우 愚어리석을우 煜빛날욱 郁문채날욱(실9획) 暈무리운 圓둥글원 援

(木)　　　15(水)　16(土)　13(水)　　　15(金)　15(水)
도울원(실12획) 園동산원 嫄계집이름원 湲물흐를원(실12획) 鉞도끼월 渭물이름위

　　　14(木)　　　　18(火)　16(土)　　　16(火)
(실12획) 裕넉넉할유(실12획) 愈더욱유 猶오히려유(실12획) 愉즐거울유(실12획)

17(木)　　17(火木)　　16(木)　16(土)　16(水)　　　12(金)
楡느티나무유 揄끌유(실12획) 楢졸참나무유 猷꾀할유 游헤엄칠유(실12획) 琟옥

　　　15(水)　　14(木)　　15(土)　15(火)　15(金)　16(火)　14(火)
같은돌유(실12획) 飮마실음 揖읍읍(실12획) 義옳을의 意뜻의 肄익힐이 嫛기쁠이

14(水)　　18(金)　　14(金)　　15(木)　15(金)　16(火)　14(火)
湮잠길인(실12획) 靷가슴걸이인 賃품팔이임 稔풍년들임 資재물자 雌암자 煮삶

16(金)　15(木)　12(木)　　　　6(木)　　　　15(火)　14(水)
을자 盞잔잔 裝꾸밀장 莊장중할장(실11획) (庄)장중할장(실6획) 載실을재 渽맑을재

14(木)　13(水)　14(土)　14(木)　14(火)
(실12획)楮닥나무저　渚물가저(실12획)　猪돼지저(실12획)　箸젓가락저　雎물수리저

15(土)　15(金)　16(土)　12(木)　12(土)　17(水)
跡자취적　賊도적적　勣공적적　荻물억새적(실11획)　迹자취적(실10획)　電번개전

15(火)　14(金)　13(金)　17(土)　16(火)　14(金)　18(金)
傳전할전　詮선명할전　瑔옥이름전(실12획)　塡메울전　煎달일전　鈿비녀전　殿큰집

18(金)　13(水)　14(木)　16(火)　13(金)　15(木)　15(水)
전　剪자를전　湞물이름정(실12획)　楨쥐똥나무정　鼎솥정　鉦정정　靖편안할정　淳물

16(木)　15(金)　17(木)　17(木)　14(木)　17(火)
필정(실12획)　睛눈동자정　碇닻정　艇거룻배정　綎띠솔정　提들제(실12획)　照비칠조

11(土)　16(木)　14(金)　17(木)　12(水)
阻험할조(실8획)　稠빽빽할조　琮서옥이름종(실12획)　椶종려나무종　湊물모일주

14(金)　13(金)　17(火)　16(火)　14(木)　13(金)　15(木)
(실12획)誅벨주　鉒쇳덜주　稠밝을주　雋영특할준　楫노즙(집)　鉁보배진　稙일찍심

18(水)　14(土)　15(火)　14(水)　14(土)　15(木)
은벼직　嗔성낼진　嫉시기할질　斟술따를짐　嗟탄식할차　嵯우뚝솟을차　粲흰쌀찬

14(火)　12(金)　15(火)　16(金)　15(木)　15(木)　14(木)
債빚채　琗주옥빛채(실12획)　僉다첨　詹이름첨　牒글씨판첩　睫속눈썹첩　楚초나라

18(金)　15(土)　14(火)　13(土)　13(木)　12(水)
초剿노곤할초　塚무덤총　催재촉최　追쫓을추(실10획)　楸개오동나무추　湫다할추

14(木)　14(水)　14(火)　16(木)　13(木)
(실12획)椿참죽나무춘　測잴측(실12획)　惻슬퍼할측(실12획)　置둘치　稚어릴치

13(火)　19(火)　16(水)　16(水)　14(金)　14(火)
雉꿩치　馳달릴치　嗤웃을치　飭신칙할칙　琛보배침(실12획)　惰게으를타(실12획)

15(木)　13(土)　15(火)　13(金)　13(金)
楕길쭉할타　陀비탈질타(실8획)　駄실을타(태)　琢쫄탁(실12획)　琸사람이름탁(실12

17(水)   14(土)   15(水)   13(土)   15(金)

획)脫벗을탈(실11획)塔탑탑湯넘어질탕(실12획)退물러날퇴(실10획)琶비파파

14(木) 14(火)   15(水)   16(金)   15(木)   15(木)

(실12획)稗피패愎괴팍할팍(실12획)脯포포(실11획)剽빼를표稟줄품豊풍성할

16(木)   12(土)   14(金)   13(木)   15(木)14(木)

풍楓단풍나무풍陂비탈피(실8획)鉍창자루필荷연하(실11획)廈(厦)처마하

18(水) 15(水)   15(金) 18(木) 17(木)   18(火)   15(金)

(실12획)嗃엄할학港항구항(실12획)該그해解풀해楷나무이름해歇쉴헐鉉솥

15(土)   11(木)   14(土)   15(水)   22(木)

귀현嫌싫어할혐莢풀열매협(실11획)逈멀형(실10획)湖호수호(실12획)號부루짖

16(金)   14(水)   16(土)14(土)   15(金) 16(金)

을호琥호박호(실12획)渾흐릴혼(실12획)畵(畫(실12획))그림화話말할화靴신

16(木)   15(水)   16(火)   14(火)   13(火)

화換바꿀환(실12획)渙흩어질환(실12획)煥빛날환煌빛날황惶두려워할황(실12획)

13(水)   18(木)   15(木)   16(金)   12(土)   17(火)

湟해자황(실12획)幌휘장황會모일회賄뇌물회逅만날후(실10획)煦따스하게

15(土)   16(火)   16(火)   15(火)   18(金)   15(木)

할후塤질나팔훈暈무리훈暄따뜻할훤煊따뜻할훤毀헐훼揮휘두를휘(실12획)

16(火)   15(火)   15(火)   19(火)19(火)   15(金)

暉빛휘 輝빛날휘歆받을흠熙(熈)빛날희詰물을힐

十四劃 ＜火＞

18(水)   19(金)   19(木) 19(金) 18(金)   17(金)   19(木)   13(土)

嘉아름다울가歌노래가閣집각碣비갈竭다할갈監볼감綱벼리강降내릴강

16(혹17획)水　17(土)　16(木)　15(火)　15(火)

(항)(실9획)腔빈속강(실12획) 嫌편안할강 箇낱개 愷즐거울개(실13획) 愾성낼개

17(火)　18(土)　14(火)　15(木)　17(土)

(실13획)覡박수격 甄질그릇견 慊찐덥지않을겸(실13획) 箝재갈먹일겸 境지경경

15(土)　18(火)　15(水)　16(金)　19(金)　19(火)

逕소로경(실11획) 輕가벼울경 溪시내계(실13획) 誡경계할계 敲두드릴고 暠힐고

18(木)　15(木)　15(木)　16(金)　17(水)　18(木)

(호)槁마를고 辜못고 菰향초고(실12획) 誥고할고 滑어지러울골(실13획) 寡적을

13(木)　19(木)　17(木)　15(木)　17(火)

과菓과일과(실12획) 廓둘레곽 管피리관 菅골풀관(실12획) 愧부끄러워할괴(실13획)

18(木)　18(火)　18(火)　16(木)　15(水)　19(水)　19(土)

槐회나무괴 魁으뜸괴 僑높을교 構얽을구 溝봇도랑구(실13획) 嘔노래할구 嶇험

13(土)　20(木)　14(木)　14(土)　19(金)

할구逑짝구(실11획) 廐마구구 菊국화국(실12획) 郡고을군(실10획) 鉤가래귀

17(木)　13(木)　15(土)　13(木)　19(水)

閨도장방규 菌버섯균(실12획) 墐매흙질할근 菫노란진흙근(실12획) 兢삼갈궁

18(木)　14(木)　16(木)　17(火)　19(木)　14(土)

綺비단기 箕키기 旗기기 暣별기운기 綮굵게얽을긴 郎사나이낭(랑)(실10획)

18(火)　17(金)　16(土)　21(水)　17(金)　17(水)

寧편안할녕 瑙마노노(실13획) 嫩어릴눈 溺빠질닉(실13획) 端바를단 團둥글

15(木)　17(土)　18(水)　13(土)　18(土)　14(水)

단對대답할대 臺돈대대 圖그림도 途길도(실11획) 嶋섬도 滔물넘칠도(실13획)

16(木)　15(木)　18(木)　17(金)　16(水)　13(土)

睹볼도 萄포도도(실12획) 搗찧을도(실13획) 銅구리동 蝀무지개동 逗머무를두

15(木)　15(金)　12(木)　13(土)

(실11획)裸벌거벗을라(실13획) 辣매울랄 萊명아주래(실12획) 連연할련(연)(실11

| 17(火) | 13(土) | 19(木) | 16(火) | 18(木) | 18(水) |

획)領 옷깃령(영) 逞 굳셀령(영)(실11획) 綠 푸를록 僚 동료료 廖 공허할료(요) 屢 창루

| 14(土) | 18(木) | 17(水) | 18(木) |

陋 좁을루(실9획) 榴 석류나무류(유) 溜 방울저떨어질류(유)(실13획) 綸 낚시줄륜

| 14(火) | 19(木) | 15(木) | 17(木) | 16(木) |

慄 두려워할률(율)(실13획) 綾 비단릉(능) 菱 마름릉(능)(실12획) 幕 막막 寞 쓸쓸할막

| 19(火) | 15(金) | 19(木) | 15(木) | 19(木) | 14(水) |

輓 끌만 韎 버선말 網 그물망 萌 싹맹(실12획) 綿 이어질면 滅 멸망할멸(실13획)

| 16(金) | 18(火) | 15(水) | 17(火) | 15(火) |

銘 새길명 鳴 울명 溟 어두울명(실13획) 暝 어두울명 慜 맘너그러울명(실13획)

| 18(水) | 15(金) | 15(土) | 15(金) | 17(火) | 18(火) | 19(金) |

貌 얼굴모 瑁 서옥모(실13획) 墓 무덤묘 誣 무고할무 聞 드를문 頣 강할민 碈 옥돌민

| 15(木) | 15(木) | 16(火) | 20(木) | 20(木) | 17(木) | 16(水) |

箔 발박 粕 찌개미박 駁 얼룩말박 搬 옮길반(실13획) 槃 쟁반반 榜 매방 滂 비퍼부

| | 15(木)15(木) | 18(木) | 17(木) | 16(金) | 17(火) | 13(木) |

울방(실13획) 裵(裴) 성배 閥 공훈벌 罰 죄벌 碧 푸를벽 輔 도울보 菩 보리보(실

| | 16(木) | 14(火) | 19(火) | 13(土) | 17(水) | 16(水) |

12획)福 복복 僕 종복 鳳 봉새봉 逢 만날봉(실11획) 腐 썩을부 溥 넓을부(실13획)

| 17(金) | 15(水) | 19(水) | 16(金)15(木) | 16(木) | 18(火) |

賦 구실부 腑 장부부(실12획) 孵 알깔부 鼻 코비 榧 비자나무비 緋 붉은빛비 翡 물총

| 12(木) | 15(水) | 15(木) | 15(水) | 16(金) | 18(土) |

새비 菲 엷을비(실12획) 蜚 바퀴비 裨 도울비(실13획) 脾 지라비(실12획) 賓 손빈 獅

| | 18(水) | 15(木) | 20(金) | 17(木) | 17(木) | 17(火) | 19(水) |

사자사(실13획) 飼 먹일사 算 셈할산 酸 초산 颯 바람소리삽 裳 치마상 像 형상상 嘗 맛

| 14(土) | 16(木) | 16(金) | 16(金) | 18(土) | 13(土) |

볼상 塽 높고밝은땅상 署 관서서 瑞 상서서(실13획) 誓 맹세할서 墅 농막서 逝 갈서

16(金)　15(金)　　19(火)　16(金)　18(土)　19(金)
(실11획)碩클석 瑄도리옥선(실13획) 煽부채선 銑끌선 嫙예쁠선 說말씀설

17(金)　14(金)　　18(金)　16(木)　16(水)
,말유세할세 誠정성성 瑆옥빛성(실13획) 韶풍류이름소 搔긁을소(실13획) 溯거슬러

14(土)　　15(火)　　13(土)　　16(木)
올라갈소(실13획) 逍거닐소(실11획) 愫정성소(실13획) 速빠를속(실11획) 損덜손(실

18(金)　17 8(水)　17(水)　14(金)　16(木)
13획)誦욀송 壽(寿)목숨수 需구할수 銖무게단수 搜찾을수(실13획)

17(水)　18(木)　20(土)　14(木)　14(金)　　17(火)　16(木)
嗽기침수 綬인끈수 塾글방숙 菽콩숙(실12획) 瑟큰거문고슬(실13획) 僧중승 滕바디

17(水)　16(火)　17(火)　17(水)　　18(木)　9(木)　15(火)
승 飾꾸밀식 熄꺼질식 愼삼갈신(실13획) 腎콩팥신(실12획) 實(実8획)열매실 斡

15(木)　　15(水)　　17(水)　17(金)　18(土)
관리할알 菴풀이름암(실12획) 腋겨드랑이액(실12획) 瘍종기양 語말씀어 嫣쌩긋웃

15(水)　　18(火)　19(金)　17(土)　17(火)
을언 演멀리흐를연(실13획) 鳶소리개연 說기꺼울열 厭싫을염 髯구렛나루염

17(火)　　15(木)10(木)　14(金)　16(木)　　18(金)
熀불빛이글어릴엽 榮(栄)영화영 瑛옥빛영(실13획) 睿깊고밝을예 誤그릇할오

18(木)　14(火)　　15(水)　　20(水)　16(水)　20(水)
寤깰오 頊삼갈옥(실13획) 溫따뜻할온(실13획) 窩움집와 窪웅덩이와 腕팔완

16(木)　　16(火)　17(火)　15(水)
(실12획)搖흔들릴요(실13획) 僥바랄요 曜밝을요 溶질펀히흐를용(실13획)

16(木)　18(土)　17(土)　18(火)　16(火)　16(金)
榕뱅골보리용 踊뛸용 墉담용 慂권할용 熔녹일용 瑀패옥우(실13획)

19(水)　17(木)　17(水)　16(火)　　21(火)　15(水)　　14(金)
霬물소리우 禑복우 殞죽을운 熉노란모양운 熊곰웅 源근원원(실13획) 瑗

17(火) 16(土) 18(火) 13(木)
도리옥원(실13획)愿삼갈원 猿원숭이원(실13획) 僞거짓위 薇마를위(실12획)

16(金) 16(木) 19(金) 13(木) 18(金) 20(火)
瑋옥이름위(실13획) 維바유 誘꾈유 萸수유유(실12획) 瑜美玉유 毓기를육

17(水) 16(金) 20(水) 22(火) 18(火)
霤물깊고넓을윤(실13획) 銀은은 澱강이름은(실13획) 慇괴로와할은 疑의심의

16(火) 17(水) 18(火) 18(金) 16(火) 14(水)
爾너이 飴엿이 煜사람이름익 認알인 鞅작은북인 溢넘칠일(실13획)

17(火) 19(火) 17(水) 17(木) 18(火) 14(水)
駬역마일 慈사랑자 滋부러날자(실13획) 綽너그러울작 臧착할장 滓찌끼재(실13

16(木) 13(木) 13(土) 18(土) 18(火)
획)箏쟁쟁 菹채소절임저(실12획) 這이저(실11획) 嫡정실적 翟꿩적

14(金) 16(土) 16(木) 15(金) 16(木) 15(木) 18(土)
銓저울질할전 塼벽돌전 箋글전 截끊을절 精정밀미로울정 禎상서정 齊가지런할

14(金) 18(木) 16(火) 13(土) 16(火) 15(木) 제
제堤제당옥제(실13획) 製지을제 肇칠조 造지을조(실11획) 趙나라조 種씨종

18(木) 15(木) 19(木) 17(水) 13(水) 16(土)
綜모을종 罪허물죄 綢얽힐주 嗾부추길주(수) 準법준(실13획) 逡뒤걸음질칠준

16(金) 16(水) 18(土) 16(金) 13(水) 16(金)
(실11획)誌기록할지 蜘거미지 塵띠끌진 賑구흄할진 溱많을진(실13획) 盡다

17 (木) 14(木) 16(木) 17(木) 20(火) 15(土)
할진 搢꽂을진(실13획) 榛개암나무진 箚차자차 搾짤착(실13획) 僭참람할참 塹구

17(木) 15(水) 18(火) 14(木) 15(火)
덩이참 察살필찰 滄찰창(실13획) 暢펼창 菖창포창(실12획) 愴슬퍼할창(실13획)

16(木) 15(火) 15(水) 12(木) 16(木) 15(木)
槍창창 彰밝을창 脹배부를창(실12획) 菜나물채(실12획) 綵비단채 寨울짱채

20(木)　　17(火)　14(木)　　　　17(金)　19(木)　13(土)
綴꿰맬철 輒문득첩 菁우거질청(실12획)　銃총총총 総거느릴총 逐쫓을축(실11획)

14(金)　　　　12(木)　　　15(火)　18(火)　20(木)
瑃옥이름춘(실13획) 萃모일체(실12획) 聚모일취 翠물총새취 緇검은비단치

19(木)　16(木)　　18(金)　　16(水)　　17(木)　　15(木)
寢잠잘침 稱일컬을칭 誕태아날탄 嘆탄식할탄 綻옷터질탄 奪빼앗을탈

15(木)　　　19(木)　22(火)　19(木)　15(土)　　17(木)
搭탈탑(실13획) 榻걸상탑 態모양태 颱태풍태 通통할통(실11획) 槌탈망치퇴(추)

16(土)　　　17(火)　12(木)　　　20(水)　14(土)
透통할투(실11획) 頗자못파 萍마름평(실12획) 飽배부를포 逋달아날포(실11획)

16(木)　　16(金)　　　18(水)18(金)　13(土)　　　15(金)　18(木)
飶향기로울필 瑕티하(실13획) 煆클하 碬숫돌하 限한계한(실9획) 銜재갈함 閤

19(土)　　16(火)　15(火)　17(水)　17(水)　16(金)　　　17(金)
閤쪽문합 嫦항아항 赫붉을혁 熒등불형 滎실개천형 豪호걸호 瑚산호호(실13획) 酷

19(火)　15(金)　　14(金)　　　　12(木)　　18(木)
酷혹독할혹 魂넋혼 琿아름다운옥혼(실13획) 鍠돌쇠뇌횡 華꽃화(실12획) 禍재화화

19(木)　17(水)　　　18(土)　　　　16(水)
廓둘레확 滑미끄러울활(실13획) 猾교활할활(실13획) 滉물깊고넓을황(실13획)

17(木)　16(火)　　16(火)　　　　18(金)　14(水)
榥책상황 愰밝을황(실13획) 慌어렴풋할황(실13획) 誨가르칠회 匯물돌회

17(金)　18(金)　19(火)　15(火)　18(木)　　16(火)
劃그을획 酵술밑효 歆김이오를효 熏연기낄훈 携끌휴(실13획) 憘기쁠희

20(火)
熙빛날희

十五劃 <土>

17(火) 17(木) 20(火) 23(火) 17(木) 19(木)
價값가 稼심을가 駕멍에가 慤성실할각 葛칡갈(실13획) 褐털옷갈(실14획)

20(水) 16(火) 18(火) 19(木) 18(水)
蝎독사갈 慷강개할강(실14획) 慨분개할개(실14획) 槪대개개 漑물댈개(실14획)

18(土) 18(水) 17(火) 18(金)19(金) 18(火) 19(火)
踞웅크릴거 腱힘줄밑등건(실13획) 儉검소할검 劍(劒)칼검 熲빛날경 慶경사경

18(火) 18(金) 19(水) 20(木) 16(水) 19(金) 17(金)
儆경계할경 磎시내계 稿볏집고 穀곡식곡 滾흐릴곤(실14획) 鞏묶을공 課매길과

16(土) 20(木) 17(火) 19(木) 16(木)6(木)
郭성곽(실11획) 槨덧널곽 慣버릇관(실14획) 寬너그러울관 廣(広)넓을광

20(土) 20(火土) 16(水) 16(金) 20(火) 23(金) 20(火)
嬌아리따울교 嶠뾰족하게높을교 餃경단교 銶끌구 歐토할구 毆때릴구 駒망아지구

23(水) 14(木) 15(土) 18(木) 19(金)
窮다할궁 葵해바라기규(실13획) 逵한길규(실12획) 槻물푸래나무규 劇심할극

16(木) 15(水) 21(土) 19(火) 19(水)
槿무궁화나무근 漌맑을근(실14획) 畿경기기 駑둔할노 腦뇌뇌(실13획)

18(金) 21(木) 16(金) 19(土) 18(木) 17(火) 16(木) 18(土)
鬧시끄러울뇨 緞비단단 談말씀담 踏밟을답 幢기당 德덕덕 稻벼도 墩돈대돈

14(木) 18(土) 20(木) 15(木)
董바로잡을동(실13획) 嶝고개등 樂즐거울락,좋아할요.악 落떨어떨질락(낙)(실13획)

20(水) 18(金) 18(金) 17(木) 18(火)
螂사마귀랑(낭) 瑯고을이름랑(실14획) 諒믿을량(양) 樑들보량(양) 輛수레량(양)

19(火) 20(木) 18(木) 18(木) 16(火) 16(水)
慮생각할려(여) 閭이문려(여) 黎검을려(여) 練익힐련(연) 輦손수레련(연) 漣물놀

18(水)　　18(金)　　18(金)　　16(金)　　18(木)

이련(연)(실14획) 魯노나라로(노)　論의론할론(논)　磊돌무더기뢰(뇌)　賚줄뢰(뇌)　寮

18(木)　　17(水)　　18(金)　　18(金)　　19(水)

벼슬아치료 樓다락루(누)　漏셀루(실14획)　劉성류(유)　瑠유리류(유)(실14획)　瘤혹류

20(金)　　18(火)　　17(水)　　18(木)　　18(金)

(유)戮죽일륙(육)　輪바퀴륜(윤)　凜찰름(늠)　履신리(이)　璃유리리(이)(실14획)

18(木)　18(金)　16(金)　　15(水)　　16(木)

摩갈마　碼마노마　瑪마노마(실14획)　漠사막막(실14획)　萬일만만(실13획)

16(水)　　17(火)　　　　17(水)　　　　19(火)　　17(金)

滿찰만(실14획)　慢게으를만(실14획)　漫질펀할만(실14획)　輞바퀴테망　賣팔매

18(火)　19(火)　18(木)　15(木)　　　　18(木)　17(火)

罵욕할매　魅도깨비매　緬가는실면　蔑업신여길멸(실13획)　瞑눈감을명　慕그리워할모

17(火)　17(木)　　16(木)　18(木)　16(土)　19(火)　21(木)

暮저물모　摹베낄모(모방)　模법모　廟사당묘　墨먹묵　慜총명할민　緡낚시줄민

22(金)　22(金)　　21(水)　16(火)　19(火)　　19(金)

盤소반반　磐너럭바위반　瘢흉터반　髮터럭발　魃가물귀신발　磅돌떨어지는소리방

16(火)　19(木)　　　17(金)　20(火)　18(木)　15(木)　20(木)

輩무리배　褙속적삼배(실14획)　賠물어줄배　魄넋백　幡기번　樊울번　範법범

17(火)　19(金)　16(火)　　16(木)　　　17(水)

僻후미질벽　劈쪼갤벽　軿거마소리병　褓포대기보(실14획)　腹배복(실13획)

17(木)　　16(金)　17(火)　14(土)　　　18(金)　18(火)

複겹옷복(실14)　鋒칼끝봉　熢연기자욱할봉　部거느릴부(실11획)　敷펼부　駙곁마부

16(土)　17(水)　16(金)　19(木)　16(火)　　19(火)　19(火)

墳무덤분　噴뿜을분　誹헐뜯을비　寫베낄사　傞잘게부술사　駟사마사　賜줄사

17(水)　　　18(金)　16(木)　18(木)　　18(金)　17(火)　20(木)

滲스밀삼(실14획) 賞상줄상 箱상자상 緖실마리서 鋤호미서 奭클석 線줄선

19(土)　16(土)　18(水)　12(土)　　　　14(木)

嬋고울선 墡백토선 腺샘선(실13획) 陝고울이름섬(실10획) 葉성섭(실13획)잎엽

16(水)　　　20(水)　　17(水)　17(金)　18(金)　16(金)　17(水)

腥비릴성(실13획) 嘯휘파람소 瘙종기소 銷녹일소 數셀수(삭) 誰누구수 瘦파리

　　16(水)　　　　　19(金)　16(金)　21(火)　19(金)　　20(金)

할수漱양치질할수(실14획) 銹녹쓸수 睟재물수 熟익울숙 諄타이를순 醇진한술순

19(水)　12(土)　　　16(水)　17(木)　17(水)　　17(木)　20(火)

蝨이슬陞오를승(실10획) 嘶울시 篒대밥통식 蝕좀먹을식 審살필심 鴉갈가마귀아

18　12(火)　　　18(金)　17(木)　　　17(木)　18(木)

鴈(雁)(실12획)기러기안 鞍안장안 葯구릿대잎약(실13획) 養기를양 樣모양양(상)

17(水)　　　16(水)　　　17(火)　20(木)　17(土)

漾출렁거릴양(실14획) 漁고기잡을어(실14획) 億억억 緣인연연 燃아리잠직할연

19(火)　22(金)　18(火)　16(金)　20(水)　19(金)

熱더울열(렬) 閱검열할열 影그림자영 瑩밝을영 穎강이름영 銳날카로울예

17(火)　17(土)　16(土)　　16(金)　　　17(水)　20(水)

熬볶을오 鰲개오 獄옥옥(실14획) 瑥사람이름온(실14획) 瘟염병온 蝸달팽이와

22(火)　22(火)　18(木)　17(水)　　16(金)　　　18(土)

翫구경완 豌완두완 緩늦을완 腰허리요(실13획) 瑤아름다운옥요(실14획) 嶢높을

17(水)　　18(火)　16(金)　　　　19(火)　13(土)

요窯기와굽는가마요 慾욕심욕 瑢패옥소리용(실14획) 憂근심할우 郵역참우(실11획)

17(木)　　15(土)　　16(木)　20(木)　19(火)　16(木)

稶서직무성할욱 院담원(실10획) 褑패옥띠원 緯씨위 慰위로할위 葦갈대위(실13획)

18(木)　　　19(水)　　19(金)　　17(金)

褘아름다울위(실14획)蝟고슴도치위闇온화할은珢음은(실14획)

17(火)　18(金)　20(金)　19(火)　17(土)　　　20(金)　17(火)

儀거동의誼옳을의毅굳셀의頤턱이逸편안일(실12획)磁자석자暫잠시잠

17(木)　17(水)　　16(木)　　　　17(火)　15(水)

箴바늘잠腸창자장(실12획)葬장사지낼장(실13획)暲해돋아올장漳강이름장

16(木)　18(木)　16(土)　　　20(水)　17(金)　14(木)

(실14획)樟녹나무장奬권면할장獐노루장(실14획)漿미음장諍간할쟁著분명할저

19(木)　　　17(水)　　　　18(木)　　　18(金)　18(木)

(실13획)樗가죽나무저滴떨어질적(실14획)摘딸적(실14획)敵원수적廛가게전

18(木)　18(木)　20(木)　15(水)　　17(水)　20(木)

箭화살전篆전자전節마디절漸점점점(실14획)蝶나비접摺접을접(실14획)

17(金)　　20(木)　　16(金)　18(水)　　13(土)　　　19(水)

鋌쇳덩이정靚단장할정鋥칼갈정霆천둥소리정除섬돌제(실10획)嘲비웃을조

19(金)　17(木)　16(水)　　　　16(火)　　16(水)

調고를조槽구유조漕배로실어나를조(실14획)慫권할종腫부스럼종(실13획)

18(土)　17(火)　16(土)　　17(木)　18(火)　17(木)

踪자취종駐머무를주週돌주(실12획)廚부엌주儁준걸준葰큰준(실13획)

14(木)　　　17(土)　16(金)　18(木)　15(水)　　19(木)

葺기울즙(실13획)增더할증鋕새길지摯잡을지漬담글지(실14획)稷기장직

13(土)　　　17(水)　13(土)　　18(金)　　　17(金)15(金)

進나아갈진(실12획)震벼락진陣진칠진(실10획)瑱귀막이옥진(실14획)瑨(瑨)

19(木)　　20(木)　16(金)　18(木)　16(火)

아름다운돌진(실14획)禛복받을진瞋부릅뜰진質바탕질緝낳을집徵부를징

⑮

| 14(金) | 16(金) | 17(火) | 17(火) | 15(火) |

瑳깨끗할차(실14획) 磋갈차 慘참혹할참(실14획) (慙)부끄러울참(慚)(실14획))

| 18(木) | 19(水) | 17(水) | 13(土) | 14(水) |

廠헛간창 漲불을창(실14획) 瘡부스럼창 陟오를척(실10획) 滌씻을척(실14획)

| 16(火) | 17(水) | 18(土) | 18(金) | 18(火) | 20(火) |

慽근심할척(실14획) 瘠파리할척 踐밟을천 賤천할천 徹통할철 輟그칠철

| 19(金) | 18 | 18(金) | 20(木) | 18(水) | 15(土) |

諂아첨할첨 請(請)청할청 締맺을체 滯막힐체(실14획) 逮미칠체(실12획)

| 18(金) | 17(火) | 18(木) | 19(木) | 19(土) | 23(金) |

醋초초 悤바쁠총(실14획) 摠모두총(실14획) 樞지도리추 墜덜어질추 皺주름추

| 13(木) | 17(金) | 17(火) | 16(火) | 17(金) | 22(水) | 19(木) |

萩사철쑥추(실13획) 諏꾀할추 衝찌를충 趣달릴취 醉취할취 嘴부리취 層층층

| 16(金) | 9(木) | 20(火) | 15(水) | 19(土) | 20(火) | 22(金) |

齒이치 幟기치 輜짐수레치 漆옷칠(실14획) 墮떨어질타 駝낙타타 彈탄알탄

| 17(金) | 17(火) | 18(火) | 20(木) | 18(木) | 22(火) |

歎탄식할탄 慟서럽게울통(실14획) 慝사특할특 編엮을편 篇책편 翩빨리날편

| 19(木) | 24(木) | 17(水) | 15(土) | 17(木) | 17(木) |

幣비단폐 廢폐할폐 弊해질폐 陛섬돌폐(실10획) 葡포도포(실13획) 褒포장할포

| 17(金) | 17(火) | 16(水) | 17(木) | 16(火) | 19(水) |

鋪펼포 暴사나울폭(포) 漂떠돌표(실14획) 標표표 慓날랠표(실14획) 蝦새우하

| 15(水) | 19(木) | 12(土) | 19(水) | 18(土) | 19(水) |

漢한수한(실14획) 緘봉할함 陜땅이름합,좁을협(실10획) 餉건량향 墟터허 噓불허

| 19(金) | 18(火) | 15(金) | 16(金) | 17(火) | 18(火) | 16(金) |

賢어질현 儇총명할현 鋏집게협 瑩밝을형 慧슬기로울혜 憓깨달을혜 鞋신혜

17(火) 18(木) 16(木) 19(水) 15(水) 17(金)

暳별반짝일혜 糊풀호 葫마를호(실13획) 蝴나비호 滸물가호(실14획) 皞밝을호

16(土) 17(金) 20(金) 17(水) 16(木) 18(金) 15(木)

嬅여자이름화 確굳을확 (礭)굳을확 蝗누리황 篁대숲황 曉나타날효 萱원추리훤

18(火) 19(木) 19(土) 18(土)

(실13획)輝빛날휘 麾대장기휘 興일어날흥 嬉즐길희

十六劃 <土>

18(金) 19(土) 19(水) 16(木) 19(金) 22(金)

諫간할간 墾따비할간 澗산골물간(실15획) 橄감람나무감 鋼강철강 彊굳셀강

16(木) 12(水) 18(金) 18(水) 19(火) 20(水)

蓋(실14획) (盖11획)덮을개 鋸톱거 黔검을검 憩쉴게 膈흉격격(실14획)

19(水) 18(火) 20(火) 20(火) 22(金) 19(木)

潔깨끗할결(실15획) 憬깨달을경(실15획) 暻밝을경 頸목경 磬경쇠경 稽머무를계

19(水) 18(金) 20(金) 18(土) 20(水) 20(木)

膏살찔고(실14획) 錮땜질할고 錕붉은쇠곤 過지날과(실13획) 舘집관 橋다리교

25(水) 18(土) 17(水) 21(水)

龜(거북구(귀),얼어터질균 獗날뛸궐(실15획) 潰무너질궤(실15획) 窺엿볼규

23(木) 16(金) 19(金) 20(水) 16(金) 18(金) 21(木)

橘귤나무귤 瑾아름다운옥근(실15획) 錦비단금 器그릇기 錤호미기 錡솥기 機틀

15(金) 19(土) 18(金) 17(木)

기璂피변꾸미개기(실15획) 冀바랄기 諾대답할낙 撚비틀년(연)(실15획)

18(木) 19(土) 14(土) 16(金) 19(火) 17(木)

撓어지러울뇨(요)(실15획) 壇단단 達통달할달(실13획) 錟창담 曇흐릴담 撞칠당

18(木)　　15(土)　　　　19(木)　　15(土)　　　　16(土)

(실15획) 糖 사탕당　道 길도 (실13획)　導 이끌도　都 도읍도 (실12획)　陶 질그릇도 (실11획)

20(火)　18(金)　19(木)　　　18(木)　　　20(火)　　19(火)　　16(火)

覩 볼도　賭 걸도　馪 향기로울도　篤 도타울독　暾 아침해돈　燉 이글거릴돈　憧 그리워할동 (실15획)

16(水)　　　　　18(火)　18(火)　15(土)　　　　18(火)　　18(木)

潼 강이름동 (실15획)　瞳 동틀동　頭 머리두　遁 달아날둔 (실13획)　燈 등잔등　橙 등자나무등

20(火)　　16(土)　　　17(火)　　　17(金)　　　　17(火)

駱 낙타락(나)　歷 지낼력(역)　曆 책력력(역)　璉 호련련(연) (실15획)　憐 불쌍히여길련

　　　　　19(木)　　　　20(水)　　19(金)　　　20(金)

(연) (실15획)　撈 잡을로(노) (실15획)　盧 성노(로)　錄 기록할록(녹)　賴 힘입을뢰(뇌)

18(火)　　22(土)　　13(土)　　19(水)　　　15(土)

燎 횃불료(뇨)　龍 용룡(용)　(竜) (실10획)　瘻 부스럼루(누)　陸 뭍륙(육) (실11획)

18(金)　　18(木)　　16(土)　　　　18(土)　　　17(水)

錀 금륜(윤)　廩 곳집름(늠)　陵 큰언덕릉(실11획)　釐 바를리(윤)　潾 맑을린(인) (실15획)

18(火)　　　17(水)　　19(金)　19(木)　　20(土)　16(木)

燐 도께비불린(인)　霖 장마림(임)　磨 갈마　瞞 속일만　冪 덮을멱　蓂 명협명 (실14획)

19(水)　　17(金)　18(木)　　17(木)　　　16(木)

螟 마디충명　謀 꾀할모　穆 화목할목　夢 꿈몽 (실14획)　蒙 입을몽 (실14획)

16(木)　　　15(火)　　　　17(火)　　18(火)

撫 어루만질무 (실15획)　憮 어루만질무 (실15획)　黙 묵묵할묵　躾 예절가르칠미

18(火)　　　　18(水)　　　　　20(木)　　18(水)

憫 근심할민 (실15획)　潤 물졸졸흘러내린민 (실15획)　縛 묶을박　膊 포박 (실14획)

16(木)　　16(木)　　16(水)　　　24(水)　　　　25(木)

撲 칠박 (실15획)　樸 통나무박　潘 뜨물반 (실15획)　潑 뿌릴발 (실15획)　撥 다스릴발 (실15획)

19(水) 膀쌍배방(실14획)　17(木) 蒡인동넝쿨방(실14획)　14(土) 陪쌓아올릴배(실11획)　17(火) 燔구울번　18(土) 壁벽벽

16(金) 辨분변할변　16(金) 鉼판금병　16(水) 潽끓을보(실15획)　19(火) 輹복토복복　19(火) 輻바퀴살복　16(火) 憤성낼분(실15획)

17(木) 奮떨칠분　19(火) 憊고달플비　18(火) 頻자주빈　18(火) 儐인도할빈　19(火) 憑기댈빙　20(木) 篩체사　16(木) 蓑도롱이사(실14획)

16(木) 蒜달래산(실14획)　18(木) 撒뿌릴살(실15획)　15(水) 澁떫을삽(실15획)　19(木) 橡상수리나무상　20(金) 諝슬기서

19(金) 錫주석석　18(水) 潟갯펄석(실15획)　16(木) 蓆자리석(실14획)　18(金) 璇아름다운옥선(실15획)　17(金) 敾글잘쓸선

19(金) 醒깰성　18(火) 燒사를소　16(木) 篠조릿대소　18(木) 穌긁어모을소　18(木) 蓀향풀이름손(실14획)　18(木) 蒐꼭두서니수

18(木) (실14획)樹나무수　16(土) 邃이룰수(실13획)　21(火) 輸나눌수　14(木) 蓚수산수(실14획)　20(木) 橚나무줄지어설숙

19(水) 潚빠를숙(실15획)　19(木) 橓무궁화나무순　19(金) 錞악기이름순　16(木) 蒔모종낼시(실14획)　17(木) 蓍시초시

21(金) (실14획)諡시호시　19(金) 諶참심　19(水) 餓주릴아　19(土) 鄂땅이름악(실12획)　21(金) 謁아뢸알　21(木) 閼가로막을알

20(火) 鴨오리압　20(火) 鴛원앙앙　19(木) 縊목맬액　22(木) 蒻부들약(실14획)　20(木) 禦막을어　17(金) 諺상말언　17(土) 業높고엄할업

18(水) 餘남을여　17(火) 燃살을연　19(火) 燕제비연　22(木) 閻이문염　16(火) 燁빛날엽　17(火) 曄빛날엽　19(木) 穎이삭영　22(水) 豫미리예

19(火) 叡밝을예　20(水) 霓무지개예　19(木) 隸붙을예(례)　19(木) 蕊꽃술예(례)　17(土) 塸물가오　20(木) 縕헌솜온　18(土) 甕막을옹

18(木) 橈겪일요(뇨)　16(木) 蓉연꽃용(실14획)　17(土) 遇만날우(실13획)　16(土) 運운전운(실13획)　17(水) 澐큰물결일

⑯

19(金) 18(木) 18(木) 20(木)
운(실15획)暉넉넉할운橒나무무늬운篔왕대운(篔)대이름운(실18획)

24(火) 20(金) 17(土)
鴛원앙원謂이를위를위違어길위(실13획)

20 21(火) 18(金) 18(土) 19(火) 21(金) 20(土)
衛(衞)지킬위諛아첨할유遊놀유(실13획)儒선비유諭께우칠유蹂밟을유

18(土) 18(水) 15(水) 23(火) 21(水) 18(火)
逾넘을유(실13획)潤젖을윤(실15획)(閏)燏빛날율融화할융㒚남에게기댈은

15(土) 20(水) 19(金) 22(水) 21(水)16(水)
陰그늘음(실11획)凝엉길응諮물을자潺물흐르는소리잔(실15획)潛(潜)자맥질

16(金) 19(木) 18(金) 17(木) 18(金) 20(金)
할잠(실15획)璋반쪽홀장(실15획)縡일재錚쇳소리쟁積쌓을적錢돈전戰싸울전

18(水) 19(水) 17(金) 19(木)18(木) 20(金) 17(金)
霑젖을점鮎메기점整가지런할정靜(静)고요할정諪조정할정錠제기이름정

18(金) 21(金) 20(土) 19(金) 18(水) 19(火) 15(金)
諸모들제劑약지을제蹄굽제醍맑은술제潮조수조(실15획)雕독수리조瑽패옥

18(土) 17(土) 15(土) 17(水)
소리종(실15획)踵발굼치종遒다가설주(실13획)(逎)(실11획)澍모단비주(실15획)

17(火) 20(木) 21(木) 17(火) 18(火) 14(土)
輳모일주雋준걸준樽술통준蒸찔증(실14획)憎미워할증(실15획)陳묵을진

22(木) 21(木) 17(土) 14(木) 15(水)15(水)
(실11획)縝삼실진縉꽂을진臻이를진蓁우거질진(실14획)潗(潗)샘솟을집(실15획)

18(火) 17(水) 17(金) 22(木) 20(水) 18(木)
輯모을집澄맑을징(실15획)錯섞일착撰지을찬(실15획)餐먹을찬簒빼앗을찬

16(木) 20(木) 18(水) 19(木) 18(金)
蒼푸를창(실14획)艙선창창澈물맑을철(실15획)撤거둘철(실15획)諜염탐할첩

20(金) 16(木) 15(火) 18(木) 16(金) 16(金)
諦살필체樵땔나무초憔수척할초16(실15)撮취할촬(실15획)錐송곳추錘저울추

19(木)	17(木)	18(金)	18(火)	19(木)	19(火)	18(火)
築쌓을축	蓄쌓을축(실14획)	賰넉넉할춘	熾성할치	緻밸치	親친할친	憚꺼릴탄

19(木)	19(水)	18(木)	18(火)
(실15획)撐버팀목탱(실15획)	腿넙적다리퇴(실14획)	褪바랠퇴(실15획)	頹무너질퇴

23(木)	17(木)	18(金) 16(水)	17(土)
罷방면할파	播뿌릴파(실15획)	辦힘쓸판 澎물결부딪치는기세팽(실15획)	遍두루편

19(土)	16(木)	23(水)	19(火)	19(木)	20(金)
(실13획)嬖사랑할폐	蒲부들포(실14획)	鮑절인어물포	輻바퀴살통폭	瓢박표	諷욀풍

16(土)	17(土)	20(水)11(水)	20(金)	21(火)
逼닥칠핍(실13획)	遐멀하(실13획)	學(学)배울학(실8획)	謔희롱거릴학	翰날개한

18(水)	16(土)	19(火)	21(金)	19(火)
澖넓을한(실15획)	陷빠질함(실11획)	轞놀수레서로괴할헌	諧화할해	駭놀랄해

21(金)	19(火)	20(木)	17(火)	19(火)	18(水)	17(火)
骸뼈해	憲법헌	縣고을현	頰뺨협	衡저울대형	螢반디형	憓사랑할혜(실15획)

17(水)	22(木)	18(木)	16(木)	19(水)	16(水)
澔넓을호(실15획)	縞명주호	蒿쑥호(실14획)	樺자작나무화	豁뚫린골활	潢웅덩이

15(土)	17(木)	19(火)	19(火)16(火)	18(火)
황(실15획)遑허둥거릴황(실13획)	橫가로힁	曉새벽효	勳(勛)(실12획)	勲(실15

20(金)	20(金)	18(火)	18(火)	17(火)	18(木)
획)공훈 諱꺼리길휘	戲희롱희	熹성할희	熺성할희	憘기쁠희(실15획)	橲나무아름희

19(水)	20(土)	19(火)	19(火)	22(火)
噫탄식할희	義숨희	憙기뻐할희	嘻몹씨더울희(19)	凞빛날희

十七劃 〈金〉

21(火)　21(水)　22(金)　20(土)　18(木)　19(火)　　　20(金)

懇정성간 癇간기간 磵시내간 艱어려울간 瞰볼감 憾한할감(실16획) 講익힐강

19(木)　　19(木)　20(木)　　　20(金)　19(土)　19(木)

橿나무이름강 糠겨강 據의거할거(실16획) 鍵열쇠건 謇절건 檢봉합검

24(木)　19(水)　　　　　20(木)　18(土)　　　19(金)

擊부딪칠격 激물결부딪쳐흐를격(실16획) 檄격문격 遣보낼견(실14획) 謙겸손할겸

19(金)　　　　21(木)　20(木)20(木)　18(土)　　　20(水)

璟옥광채날경(실16획) 擎들경 檾(檾)도지개경 階섬돌계(실12획) 谿시내계

21(金)　19(火)　21(水)　21(金)　　21(水)　　　19(木)　20(金)

鍋노구솥과 顆낱알과 館객사관 矯바로잡을교 膠아교교(실15획) 鮫상어교 購살구

20(金)　21(火)　　20(木)　　　　20(木)　22(金)　　　23(金)

鞠공국 懃은근할근 擒사로잡을금(실16획) 檎능금금 璣구슬기(실16획) 磯물가기

18(水)　　　20(木)　　21(金)　21(木)　　20(火)

濃짙을농(롱)(실16획) 檀박달나무단 鍛쇠불릴단 擔맬담(실16획) 憺편안할담(실16획)

20(水)　　　18(木)　　　17(水)　　　16(土)

澹담박할담(실16획) 撻매질할달(실16획) 澾미끄러울달(실16획) 遝뒤섞일답(실14획)

20(水)　16(土)　　　19(水)　18(金)　19(土)　21(土)

螳사마귀당 隊대대(실12획) 黛눈썹먹대 鍍도금할도 蹈밟을도 獨홀로독(실16획)

19(木)　20(金)　21(水)　22(土)　17(木)

瞳눈동자동 謄베낄등 螺소라라(나) 勵힘쓸려(여) 蓮연밥련(연)(실15획)

23(火)　18(金)　17(水)　　　19(金)　20(水)

聯잇달련(연) 鍊불릴련(연) 濂내이름렴(염)(실16획) 斂거둘렴(염) 殮염할렴(염)

21(土)　18(水)　　　19(水)　　　22(木)

嶺재령(영) 澧강이름례(에)(실16획) 潞강이름로(노)(실16획) 擄사로잡을로(노)

18(水) 20(火) 19(水) 19(木)
(실16획)濃짙을롱(농)(실16획)儽영락할뢰(뇌)療병고칠료(뇨)蓼여뀌료(요)

20(木) 22(木) 18(木) 20(木)
(실15획)暸밝을료(요)縷실루(누)蔞쑥루(누)(실15획)褸남루할누(루)(실16획)

15(土) 17(木) 18(金) 22(土) 18(木)
隆클륭(융)(실12획)罹근심리(이)(실16획)璘옥빛린(인)(실16획)麟기린린撛구원

22(火) 18(水) 18(木) 18(金) 21(火)
할린(실16획)臨임할림(임)膜막막(실15획)蔓덩쿨만(실15획)錨닻묘懋힘쓸무

23(木) 23 14(金) 19(金) 20(金) 16(金)
繆얽을무彌(弥)(실8획)두루미謎수수께끼미謐고요할밀璞옥돌박(실16획)

19(金) 21(金) 22(木) 19(金) 20(木) 19(木)
磻강이름반謗헐뜯을방繁많을번磻강이름번(반)擘엄지손가락벽檗황백나무벽

20(木) 18(水) 19(金) 19(木) 17(木) 21(木)
瞥언뜻복별餠떡병鍑솥복蔔무우복(실15획)蓬쑥봉(실15획)縫꿰맬봉

20(水) 20(金) 18(木) 24(木) 20(土) 23(火) 21(金)
膚살갗부(실15획)賻부의부糞똥분繃묶을붕嬪아내빈騁달릴빙謝사례할사

18(木) 19(水) 20(火) 19(金) 20(土) 19(水) 20(木)
蔘인삼삼(실15획)霜서리상償갚을상賽굿할새嶼섬서鮮고울선禪봉선선

20(木) 20(木) 19(火) 22(火) 18(土)
褻더러울설藝향풀설(실15획)燮빛날섭聲소리성遡거슬러올라갈소(실14획)

19(木) 22(金) 19(土) 16(土)
蔬푸성귀소(실15획)謖일어날속遜겸손할손(실14획)隋수나라수(실12획)

19(火) 19(火) 19(목)17(木) 17(水) 17(木)
雖비록수燧부싯돌수穗(穗)(실15획)이삭수濉물이름수(실16)蓴순채순(실15

⑰

21(木) 　 18(水) 　 22(木) 　 20(土) 　 21(金)

획)瞬눈깜직일일순 膝무릎슬(실15획) 褶주름습(실16획) 嶽큰산악 鍔칼날악

21(水) 21(土) 21(木) 　 20(土) 　 21(火) 17(土) 　 20(木)

鮟아귀안 癌암암 闇닫힌문암 壓누를압 曖가릴애 陽볕양(실12획) 襄도울양

18(火) 　 19(木) 　 19(火) 21(木) 20(火) 18(金)

憶생각억(실16획) 檍감탕나무억 輿수레여 縯길연 營경영할영 鈴방울소리영

20(土) 　 19(土) 　 19(水) 　 18(水) 　 19(木)

嬰갓난아이영 嶸가파를영 霙진눈깨비영 濊깊을예(실16획) 擁안을옹(실16획)

20(金) 17(土) 　 21(木) 17(火) 17(土) 　 21(火)

謠노래요 遙멀요(실14획) 繇역사요 聳솟을용 隅모퉁이우(실12획) 優넉넉할우

18(木) 　 16(土) 　 20(火) 22(水) 21(金) 20(木)

蔚풀이름울(실15획) 遠멀원(실14획) 轅끌채원 孺젖먹이유 鍮놋쇠유 檃도지개은

19(木) 　 18(火) 22(火) 19(金) 　 15(木)

蔭그늘음(실15획) 應응할응 翼날개익 謚웃을익(시) 蔗사탕수수자(실15획)

20(土)18(土) 　 18(木) 　 19(木) 20(土) 20(木) 22(木)

牆(墙)(실16획)담장 蔣줄장(실15획) 檣돛대장 齋집재 績짐쌈적 氈모전전

21(水) 　 20(火) 20(水) 19(水) 19(火) 　 18(木)

澱앙금전(실16획) 輾구를전 餞전별할전 點점점 頳아름다울정 檉위성류정

20(木) 　 20(火) 19(木) 19(木) 　 19(木) 18(金) 23(火)

操잡을조(실16획) 燥마를조 糟전국조 簇조릿대족 縱놀종 鍾쇠북종 駿준마준

21(土) 　 17(金) 　 18(木) 　 21(水)

嶟기뻐할준 璡옥돌진(실16획) 蔯더위지기진(실15획) 膣새살돋을질(실15획)

18(土) 　 19(火) 18(水) 　 17(木) 　 20(木)

蹉넘어질차 燦빛(날찬) 澯맑을찬(실16획) 蔡거북채(실15획) 擅멋대로천(실16획)

20(土) 　 18(金) 　 21(火) 22(木) 20(火)16(火)

遞갈마들체(실14획) 礁물에잠긴바위초 燭촛불촉 總거느릴총 聰(聡)(실14획)

18(木) 23(金) 21(土) 23(土) 21(木)
蔥 귀밝을총 파총(실15획) 醜 추할추 鄒 나라이름추(실13획) 趨 달릴추 縮 다스릴축

20(水) 18(木) 19(金) 20(水) 20(水) 17(水)
黜 물리칠출 稺 어릴치 鍼 침침 蟄 숨을칩 濁 흐릴탁(실16획) 澤 못택(실16획)

18(木) 21(水) 20(土) 21(金) 17(水) 20(土)
擇 가릴택(실16획) 霞 놀하 壑 골학 韓 나라이름한 澣 빨한(실16획) 嶰 높을한

20(火) 21(火) 20(土) 20(土) 20(土)
轄 비녀장할 懈 게으름해(실16획) 鄕 시골향(실13획) 蹊 지름질혜 壕 해자호

19(火) 21(水)21(水) 17(金) 15(土) 19(木)
鴻 큰기러기홍(실16획) 闊(濶) 트일활 璜 서옥황(실16획) 隍 해자황(실12획) 檜 노

18(水) 19(土) 22(水) 18(土) 22(火)
澮 봇도랑회(실16획) 獪 교활할회(실16획) 嚆 울릴효 壎 질나팔훈 燬 불훼

20(火) 22(木) 19(木)19(火)
徽 아름다울휘 虧 이지러질휴 禧 복희 犧 불희

十八劃 <金>

22(木) 23(金) 24(木) 20(金) 21(木) 21(木) 19(土)
簡 대쪽간 鞨 말갈갈 襁 포대기강(실17획) 鎧 갑옷개 擧 들거 瞼 눈꺼풀검 隔 사이틀

24(火) 19(金) 20金 22(火) 19(土) 20(木)
격(실13획) 鵑 두견견 鎌 낫겸 璥 경옥경(실17획) 鵠 고니곡 壙 광중광 蕎 매밀교(실

24(火) 19(土) 24(水) 23(金) 20(木) 22(金) 18(木)
16획) 翹 꼬리깃털교 舊 예구 軀 몸구 謳 노래구 瞿 볼구 鞫 국문할국 蕨 고사리궐

23(木) 21(木) 24(土) 23(水) 17(土) 20(金) 22(火)
(실16획) 闕 대궐궐 櫃 함궤 歸 돌아갈귀 竅 구멍규 隙 틈극(실13획) 謹 삼갈근 覲 뵐근

22(火)　20(火)　23(木)　20(火)　　22(土)　　　27(金)
騎말탈기 騏말총이기 機갈기 懦나약할나(실17획) 獰모질녕(영)(실17획) 斷끊을단

21(木)　　19(木)　　21(木)　　20(金)　20(水)
簞대광주리단 蕁지모담(실16획) 擡들대(실17획) 戴일대 濤큰물결도(실17획)

21(火)　22(木)　19(土)　　　19(水)　　　　20(水)
燾비출도 櫂노도 遯달아날둔(돈)(실15획) 瞳달빛흰히치밀동((실16획) 濫퍼질람

22(木)　　20(木)　　20(木)　21(土)　23(金)　19(土)
(실17획)擥걷어잡을람 糧양식량(양) 禮예도례(예) 壘진루 謬그릇될류(유) 釐

21(水)　20(水)　　16(木)　　　23(火)
다스릴리(이)鯉잉어리(이) 朦풍부할몽(실16획) 蕪거칠어질무(실16획) 鵡앵무새무

23(火)　20(水)　17(木)　　20(金)　20(水)　20(木)
顢강할민 蟠서릴반 蕃우거질번(실16획) 璧등근옥벽 癖적취벽 徹털별

20(火)　21(木)　21(金)　19(土)　　19(水)
騈나란히할병 馥향기복 覆뒤집힐복 鄙더러울비(실14획) 濱물가빈(실17획)

20(木)　21(水)　24(木)　20(木)　19(火)　21(火)　19(水)
檳빈랑나무빈 殯염할빈 觴잔상 穡거둘색 雙쌍쌍 曙새벽서 膳반찬선(실16획)

21(木)　22(水)　22(木)　20(木)　　22 19(金)　24(木)
繕기울선 蟬매미선 簫통소소 蕭맑은대쑥소(실16획) 鎖鎖쇠사슬쇄 繡수놓을수

20(金)　　19(木)　　18(金)　　22(水)
璲패옥수(실17획) 蕣무궁화순(실16획) 瑟푸른구슬슬(실17획) 濕축축할습(실17획)

20(火)　23(火)　24(火)　19(火)　16(土)　22(火)
燼깜북이불신 鵝거위아 顎얼굴높을악 顔얼굴안 隘좁을애(실13획) 額이마액

21(火)　18(水)　　20(木)　23(土)　23(火)　22(火)
歟어조사여 濚물돌아나갈영(실17획) 穢더러울예 甕독옹 曜빛날요 燿빛날요

22(木)　21(水)　20(金)　18(木)　　17(土)　　23(火)
繞두를요　蟯요충요　鎔녹일용　蕓평지운(실16획)　隕떨어질운(실13획)　魏위나라위

20(木)　　20(水)　　23(水)　22(火)　21(金)
蔫애기풀위(실16획)　濡젖을유(실17획)　癒병나을유　曘햇빛유　贇예쁠윤(빈)

19(水)　　20(木)　22(木)　22(火)　21(金)
濦예강이른은(실17획)　檼마룻대은　擬헤아릴의(실17획)　彝떳떳할이　爵벼슬작

24(木)　18(火)　23(金)　20(火)　19(土)　　20(土)　22(金)
簪비녀잠　雜섞일잡　醬장장　儲쌓을저　適갈적(실15획)　蹟자취적　謫귀양갈적

21(火)　20(火)　20(水)　　18(土)　　20(金)
轉구를전　題표제제　濟건널제(실17획)　遭만날조(실5획)　璪면류관드림옥조(실17획)

21(火)　19(水)　　23(木)　21(金)　22(木)　20(火)　22(金)
燽밝을주　濬깊을준(실17획)　繒비단증　贄폐백지　織짤직　職직업직　鎭진압진

16(土)　　19(金)　　24(水)　22(木)　　19(土)
遮막을차(실15획)　璨빛날찬(실17획)　竄숨을찬　擦비빌찰(실17획)　蹠밟을척

22(木)　20(金)　16(木)　　19(火)　24(火)　21(金)　21(土)
瞻볼첨　礎주추돌초　蕉파초초(실16획)　叢모일총　雛새끼추　鎚쇠망치추　壥대지를

21(水)　18(水)　　21(金)　21(水)　　22(木)
蠋벌레충　膪췌장췌(실16획)　贅혹췌　濯씻을탁(실17획)　擢뽑을탁(실17획)

19(木)　　23(木)　19(水)　　20(金)
蕩쓸어버릴탕(실16획)　闖말이문을나오는모양틈　膨부풀팽(실16획)　鞭채찍편

18(木)　　23(金)　19(木)　21(木)　23(木)　20(火)　19(金)
薜닦을폐(실16획)　斃죽을폐　豐풍년풍　檻우리함　闔문짝합　爀붉을혁　鎣줄형

18(木)　　20(水)　　22(金)　18(水)　　20(金)
蕙혜초혜(실16획)　濠해자호(실17획)　鎬호경호　濩퍼질호(실17획)　環고리환

⑱,⑲

19(木)　　19(土)　　　　19(火)

(실17획)簧생황황 獲얻을획 (실17획)燻연기낄훈

十九劃＜水＞

25(土)　19(木)　　　　19(土)　24(木)　　23(水)　　22(金)　　23(火)

疆지경강 薑생강강 (실17획)羹국갱 繭고치견 鯨고래경 鏡거울경 鶊꾀꼬리경

27(木)　25(水)　27(木)　　21(火)　　21(土)　　24(金)　　22(木)　　22(土)

繫맬계 鯤곤어곤 關빗장관 曠밝을광 壞무너질괴 轎가마교 麴누룩국 蹶넘어질궐

20(木)　　　　23(土)　25(金)　20(火)　　21(水)　　　20(土)

襟옷깃금 (실18획)麒기린기 譏나무랄기 難어려울난 膿고름농 (실17획)鄲조나라서울

23(水)　　　22(金)　　22(木)　23(金)　21(水)

단(실15획)膽쓸개담 (실17획)譚이야기담 禱빌도 韜감출도 瀆도랑독(실18획)

22(木)　21(土)　　24(水)　　　　19(土)　　　　25(土)

牘편지독 犢송아지독 臀볼기둔 (실17획)鄧나라이름등 (실15획)麗고울려(여)

23(木)　　24(木)　　　23(水)　　　　20(木)　　26(土)

廬오두막집려(여) 櫚종려나무려(여) 濾거를려(여)(실18획) 簾발렴(염) 獵사냥렵

22(木)　24(水)　25(土)　23(土)　19(土)

(엽)(실18획)櫓방패로(노) 嚧웃을로(노) 壟언덕롱(농) 麓산기슭록(녹) 遼멀료

22(金)　20(火)　22(水)　　　22(火)　26(土)　　21(金)

(실16획)鏤새길루 類무리류(유) 瀏맑을류(유)(실18획) 離떠날리 贏여월리(이) 鏋금만

25(水)　20(木)　　　21(水)　　19(木)　　　20(木)

霧안개무 薇고사리미(실17획) 靡쓰러질미 薄엷을박(실17획) 攀더위잡을반

30(金)　25(土)　21(金)　21(木)　26(火)　21(水)　　20(金)

醱술괼발 龐클방 譜계보보 簿장부부 鵬붕새붕 臂팔비(실17획) 璸구슬이름빈

21(木) 22(水) 24(金) 22(水) 20(金) 23(土)
(실18획)馪향기빈 顁찡그릴빈 辭말씀사 瀉쏟을사(실18획) 壐도장새 選가릴선

20(金) 19(木) 18(火)
(실16획)璿아름다운옥선(실18획) 薛맑은대쑥설(실17획) 暹해돋을섬(실16획)

23(水) 23(水) 23(土) 22(火) 22(金) 25(木) 24(水)
蟾두꺼비섬 霄하늘소 獸짐승수 鵄솔개수 璹옥그릇숙(실18획) 繩줄승 蠅파리승

22(金) 17(木) 20(金) 20(水) 20(水)
識알식(지) 薪섶나무신(실17획) 璶옥돌신(실18획) 藩즙심(실18획) 瀁내이름양

21(水) 24(水) 20(金) 22(金) 22(木)
(실18획)臆가슴억(실17획) 孼서자얼 瑛옥여(실18획) 礜돌이름여 繹풀어낼역

23(水) 21(金) 24(土) 25(金) 23(木) 22(金) 22(金)
嚥삼킬연 瑌옥돌연(실18획) 嬿아름다울연 嫛아름다울예 擾어지러울요(실18획) 鏞종용 韻운운

22(火) 19(土)
願원할원 遺끼칠유(실16획)

19(木) 22(水) 23(火) 17(土) 19(木)
薏율무의(실17획) 蟻개미의 鵲까치작 障가로막을장(실14획) 薔장미장(실17획)

22(金) 24(火) 19(土) 19(土) 24(木)
鏑살촉적 顚꼭대기전 鄭나라정(실15획) 際사이제(실14획) 繰아청통견조

21(金) 23(土) 21(土) 22(木) 22(金) 18(土)
鏃살촉족 疇밭두둑주 遵쫓을준(실16획) 櫛빗즐,보낼즐 證증거증 遲늦을지(실16

22(金) 21(火) 23(金)16(金) 23(木) 20(木)
획)識표할지 徵헌날징 贊(替)(실15획))도울찬 擲던질척(실18획) 薦천거할천

21(土) 23(火) 21(木) 23(水) 21(金) 26(木)
(실17획)遷옮길천(실16획) 轍바퀴자국철 簽농첨 鯖청어청 醮초례초 寵괼총

24(土) 23(水) 23(木) 27(木) 20(木) 23(金)
蹴찰축 癡어리석을치 攄펼터(실18획) 擺열릴파(실18획) 瓣외씨판 覇으뜸패

24(火) 21(火) 22(火) 20(水) 25(水) 29(水) 19(水)
騙속일편 爆터질폭 曝쬘폭 瀑폭포폭(실18획) 蟹게해 嚮향할향 瀅맑을형(실18

⑲,⑳

25(金)　22(金)　　　20(金)　　　20(木)　　20(木)

획)醯초혜　譓슬기로울혜　譁시끄러울화　穫벼벨확　擴넓힐확(실18획)

23　15(木)　　　　　1(水)　　　22(木)　　　　27(金)

繪(絵(실12획))그림회　膾회회(실17획)　薨죽을훙(실17획)　譎속일휼

二十劃 〈水〉

25(火)　　25(金)　　21(土)　　　　23(火)　　　23(金)　　　24(金)

覺깨달을각　釀추렴할각　遽갑자기거(실17획)　騫어지러질건　瓊경옥경(실19획)　警

30(木)　　22(木)　　　24(土)　　22(水)　　　25(水)　27(土)

경계할경繼이을계　藁짚고(실18획)　勸권할권　饉흉년들근　競군셀궁　夔조심할기

24(土)　　　23(水)　　25(水)　24(火)　　22(木)　　　　23(火)

獺수달달(실19획)　黨무리당　竇구멍두　騰오를등　羅비단라(실19획)　懶게우를라

21(木)　　　　23(木)　　　23(木)　　　　24(金)

(실19획)藍쪽람(남)(실18획)　籃바구니람(남)　襤누더기람(남)(실19획)　礪숫돌려(여)

19(水)　　　　26(金)　　　23(金)　　24(金)　　24(水)

瀝거를력(역)(실19획)　礫조약돌력(역)　齡나이령(영)　醴단술례(예)　露이슬로(노)

24(火)　　23(水)　　　　25(水)　　　　23(水)

爐화로로(노)　瀘강이름로노(실19획)　瀧비올롱(농)(실19획)　瀨여울뢰(뇌)(실19획)

19(土)　　　24(水)　　22(木)　　　22(木)　　26(火)

隣鄰이웃린(인)(실15획)　饅만두만　襪버선말(실19획)　麵밀가루면　鶩집올목

21(金)　23(金)9(金)　　24(水)　　23(金)　　21(水)

礬명반반　寶(宝)(실8획)보배보　鰒전복복　譬비비할비　瀕물가빈(실19획)

24(木)　　　23(水)　　20(木)　　　23(土)　　20(木)

繽어지러울빈(성한모양)　霰싸라기눈산　薩보살살(실18획)　孀과부상　薯참마서

20(木) 21(火) 21(金) 25(金) 24(火)

(실18획)嶼아름다울서(실18획)釋풀석 鐥복자선 瞻넉넉할섬 騷떠들소

23(水) 20(木) 27(水) 23(土) 24(土)

瀟강이름소(실19획)蘴조개풀신(실18획)鰐악어악 嚶양병앵 孃계집애양

23(土) 22(火) 22(金) 25(火) 27(水) 21(土)

壤흙양 嚴엄할엄 譯번역할역 曣청명할연 瀛바다영(실19획)邀멀요(실17

25(火) 19(木) 22(木) 22(土) 22(金)

획)耀빛날요 藉깔개자(실18획)藏감출장(실18획)躇머뭇거릴저 齟어긋날저

21(木) 23(水) 23(水) 23(水) 21(木)

籍서적적 癤부스럼절 瀞맑을정(실19획)臍배꼽제(실18획)薺냉이제(실18획)

24(土) 21(金) 23(木) 20(金) 20(金) 23(木)

躁성급할조 鐘종종 籌투호살주 瓆사람이름질(실19획)鏉판금집주 纂모을찬

26(木) 27(木) 28(火) 22(水) 23(金) 25(木)

闡열천 觸닿을촉 騶말먹이는사람추 鰌미꾸라지추 鬪싸움투 飄회오리바람표

20(土) 25(水) 24(水) 25(木) 23(水)

避피할피(실17획)鰕새우하 瀚넓고큰모양한(실19획)艦싸움배함 鹹짤함

21(水) 23(土) 23(木) 26(土) 25(火)

瀣이슬기운해(실19획)邂만날해(실17획)櫶나무이름헌 獻바칠헌 懸매달현20

24(金) 26(木) 20(土) 21(火) 21(金) 25(金)

譞영리할현 馨향기형 還돌아올환(실17획)懷품을회(실19획)鑛종횡 斅가르칠효

19(木) 25(火) 24(土) 24(火)

薰향풀훈(실18획)曦햇빛희 犧희생희 爔불희20

二十一劃 〈木〉

| 26(金) | 26(火) | 23(火) | 24(火) | 27(火) | 24(水) | 27(水) | 22(火) |

譴꾸짖을견 鷄닭계 顧돌아볼고 轟울릴굉 驅몰구 饋먹일궤 饑주릴기 儺역귀쫓

| 24(金) | 22(木) | 25(水) | 25(火) |

鐺쇠사슬당 藤등나무등(실19획) 癩약물중독라(원음뢰) 爛문드러질란(난)

| 25(木) | 24(水) | 27(火) | 28(水) | 29(水) |

欄난간란(난) 瀾물결란(난)(실20획) 覽볼람(남) 臘납향랍(납)(실19획) 蠟밀랍(납)

| 27(火) | 22(木) | 25(水) | 26(金) |

儷짝려(여) 藜나라이름려(여)(실19획) 蠣굴려(여) 瓏옥소리롱(농)(실20획)

| 28(火) | 23(土) | 21(土) | 24(火) | 26(火) | 23(火) |

魔마귀마 邈멀막(실18획) 邁갈매(실18획) 驀말탈맥(실18획) 飜(翻)(실18획)뒤칠번

| 20(木) | 26(木) | 24(水) | 22(金) | 28(土) | 23(水) | 24(金) |

藩덮을번(실19획) 闢열벽 霹벼락벽 辯말잘할변 麝사향노루사 饍반찬선 齧물설

| 23(水) | 26(木) | 26(木) | 21(土) | 22(木) | 22(土) |

殲다죽일섬 續이을속 屬엮을속 隨따를수(실16획) 藪늪수(실19획) 邃깊을수

| 21(土) | 25(火) | 24(木) | 24(木) | 26(土) |

(실18획)隧길수(실16획) 鶯꾀꼬리앵 櫻앵두나무앵 藥약약(실19획) 躍뛸약

| 24(木) | 24(火) | 23(水) | 24(木) | 24(金) |

攘물리칠양(실20획) 轝수레여 瀯물졸졸흐를영(실20획) 藝재주예(실19획) 譽기를예

| 24(水) | 22(木) | 25(水) | 25(水) | 26(金) |

饒넉넉할요 藕연뿌리우21(실19획) 瀷강이름익21(실20획) 嚼씹을작 贓장물장

| 25(土) | 25(木) | 24(金) | 25(土) | 24(水) | 28(水) | 21(火) |

齎가져올재 纏얽힐전 鐫새길전 躊머뭇거릴주 蠢꿈틀거릴준 饌반찬찬 懺뉘우칠

참(실20획) 鐵쇠철 鐸방울탁 驃표절따표 飇회리바람표 鶴학학 險험할험(실16획)

23(金) 22(金) 25(火) 24(木) 25(火) 20(土)

23(金) 25(火) 24(金) 24(水)

護보호할호 顥클호 鐶고리환 鰥홀아비환

二十二劃 〈木〉

25(金)25(金) 29(土) 26(水) 21(木) 23(水) 28(火)

鑑(鑒)거울감 龕감실감 鱇아귀강 藿콩잎곽(실20획) 灌물댈관(실21획) 驕교만할교

23(火) 29(火) 24(木) 27(水) 26(金)

懼두려워할구(실21획) 鷗갈매기구 權권세권 囊주머니낭 讀글읽을독.귀절두,토두

25(金) 28(火) 28(土) 24(木)

瓓옥광채란(난)(실21획) 轢삐겨거리릴력(역) 孌아름다울련(연) 蘆갈대로(노)(실20획)

28(木) 28(水) 28(火) 23(木)

籠대그릇롱(농) 朧흐릿할롱(농)(실20획) 聾귀머거리롱(농) 藺골풀린(실20획)

28(土) 31(火) 27(水) 25(土) 24(水) 22(木)

巒뫼만 彎굽을만 鰻뱀장어만 邊가변(실19획) 癬옴선 攝당길섭(실21획)

22(木) 25(金) 24(火) 29(木) 25(木) 25(木)

蘇차조기소(실20획) 贖속바칠속 鬚수염수 襲엄습할습 禳제사이름양 穰볏대양

25(金) 24(火) 24(金) 23(木) 26(水)

齬어긋날어 儼의젓할엄 瓔구슬목거리영(실21획) 蘂꽃술예(실20획) 鰲자라오

24(木) 26(水) 21(火土) 24(木) 26(火)

蘊쌓을온(실20획) 饔아침밥옹 隱숨을은(실17획) 曘정하고불응 懿아름다울의

22(土) 26(木) 22(木) 26(火) 28(水) 26(水)

邇가까울이(실19획) 檣장롱장 藷사탕수수저(실20획) 顫떨릴전 竊훔칠절 霽갤제

23(木) 25(金) 24(金) 27(土) 27(土) 24(火)

藻말조(실20획) 鑄쇠부어만들주 齪악착할착 巑높히솟을찬 疊겹쳐질첩 聽들을청

29(金) 30(水) 22(水) 25(金) 25(金) 26(火)

響울릴향 饗찬치할향 瀅물이름형(실21획) 譓슬기로울혜 歡기뻐할환 曉날랠효

23(金) 26(水)

纁금빛투색할훈 囍쌍희희

二十三劃 <火>

28(火) 27(水) 24(金) 24(金) 25(木) 28(木)

驚놀랄경 蠱좀고 瓘옥이름관(실22획) 鑛쇳돌광 蘭난초난(란)(실21획) 欒나무이

29(火) 29(木) 29(火) 29(土) 27(火水)

름란(난) 戀사모할련(연) 攣걸릴련(연) 鷺해오라기로(노) 麟기린린(인) 鱗비늘린

25(水) 23(木) 29(金) 27(水) 23(木)

(인) 黴곰팡이미 蘗황경나무벽(실21획) 變변할변 鱉자라별 蘚이끼선(실21획)

26(木) 28(水) 30(金) 24(金) 26(土) 23(木)

纖가늘섬 灑뿌릴쇄(실22획) 髓골수수 讐원수수 巖바위암 蘖그루터기얼(실21획)

26(火) 29(金) 28(木) 30(水) 25(木) 27(木)

驛역참역 醼잔치연 纓갓끈영 癰악창용 蘟은총은(실21) 攢모일찬(실22획)

24(木) 29(金) 30(火) 23(水) 27(火) 29(火)20(火)

籤제비첨 體몸체 鷲수리취 灘여울탄(실22획) 驗징험할험 顯(顕(실18획))

25(金) 33(火)

나타날현 護구할호 鷸도요새휼

二十四劃 ＜火＞

27(土) 29(木) 27(火) 28(火) 25(水) 28(水)

罐두레박관 攪어지러울교(실23획) 衢네거리구 羈굴레기 靂벼락력(역) 靈신령령

27(金) 30(水) 28(金) 29(金) 28(水) 30(土)25(土)

(영)齷악착할악 靄아지랑이애 讓사양할양 釀빚을양 鹽소금염 艶(艶)(실19획)

29(水) 32(水) 28(水) 29(水) 28(木) 27(金)

고울염 鰲자라오 蠶누에잠 臟오장장(실22획) 癲미칠전 車贊관대할차 瓚제기찬

26(金) 34(金) 31(金) 30(木) 30(水) 27(火)

(실23획)讖참서참 讒참소할참 韆그네천 矗우거질촉 囑부탁할촉 驟달릴취

27(木)

攫붙잡을확(실23획)

二十五劃 ＜土＞

30(火) 32(木) 26(木) 31(木) 31(木)

觀볼관 蠹독독 蘿무라(나)(실23획) 攬잡을람(남)(실24획) 欖감람나무람(남)

28(木) 31(水) 31(水) 31(木) 27(木) 28(水)

籬울타리리(이) 蠻오랑캐만 鱉자라별 纘이을찬 廳관청청 灝넓을호(실24획)

二十六劃 ＜土＞

27(土) 32(火) 34(水) 31(金)24(金)

邏순행할라(나)(실23획) 驢나귀려(여) 灣물굽이만(실25획) 讚(讃)(실22획)기를찬

二十七劃 <金>

32(火)　　35(木)　　31(土)　　　31(金)

驥천리마기纜닻줄람(남)躪짓밟을린(인)鑽끌찬

二十八劃 <金>

32(火)　　34(火)　　33(金)　　32(火)

戇어리석을당鸚앵무새앵鑿뚫을착驩기뻐할환

二十九劃 <水>

37(火)　　　34(木)

驪가라말려(여)鬱막힐울

三十劃 <水>

38(火)

鸞난새란(난)

參考文獻(참고문헌)

綜合易理 上下	宋忠錫	編譯
周易 上下經	宋忠錫	編譯
周易 上下經	文明洙	著
河洛理數	宋忠錫	編譯
인명용한자표	宋忠錫	編著
인명용 한자사전	李讚九	編著
작명옥편 五行漢字表	權勢埈	編著
WHAT'S YOUR NAME?	趙顯娥	著
周易作名法	李尙昱	著 <李先生>
易象姓名篇	鄭濬	著
姓名學秘法	秋松鶴	著
姓名學全書	朴眞永	編著
姓名判斷法	金栢溝	著
正統作名學	崔盛植	編
四柱와姓名學	金于齊	著
作名解名	朴興植	著
作名보감	정보국	著
姓名學	南永源	著
福있은 이름은 어떻게짓는가	백운학	著
작명비법대사전	정청남 外	著
作名學大全	嚴台文	著
누가이름을 함부로짓는가	이우람 外	著
안현덕 新작명법	안현덕	著
성명학대전	백운곡	著
바른 작명학강의	맹정훈	著
알기쉬운 作名辭典	강건태	編著
내게 꼭맞는 이름찾기	서우선	著
이름사전	이우각	著

만국역리학	보덕	著
이름운세풀이	보덕	著
姓名哲學(正名法 秘錄)	崔 旭	著
河洛理數 上下	金秀吉 外	共譯
성공하는 이름짓기사전	金倍成	著
좋은이름 내가짓는다	李秀漢	著
좋은이름과 만족한성생활	趙勇鶴	著 <趙先生>
測字法과 姓名學	金龍吉	著
周易身數	嚴允文	著
姓名大典	曺鳳佑	著
姓名大學	蔡洙岩	著
名字吉凶 字解法	金赫濟	校閱
姓名鑑定秘訣	白雲松	著
三空易數 四字評	金魯洙	編著
四柱總攬	秋松學	編著
八字術必殺枝	李 修	著
우리이름 교과서	정 강	著
컴퓨터 세대를 위한 성명학 대전	박용찬	著
印章과 姓名學	崔允碩	著
컴퓨터 萬歲曆	金相淵	編著

조화원약 평주

신비한 동양철학 35

명리학의 정통교본!

이 책은 자평진전, 난강망, 명리정종, 적천수 등과 함께 명리학의 교본에 해당하는 것으로 중국 청나라 때 나온 난강망이라는 책을 서낙오 선생께서 설명을 붙인 것이다. 기존의 많은 책들이 격국과 용신으로 감정하는 것과는 달리 십간십이지와 음양오행을 각각 자연의 이치와 춘하추동의 사계절의 흐름에 대입하여 인간의 길흉화복을 알 수 있게 했다.

· 동하 정지호 편역

용의 혈·풍수지리 실기 100선

신비한 동양철학 30

실전에서 실감나게 적용하는 풍수지리의 길잡이!

이 책은 풍수지리 문헌인 조선조 고무엽(古務葉) 태구승(泰九升) 부집필(父輯筆)로 된 만두산법(巒頭山法), 채성우의 명산론(明山論), 금랑경(錦囊經) 등을 알기 쉬운 주제로 간추려 풍수지리의 길잡이가 되고자 했다. 그리고 인간의 뿌리와 한 사람의 고유한 이름의 중요성을 풍수지리와 연관하여 살펴보아야 하기 때문에 씨족의 시조와 본관, 작명론(作名論)을 같이 편집했다.

· 호산 윤재우 저

천직·사주팔자로 찾은 나의 직업

신비한 동양철학 34

역경없이 탄탄하게 성공할 수 있는 방법!

잘 되겠지 하는 막연한 생각으로 의욕만 갖고 도전하는 것과 나에게 맞는 직종은 무엇이고 때는 언제인가를 알고 도전하는 것은 근본적으로 다르고, 결과 또한 다르다. 더구나 요즈음은 I.M.F.시대라 하여 모든 사람들이 정신까지 위축되어 생기를 잃어가고 있다. 이런 때 의욕만으로 팔자에도 없는 사업을 시작했다고 하자, 결과는 불을 보듯 뻔하다. 그러므로 이런 때일수록 침착과 냉정을 찾아 내 그릇부터 알고, 생활에 대처하는 지혜로움을 발휘해야 한다.

· 백우 김봉준 저

통변술해법

신비한 동양철학 ㉑

가닥가닥 풀어내는 역학의 비법!

이 책은 역학에 대해 다 알면서도 밖으로 표출되지 않아 어려움을 겪는 사람들을 위한 실습서다. 특히 틀에 박힌 교과서적인 역술의 고정관념에서 벗어나, 한차원 높게 공부할 수 있도록 원리통달을 설명하는데 중점을 두었다. 실명감정과 이론강의라는 두 단락으로 나누어 역학의 진리를 설명했기 때문에 누구나 쉽게 이해할 수 있다. 역학계의 대가 김봉준 선생의 역서「알기쉬운 해설·말하는 역학」의 후편이다.

· 백우 김봉준 저

주역육효 해설방법 上·下

신비한 동양철학 38

한 번만 읽으면 주역을 활용할 수 있는 책 !

이 책은 주역을 해설한 것으로, 될 수 있는 한 여러 가지 사설을 덧붙이지 않고 주역을 공부하고 활용하는데 필요한 요건만을 기록했다. 따라서 주역의 근원이나 하도낙서, 음양오행에 대해서도 많은 설명을 자제했다. 다만 누구나 이 책을 한 번 읽어서 주역을 이해하고 활용할 수 있도록 하는데 중점을 두었다.

· 원공선사 저

사주명리학 핵심

신비한 동양철학 ⑲

맥을 잡아야 모든 것이 보인다 !

이 책은 잡다한 설명을 배제하고 명리학자들에게 도움이 될 비법만을 모아 엮었기 때문에 초심자가 이해하기에는 다소 어려운 부분도 있겠지만 기초를 튼튼히 한 다음 정독한다면 충분히 이해할 것이다. 신살만 늘어놓으며 감정하는 사이비가 되지말기를 바란다.

· 도관 박홍식 저

동양철학전문출판 삼한

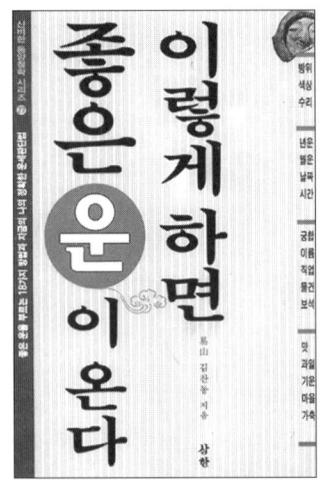

이렇게 하면 좋은 운이 온다

신비한 동양철학 ㉗

한 가정에 한 권씩 놓아두고 볼만한 책 !

좋은 운을 부르는 방법은 방위·색상·수리·년운·월운·날짜·시간·궁합·이름·직업·물건·보석·맛·과일·기운·마을·가축·성격 등을 정확하게 파악하여 자신에게 길한 것은 취하고 흉한 것은 피하면 된다. 간혹 예외인 경우가 있지만 극소수에 불과하고 대부분은 적중하기 때문에 좋은 효과를 본다. 이 책의 저자는 신학대학을 졸업하고 역학계에 입문했다는 특별한 이력을 갖고 있기 때문에 더 많은 화제가 되고 있다.

· 역산 김찬동 저

말하는 역학

신비한 동양철학 ⑪

신수를 묻는 사람 앞에서 말문이 술술 열린다!

이 책은 그토록 어렵다는 사주통변술을 이해하기 쉽고 흥미롭게 고담과 덕담을 곁들여 사실적인 인물을 궁금해 하는 사람에게 생동감있게 통변하고 있다. 길흉작용을 어떻게 표현하느냐에 따라 상담자의 정곡을 찔러 핵심을 끄집어내고 여기에 대한 정답을 내려주는 것이 통변술이다. 역학계의 대가 김봉준 선생의 역작이다.

· 백우 김봉준 저

술술 읽다보면 통달하는 사주학

신비한 동양철학 ㉗

술술 읽다보면 나도 어느새 도사 !

당신은 당신 마음대로 모든 일이 이루어지던가. 지금까지 누구의 명령을 받지 않고 내 맘대로 살아왔다고, 운명 따위는 믿지도 않고 매달리지 않는다고, 이렇게 말하는 사람들이 많다. 그러나 그것은 우주법칙을 모르기 때문에 하는 소리다.

・조철현 저

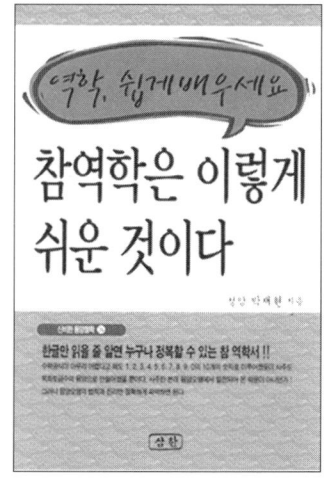

참역학은 이렇게 쉬운 것이다

신비한 동양철학 ㉔

음양오행의 이론으로 이루어진 참역학서 !

수학공식이 아무리 어렵다고 해도 1, 2, 3, 4, 5, 6, 7, 8, 9, 0의 10개의 숫자로 이루어졌듯이, 사주도 음양과 목, 화, 토, 금, 수의 오행으로 이루어졌을 뿐이다. 그러니 용신과 격국이라는 무거운 짐을 벗어버리고 음양오행의 법칙과 진리만 정확하게 파악하면 된다. 사주는 단지 음양오행의 변화일 뿐이고, 용신과 격국은 사주를 감정하는 한가지 방법에 지나지 않는다.

・청암 박재현 저

동양철학전문출판 삼한

나의 천운 운세찾기

신비한 동양철학 ⑫

놀랍다는 몽골정통 토정비결!

이 책은 역학계의 대가 김봉준 선생이 놀랍다는 몽공토
정비결을 연구 ·분석하여 우리의 인습 및 체질에 맞게
엮은 것이다. 운의 흐름을 알리고자 호운과 쇠운을 강
조했으며, 현재의 나를 조명해보고 판단할 수 있도록
했다. 모쪼록 생활서나 안내서로 활용하기 바란다.

· 백우 김봉준 저

쉽게푼 역학

신비한 동양철학 ❷

쉽게 배워서 적용할 수 있는 생활역학서!

이 책에서는 좀더 많은 사람들이 역학의 근본인 우주
의 오묘한 진리와 법칙을 깨달아 보다 나은 삶을 영위
하는데 도움이 될 수 있도록 가장 쉬운 언어와 가장 쉬
운 방법으로 풀이했다. 역학계의 대가 김봉준 선생의
역작이다.

· 백우 김봉준 저

이름이 운명을 바꾼다

신비한 동양철학 ㉕

이름은 제2의 자신이다 !

이름에는 각각 고유의 뜻과 기운이 있어서 그 기운이 성격을 만들고 그 성격이 운명을 만든다. 나쁜 이름은 부르면 부를수록 불행을 부르고 좋은 이름은 부르면 부를수록 행복을 부른다. 만일 이름이 거지 같다면 아무리 운세를 잘 만나도 밥을 좀더 많이 얻어 먹을 수 있을 뿐이다. 이 책의 저자는 신학대학을 졸업하고 역학계에 입문했다는 특별한 이력을 갖고 있기 때문에 더 많은 화제가 되고 있다.

· 역산 김찬동 저

작명해명

신비한 동양철학 ㉖

누구나 쉽게 배워서 활용할 수 있는 체계적인 작명법 !

일반적인 성명학으로는 알 수 없는 한자이름, 한글이름, 영문이름, 예명, 회사명, 상호, 상품명 등의 작명방법을 여러 사례를 들어 체계적으로 분석하여 누구나 쉽게 배워서 활용할 수 있도록 서술했다.

· 도관 박홍식 저

관상오행

신비한 동양철학 ⑳

한국인의 특성에 맞는 관상법!

좋은 관상인 것 같으나 실제로는 나쁘거나 좋은 관상
이 아닌데도 잘 사는 사람이 왕왕있어 관상법 연구에
흥미를 잃는 경우가 있다. 이것은 중국의 관상법만을
익히고, 우리의 독특한 환경적인 특징을 소홀히 다루었
기 때문이다. 이에 우리 한국인에게 알맞는 관상법을
연구하여 누구나 관상을 쉽게 알아보고 해석할 수 있
도록 자세하게 풀어놓았다.

· 송파 정상기 저

물상활용비법

신비한 동양철학 31

물상을 활용하여 오행의 흐름을 파악한다!

이 책은 물상을 통하여 오행의 흐름을 파악하고, 운명
을 감정하는 방법을 연구한 책이다. 추명학의 해법을
연구하고 운명을 추리하여 오행에서 분류되는 물질의
운명 줄거리를 물상의 기물로 나들이 하는 활용법을
주제로 했다. 팔자풀이 및 운명해설에 관한 명리감정법
의 체계를 세우는데 목적을 두고 초점을 맞추었다.

· 해주 이학성 저

운세십진법 · 本大路

신비한 동양철학 ❶

운명을 알고 대처하는 것은 현대인의 지혜다!

타고난 운명은 분명히 있다. 그러니 자신의 운명을 알고 대처한다면 비록 운명을 바꿀 수는 없지만 충분히 향상시킬 수 있다. 이것이 사주학을 알아야 하는 이유다. 이 책에서는 자신이 타고난 숙명과 앞으로 펼쳐질 운명행로를 찾을 수 있도록 운명의 기초를 초연하게 설명하고 있다.

· 백우 김봉준 저

국운 · 나라의 운세

신비한 동양철학 ㉒

역으로 풀어본 우리나라의 운명과 방향!

아무리 서구사상의 파고가 높다하기로 오천년을 한결같이 가꾸며 살아온 백두의 혼이 와르르 무너지는 지경에 왔어도 누구하나 입을 열어 말하는 사람이 없으니 답답하다. IMF라는 특수한 상황에서 불확실한 내일에 대한 해답을 이 책은 명쾌하게 제시하고 있다.

· 백우 김봉준

동양철학전문출판 삼한

명인재

신비한 동양철학 43

신기한 사주판단 비법 !

살(殺)의 활용방법을 완벽하게 제시하는 책!

이 책은 오행보다는 주로 살을 이용하는 비법이다. 시중에 나온 책들을 보면 살에 대해 설명은 많이 하면서도 실제 응용에서는 무시하고 있다. 이것은 살을 알면서도 응용할 줄 모르기 때문이다. 그러나 이 책에서는 살의 활용방법을 완전히 터득해, 어떤 살과 어떤 살이 합하면 어떻게 작용하는지를 자세하게 설명하고 있다.

· 원공선사 지음

사주학의 방정식

신비한 동양철학 18

가장 간편하고 실질적인 역서 !

이 책은 종전의 어려웠던 사주풀이의 응용과 한문을 쉬운 방법으로 터득할 수 있게 하는데 목적을 두었고, 역학의 내용이 어떤 것이며 무엇이 어디에 속하는지를 알고자 하는데 있다.

· 김용오 저

원토정비결

신비한 동양철학 53

반쪽으로만 전해오는 토정비결의 완전한 해설판

지금 시중에 나와 있는 토정비결에 대한 책들을 보면 옛날부터 내려오는 완전한 비결이 아니라 반쪽의 책이다. 그러나 반쪽이라고 말하는 사람이 없다. 그것은 주역의 원리를 모르기 때문이다. 따라서 늦은 감이 없지 않으나 앞으로의 수많은 세월을 생각하면서 완전한 해설본을 내놓기로 한 것이다.

· 원공선사 저

내가 보고 내가 바꾸는 DIY사주

신비한 동양철학 40

내가 보고 내가 바꾸는 사주비결 !

이 책은 기존의 책들과는 달리 한 사람의 사주를 체계적으로 도표화시켜 한 눈에 파악할 수 있고, DIY라는 책 제목에서 말하듯이 개운하는 방법을 제시하고 있다. 초심자는 물론 전문가도 자신의 이론을 새롭게 재조명해 볼 수 있는 케이스 스터디 북이다.

· 석오 전 광 지음

남사고의 마지막 예언

신비한 동양철학 29

이 책으로 격암유록에 대한 논란이 끝나기 바란다

감히 이 책을 21세기의 성경이라고 말한다. 〈격암유록〉은 섭리가 우리민족에게 준 위대한 복음서이며, 선물이며, 꿈이며, 인류의 희망이다. 이 책에서는 〈격암유록〉이 전하고자 하는 바를 주제별로 정리하여 문답식으로 풀어갔다. 이 책으로 〈격암유록〉에 대한 논란은 끝나기 바란다.

· 석정 박순용 저

진짜부적 가짜부적

신비한 동양철학 7

부적의 실체와 정확한 제작방법

인쇄부적에서 가짜부적에 이르기까지 많게는 몇백만원에 팔리고 있다는 보도를 종종 듣는다. 그러나 부적은 정확한 제작방법에 따라 자신의 용도에 맞게 스스로 만들어 사용하면 훨씬 더 좋은 효과를 얻을 수 있다. 이 책은 중국에서 정통부적을 연구한 국내유일의 동양오술학자가 밝힌 부적의 실체와 정확한 제작방법을 소개하고 있다.

· 오상익 저

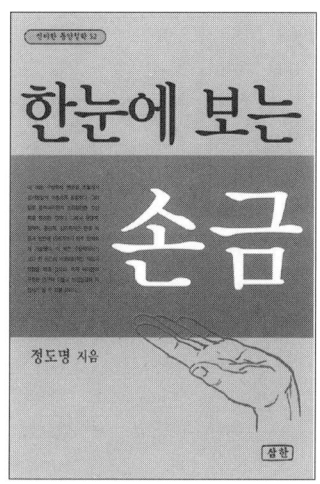

한눈에 보는 손금

신비한 동양철학 52

논리정연하며 바로미터적인 지침서

이 책은 수상학의 연원을 초월해서 동서합일의 이론으로 집필했다. 그야말로 완벽하리만치 논리정연한 수상학을 정리한 것이다. 그래서 운명적, 철학적, 동양적, 심리학적인 면을 예증과 방편에 이르기까지 아주 상세하게 기술했다. 이 책은 수상학이라기 보다 한 인간의 바로미터적인 지침서 역할을 해줄 것이다. 독자 여러분의 꾸준한 연구와 더불어 인생성공의 지침서가 될 수 있을 것이다.

· 정도명 저

만세력 | 사륙배판 · 신국판 사륙판 · 포켓판

신비한 동양철학 45

찾기 쉬운 만세력

이 책은 완벽한 만세력으로 만세력 보는 방법을 자세하게 설명했다. 그리고 역학에 대한 기본적인 내용과 결혼하기 좋은 나이 · 좋은 날 · 좋은 시간, 아들 · 딸 태아감별법, 이사하기 좋은 날 · 좋은 방향 등을 부록으로 실었다.

· 백우 김봉준 저

수명비결

신비한 동양철학 14

주민등록번호 13자로 숙명의 정체를 밝힌다

우리는 지금 무수히 많은 숫자의 거미줄에 매달려 허우적거리며 살아가고 있다. 1분 ·1초가 생사를 가름하고, 1등 · 2등이 인생을 좌우하며, 1급 · 2급이 신분을 구분하는 세상이다. 이 책은 수명리학으로 13자의 주민등록번호로 명예, 재산, 건강, 수명, 애정, 자녀운 등을 미리 읽어본다.

• 장충한 저

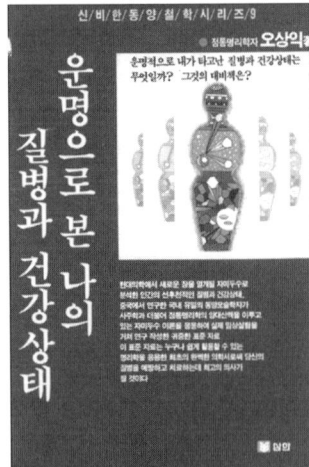

운명으로 본 나의 질병과 건강상태

신비한 동양철학 9

타고난 건강상태와 질병에 대한 대비책

이 책은 국내 유일의 동양오술학자가 사주학과 더불어 정통명리학의 양대산맥을 이루는 자미두수 이론으로 임상실험을 거쳐 작성한 표준자료다. 따라서 명리학을 응용한 최초의 완벽한 의학서로 질병을 예방하고 치료하는데 활용한다면 최고의 의사가 될 것이다. 또한 예방의학적인 차원에서 건강을 유지하는데 훌륭한 지침서로 현대의학의 새로운 장을 여는 계기가 될 것이다.

• 오상익 저

오행상극설과 진화론

신비한 동양철학 5

인간과 인생을 떠난 천리란 있을 수 없다

과학이 현대를 설정하여 설명하고 있으나 원리는 동양 철학에도 있기에 그 양면을 밝히고자 노력했다. 우주에서 일어나는 모든 일을 과학으로 설명될 수는 없다. 비과학적이라고 하기보다는 과학이 따라오지 못한다고 설명하는 것이 더 솔직하고 옳은 표현일 것이다. 특히 과학분야에 종사하는 신의사가 저술했다는데 더 큰 화제가 되고 있다.

· 김태진 저

사주학의 활용법

신비한 동양철학 17

가장 실질적인 역학서

우리가 생소한 지방을 여행할 때 제대로 된 지도가 있다면 편리하고 큰 도움이 되듯이 역학이란 이와같은 인생의 길잡이다. 예측불허의 인생을 살아가는데 올바른 안내자나 그 무엇이 있다면 그 이상 마음 든든하고 큰 재산은 없을 것이다.

· 학선 류래웅 저

동양철학전문출판 **삼한**

쉽게 푼 주역

신비한 동양철학 10

귀신도 탄복한다는 주역을 쉽고 재미있게 풀어놓은 책

주역이라는 말 한마디면 귀신도 기겁을 하고 놀라 자빠진다는데, 운수와 일진이 문제가 될까. 8×8=64괘라는 주역을 한 괘에 23개씩의 회답으로 해설하여 1472괘의 신비한 해답을 수록했다. 당신이 당면한 문제라면 무엇이든 해결할 수 있는 열쇠가 이 한 권의 책 속에 있다.

· 정도명 저

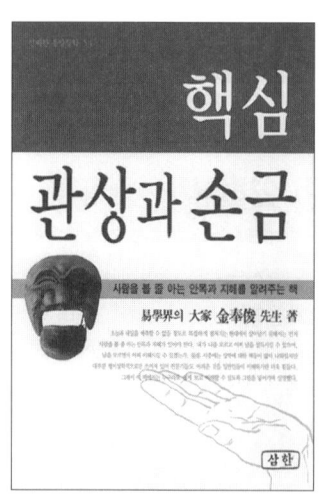

핵심 관상과 손금

신비한 동양철학 54

사람을 볼 줄 아는 안목과 지혜를 알려주는 책

오늘과 내일을 예측할 수 없을만큼 복잡하게 펼쳐지는 현실에서 살아남기 위해서는 사람을 볼줄 아는 안목과 지혜가 필요하다. 시중에 관상학에 대한 책들이 많이 나와있지만 너무 형이상학적이라 전문가도 이해하기 어렵다. 이 책에서는 누구라도 쉽게 보고 이해할 수 있도록 핵심만을 파악해서 설명했다.

· 백우 김봉준 저

진짜궁합 가짜궁합

신비한 동양철학 8

남녀궁합의 새로운 충격

중국에서 연구한 국내유일의 동양오술학자가 우리나라 역술가들의 궁합법이 잘못되었다는 것을 학술적으로 분석·비평하고, 전적과 사례연구를 통하여 궁합의 실체와 타당성을 분석했다. 합리적인 「자미두수궁합법」과 「남녀궁합」 및 출생시간을 몰라 궁합을 못보는 사람들을 위하여 「지문으로 보는 궁합법」 등을 공개한다.

· 오상익 저

좋은꿈 나쁜꿈

신비한 동양철학 15

그날과 앞날의 모든 답이 여기 있다

개꿈이란 없다. 꿈은 반드시 미래를 예언한다. 이 책은 프로이드의 정신분석학적인 입장이 아닌 미래판단의 근거에 입각한 예언적인 해몽학이다. 여러 형태의 꿈을 체계적으로 정리했으니 올바른 해몽법으로 앞날을 지혜롭게 대처해 보자. 모쪼록 각 가정에서 한 권씩 두고 이용하면 생활하는데 많은 도움이 될 것이다.

· 학선 류래웅 저

동양철학전문출판 삼한

완벽 만세력

신비한 동양철학 58

착각하기 쉬운 썸머타임 2도 인쇄

시중에 많은 종류의 만세력이 나와있지만 이 책은 단순한 만세력이 아니라 완벽한 만세경전으로 만세력 보는 법 등을 실었기 때문에 처음 대하는 사람이라도 쉽게 볼 수 있도록 편집되었다. 또한 부록편에는 사주명리학, 신살종합해설, 결혼과 이사택일 및 이사방향, 길흉보는 법, 우주천기와 한국의 역사 등을 수록했다.

· 백우 김봉준 저

주역·토정비결

신비한 동양철학 40

토정비결의 놀라운 비결

지금 시중에 나와 있는 토정비결에 대한 책들을 보면 옛날부터 내려오는 완전한 비결이 아니라 반쪽의 책이다. 그러나 반쪽이라고 말하는 사람이 없다. 그것은 주역의 원리를 모르기 때문이다. 따라서 늦은 감이 없지 않으나 앞으로의 수많은 세월을 생각하면서 완전한 해설본을 내놓기로 했다.

· 원공선사 저

현장 지리풍수

신비한 동양철학 48

현장감을 살린 지리풍수법

풍수를 업으로 삼는 사람들이 진(眞)과 가(假)를 분별할 줄 모르면서 24산의 포태사묘의 법을 익히고는 많은 법을 알았다고 자부하며 뽐내고 있다. 그리고는 재물에 눈이 어두워 불길한 산을 길하다 하고, 선하지 못한 물(水)을 선하다 하면서 죄를 범하고 있다. 이는 분수 밖의 것을 망녕되게 바라기 때문이다. 마음 가짐을 바로하고 고대 원전에 공력을 바치면서 산간을 실사하며 적공을 쏟으면 정교롭고 세밀한 경지를 얻을 수 있을 것이다.

·전항수·주관장 편저

완벽 사주와 관상

신비한 동양철학 55

사주와 관상의 핵심을 한 권에

자연과 인간, 음양(陰陽)오행과 인간, 사계와 절후, 인상(人相)과 자연, 신(神)들의 이야기 등등 우리들의 삶과 관계되는 사실적 관계로만 역(易)을 설명해 누구나 쉽게 이해할 수 있도록 썼으며 특히 역(易)에 대한 관심과 흥미를 갖게 하고자 인상학(人相學)을 추록했다. 여기에 추록된 인상학(人相學)은 시중에서 흔하게 볼 수 있는 상법(相法)이 아니라 생활상법(生活相法) 즉 삶의 지식과 상식을 드리고자 했으니 생활에 유익함이 있기를 바란다.

·김봉준·유오준 공저

동양철학전문출판 삼한

해몽 · 해몽법

신비한 동양철학 50

해몽법을 알기 쉽게 설명한 책

인생은 꿈이 예지한 시간적 한계에서 점점 소멸되어 가는 현존물이기 때문에 반드시 꿈의 뜻을 따라야 한다. 이것은 꿈을 먹고 살아가는 인간 즉 태몽의 끝장면인 죽음을 향해 달려가고 있는 인간이기 때문이다. 꿈은 우리의 삶을 이끌어가는 이정표와도 같기에 똑바로 가도록 노력해야 한다.

· 김종일 저

역점

신비한 동양철학 57

우리나라 전통 행운찾기

주역을 무조건 미신으로 치부해버리는 생각은 버려야 한다. 주역이 점치는 책에만 불과했다면 벌써 그 존재가 없어졌을 것이다. 그러나 오랫동안 많은 학자가 연구를 계속해왔고, 그 속에서 자연과학과 형이상학적인 우주론과 인생론을 밝혀, 정치·경제·사회 등 여러 방면에서 인간의 생활에 응용해왔고, 삶의 지침서로써 그 역할을 했다. 이 책은 한 번만 읽으면 누구나 역점가가 될 수 있으니 생활에 도움이 되길 바란다.

· 문명상 편저

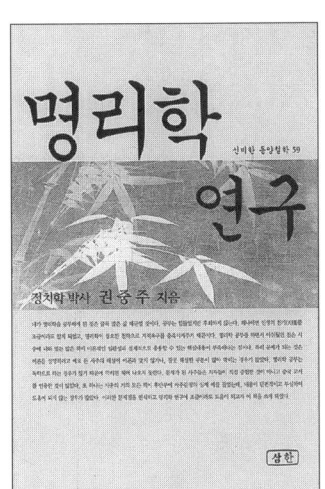

명리학연구

신비한 동양철학 59

체계적인 명확한 이론

이 책은 명리학 연구에 핵심적인 내용만을 모아 하나의 독립된 장을 만들었다. 명리학은 분야가 넓어 공부를 하다보면 주변에 머무르는 경우가 많아, 주요 내용을 잃고 헤매는 경우가 많다. 그러므로 뼈대를 잡는 것이 중요한데, 여기서는 「17장. 명리대요」에 핵심 내용만을 모아 학문의 체계를 잡는데 용이하게 하였다.

· 권중주 저

쉽게 푼 풍수

신비한 동양철학 60

현장에서 활용하는 풍수지리법

산도는 매우 광범위하고, 현장에서 알아보기 힘들다. 더구나 지금은 수목이 울창해 소조산 정상에 올라가도 나무에 가려 국세를 파악하는데 애를 먹는다. 그러므로 사진을 첨부하니 많은 도움이 되길 바란다. 물론 결록에 있고 산도가 눈에 익은 것은 혈 사진과 함께 소개하니 참고하기 바란다. 이 책을 열심히 정독하면서 답산하면 혈을 알아보고 용산도 할 수 있을 것이다.

· 전항수 · 주장관 편저

동양철학전문출판 삼한

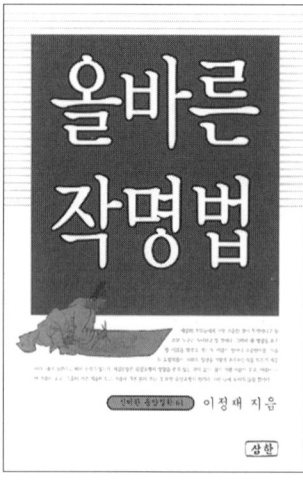

올바른 작명법

신비한 동양철학 61

세상의 부모들에게 가장 소중한 것이 무엇이냐고 물으면 누구든 자녀라고 할 것이다. 그런데 왜 평생을 좌우할 이름을 함부로 짓는가. 이름이 얼마나 소중한지를. 이름의 오행작용이 사람의 일생을 어떻게 좌우하는지를 모르기 때문이다. 세상만물은 음양오행의 영향을 받지 않는 것이 없다. 봄이 가면 여름이 오고, 여름이 가면 가을이 오고, 가을이 가면 겨울이 오고, 겨울이 가면 봄이 오는 것 또한 음양오행의 원리다.

· 이정재 저

신수대전

신비한 동양철학 62

흉함을 피하고 길함을 부르는 방법

신수를 보는 방법은 여러 가지가 있는데 대부분이 주역과 사주추명학에 근거를 둔다. 수많은 학설 중에서 몇 가지를 보면 사주명리, 자미두수, 관상, 점성학, 구성학, 육효, 토정비결, 매화역수, 대정수, 초씨역림, 황극책수, 하락리수, 범위수, 월영도, 현무발서, 철판신수, 육임신과, 기문둔갑, 태을신수 등이다. 역학에 정통한 고사가 아니면 제대로 추단하기 어려운데 엉터리 술사들이 넘쳐난다. 그래서 누구나 자신의 신수를 볼 수 있도록 몇 가지를 정리했다.

· 도관 박흥식

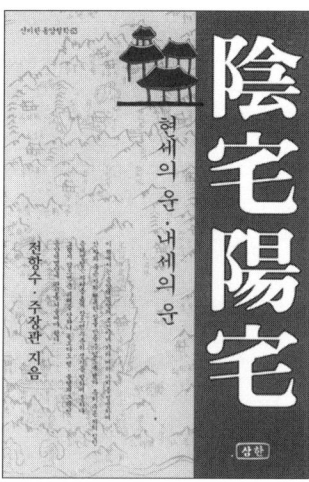

음택양택

신비한 동양철학 63

현세의 운·내세의 운

이 책에서는 음양택명당의 조건이나 기타 여러 가지를 설명하여 산 자와 죽은 자의 행복한 집을 만들 수 있도록 했다. 특히 죽은 자의 집인 음택명당은 자리를 옳게 잡으면 꾸준히 생기를 발하여 흥하나, 그렇지 않으면 큰 피해를 당하니 돈보다도 행·불행의 근원인 음양택명당에 관심을 기울여야 한다.

· 전항수 · 주장관 지음

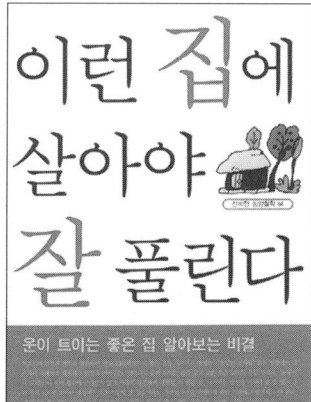

이런 집에 살아야 잘 풀린다

신비한 동양철학 64

운이 트이는 좋은 집 알아보는 비결

힘든 상황에서 내 가족이 지혜롭게 대처하고 건강을 지켜주는, 한마디로 운이 트이는 집은 모두의 꿈일 것이다. 가족이 평온하게 생활할 수 있는 집, 나가서는 발전을 가져다 줄 수 있는 그런 집이 있다면 얼마나 좋을까? 그런 소망에 한 걸음이라도 가까워지려면 막연하게 운만 기대해서는 안 된다. '호랑이를 잡으려면 호랑이 굴로 들어가라'는 속담이 있듯이 좋은 집을 가지려면 그만한 노력이 있어야 한다.

· 강현술 · 박흥식 감수

사주에 모든 길이 있다

신비한 동양철학 65

사주를 간명하는데 조금이라도 도움이 되었으면 하는 바람에서 이 책을 쓰게 되었다. 간명의 근간인 오행의 왕쇠강약을 세분해서 설명했다. 그리고 대운과 세운, 세운과 월운의 연관성과, 십신과 여러 살이 운명에 미치는 암시와, 십이운성으로 세운을 판단하는 방법을 설명했다.

· 정담 선사 편저

사주학

신비한 동양철학 66

5대 원서의 핵심과 실용

이 책은 사주학을 체계적으로 공부하려는 학도들을 위해 꼭 알아야 할 내용과 용어를 수록하는데 중점을 두었다. 이 학문을 공부하려고 찾아온 사람들에게 여러 가지 질문을 던져보면 거의 기초지식이 시원치 않다. 그런 상태로 사주를 읽으려니 제대로 될 리가 없다. 이 책으로 용어와 제반지식을 터득하면 빠른 시일에 소기의 목적을 이룰 수 있을 것이다.

· 글갈 정대엽 저

주역 기본원리

신비한 동양철학 67

주역의 기본원리를 통달할 수 있는 책

이 책에서는 기본괘와 변화와 기본괘가 어떤 괘로 변했을 경우 일어날 수 있는 내용들을 설명하여 주역의 변화에 대한 이해를 돕는데 주력하였다. 그러나 그런 내용을 구분할 수 있는 방법을 전부 다 설명할 수는 없기에 뒷장에 간단하게설명하였고, 다른 책들과 설명의 차이점도 기록하였으니 참작하여 본다면 조금이나마 도움이 될 것이다.

· 원공선사 편저

사주특강

신비한 동양철학 68

자평진전과 적천수의 재해석

이 책은 『자평진전(子平眞詮)』과 『적천수(滴天髓)』를 근간으로 명리학(命理學)의 폭넓은 가치를 인식하고, 실전에서 유용한 기반을 다지는데 중점을 두고 썼다. 일찍이 『자평진전(子平眞詮)』을 교과서로 삼고, 『적천수(滴天髓)』로 보완하라는 서낙오(徐樂吾)의 말에 깊이 공감한다.

청월 박상의 편저

복을 부르는방법

신비한 동양철학 69

나쁜 운을 좋은 운으로 바꾸는 비결

개운하는 방법은 여러 가지가 있으나, 이 책의 비법은
축원문을 독송하는 것이다. 독송이란 소리내 읽는다는
뜻이다. 사람의 말에는 기운이 있는데, 이 기운은 자신
에게 돌아온다. 좋은 말을 하면 좋은 기운이 돌아오고,
나쁜 말을 하면 나쁜 기운이 돌아온다. 이 책은 누구나
어디서나 쉽게 비용을 들이지 않고 좋은 운을 부를 수
있는 방법을 실었다.

· 역산 김찬동 편저

인터뷰 사주학

신비한 동양철학 70

쉽고 재미있는 인터뷰 사주학

얼마전까지만 해도 사주학을 취급하는 사람들은 미신
을 다루는 부류로 취급되었다. 그러나 지금은 하루가
다르게 이 학문을 공부하는 사람들이 폭증하고 있는
것으로 보인다. 젊은 층에서 사주카페니 사주방이니 사
주동아리니 하는 것들이 만들어지고 그 모임이 활발하
게 움직이고 있다는 점이 그것을 증명해준다. 그뿐 아
니라 대학원에는 역학교수들이 점차로 증가하고 있다.

· 글갈 정대엽 편저

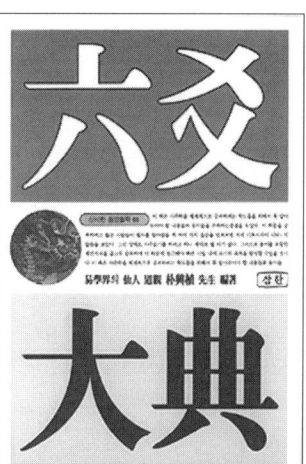

육효대전

신비한 동양철학 37

정확한 해설과 다양한 활용법

동양의 고전 중에서도 가장 대표적인 것이 주역이다. 주역은 옛사람들이 자연의 법칙을 거울삼아 인간이 생활을 영위해 나가는 처세에 관한 지혜를 무한히 내포하고, 피흉추길하는 얼과 슬기가 함축된 점서)인 동시에 수양·과학서요 철학·종교서라고 할 수 있다.

· 도관 박흥식 편저

사람을 보는 지혜

신비한 동양철학 73

관상학의 초보에서 완성까지

현자는 하늘이 준 명을 알고 있기에 부귀에 연연하지 않는다. 사람은 마음을 다스리는 심명이 있다. 마음의 명은 자신만이 소통하는 유일한 우주의 무형의 에너지이기 때문에 잠시도 잊으면 안된다. 관상학은 사람의 상으로 이런 마음을 살피는 학문이니 잘 이해하여 보다 나은 삶을 삶을 영위할 수 있도록 노력해야 한다.

· 이부길 편저

동양철학전문출판 삼한

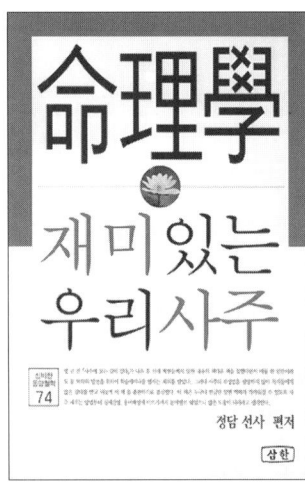

명리학 | 재미있는 우리사주

신비한 동양철학 74

사주 세우는 방법부터 용어해설 까지‼

몇 년 전 『사주에 모든 길이 있다』가 나온 후 선배 제현들께서 알찬 내용의 책다운 책을 접했다면서 매월 한 번만이라도 참 역학의 발전을 위하여 학술세미나를 열자는 제의를 받았다. 그러나 사주의 작성법을 설명하지 않아 독자들에게 많은 질타를 받고 뒤늦게 이 책을 출판하기로 결심했다. 이 책은 한글만 알면 누구나 역학과 가까워질 수 있도록 사주 세우는 방법부터 실제 간명, 용어해설에 이르기까지 분야별로 엮었다.

· 정담 선사 편저

성명학 | 바로 이 이름

신비한 동양철학 75

사주의 운기와 조화를 고려한 이름짓기

사람은 누구나 타고난 운명, 즉 숙명이라는 것이 있다. 숙명인 사주팔자는 선천운이고, 성명은 후천운이 되는 것으로 이름을 지을 때는 타고난 운기와의 조화를 고려함이 중요하다. 따라서 역학에 대한 깊은 이해가 선행되어야 함은 지극히 당연한 일이다. 부연하면 작명의 근본은 타고난 사주에 운기를 종합적으로 분석하여 부족한 점을 보강하고 결점을 개선한다는 큰 뜻이 있다고 할 수 있다.

· 정담 선사 편저

운을 잡으세요 | 개운비법

신비한 동양철학 76

염력강화로 삶의 문제를 해결한다!

염력(念力)이 강한 사람은 운명을 개척하며 행복하게 살고, 염력이 약한 사람은 운명의 노예가 되어 불행하게 살아간다. 때문에 행복과 불행은 누가 주는 것이 아니라 자기 자신이 만든다고 할 수 있다. 한 마디로 말해 의지의 힘, 즉 염력이 운명을 바꾸는 것이다. 이 책에서는 이러한 염력을 강화시켜 삶에서 일어나는 문제를 해결하는 방법을 알려준다. 누구나 가벼운 마음으로 읽고 실천한다면 반드시 목적을 이룰 수 있을 것이다.

· 역산 김찬동 편저

작명정론

신비한 동양철학 77

이름으로 보는 역대 대통령이 나오는 이치

사주팔자가 네 기둥으로 세워진 집이라면 이름은 그 집을 대표하는 문패라고 할 수 있다. 사람은 태어나면서 사주를 통해 운을 타고나고 이름이 주어진 순간부터 명(命)이 작용한다. 사주와 이름이 곧 운명을 결정한다는 것이다. 따라서 이름을 지을 때는 사주의 격에 맞추어야 한다. 사주 그릇이 작은 사람이 원대한 뜻의 이름을 쓰면 감당하지 못할 시련을 자초하게 되고 오히려 이름값을 못할 수 있다. 즉 분수에 맞는 이름으로 작명해야 하기 때문에 사주의 올바른 분석이 필요하다.

· 청월 박상의 편저

동양철학전문출판 삼한

원심수기 통증예방 관리비법

신비한 동양철학 78

쉽게 배워 적용할 수 있는 통증관리법

이 책을 세상에 내놓는 것은 우리 전통 민중의술도 세상의 그 어떤 의술에 못지 않게 아주 훌륭한 치료술이 있고 그 전통이 수백 년, 또는 수천 년을 내려오면서 전해지고 있는데 현재 사회를 보면 무조건 외국에서 들어온 것만이 최고라고 하는 식으로 하여 우리의 전통 민중의술을 뿌리째 버리려고 하는데 문제가 있는 것 같기에 우리것을 지키고자 하는데 그 첫째의 목적이 있다 할 수 있을 것이다.

· 원공 선사 저

사주비기

신비한 동양철학 79

역학으로 보는 대통령이 나오는 이치 !!

이 책에서는 고서의 이론을 근간으로 하여 근대의 사주들을 임상하여, 적중도에 의구심이 가는 이론들은 과감하게 탈피하고 통용될 수 있는 이론만을 수용했다. 따라서 기존 역학서의 아쉬운 부분들을 충족시키며 일반인도 열정만 있으면 누구나 자신의 운명을 감정하고 피흉취길할 수 있는 생활지침서로 활용할 수 있을 것이다.

청월 박상의 편저

찾기 쉬운 명당

신비한 동양철학 44
풍수지리의 모든 것 !

이 책은 가능하면 쉽게 풀려고 노력했고, 실전에 도움이 되도록 했다. 특히 풍수지리에서 방향측정에 필수인 패철(佩鐵)사용과 나경(羅經) 9층을 각 층별로 간추려 설명했다. 그리고 이 책에 수록된 도설, 즉 오성도, 명산도, 명당 형세도 내거수 명당도, 지각(枝脚)형세도, 용의 과협출맥도, 사대혈형(穴形) 와겸유돌(窩鉗乳突) 형세도 등은 국립중앙도서관에 소장된 문헌자료인 만산도단, 만산영도, 이석당 은민산도의 원본을 참조했다.

· 호산 윤재우 저

명리입문

신비한 동양철학 41
명리학의 필독서 !

이 책은 자연의 기후변화에 의한 운명법 외에 명리학도들이 궁금해 했던 인생의 제반사들에 대해서도 상세하게 기술했다. 따라서 초보자부터 심도있게 공부한 사람들까지 세심히 읽고 숙독해야 하는 책이다. 특히 격국이나 용신뿐 아니라 십신에 대한 자세한 설명, 조후용신에 대한 보충설명, 인간의 제반사에 대해서는 독보적인 해설이 들어 있다. 초보자들에게는 더할 수 없이 훌륭한 길잡이가 될 것이다.

· 동하 정지호 편역

동양철학전문출판 **삼한**

육효점 정론

신비한 동양철학 80

육효학의 정수!

이 책은 주역의 원전소개와 상수역법의 꽃으로 발전한 경방학을 같이 실어 독자들의 호기심을 충족시키는데 중점을 두었습니다. 주역의 원전으로 인화의 처세술을 터득하고, 어떤 사안의 답은 육효법을 탐독하여 찾으시기 바랍니다.

· 효명 최인영 편역

작명 백과사전

신비한 동양철학 81

36가지 이름짓는 방법과 선후천 역상법 수록

이름은 나를 대표하는 생명체이므로 몸은 세상을 떠날지라도 영원히 남는다. 성명운의 유도력은 후천적으로 가공 인수되는 후존적 수기로써 조성 운화되는 작용력이 있다. 선천수기의 운기력이 50%이면 후천수기도의 운기력도50%이다. 이와 같이 성명운의 작용은 운로에 불가결한조건일 뿐 아니라, 선천명운의 범위에서 기능을 충분히 할 수 있다.

· 임삼업 편저 | 송충석 감수

사주대성

신비한 동양철학 33

초보에서 완성까지

이 책은 과거 현재 미래를 모두 알 수 있는 비결을 실었다. 그러나 모두 터득한다는 것은 어려울 것이다.역학은 수천 년간 동방의 석학들에 의해 갈고 닦은 철학이요 학문이며, 정신문화로서 영과학적인 상수문화로서 자랑할만한 위대한 학문이다.

• 도관 박흥식 저

해몽정본

신비한 동양철학 36

꿈의 모든 것 !

막상 꿈해몽을 하려고 하면 내가 꾼 꿈을 어디다 대입시켜야 할지 모를 경우가 많았을 것이다. 그러나 이 책은 찾기 쉽고, 명료하며, 최대한으로 많은 갖가지 예를 들었으니 꿈해몽을 하는데 어려움이 없을 것이다.

• 청암 박재현 저

동양철학전문출판 삼한

적천수 정설

신비한 동양철학 82

적천수 원문을 쉽고 자세하게 해설

적천수(滴天髓)는 명나라 개국공신인 유백온(劉伯溫) 선생이 처음으로 저술한 후 여러 사람이 각각 자신의 주장을 내세워 해설하여 오늘날에는 많은 분량이 되었다. 그러나 원래 유백온(劉伯溫) 선생이 저술한 적천수(滴天髓)의 원문은 내용이 그렇게 많지가 않다. 저자는 적천수(滴天髓) 원문을 보고 30년 역학(易學)의 경험을 총동원하여 감히 해설해 보았다.

· 역산 김찬동 편역

궁통보감 정설

신비한 동양철학 83

궁통보감 원문을 쉽고 자세하게 해설

『궁통보감(窮通寶鑑)』은 5대원서 중에서 가장 이론적이며 사리에 맞는 책이라고 생각한다. 이 책은 조후(調候)를 중심으로 설명하며 간명한 것이 특징이다. 역학을 공부하는 학도들에게 도움을 주려고 먼저 원문에 음독을 단 다음 해설하였다. 그리고 예문은 서낙오(徐樂吾) 선생이 해설한 것을 그대로 번역하였고, 저자가 상담한 사람들의 사주와 점서에 있는 사주들을 실었다.

· 역산 김찬동 편역

왕초보 내 사주

신비한 동양철학 84

초보 입문용 역학서

이 책은 역학을 너무 어렵게 생각하는 초보자들에게 조금이나마 도움을 주고자 쉽게 엮으려고 노력했다. 이 책을 숙지한 후 역학(易學)의 5대 원서인 『적천수(滴天髓)』,『궁통보감(窮通寶鑑)』,『명리정종(命理正宗)』,『연해자평(淵海子平)』,『삼명통회(三命通會)』에 접근한다면 훨씬 쉽게 터득할 수 있을 것이다. 이 책들은 저자가 이미 편역하여 삼한출판사에서 출간한 것도 있고, 앞으로 모두 갖출 것이니 많이 활용하기 바란다.

· 역산 김찬동 편저

스스로 공부하게 하는 방법과 천부적 적성

신비한 동양철학 85

내 아이를 성공시키고 싶은 부모들에게

자녀를 성공시키고 싶은 마음은 부자나 가난한 사람이나 모두 같을 것이다. 그러나 가난한 부모를 둔 아이들은 공부할 수 있는 환경이 열악하다. 빈익빈 부익부 현상이 배우는 아이들 때부터 시작되기 때문이다. 그러니 가난한 집 아이가 좋은 성적을 내기는 매우 어렵고, 원하는 학교에 들어가기도 어렵다. 그러나 실망하기에는 아직 이르다. 내 아이가 훌륭한 인재로 성장해 아름답고 멋진 삶을 살아가는 방법이 이 책에 있다.

· 청암 박재현 지음

동양철학전문출판 **삼한**

기문둔갑 비급대성

신비한 동양철학 86

기문의 정수

기문둔갑은 천문지리·인사명리·법술병법 등에 영험한 술수로 예로부터 은밀하게 특권층에만 전승되었다. 그러나 아쉽게도 기문을 공부하려는 이들에게 도움이 될만한 책이 거의 없다. 필자는 이 점이 안타까워 천견박식함을 돌아보지 않고 감히 책을 내게 되었다. 한 권에 기문학을 다 표현할 수는 없지만 이 책을 사다리 삼아 저 높은 경지로 올라간다면 제갈공명과 같은 지혜를 발휘할 수 있을 것이다.

· 도관 박흥식 편저

아호연구

신비한 동양철학 87

여러 가지 작호법과 실예 모음

필자는 오래 전부터 작명을 연구했다. 그러나 시중에 나와 있는 책에는 대부분 아호에 관해서는 전혀 언급하지 않았다. 그래서 아호에 관심이 있어도 자료를 구하지 못하는 분들을 위해 이 책을 내게 되었다. 아호를 짓는 것은 그리 대단하거나 복잡하지 않으니 이 책을 처음부터 끝까지 착실히 공부한다면 누구나 좋은 아호를 지어 쓸 수 있을 것이라고 생각한다.

· 임삼업 편저

점포, 이렇게 하면 부자됩니다

신비한 동양철학 88

부자되는 점포, 보는 방법과 만드는 방법

사업의 성공과 실패는 어떤 사업장에서 어떤 품목으로 어떤 사람들과 거래하느냐에 따라 판가름난다. 그리고 사업을 성공시키려면 반드시 몇 가지 문제를 살펴야 하는데 무작정 사업을 시작하여 실패하는 사람들이 많다. 그래서 이 책에서는 이러한 문제와 방법들을 조목조목 기술하여 누구나 성공하도록 도움을 주는데 주력하였다.

· 김도희 편저

새로 나온 완성 주역비결

신비한 동양철학 92

반쪽으로 전해오는 토정비결을 완전하게 해설

지금 시중에 나와 있는 토정비결에 대한 책들은 옛날부터 내려오는 완전한 비결이 아니라 반쪽의 책이다. 그러나 반쪽이라고 말하는 사람은 없다. 그것은 주역의 원리를 모르기 때문이다. 그래서 늦은 감이 없지 않으나 앞으로 수많은 세월을 생각해서 완전한 해설판을 내놓기로 했다.

· 원공선사 편저

이런 사원이 좋습니다

신비한 동양철학 90

사원선발 면접지침

사회가 다양해지면서 인력관리의 전문화가 매우 필요하며 인력수급 계획이 기업주들의 애로사항이 되었다. 필자는 그동안 수많은 기업의 사원선발 면접시험에 참여했는데 한결같이 기업주들이 면접지침에 관한 책이 하나쯤 있으면 좋겠다는 것이었다. 그리하여 필자가 경험한 사례들을 참작하여 이 책을 내게 되었으니 좋은 사원을 선발하는데 많은 도움이 될 것이라고 믿는다.

· 정도명 지음

새로 나온 평생만세력

신비한 동양철학 91

착각하기 쉬운 썸머타임 2도인쇄

시중에 많은 종류의 만세력이 있지만 이 책은 단순한 만세력이 아니라 완벽한 만세경전이다. 그리고 만세력 보는 법 등을 실러 처음 대하는 사람이라도 쉽게 볼 수 있도록 편집하였다. 또 부록편에는 사주명리학, 신살 종합해설, 결혼과 이사 택일, 이사 방향, 길흉보는 법, 우주의 천기와 우리나라 역사 등을 수록하였다.

· 백우 김봉준 편저

한글이미지 성명학

신비한 동양철학 93

이름감정서

이 책은 본인의 이름은 물론 사랑하는 가족 그리고 가까운 친척이나 친구들의 이름까지도 좋은지 나쁜지 알아볼 수 있도록 지금까지 나와 있는 모든 성명학을 토대로 하여 썼다. 감언이설이나 협박성 감명에 흔들리지 않고 확실한 이름풀이를 볼 수 있을 것이다. 그리고 아름답고 멋진 삶을 살아갈 수 있는 이름을 짓는 방법도 상세하게 제시하였다.

· 청암 박재현 지음

명리실무

신비한 동양철학 94

명리학의 총 정리서

명리학(命理學)은 오랜 세월 많은 철인(哲人)들에 의하여 전승 발전되어 왔고, 지금도 수많은 사람이 임상과 연구에 임하고 있으며, 몇몇 대학에 학과도 개설되어 체계적인 교육을 하고 있다. 그러나 아직도 실무에서 활용할 수 있는 책이 부족한 상황이기 때문에 나름대로 현장에서 필요한 이론들을 정리해 보았다. 초학자는 물론 역학계에 종사하는 사람들에게 큰 도움이 될 것이라고 믿는다.

· 박흥식 편저

음파메세지(氣) 성명학

신비한 동양철학 51

새로운 시대에 맞는 새로운 성명학

지금까지의 모든 성명학은 모순의 극치를 이루고 있다. 이제 새로운 시대에 맞는 음파메세지(氣) 성명학이 탄생했으니 차근차근 읽어보고 복을 계속 부르는 이름을 지어 사랑하는 자녀가 행복하고 아름다운 삶을 살아갈 수 있도록 하는데 도움이 되었으면 한다.

· 청암 박재현 저

정법사주

신비한 동양철학 49

독학과 강의용 겸용의 책

이 책은 사주추명학을 연구하고자 하는 분들에게 심오한 주역의 이해를 돕고자 하는 의도에서 시작되었다. 음양오행의 상생상극에서부터 육친법과 신살법을 기초로 하여 격국과 용신 그리고 유년판단법을 활용하여 운명판단에 첩경이 될 수 있도록 했고, 추리응용과 운명감정의 실례를 하나 하나 들어가면서 독학과 강의용 겸용으로 엮었다.

· 원각 김구현 저

기문둔갑옥경

신비한 동양철학 32

가장 권위있고 우수한 학문 !

우리나라의 기문역사는 장구하지만 상세한 문헌은 전무한 상태라 이 책을 발간하기로 했다. 기문둔갑은 천문지리는 물론 인사명리 등 제반사에 관한 길흉을 판단함에 있어서 가장 우수한 학문이며 병법과 법술방면으로도 특징과 장점이 있다. 초학자는 포국편을 열심히 익혀 설국을 자유자재로 할 수 있도록 하고 개인의 이익보다는 보국안민에 일조하기 바란다.

· 도관 박흥식 저

정본·관상과 손금

신비한 동양철학 42

바로 알고 사람을 사귑시다

이 책은 관상과 손금은 인생을 행복으로 이끌기 위해 있다는 관점에서 다루었다. 그야말로 관상과 손금의 혁명이라고 할 수 있을 것이다. 여러분도 관상과 손금을 통한 예지력으로 인생의 참주인이 되기 바란다. 용기를 불어넣어 주고 행복을 찾게 하는 것이 참다운 관상과 손금술이다. 이 책으로 미래의 좋은 예지력을 한번쯤 발휘해 보기 바란다. 이 책이 일상사에 고민하는 분들에게 해결방법을 제시해 줄 것이다.

· 지창룡 감수

사주 속으로

신비한 동양철학 95

역학서의 고전들로 입증하며 쉽고 자세하게 푼 책

십 년 동안 역학계에 종사하면서 나름대로는 실전과 이론에서 최선을 다했다고 자부한다. 역학원의 비좁은 공간에서도 항상 후학을 생각하는 마음으로 역학에 대한 배움의 장을 마련하고자 노력한 것도 사실이다. 이 책을 역학으로 이름을 알리고 역학으로 생활하면서 조금이나마 역학계에 이바지할 것이 없을까라는 고민의 산물이라 생각해주기 바란다.

· 김상회 편저